DIE GRUNDLEHREN DER

MATHEMATISCHEN WISSENSCHAFTEN

IN EINZELDARSTELLUNGEN MIT BESONDERER
BERÜCKSICHTIGUNG DER ANWENDUNGSGEBIETE

HERAUSGEGEBEN VON

R. GRAMMEL · E. HOPF · H. HOPF · F. RELLICH
F. K. SCHMIDT · B. L. VAN DER WAERDEN

BAND LXXVI

VORLESUNGEN
ÜBER ORTHOGONALREIHEN

VON

FRANCESCO G. TRICOMI

SPRINGER-VERLAG
BERLIN · GÖTTINGEN · HEIDELBERG
1955

VORLESUNGEN
ÜBER
ORTHOGONALREIHEN

VON

DR. FRANCESCO G. TRICOMI
PROFESSOR DER MATHEMATIK AN DER UNIVERSITÄT TURIN

ÜBERSETZT UND ZUM DRUCK BEARBEITET VON
DR. FRIEDRICH KASCH, GÖTTINGEN

MIT 13 ABBILDUNGEN

SPRINGER - VERLAG
BERLIN · GÖTTINGEN · HEIDELBERG
1955

DRUCK DER UNIVERSITÄTSDRUCKEREI H. STÜRTZ AG., WÜRZBURG

637535

Vorwort.

Dieses Buch — ebenso wie andere Bücher von mir — ist aus Vorlesungen entstanden, die ich mehrmals an der Universität Turin gehalten habe. Sein Hauptziel besteht darin, den Leser möglichst rasch in die Theorie der trigonometrischen Reihen und der orthogonalen Polynome einzuführen.

In entsprechender Weise werden — nach einer kurzen Behandlung der allgemeinen Theorie der orthogonalen Funktionensysteme (1. Kap., S. 6—43) — in etwa 30 Seiten (2. Kap., S. 44—76) die Grundlagen der Theorie der trigonometrischen Reihen entwickelt. Es folgt ein 3. Kap. (S. 77—121) mit tiefergehenden Eigenschaften dieser Reihen (z. B. absolute Konvergenz) und einigen einführenden Angaben über das FOURIERsche Integral. Im 4. Kap. (S. 122—142) werden die allgemeinen Eigenschaften der orthogonalen Polynome dargestellt, und die anschließenden beiden letzten Kapitel (S. 143—254) sind den Orthogonalpolynomen in einem endlichen bzw. unendlichen Grundintervall gewidmet.

Während in dem Teil über trigonometrische Reihen das Hauptinteresse auf der Konvergenzfrage liegt, werden in dem Teil über Orthogonalpolynome mehr die individuellen Eigenschaften derselben in den Vordergrund gestellt und auch zwei Paragraphen über die allgemeinen Kugelfunktionen hinzugefügt.

Ich erlaube mir, den Leser auf meine einheitliche Behandlung der sog. „klassischen" Orthogonalpolynome aufmerksam zu machen, die auf einer verallgemeinerten „RODRIGUEZ-Formula" beruht. Es wird ferner einiges über neue Untersuchungen asymptotischer Eigenschaften der Orthogonalpolynome und ihrer Nullstellen berichtet. Im allgemeinen habe ich mich bemüht, das bekannte und ausgezeichnete, aber in einigen Punkten schon etwas veraltete Buch von G. SZEGÖ über orthogonale Polynome hier und da zu ergänzen, soweit das im Rahmen eines didaktischen Buches möglich war.

Im großen und ganzen ist das vorliegende Buch eine Übersetzung meiner vergriffenen „Serie ortogonali di funzioni", welche 1948 in hektographierter Form (bei Gheroni, Turin) erschienen war, jedoch mit vielen Verbesserungen und Zusätzen, die ihm ein neues Gesicht geben.

An Vorkenntnissen ist der Inhalt der „Unendlichen Reihen" von K. KNOPP nützlich, doch kommt man auch mit geringeren Voraussetzungen aus. Vor allem braucht der Leser aber eine gute Kenntnis der

Differential- und Integralrechnung mit Einschluß (wenn möglich!) des LEBESGUESchen Integrals.

Es ist mir eine besondere Freude, dieses Buch in die berühmte „gelbe Sammlung" eingereiht zu sehen, und ich bin daher den Herausgebern der Sammlung, wie auch dem liebenswürdigen Übersetzer, Dr. F. KASCH, und dem Verlag sehr zu Dank verpflichtet. Ebenfalls habe ich Prof. Dr. G. DOETSCH vielmals zu danken, der sich in freundlicher Weise angeboten hat, die Korrektur des Buches mitzulesen, und der mir manche wertvollen Ratschläge gegeben hat.

Turin, im Herbst 1954.

F. G. TRICOMI.

Hinweis für den Leser.

Die Formelzähler werden bei Zitaten *innerhalb* eines Kapitels *ohne* Angabe der Kapitelnummer benutzt, *sonst* unter Voranstellung der Kapitelnummer.

Im Literaturverzeichnis sind einige bekannte Lehrbücher aus den folgenden Gebieten zusammengestellt, ohne dabei Vollständigkeit anzustreben:

    I. LEBESGUESches Integral;
    II. Trigonometrische Reihen und orthogonale Funktionen;
    III. FOURIERsches Integral.

Diese Bücher werden durch Nummern in eckigen Klammern zitiert.

Inhaltsverzeichnis.

Einleitung.

In vielen Zweigen der Mathematik spielen Reihen von Funktionen eine wesentliche Rolle. Bereits beim Aufbau der Infinitesimalrechnung hat man derartige Reihen in mannigfacher Weise heranzuziehen. Eine besondere Bedeutung kommt dabei den Potenzreihen zu, die unter anderem das unumgängliche Hilfsmittel für die Fortsetzung der elementaren Funktionen wie $\sin x$, e^x usw. in die ganze komplexe Ebene bilden. Neben den Potenzreihen haben vor allem die *trigonometrischen Reihen*, die oft auch als FOURIER-Reihen bezeichnet werden[1], in Theorie und Anwendung eine große Bedeutung. Es handelt sich dabei um Reihen der Form

$$(1) \quad \begin{cases} \tfrac{1}{2}\,a_0 + a_1 \cos x + b_1 \sin x + \\ \quad + a_2 \cos 2x + b_2 \sin 2x + \cdots + a_n \cos nx + b_n \sin nx + \cdots, \end{cases}^{[2]}$$

wobei a_0, a_1, b_1, a_2, b_2, ... beliebige Konstanten sind. Eine Einführung in die Theorie dieser Reihen und in die Theorie der allgemeineren *orthogonalen Reihen*, will dieses Buch geben. Die orthogonalen Reihen werden heute meist auch als FOURIER-*Reihen* bezeichnet.

Die Theorie der FOURIER-Reihen hat sich im Laufe einer langen Zeit entwickelt. Ihren stärksten Anstoß hat sie durch eine physikalische Fragestellung erhalten, die Untersuchung der *Differentialgleichung der schwingenden Saite*:

$$\frac{\partial^2 z}{\partial t^2} - a^2 \frac{\partial^2 z}{\partial x^2} = 0.$$

Für diese stellte D'ALEMBERT (1747) ein allgemeines Integral auf, welches zwei beliebige Funktionen enthält:

$$(2) \qquad Z = F(x - at) + \Phi(x + at).$$

Dieses Ergebnis wurde dann auch von EULER bestätigt. Andererseits gab wenige Jahre später DANIEL BERNOULLI (1753) einen Ausdruck für Z in der Gestalt einer trigonometrischen Reihe (1) an, der, wie er behauptete, ebenfalls eine allgemeine Lösung der Differentialgleichung

---

[1] Beide Bezeichnungen sind aber nicht gleichbedeutend; s. dazu Kap. I, § 1.

[2] Daß der erste Summand die Gestalt $a_0/2$ statt einfach a_0 besitzt, hat einen formalen Grund. Man erhält dann ein einheitliches Bildungsgesetz für alle Koeffizienten a_n.

darstelle. Dies wurde von D'ALEMBERT und EULER heftig angefochten. Bei dem damaligen Funktionsbegriff schien es unmöglich zu sein, sowohl, daß *zwei* verschiedene Funktionen wie F und Φ durch eine *einzige* trigonometrische Reihe ersetzt werden könnten, als auch, daß sich überhaupt eine beliebige, also nicht notwendig periodische Funktion in eine trigonometrische Reihe, d. h. in eine Funktion mit der Periode 2π entwickeln lasse.

Dieser scheinbare Widerspruch war entstanden, weil man nicht berücksichtigte, daß die Funktionen F und Φ in (2) nicht für jeden reellen Wert der Argumente definiert sind, sondern allein in einem Intervall der Länge 2π.

Eine Funktion $f(x)$, welche nur in einem bestimmten, endlichen Intervall $(a, a+\omega)$ definiert ist, kann stets als Funktion mit der Periode ω betrachtet werden. Dazu hat man nur die Funktion $f(x)$ außerhalb des gegebenen Intervalls durch die Gleichung

$$f(a + x + n\omega) = f(a + x), \qquad 0 \le x < \omega$$

fortzusetzen, wobei n alle ganzen rationalen Zahlen durchläuft.

Diese Überlegung, die uns heute ganz naheliegend erscheint, war vor zwei Jahrhunderten noch ungeläufig. Dadurch wird es verständlich, daß etwa 70 Jahre vergingen, bis der scheinbare Widerspruch zwischen dem Ergebnis von D'ALEMBERT und EULER auf der einen Seite und dem von BERNOULLI auf der anderen seine Lösung fand. Dies Verdienst kommt FOURIER zu, welcher in der Abhandlung „*Théorie analytique de la chaleur*" (1822) zum erstenmal zeigte, daß es tatsächlich möglich ist, eine „beliebige" Funktion in eine trigonometrische Reihe zu entwickeln. Um diese Leistung zu verstehen, muß man bedenken, daß der moderne Funktionsbegriff, der uns ganz naturgemäß erscheint, damals noch nicht vorhanden war. Zuerst verstand man unter einer „Funktion von x" nur einen gemeinsamen Namen für die Potenzen x, x^2, x^3, ... und später rechnete man noch diejenige Funktionen darunter, die sich in der *ganzen Ebene* durch einen einheitlichen, analytischen Ausdruck darstellen lassen.

Aber nicht nur der moderne Funktionsbegriff, sondern auch zahlreiche andere grundlegende Gedanken der heutigen Mathematik haben ihren Ursprung in der Theorie der trigonometrischen Reihen und deren Verallgemeinerungen. Und diese Theorie selbst stellt, abgesehen von ihren Anwendungen in der Physik, einen bedeutenden Zweig der modernen Mathematik dar.

Eines der ersten und wichtigsten Ergebnisse, welches man in der Theorie der trigonometrischen Reihen erhalten hat, war die Bestimmung der Entwicklungskoeffizienten a_0, a_1, b_1, a_2, b_2, ... in der Entwicklung einer gegebenen Funktion in eine trigonometrische Reihe durch EULER

(1777), welcher zum erstenmal eine solche formale Entwicklung aufstellte. Genauer — in moderner mathematischer Sprache ausgedrückt — ist leicht folgendes zu zeigen:

Kann eine integrierbare Funktion $f(x)$, *gegeben im Intervall* $(-\pi, \pi)$, *in eine trigonometrische Reihe der Gestalt* (1) *entwickelt werden*:

$$(3) \qquad f(x) = \tfrac{1}{2}a_0 + \sum_{n=1}^{\infty} (a_n \cos nx + b_n \sin nx) \qquad (-\pi \le x \le \pi),$$

und ist außerdem diese Reihe gleichmäßig konvergent, dann ist notwendig

$$(4) \quad a_n = \frac{1}{\pi} \int_{-\pi}^{\pi} f(x) \cos nx \, dx, \qquad b_n = \frac{1}{\pi} \int_{-\pi}^{\pi} f(x) \sin nx \, dx \qquad (n=0,1,2,\ldots).$$

Diese Behauptung beweist man mit Hilfe der bekannten Gleichungen:

$$\int_{-\pi}^{\pi} \cos mx \cos nx \, dx = \int_{-\pi}^{\pi} \sin mx \sin nx \, dx = 0 \quad \text{für} \quad m \neq n,$$

$$\int_{-\pi}^{\pi} \cos mx \sin nx \, dx = 0 \quad \text{für} \quad m, n \text{ beliebig},$$

$$\int_{-\pi}^{\pi} [\cos nx]^2 \, dx = \begin{cases} \pi \text{ für } n \neq 0 \\ 2\pi \text{ für } n = 0, \end{cases}$$

$$\int_{-\pi}^{\pi} [\sin nx]^2 \, dx = \begin{cases} \pi \text{ für } n \neq 0 \\ 0 \text{ für } n = 0, \end{cases}$$

wobei m, n ganze rationale Zahlen darstellen. Multipliziert man Gl. (3) gliedweise mit $\cos nx$ und integriert gliedweise von $-\pi$ bis π, was auf Grund der gleichmäßigen Konvergenz der Reihe erlaubt ist, so verschwinden zufolge vorstehender Gleichungen alle Integrale auf der rechten Seite bis auf das Integral über das Glied mit a_n. Man erhält also

$$\int_{-\pi}^{\pi} f(x) \cos nx \, dx = \pi a_n \qquad (n = 0, 1, 2, \ldots).$$

Damit diese Gleichung, wie angegeben, auch für $n = 0$ gültig ist, hatten wir das konstante Glied mit $a_0/2$ statt mit a_0 bezeichnet. Aus dieser Beziehung erhält man unmittelbar die erste Gleichung von (4). Analog folgt auch die zweite, wenn man $\cos nx$ durch $\sin nx$ ersetzt.

Die Formeln (4) werden als EULERsche *Formeln* bezeichnet und die durch sie gelieferten Koeffizienten $a_0, a_1, b_1, a_2, b_2, \ldots$ als FOURIER-*Koeffizienten* der Funktion $f(x)$. Die mit diesen Koeffizienten formal gebildete trigonometrische Reihe, die mit der Funktion $f(x)$ im allgemeinen keineswegs übereinzustimmen braucht, heißt die FOURIER-*Reihe* der Funktion $f(x)$.

Die EULERschen Formeln geben zu dem bei der heutigen Auffassung zentralen Problem in der Theorie der trigonometrischen Reihen Anlaß. Sei $f(x)$ eine im Intervall $(-\pi, \pi)$ integrierbare Funktion, dann lautet die grundlegende Frage: *Unter welchen Voraussetzungen konvergiert die* FOURIER-*Reihe der Funktion* $f(x)$ *und besitzt* $f(x)$ *als Summe?*

Es ist nicht leicht, diese Frage zu beantworten, und wir werden uns längere Zeit damit zu befassen haben. Eine ganz befriedigende Antwort kann allerdings bis heute überhaupt nicht gegeben werden.

Bevor wir mit der Untersuchung dieses Problems beginnen, stellen wir noch eine andere Frage von grundlegender Bedeutung: *Welche Eigenschaften der trigonometrischen Reihen bzw. der Funktionen* $\sin x$ *und* $\cos x$ *ermöglichen es, die Koeffizienten in der angegebenen Weise zu berechnen? Diese Möglichkeit bildet, wie man leicht einsieht, den Schlüssel zum Aufbau der Theorie.*

Bei der Berechnung der FOURIER-Koeffizienten haben wir allein von der Tatsache Gebrauch gemacht, daß

$$1, \quad \cos x, \quad \sin x, \quad \cos 2x, \quad \sin 2x, \ldots$$

im Intervall $(-\pi, \pi)$ ein System von *orthogonalen Funktionen* darstellen.

Sind allgemein die Funktionen

$$\varphi_1(x), \quad \varphi_2(x), \quad \varphi_3(x), \ldots$$

im Intervall (a, b) orthogonal, d.h. genügen sie der *Orthogonalitätsbedingung*[1]

$$\int_a^b \varphi_m(x)\,\varphi_n(x)\,dx = 0 \quad \text{für} \quad m \neq n \qquad (m, n = 1, 2, 3, \ldots),$$

und ist die Funktion $f(x)$ im Intervall (a, b) durch eine gleichmäßig konvergente Reihe der Form

$$f(x) = a_1 \varphi_1(x) + a_2 \varphi_2(x) + a_3 \varphi_3(x) + \cdots$$

---

[1] Diese Bedingung kann als Verallgemeinerung der Orthogonalitätsbedingung eines Euklidischen Vektorraums endlicher Dimension aufgefaßt werden. Hat man dort zwei Vektoren mit den Komponenten $(u_1, \ldots, u_n)$ und $(v_1, \ldots, v_n)$ bezüglich einer normierten Orthogonalbasis, so sind diese orthogonal zueinander, wenn gilt:

$$\sum_{i=1}^{n} u_i v_i = 0.$$

darstellbar, so folgt aus dieser Gleichung durch Multiplikation mit $\varphi_n(x)$ und gliedweise Integration auf Grund der Orthogonalitätsbedingung

$$\int_a^b f(x)\,\varphi_n(x)\,dx = a_n \int_a^b \left[\varphi_n(x)\right]^2 dx.$$

Falls

$$(5) \qquad c_n = \int_a^b \left[\varphi_n(x)\right]^2 dx \neq 0 \qquad (n = 1, 2, 3, \ldots)$$

ist, erhält man schließlich

$$(6) \qquad a_n = \frac{1}{c_n} \int_a^b f(x)\,\varphi_n(x)\,dx \qquad (n = 1, 2, 3, \ldots).$$

Da also von den Eigenschaften der trigonometrischen Funktionen nur die Orthogonalitätsbedingung und (5) zur Bildung von FOURIER-Koeffizienten wesentlich sind, werden wir im ersten Kapitel sogleich allgemeine orthogonale Funktionen betrachten.

Kapitel I.

Orthogonale Funktionensysteme.

§ 1. Voraussetzungen.

Wenn nicht ausdrücklich anders angegeben, wird in diesem Buch stets der LEBESGUEsche Integralbegriff zugrunde gelegt. Doch läßt sich ein großer Teil der Überlegungen auch bereits mit dem RIEMANNschen Integralbegriff durchführen, so daß es ohne wesentliche Schwierigkeiten auch von denen gelesen werden kann, die mit dem LEBESGUEschen Integralbegriff nicht vertraut sind[1].

Wenn im folgenden eine reelle, meßbare Funktion $f(x)$ als *integrierbar* bzw. *quadratisch integrierbar* in einem Intervall (a, b) oder einer reellen Punktmenge I bezeichnet wird, so soll das also stets bedeuten, daß das LEBESGUEsche *Integral* von $f(x)$ bzw. $[f(x)]^2$ über (a, b) oder I existiert. Dabei wird nicht ausgeschlossen, daß die Funktion dort auch unendlich werden kann.

Zunächst wird bei unseren Überlegungen die *Klasse der in einem endlichen Intervall (a, b) quadratisch integrierbaren Funktionen* zugrunde gelegt[2]. Diese Klasse wird mit L^2 bezeichnet und das Intervall (a, b) als *Grundintervall*. Wird von dieser Voraussetzung abgewichen, so geben wir das ausdrücklich an.

Für LEBESGUEsche Integrale gilt ebenso wie für RIEMANNsche Integrale die SCHWARZsche *Ungleichung*

$$(1.1) \qquad \left[\int_a^b f(x)\, g(x)\, dx \right]^2 \leq \int_a^b [f(x)]^2\, dx \int_a^b [g(x)]^2\, dx.$$

Daraus folgt sofort, daß das Produkt von zwei in (a, b) quadratisch integrierbaren Funktionen dort selbst integrierbar ist. Setzt man ferner in (1) $g(x) \equiv 1$, so folgt

$$(1.2) \qquad \left[\int_a^b f(x)\, dx \right]^2 \leq (b - a) \int_a^b [f(x)]^2\, dx,$$

---

[1] Lehrbücher über den LEBESGUEschen Integralbegriff sind im Literaturverzeichnis zusammengestellt. In diesen Werken findet man die Beweise für die einfachen Tatsachen über LEBESGUEsche Integrale, die in diesem Buch ohne Beweis benutzt werden.

[2] Auf die Verallgemeinerung der folgenden Überlegungen auf ein unendliches Grundintervall und auf den Fall, daß der Integrationsbereich eine beliebige reelle Punktmenge ist, gehen wir in § 16 kurz ein.

also gehören die Funktionen der Klasse L^2 im Falle eines *endlichen Grundintervalls* (a, b) bereits zur Klasse $L^1 = L$ der im Intervall (a, b) integrierbaren Funktionen.

Ersetzt man in (1.2) $f(x)$ durch $|f(x)|$ und bezeichnet man

$$\int_a^b [f(x)]^2 \, dx = c,$$

so folgt insbesondere

(1.3) $$\int_a^b |f(x)| \, dx \leq \sqrt{(b-a)\,c}\,.$$

Ist die Funktion $f(x)$ *fast überall* in (a, b) gleich Null, d.h. $f(x) = 0$, außer höchstens in einer Punktmenge vom Maße Null (d.h. in einer Nullmenge), dann soll $f(x)$ als *Nullfunktion* bezeichnet werden.

Sei nun $f(x)$ eine Nullfunktion, dann ist

$$\int_a^b [f(x)]^2 \, dx = 0$$

und

$$\int_a^x f(t) \, dt = 0 \quad \text{für} \quad a \leq x \leq b.$$

Hiervon gilt auch die Umkehrung: Ist eine dieser (äquivalenten) Gleichungen erfüllt, so ist $f(x)$ Nullfunktion in (a, b). Mit $f(x)$ ist auch die Funktion $f(x) g(x)$ Nullfunktion, wobei $g(x)$ eine beliebige Funktion aus L^2 sei. Einer Nullfunktion kommt daher im Rahmen dieser Theorie die Bedeutung der Null zu. Deshalb wollen wir im folgenden stets voraussetzen, daß ein gegebenes System $\{\varphi\}$ von orthogonalen Funktionen keine Nullfunktionen enthält.

Auch bei der Definition der linearen Abhängigkeit bzw. Unabhängigkeit ist dies zu berücksichtigen. *So sollen die Funktionen eines Systems* $\{\psi\}$ *im Intervall* (a, b) *linear abhängig heißen, wenn es eine Nullfunktion der Gestalt*

$$c_1 \psi_1 + c_2 \psi_2 + \cdots + c_n \psi_n$$

gibt, wobei $\psi_1, \ldots, \psi_n$ *untereinander verschiedene Funktionen aus* $\{\psi\}$ *und* $c_1, \ldots, c_n$ *nicht sämtlich verschwindende konstante Koeffizienten sind. Gibt es keine solche Nullfunktion, so heißen die Funktionen des Systems* $\{\psi\}$ *linear unabhängig.*

Da ein orthogonales Funktionensystem

$$\varphi_1(x), \quad \varphi_2(x), \quad \varphi_3(x), \ldots$$

nach Voraussetzung keine Nullfunktionen enthält, sind die Integrale

$$c_n = \int_a^b [\varphi_n(x)]^2 \, dx \qquad (n = 1, 2, 3, \ldots)$$

alle ungleich Null, also positiv, und folglich können die Funktionen

$$\varphi_n^*(x) = \frac{\varphi_n(x)}{\sqrt{c_n}} \qquad (n = 1, 2, 3, \ldots)$$

gebildet werden. Diese genügen dann neben der *Orthogonalitätsbedingung*

$$(1.4) \quad \int_a^b \varphi_m^*(x)\, \varphi_n^*(x)\, d\,x = 0 \quad \text{für} \quad m \neq n \qquad (m, n = 1, 2, 3, \ldots)$$

auch noch der Bedingung

$$\int_a^b [\varphi_n^*(x)]^2 \, d\,x = 1 \, ,$$

und man nennt sie deshalb *normiert*. Man spricht dann auch von einem *normierten Orthogonalsystem*, im folgenden durch NO-System abgekürzt. Bei einem solchen System wird die Formel (6) aus der Einleitung, die die FOURIER-*Koeffizienten* einer Funktion liefert, besonders einfach:

$$a_n = \int_a^b f(x)\, \varphi_n(x)\, d\,x \qquad (n = 1, 2, 3, \ldots) \, .$$

Die Orthogonalitätsbedingung (1.4) gestattet eine Verallgemeinerung. Sie kann ersetzt werden durch

$$(1.5) \quad \int_a^b p(x)\, \varphi_m(x)\, \varphi_n(x)\, d\,x = 0 \quad \text{für} \quad m \neq n \, ,$$

wobei $p(x)$ eine im Intervall (a, b) integrierbare und dort nicht negative Funktion ist. Man spricht dann von *Orthogonalität bezüglich der Belegungsfunktion $p(x)$.*

§ 2. Orthogonalisierung eines Funktionensystems.

Ebenso, wie man in einem EUKLIDischen Vektorraum von einer beliebigen Basis durch eine lineare Transformation zu einer Orthogonalbasis übergehen kann, kann man auch unter gewissen Voraussetzungen ein gegebenes Funktionensystem in ein orthogonales überführen.

Es sei

$$\{\psi\} \equiv \{\psi_1(x),\ \psi_2(x),\ \psi_3(x),\ \ldots\}$$

ein System von abzählbar vielen, linear unabhängigen Funktionen im Intervall (a, b), die dort quadratisch integrierbar sein mögen. Dann gibt es Konstanten λ_{ij} $(i = 2, 3, 4, \ldots;\ j = 1, 2, \ldots, i-1)$, so daß die folgenden Linearkombinationen der gegebenen Funktionen

$$(2.1) \quad \begin{cases} \varphi_1(x) = \psi_1(x) \\ \varphi_2(x) = \lambda_{21}\psi_1(x) + \psi_2(x) \\ \varphi_3(x) = \lambda_{31}\psi_1(x) + \lambda_{32}\psi_2(x) + \psi_3(x) \\ \cdot\ \cdot\ \cdot\ \cdot\ \cdot\ \cdot\ \cdot\ \cdot\ \cdot\ \cdot\ \cdot\ \cdot \end{cases}$$

ein System von orthogonalen Funktionen im Intervall (a, b) darstellen.

Diese Funktionen kann man außerdem, wie zuvor angegeben, normieren, so daß man also von dem System $\{\psi\}$ zu einem normierten Orthogonalsystem übergehen kann.

Bevor wir mit dem Beweis beginnen, merken wir an, daß das Gleichungssystem (2.1) umkehrbar ist, d. h. die $\psi_i(x)$ lassen sich in der gleichen Weise eindeutig durch Linearkombinationen der $\varphi_i(x)$ ausdrücken.

Der Beweis wird durch vollständige Induktion nach dem Index der gegebenen Funktionen geführt. Als Induktionsbeginn setze man einfach $\varphi_1(x) = \psi_1(x)$. Der Satz sei richtig bis zum Index n, und es werde

$$\varphi_{n+1}(x) = \mu_1 \varphi_1(x) + \cdots + \mu_n \varphi_n(x) + \psi_{n+1}(x)$$

mit zunächst unbestimmten Koeffizienten $\mu_1, \ldots, \mu_n$ angesetzt. Dann hat $\varphi_{n+1}(x)$ bereits die verlangte Gestalt, denn $\varphi_1(x), \ldots, \varphi_n(x)$ hängen nur von $\psi_1(x), \ldots, \psi_n(x)$ ab. Soll $\varphi_{n+1}(x)$ zu $\varphi_1(x), \ldots, \varphi_n(x)$ orthogonal sein, so muß gelten:

$$\int_a^b \varphi_i(x)\, \varphi_{n+1}(x)\, dx = \mu_1 \int_a^b \varphi_i(x)\, \varphi_1(x)\, dx + \cdots + \mu_n \int_a^b \varphi_i(x)\, \varphi_n(x)\, dx +$$

$$+ \int_a^b \varphi_i(x)\, \psi_{n+1}(x)\, dx = 0 \qquad (i = 1, 2, \ldots, n).$$

Da die Funktionen $\varphi_1(x), \ldots, \varphi_n(x)$ auf Grund der Induktionsvoraussetzung untereinander orthogonal sind, folgt

$$\int_a^b \varphi_i(x)\, \varphi_{n+1}(x)\, dx = \mu_i \int_a^b [\varphi_i(x)]^2\, dx + \int_a^b \varphi_i(x)\, \psi_{n+1}(x)\, dx = 0$$

$$(i = 1, 2, \ldots, n).$$

Also hat mit

$$\mu_i = - \frac{\int_a^b \varphi_i(x)\, \psi_{n+1}(x)\, dx}{\int_a^b [\varphi_i(x)]^2\, dx} \qquad (i = 1, 2, \ldots, n)$$

die Funktion $\varphi_{n+1}(x)$ die gewünschten Eigenschaften.

Wir weisen darauf hin, daß dieser Satz richtig bleibt, wenn an Stelle der einfachen Orthogonalitätsbedingung die Orthogonalität (1.5) bezüglich einer Belegungsfunktion gefordert wird.

Die Bedingung, daß die Funktionen des Systems $\{\psi\}$ linear unabhängig sind, ist zusammen mit der Abzählbarkeit nicht nur hinreichend, sondern auch notwendig für die Orthogonalisierung:

Die Funktionen eines orthogonalen Systems $\{\varphi\}$ sind stets linear unabhängig.

Nimmt man nämlich an, daß die in den orthogonalen Funktionen $\varphi_1(x), \ldots, \varphi_n(x)$ lineare Funktion

$$c_1 \varphi_1(x) + c_2 \varphi_2(x) + \cdots + c_n \varphi_n(x)$$

fast überall im Grundintervall (a, b) verschwindet, so folgt hieraus durch Multiplikation mit $\varphi_i(x)$ $(i = 1, 2, \ldots, n)$ und Integration über das Grundintervall auf Grund der Orthogonalität

$$c_i \int\limits_a^b [\varphi_i(x)]^2 \, dx = 0 \qquad (i = 1, 2, \ldots, n).$$

Da das Integral ungleich Null ist, folgt $c_i = 0$ $(i = 1, 2, \ldots, n)$; das bedeutet aber gerade, daß $\varphi_1(x), \ldots, \varphi_n(x)$ linear unabhängig sind.

Aber nicht nur die Bedingung der linearen Unabhängigkeit, sondern, wie im folgenden noch gezeigt wird, auch die der Abzählbarkeit ist notwendig für die Orthogonalität eines Funktionensystems.

§ 3. Orthogonale Polynome.

Ein erstes Beispiel für ein System von orthogonalen Funktionen haben wir bereits in den trigonometrischen Funktionen

$$1, \quad \cos x, \quad \sin x, \quad \cos 2x, \quad \sin 2x, \ldots$$

kennengelernt, die im Intervall $(-\pi, \pi)$ orthogonal sind.

Hier soll ein weiteres wichtiges Beispiel betrachtet werden, das System der *orthogonalen Polynome in einem endlichen Intervall* (a, b).

Bemerkenswert ist in diesem Zusammenhang die Tatsache, daß die Potenzen von x selbst, $1, x, x^2, \ldots$, in keinem Intervall ein orthogonales Funktionensystem bilden, sie sind nicht einmal bezüglich irgendeiner Belegungsfunktion $p(x)$ orthogonal.

Auf Grund des Orthogonalisierungsverfahrens existiert jedoch zu jedem endlichen Intervall (a, b) und zu jeder Belegungsfunktion $p(x)$ ein System von orthogonalen Polynomen

$$(3.1) \qquad\qquad P_0(x), \quad P_1(x), \quad P_2(x), \ldots,$$

wobei der Grad von $P_i(x)$ gleich i ist. Dann läßt sich umgekehrt jede Potenz x^n linear und eindeutig durch $P_0(x), \ldots, P_n(x)$ ausdrücken. Also kann man auch jedes Polynom $\Pi_{n-1}(x)$ von einem Grad kleiner oder gleich $n - 1$ eindeutig in der Form

$$\Pi_{n-1}(x) = c_0 P_0(x) + c_1 P_1(x) + \cdots + c_{n-1} P_{n-1}(x)$$

mit konstanten Koeffizienten $c_0, \ldots, c_{n-1}$ darstellen. Daraus folgt wegen der Orthogonalität für $r \geq n$:

$$\int_a^b p(x)\, \Pi_{n-1}(x)\, P_r(x)\, dx = c_0 \int_a^b p(x)\, P_0(x)\, P_r(x)\, dx + \cdots$$

$$+ c_{n-1} \int_a^b p(x)\, P_{n-1}(x)\, P_r(x)\, dx = 0,$$

also: *Ein beliebiges Polynom ist zu jedem der Polynome (3.1) von größerem Grad orthogonal.*

Diese Tatsache bildet die Grundlage für den folgenden *Eindeutigkeitssatz*, der besagt, daß die orthogonalen Polynome unabhängig vom Orthogonalisierungsverfahren im wesentlichen eindeutig bestimmt sind.

Sei $P_0(x), P_1(x), P_2(x), \ldots$ ein System von orthogonalen Polynomen bezüglich der Belegungsfunktion $p(x)$ im Intervall (a, b) und sei der Grad von $P_n(x)$ gleich n $(n = 0, 1, 2, \ldots)$, dann ist jedes $P_n(x)$ bis auf einen konstanten, von Null verschiedenen Faktor eindeutig bestimmt.

Der Beweis wird durch vollständige Induktion nach dem Grad (= Index) der Polynome geführt. Für $n = 0$ ist der Satz offenbar gültig, denn ein Polynom vom Grad 0 ist bereits selbst eine Konstante. Der Satz sei richtig bis zum Grad $n - 1$, d. h. die Polynome $P_0(x), \ldots, P_{n-1}(x)$ seien bis auf einen konstanten Faktor eindeutig bestimmt. $P_n(x)$ ist ein Polynom *n-ten* Grades, läßt sich also auf Grund der anfangs gemachten Bemerkung eindeutig in der Form

$$P_n(x) = \Pi_{n-1}(x) + a_n x^n = c_0 P_0(x) + \cdots + c_{n-1} P_{n-1}(x) + a_n x^n$$

darstellen. Multiplikation mit $p(x)\, P_i(x)$ $(i = 1, 2, \ldots, n-1)$ und Integration liefert

$$\int_a^b p(x)\, P_i(x)\, P_n(x)\, dx = c_i \int_a^b p(x)\, [P_i(x)]^2\, dx + a_n \int_a^b p(x)\, P_i(x)\, x^n\, dx = 0,$$

also gilt

$$c_i = - a_n \frac{\int_a^b p(x)\, P_i(x)\, x^n\, dx}{\int_a^b p(x)\, [P_i(x)]^2\, dx} \qquad (i = 0, 1, \ldots, n-1).$$

Das bedeutet, daß die Konstanten $c_0, \ldots, c_{n-1}$ bis auf den gemeinsamen Faktor a_n nicht von $P_n(x)$, sondern nur von $P_0(x), \ldots, P_{n-1}(x)$ abhängen, womit der Beweis erbracht ist.

Werden die durch diesen Satz bis auf einen beliebigen von Null verschiedenen, konstanten Faktor eindeutig bestimmten Polynome noch normiert, so wird dadurch der Faktor auf ± 1 eingeschränkt. Das folgt unmittelbar aus der Gestalt des zu $P_n(x)$ gehörenden normierten Polynoms

$$P_n^*(x) = \frac{P_n(x)}{\sqrt{\int\limits_a^b p(x)\,[P_n(x)]^2\,dx}} \qquad (n = 0, 1, 2, \ldots).$$

Wählt man speziell das Grundintervall $(-1, 1)$ und $p(x) \equiv 1$, so ist auf Grund des vorstehenden Satzes ein System von orthogonalen Polynomen $P_n(x)$ $(n = 0, 1, 2, \ldots)$ bis auf konstante Faktoren eindeutig bestimmt. Die konstanten Faktoren seien jetzt so gewählt, daß

$$P_n(1) = 1 \qquad (n = 0, 1, 2, \ldots)$$

gilt. Die durch diese Festsetzung eindeutig bestimmten Polynome werden LEGENDREsche Polynome genannt. Da sie besonders in den Anwendungen eine wichtige Rolle spielen, werden wir uns später noch eingehend mit ihnen beschäftigen.

§ 4. Approximation im Mittel.

Ist $f(x)$ eine Funktion aus L^2 und $\{\varphi\}$ ein NO-System im Intervall (a, b), so kann die Frage nach der Darstellbarkeit von $f(x)$ in (a, b) durch ihre formale FOURIER-Reihe

$$\sum_{i=1}^{\infty} a_i \varphi_i(x), \qquad a_i = \int\limits_a^b f(x)\,\varphi_i(x)\,dx \qquad (i = 1, 2, 3, \ldots)$$

auch aufgefaßt werden als Frage nach der „*punktuellen*" Approximation von $f(x)$ in (a, b) durch Partialsummen ihrer FOURIER-Reihe. Während diese Frage schwierig zu beantworten ist, kann eine andere Approximationsaufgabe, die besonders für die Anwendungen von Bedeutung ist, sofort gelöst werden. Es handelt sich darum, die Funktion $f(x)$ durch Summen der Form $\sum_{i=1}^{n} b_i \varphi_i(x)$ *im Mittel* möglichst gut zu approximieren, also in dem Sinne, daß das mittlere Fehlerquadrat im Intervall (a, b) möglichst klein wird. Es wird sich herausstellen, *daß die beste Approximation im Mittel geliefert wird, wenn die Koeffizienten b_i mit den FOURIER-Koeffizienten a_i übereinstimmen.*

Ist $f(x) \in L^2$ und $\{\varphi\}$ ein normiertes Orthogonalsystem im Intervall (a, b) und sind $b_1, b_2, \ldots, b_n$ beliebige reelle Zahlen, so gilt

$$(4.1) \qquad \int\limits_a^b \left[f(x) - \sum_{i=1}^{n} a_i \varphi_i(x)\right]^2 dx \leq \int\limits_a^b \left[f(x) - \sum_{i=1}^{n} b_i \varphi_i(x)\right]^2 dx,$$

wobei

$$a_i = \int\limits_a^b f(x)\,\varphi_i(x)\,dx \qquad (i = 1, 2, 3, \ldots)$$

die FOURIER-*Koeffizienten von* $f(x)$ *sind.*

Bezeichnet man den Ausdruck auf der rechten Seite der Ungleichung mit R_n, so gilt

$$R_n = \int\limits_a^b [f(x)]^2\,dx - 2\sum_{i=1}^n b_i \int\limits_a^b f(x)\,\varphi_i(x)\,dx + \int\limits_a^b \Big[\sum_{i=1}^n b_i\,\varphi_i(x)\Big]^2\,dx.$$

Da $\{\varphi\}$ ein NO-System ist, folgt

$$R_n = \int\limits_a^b [f(x)]^2\,dx - 2\sum_{i=1}^n b_i a_i + \sum_{i=1}^n b_i^2 = \int\limits_a^b [f(x)]^2\,dx - \sum_{i=1}^n a_i^2 + \sum_{i=1}^n (a_i - b_i)^2.$$

Dieser Ausdruck nimmt aber offenbar sein Minimum für $a_i = b_i$ $(i = 1, 2, \ldots)$ an, und das ist gerade die Behauptung des Satzes.

Durch diesen Beweis wird insbesondere gezeigt, daß für den in der Ungleichung (4.1) links stehenden Ausdruck, den wir mit I_n bezeichnen wollen, gilt:

$$(4.2) \qquad I_n = \int\limits_a^b \Big[f(x) - \sum_{i=1}^n a_i\,\varphi_i(x)\Big]^2\,dx = \int\limits_a^b [f(x)]^2\,dx - \sum_{i=1}^n a_i^2.$$

Nun ist aber das Integral auf der linken Seite dieser Gleichung stets größer oder gleich Null, also folgt

$$\sum_{i=1}^n a_i^2 \leq \int\limits_a^b [f(x)]^2\,dx.$$

Da die rechte Seite von n unabhängig ist, gilt für ein unendliches Orthogonalsystem darüber hinaus

$$\sum_{i=1}^\infty a_i^2 \leq \int\limits_a^b [f(x)]^2\,dx,$$

wobei die linksstehende Summe über abzählbar unendlich viele beliebige FOURIER-Koeffizienten von $f(x)$ erstreckt ist. Diese Ungleichung heißt BESSEL*sche Ungleichung* und spielt eine grundlegende Rolle in der ganzen Theorie.

Wie wir sogleich beweisen werden, enthält ein beliebiges Orthogonalsystem höchstens abzählbar unendlich viele Funktionen. Es kann daher angenommen werden, daß die linksstehende Summe alle FOURIER-Koeffizienten umfaßt und die BESSELsche Ungleichung besagt dann insbesondere:

Die aus den Quadraten der FOURIER-*Koeffizienten einer Funktion gebildete Reihe konvergiert.*

§ 5. Abzählbarkeit eines orthogonalen Funktionensystems.

Eine erste wichtige Folge aus der BESSELschen Ungleichung ist der folgende Satz:

Ein orthogonales Funktionensystem $\{\varphi\}$ im Intervall (a,b) enthält höchstens abzählbar unendlich viele Funktionen.

Der Beweis erfolgt in mehreren Schritten. Zunächst wird ein System von abzählbar vielen Funktionen

$$\{\psi_i\} \equiv \{\psi_1, \psi_2, \psi_3, \ldots\}$$

mit der Eigenschaft konstruiert, daß im Intervall (a, b) keine Funktion der Klasse L^2, abgesehen von den Nullfunktionen, zu allen ψ_i orthogonal ist. Dazu wird die Tatsache benutzt, daß die rationalen Zahlen im Intervall (a, b) abzählbar sind; es sei

$$r_1, r_2, r_3, \ldots$$

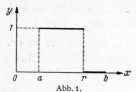

Abb. 1.

eine beliebige, aber fest gewählte Abzählung. Dann wird eine Funktion $s_{r_i}(x)$ definiert durch

$$s_{r_i}(x) = \begin{cases} 1 & a \leq x \leq r_i \\ 0 & r_i < x \leq b \end{cases} \qquad (i = 1, 2, 3, \ldots);$$

d.h. $s_{r_i}(x)$ ist eine sog. *Stufenfunktion* (Abb. 1). Nimmt man nun an, daß eine Funktion $g(x) \in L^2$ existiert, die zu allen $s_{r_i}(x)$ orthogonal ist, so muß

$$0 = \int\limits_a^b g(x)\, s_{r_i}(x)\, dx = \int\limits_a^{r_i} g(x)\, dx \qquad (i = 1, 2, 3, \ldots)$$

gelten, d.h. die Funktion

$$\Phi(x) \equiv \int\limits_a^x g(t)\, dt$$

muß an allen rationalen Punkten in (a, b) gleich Null sein. Da aber $\Phi(x)$ als Funktion der oberen Grenze eines Integrals über eine in (a, b) integrierbare Funktion stetig ist, folgt $\Phi(x) \equiv 0$ in (a, b); also ist $g(x)$ in (a, b) Nullfunktion.

Wir hatten für jedes orthogonale System vorausgesetzt, daß es keine Nullfunktionen enthält. Daher ist eine beliebige Funktion φ aus dem gegebenen Orthogonalsystem $\{\varphi\}$ nicht zu allen s_{r_i} orthogonal. Es kann folglich jeder Funktion φ aus $\{\varphi\}$ eindeutig eine Funktion s_{r_i} mit

$$\int\limits_a^b \varphi(x)\, s_{r_i}(x)\, dx \neq 0$$

zugeordnet werden[1].

---

[1] Unter allen, die dieser Ungleichung genügen, z. B. die mit minimalem Index i.

Diese Zuordnung stellt eine eindeutige Abbildung des Systems $\{\varphi\}$ in das System $\{s_{r_i}\}$ dar. Wir führen den Beweis nun indirekt zu Ende und nehmen an, daß das System $\{\varphi\}$ überabzählbar viele Funktionen enthalte. Dann muß bei der angegebenen Abbildung von $\{\varphi\}$ in $\{s_{r_i}\}$ mindestens eines der Bildelemente, etwa s_{r_n}, überabzählbar viele Urbilder besitzen. Das bedeutet aber, daß überabzählbar viele FOURIER-Koeffizienten von s_{r_n} bezüglich des Orthogonalsystems $\{\varphi\}$ ungleich Null sein müssen. Nimmt man die Absolutbeträge dieser FOURIER-Koeffizienten, so müssen folglich mindestens in einem der abzählbar vielen Intervalle

$$A_1 = (1, \infty), \qquad A_2 = \left(\frac{1}{2}, 1\right), \quad \ldots, \quad A_n = \left(\frac{1}{n}, \frac{1}{n-1}\right), \quad \ldots$$

unendlich viele enthalten sein, etwa in A_k. Dann gibt es also unendlich viele FOURIER-Koeffizienten von s_{r_i} mit einem Betrage größer oder gleich $1/k$, was offenbar im Widerspruch zur BESSELschen Ungleichung steht.

§ 6. Vollständige Funktionensysteme, PARSEVALsche Gleichung.

Gilt in der BESSELschen Ungleichung für ein normiertes Orthogonalsystem $\{\varphi\}$ und alle Funktionen der Klasse L^2 das Gleichheitszeichen,

$$(6.1) \qquad \sum_{i=1}^{\infty} a_i^2 = \int_a^b [f(x)]^2 \, dx, \qquad a_i = \int_a^b f(x) \, \varphi_i(x) \, dx,$$

dann heißt $\{\varphi\}$ ein *vollständiges Funktionensystem in* L^2. Gl. (6.1) wird als PARSEVAL*sche Gleichung* bezeichnet.

Fragt man nach einer Charakterisierung der vollständigen NO-System, so ist zunächst klar, daß nicht jedes NO-System vollständig ist. Ist etwa das NO-System $\varphi_1, \varphi_2, \varphi_3, \ldots$ vollständig, so ist es das System $\varphi_2, \varphi_3, \varphi_4, \ldots$ sicher nicht mehr, denn für eine Funktion $f(x)$ mit $a_1 \neq 0$ ist jetzt (6.1) nicht erfüllt. Zum Beispiel wird für $f(x) \equiv \varphi_1(x)$

$$\sum_{i=2}^{\infty} a_i^2 = 0 < \int_a^b [\varphi_1(x)]^2 \, dx = 1.$$

Andererseits gibt es aber auch vollständige NO-Systeme, wie z.B. das System der trigonometrischen Funktionen

$$\frac{1}{\sqrt{2\pi}}, \quad \frac{\cos x}{\sqrt{\pi}}, \quad \frac{\sin x}{\sqrt{\pi}}, \quad \frac{\cos 2x}{\sqrt{\pi}}, \quad \frac{\sin 2x}{\sqrt{\pi}}, \quad \ldots$$

Den Beweis für diese Behauptung führen wir allerdings erst später.

Ist $\{\varphi\}$ ein vollständiges NO-System, so folgt aus (6.1) mit Hilfe von (4.2)

$$\sum_{i=n+1}^{\infty} a_i^2 = \int_a^b [f(x)]^2 \, dx - \sum_{i=1}^{n} a_i^2 = \int_a^b \left[f(x) - \sum_{i=1}^{n} a_i \varphi_i(x) \right]^2 dx.$$

Da die Reihe $\sum\limits_{i=1}^{\infty} a_i^2$ konvergiert, gilt

$$\lim_{n \to \infty} \sum_{i=n+1}^{\infty} a_i^2 = \lim_{n \to \infty} \int_a^b \left[f(x) - \sum_{i=1}^{n} a_i \varphi_i(x) \right]^2 d x = 0.$$

Damit haben wir das folgende Ergebnis erhalten:

Jede Funktion $f(x) \in L^2$ wird in (a, b) im Mittel beliebig genau durch die Partialsummen ihrer Fourier-*Entwicklung bezüglich jedes in L^2 vollständigen NO-Systems approximiert.*

Hiervon gilt aber auch die Umkehrung:

Läßt sich jede Funktion $f(x) \in L^2$ in (a, b) im Mittel beliebig genau durch die Partialsummen ihrer Fourier-*Entwicklung bezüglich eines NO-Systems approximieren, dann ist dieses NO-Systems vollständig in L^2.*

Diese Umkehrung ist noch zu beweisen. Angenommen, das gegebene NO-System $\{\varphi\}$ wäre nicht vollständig, dann existierte eine Funktion $f(x)$ mit

$$I = \int_a^b [f(x)]^2 d x - \sum_{i=1}^{\infty} a_i^2 > 0.$$

Nach Voraussetzung gilt für hinreichend großes n einerseits

$$I_n = \int_a^b \left[f(x) - \sum_{i=1}^{n} a_i \varphi_i(x) \right]^2 d x < I,$$

andererseits gilt zufolge (4.2)

$$I_n = \int_a^b [f(x)]^2 d x - \sum_{i=1}^{n} a_i^2 \geq I,$$

womit wir einen Widerspruch erhalten haben. Also ist $\{\varphi\}$ vollständig.

Die soeben bewiesene Äquivalenz zwischen der Parsevalschen Gleichung und der Approximierbarkeit im Mittel legt den Gedanken nahe, den Begriff der Vollständigkeit auch auf nicht orthogonale Systeme auszudehnen:

Ein abzählbares System von Funktionen der Klasse L^2

$$\psi_1(x), \ \psi_2(x), \ \psi_3(x), \ \ldots$$

heißt vollständig im Intervall (a, b) bezüglich der Klasse L^2 (oder einer Unterklasse F), wenn es zu jeder Funktion $f(x)$ aus L^2 (oder F) und jeder Zahl $\varepsilon > 0$ endlich viele Konstanten $b_1, \ldots, b_n$ gibt, so daß gilt:

$$(6.2) \qquad \int_a^b \left[f(x) - \sum_{i=1}^{n} b_i \psi_i(x) \right]^2 d x < \varepsilon.$$

Wir sagen dann auch, daß die Funktion $f(x)$ in (a, b) im Mittel beliebig genau durch Linearkombinationen von Funktionen aus $\{\psi_i(x)\}$ approximiert werden kann.

Zunächst könnte der Eindruck entstehen, daß diese Definition der vollständigen Systeme nicht die zuvor angegebene für vollständige NO-Systeme enthält. Während jetzt die Koeffizienten $b_1, \ldots, b_n$ beliebig gewählt werden können, sollten es dort die FOURIER-Koeffizienten sein. Wir hatten aber in § 4 gezeigt, daß die beste Approximation im Mittel bei einem NO-System durch die FOURIER-Koeffizienten geliefert wird; gilt also (6.2) bei einem NO-System mit gewissen Koeffizienten, so erst recht mit den FOURIER-Koeffizienten.

Es ist leicht einzusehen, daß die Anwendung des Orthogonalisierungs-verfahrens auf ein vollständiges Funktionensystem $\{\psi_i\}$ ein vollständiges NO-System $\{\varphi_i\}$ liefert. Die Funktionen des Systems $\{\psi_i\}$ kann man linear durch die von $\{\varphi_i\}$ ausdrücken:

$$\psi_i = \sum_{\nu=1}^{i} c_{i\nu} \varphi_\nu;$$

ist nun

$$\int_a^b \left[f(x) - \sum_{i=1}^{n} b_i \psi_i(x) \right]^2 dx < \varepsilon,$$

so erhält man

$$\int_a^b \left[f(x) - \sum_{i=1}^{n} b_i \sum_{\nu=1}^{i} c_{i\nu} \varphi_\nu(x) \right]^2 dx = \int_a^b \left[f(x) - \sum_{\nu=1}^{n} b_\nu' \varphi_\nu(x) \right]^2 dx < \varepsilon.$$

Bei dieser Überlegung wird nicht von der Orthogonalitätseigenschaft der φ_i Gebrauch gemacht, so daß man allgemein bei einer linearen Transformation der Gestalt (2.1) aus einem vollständigen System wieder ein vollständiges erhält.

Ferner soll noch bemerkt werden, daß ein im Intervall (a, b) vollständiges System $\{\psi_i\}$ auch in jedem in (a, b) enthaltenem Intervall (a', b') vollständig ist. Das folgt unmittelbar aus der Beziehung

$$\int_{a'}^{b'} \left[f(x) - \sum_{i=1}^{n} b_i \psi_i(x) \right]^2 dx \leq \int_a^b \left[f(x) - \sum_{i=1}^{n} b_i \psi_i(x) \right]^2 dx.$$

§ 7. Konvergenz im Mittel.

Die in L^2 vollständigen NO-Systeme $\{\varphi_i\}$ werden durch die Gültigkeit der Gleichung

$$\lim_{n \to \infty} \int_a^b \left[f(x) - \sum_{i=1}^{n} a_i \varphi_i(x) \right]^2 dx = 0$$

für jede Funktion $f(x) \in L^2$ charakterisiert. Um diesen Sachverhalt kurz auszudrücken, sagt man, *daß die* FOURIER-*Entwicklung im Mittel* *gegen die Funktion $f(x)$ konvergiert. Allgemein wollen wir sagen, daß eine Folge von Funktionen*

$$f_1(x), f_2(x), f_3(x), \ldots$$

im Intervall (a, b) im Mittel gegen die Funktion $f(x)$ konvergiert, wenn

$$\lim_{n \to \infty} \int_a^b [f(x) - f_n(x)]^2 \, dx = 0$$

ist und schreiben dafür kurz

$$\operatorname*{l.i.m.}_{n \to \infty} f_n(x) = f(x).$$

Entsprechend heißt es, daß eine Reihe im Mittel gegen $f(x)$ konvergiert, wenn die Folge ihrer Partialsummen im Mittel gegen $f(x)$ konvergiert.

Es ist unmittelbar einleuchtend, daß eine Reihe im Intervall (a, b) im Mittel konvergent sein kann, ohne dort überall im gewöhnlichen Sinne zu konvergieren und daß umgekehrt eine Reihe, die in (a, b) im gewöhnlichen Sinne konvergiert, dort nicht notwendig im Mittel konvergent ist. *Wenn aber eine Reihe*

$$u_1(x) + u_2(x) + u_3(x) + \cdots$$

im Intervall (a, b) gleichmäßig gegen $f(x)$ konvergiert, dann konvergiert sie dort auch im Mittel gegen $f(x)$.

Um dies einzusehen, beachte man, daß es zu einer beliebigen Zahl $\varepsilon > 0$ wegen der gleichmäßigen Konvergenz von $\sum_{i=1}^{\infty} u_i(x)$ eine Zahl n_0 gibt, so daß für $n > n_0$ in (a, b)

$$\left| f(x) - \sum_{i=1}^{n} u_i(x) \right| < \varepsilon$$

gilt. Daraus folgt

$$\int_a^b \left[f(x) - \sum_{i=1}^{n} u_i(x) \right]^2 dx < (b - a)\, \varepsilon^2,$$

so daß tatsächlich

$$\operatorname*{l.i.m.}_{n \to \infty} \sum_{i=1}^{n} u_i(x) = f(x)$$

ist.

Es ist für die weiteren Überlegungen wichtig, *daß der Grenzwert einer im Mittel konvergenten Folge bis auf eine Nullfunktion (als Summand) eindeutig bestimmt ist.* Hat man also gleichzeitig

$$(7.1) \qquad \operatorname*{l.i.m.}_{n \to \infty} f_n(x) = F(x), \qquad \operatorname*{l.i.m.}_{n \to \infty} f_n(x) = f(x),$$

so ist die Differenz $F(x) - f(x)$ in (a, b) fast überall gleich Null.

Zum Beweis gehen wir von der Identität aus:

$$(7.2) \quad \int_a^b [F(x) - f(x)]^2 \, dx = \int_a^b [(F(x) - f_n(x)) - (f(x) - f_n(x))]^2 \, dx.$$

Aus der elementaren Gleichung

$$(a + b)^2 + (a - b)^2 = 2(a^2 + b^2)$$

folgt

$$(7.3) \quad (a \pm b)^2 \leqq 2(a^2 + b^2).$$

Setzt man $F(x) - f_n(x) = a$ und $f(x) - f_n(x) = b$, so erhält man damit aus (7.2)

$$\int_a^b [F(x) - f(x)]^2 \, dx \leqq 2 \int_a^b [F(x) - f_n(x)]^2 \, dx + 2 \int_a^b [f(x) - f_n(x)]^2 \, dx.$$

Voraussetzung (7.1) besagt, daß es zu vorgegebenem $\varepsilon > 0$ ein n_0' bzw. ein n_0'' gibt, so daß für $n > n_0'$ bzw. $n > n_0''$

$$\int_a^b [F(x) - f_n(x)]^2 \, dx < \varepsilon \quad \text{bzw.} \quad \int_a^b [f(x) - f_n(x)]^2 \, dx < \varepsilon$$

gilt. Mit $n_0 = \text{Max}(n_0', n_0'')$ wird dann für alle $n > n_0$ auf Grund der vorhergehenden Ungleichung

$$\int_a^b [F(x) - f(x)]^2 \, dx < 4\varepsilon,$$

und da das Integral nicht von n abhängt, folgt schließlich

$$\int_a^b [F(x) - f(x)]^2 \, dx = 0,$$

also ist $F(x) - f(x)$ tatsächlich Nullfunktion.

Diese kurze Betrachtung über die Konvergenz im Mittel genügt bereits, um den folgenden Satz zu beweisen, der eine erste, teilweise Antwort auf die in der Einleitung angegebene zentrale Frage der Theorie der FOURIER-Reihen gibt:

Konvergiert die FOURIER-*Entwicklung einer Funktion* $f(x) \in L^2$

$$\sum_{i=1}^{\infty} a_i \varphi_i(x), \qquad a_i = \int_a^b f(x) \varphi_i(x) \, dx$$

bezüglich eines vollständigen NO-Systems $\{\varphi\}$ *gleichmäßig in* (a, b) *gegen eine Funktion* $F(x)$, *dann ist fast überall in* (a, b) $F(x) = f(x)$.

Wie festgestellt, folgt aus der gleichmäßigen Konvergenz die Konvergenz im Mittel:

$$\underset{n \to \infty}{\text{l.i.m.}} \sum_{i=1}^n a_i \varphi_i(x) = F(x).$$

2*

Da das NO-System $\{\varphi\}$ vollständig ist, gilt andererseits

$$\underset{n \to \infty}{\text{l.i.m.}} \sum_{i=1}^{n} a_i\, \varphi_i(x) = f(x),$$

und dann erhält man die Behauptung sofort aus dem vorhergehenden Satz.

§ 8. Der Satz von WEYL über die Konvergenz im Mittel.

Für Folgen, die im Mittel konvergent sind, besteht ein Konvergenzkriterium, welches dem CAUCHYSchen Kriterium aus der gewöhnlichen Konvergenztheorie vollkommen analog ist. So gilt der folgende Satz, den wir als Satz von H. WEYL[1] bezeichnen werden:

Notwendig und hinreichend dafür, daß die Folge von Funktionen

$$f_1(x), f_2(x), f_3(x), \ldots$$

im Intervall (a, b) im Mittel gegen eine Funktion $f(x) \in L^2$ konvergiert, ist die Bedingung, daß zu jeder beliebigen Zahl $\varepsilon > 0$ eine Zahl n_0 existiert, so daß für alle $m > n_0, n > n_0$ gilt:

$$(8.1) \qquad \int_a^b [f_m(x) - f_n(x)]^2\, dx < \varepsilon.$$

Daß die Bedingung notwendig ist, ist sofort einzusehen. Es gilt auf Grund von (7.3)

$$(8.2) \quad \begin{cases} \int_a^b [f_m(x) - f_n(x)]^2\, dx = \int_a^b \left[(f_m(x) - f(x)) - (f_n(x) - f(x)) \right]^2 dx \\[2mm] \qquad \leq 2 \int_a^b [f_m(x) - f(x)]^2 + 2 \int_a^b [f_n(x) - f(x)]^2 dx. \end{cases}$$

Da nach Voraussetzung die Folge $\{f_n(x)\}$ im Mittel gegen $f(x)$ konvergiert, gibt es zu vorgegebenem $\varepsilon/4$ ein n_0, so daß für $n > n_0$

$$\int_a^b [f(x) - f_n(x)]^2\, dx < \frac{\varepsilon}{4}$$

ist. Dann folgt für $m > n_0, n > n_0$ (8.1) aus (8.2).

Weniger leicht ist zu zeigen, daß die Bedingung hinreichend ist. Dazu benutzen wir ohne Beweis einen Satz aus der Theorie der LEBESGUEschen Integrale, der in gewissem Sinne eine Umkehrung des klassischen Satzes über die gliedweise Integration von Reihen darstellt[2].

Wenn die Glieder der Reihe

$$u_1(x) + u_2(x) + u_3(x) + \cdots$$

---

[1] Math. Ann. **67**, 225 (1909).
[2] Siehe z. B. [*20*], S. 8.

im Intervall (a, b) nicht negative Funktionen der Klasse L^2 sind und wenn die Reihe ihrer Integrale

$$\int_a^b u_1(x)\, dx + \int_a^b u_2(x)\, dx + \int_a^b u_3(x)\, dx + \cdots$$

konvergiert, dann konvergiert die ursprüngliche Reihe fast überall in (a, b) gegen eine Funktion $f(x) \in L^2$. Ferner kann man zu vorgegebenem $\varepsilon > 0$ eine Punktmenge E aus (a, b) bestimmen, deren Maß kleiner als ε ist, derart, daß im Komplement von E in (a, b) die gegebene Reihe gleichmäßig gegen $f(x)$ konvergiert.

Dieser Satz soll nun angewendet werden auf eine Reihe der Gestalt

(8.3) $$|f_{n_1}(x)| + |f_{n_2}(x) - f_{n_1}(x)| + |f_{n_3}(x) - f_{n_2}(x)| + \cdots,$$

wobei $f_{n_1}(x), f_{n_2}(x), f_{n_3}(x), \ldots$ geeignete Glieder der gegebenen Folge sind. Um die Voraussetzung des Satzes zu erfüllen, hat man die Indizes $n_1, n_2, n_3, \ldots$ so zu bestimmen, daß die Reihe

(8.4) $$\int_a^b |f_{n_1}(x)|\, dx + \int_a^b |f_{n_2}(x) - f_{n_1}(x)|\, dx + \int_a^b |f_{n_3}(x) - f_{n_2}(x)|\, dx + \cdots$$

konvergiert. Dies ist leicht möglich; ist nämlich

(8.5) $$\eta_1 + \eta_2 + \eta_3 + \cdots$$

eine beliebige konvergente Reihe mit positiven Gliedern, so gibt es nach Voraussetzung des WEYLschen Satzes zu jeder der Zahlen

$$\varepsilon_i = \frac{\eta_i^2}{(b-a)} \qquad (i = 1, 2, 3, \ldots)$$

eine natürliche Zahl n_i, so daß für alle $n \geq n_i$

$$\int_a^b [f_n(x) - f_{n_i}(x)]^2\, dx < \varepsilon_i$$

ist. Auf Grund der SCHWARZschen Ungleichung (1.3) gilt außerdem

$$\int_a^b |f_n(x) - f_{n_i}(x)|\, dx \leq \left[(b-a) \int_a^b [f_n(x) - f_{n_i}(x)]^2\, dx\right]^{\frac{1}{2}},$$

und dann folgt

$$\int_a^b |f_n(x) - f_{n_i}(x)|\, dx < \eta_i.$$

Man kann also die Indizes $n_1 < n_2 < \cdots$ so bestimmen, daß, abgesehen vom ersten Glied, die Reihe (8.5) eine Majorante der Reihe (8.4) ist.

Dann folgt aus dem angegebenen Satz, daß die Reihe (8.3) fast überall in (a, b) gegen eine Funktion aus L^2 konvergiert. Diese Reihe stellt aber eine Majorante der Reihe

$$f_{n_1}(x) + [f_{n_2}(x) - f_{n_1}(x)] + [f_{n_3}(x) - f_{n_2}(x)] + \cdots$$

dar, die daher ebenfalls fast überall in (a, b) gegen eine Funktion $f(x) \in L^2$ konvergiert[1]. Da ihre k-te Partialsumme gleich $f_{n_k}(x)$ ist, gilt also fast überall in (a, b)

$$\lim_{k \to \infty} f_{n_k}(x) = f(x).$$

Sei nun das Intervall (a, b) in der Weise in eine Menge E vom Maße ω und in das Komplement E' von E in (a, b) zerlegt, daß $f_{n_k}(x)$ $(k = 1, 2, 3, \ldots)$ in E' gleichmäßig gegen $f(x)$ konvergiert; ω kann dabei eine beliebig kleine positive Zahl sein. Die Möglichkeit einer solchen Zerlegung folgt aus dem angegebenen Satz. Dann existiert zu jeder Zahl $\varepsilon > 0$ ein k_0 derart, daß in E' für $k \geq k_0$

$$(8.6) \qquad |f(x) - f_{n_k}(x)| < \sqrt{\frac{\varepsilon}{b - a}}$$

gilt. Auf Grund der Voraussetzung des Satzes können wir annehmen, daß k_0 außerdem so groß gewählt ist, daß für $n \geq n_{k_0}$ die Beziehung

$$(8.7) \qquad |f_{n_{k_0}}(x) - f_n(x)| < \sqrt{\frac{\varepsilon}{b - a}}$$

erfüllt ist. Aus (8.6) folgt

$$\int_{E'} [f(x) - f_{n_k}(x)]^2 \, dx < (b - a - \omega) \frac{\varepsilon}{b - a} < \varepsilon.$$

Um das gleiche Integral über E abzuschätzen, benutzen wir noch einmal Ungleichung (7.3) und erhalten

$$\int_E [f(x) - f_{n_k}(x)]^2 \, dx \leq 2 \int_E [f(x) - f_{n_{k_0}}(x)]^2 \, dx + 2 \int_E [f_{n_{k_0}}(x) - f_{n_k}(x)]^2 \, dx.$$

Dabei wird das erste Integral als Integral über eine quadratisch integrierbare Funktion für hinreichend kleines ω selbst kleiner als ε. Für das zweite Integral besteht auf Grund von (8.7) die Abschätzung

$$\int_E [f_{n_{k_0}}(x) - f_{n_k}(x)]^2 \, dx \leq \int_a^b [f_{n_{k_0}}(x) - f_{n_k}(x)]^2 \, dx < \varepsilon.$$

Insgesamt erhält man also für $k \geq k_0$ und hinreichend kleines ω

$$\int_a^b [f(x) - f_{n_k}(x)]^2 \, dx < 5 \varepsilon$$

oder anders ausgedrückt

$$\underset{k \to \infty}{\text{l.i.m.}} \, f_{n_k}(x) = f(x),$$

womit der Beweis des Satzes für die Teilfolge $f_{n_k}(x)$ $(k = 1, 2, 3, \ldots)$ bereits geführt ist. Um ihn für die gesamte Folge $f_n(x)$ $(n = 1, 2, 3, \ldots)$ zu erhalten, überlegen wir, daß wegen (7.3)

$$\int_a^b [f(x) - f_n(x)]^2 \, dx \leq 2 \int_a^b [f(x) - f_{n_{k_0}}(x)]^2 \, dx + 2 \int_a^b [f_{n_{k_0}}(x) - f_n(x)]^2 \, dx$$

---

[1] Dabei wird der Satz benutzt, daß L^2 abgeschlossen ist, d.h. daß der Grenzwert von Funktionen $\in L^2$ wieder zu L^2 gehört.

gilt. Das erste Integral auf der rechten Seite ist, wie eben festgestellt, kleiner als 5ε und das zweite für $n \geq n_{k_0}$ wegen (8.7) kleiner als ε, so daß insgesamt folgt

$$\int_a^b [f(x) - f_n(x)]^2 \, dx < 12\,\varepsilon.$$

Das bedeutet aber

$$\underset{n \to \infty}{\text{l.i.m.}} \, f_n(x) = f(x),$$

wie im WEYLschen Satz behauptet worden war.

§ 9. Der Satz von FISCHER-RIESZ.

Die BESSELsche Ungleichung

$$\sum_{i=1}^\infty a_i^2 \leq \int_a^b [f(x)]^2 \, dx$$

besagt, daß die Reihe $\sum\limits_{i=1}^\infty a_i^2$ konvergiert, falls die a_i die FOURIER-Koeffizienten der Funktion $f(x) \in L^2$ bezüglich eines NO-Systems sind.

Hiervon gilt auch die Umkehrung. Das ist der wesentliche Inhalt des Satzes von FISCHER-RIESZ, den im Jahre 1907 unabhängig voneinander E. FISCHER und F. RIESZ mitgeteilt haben[1].

Notwendig und hinreichend dafür, daß eine Funktion $f(x) \in L^2$ existiert, die beliebig vorgegebene Zahlen $a_1, a_2, a_3, \dots$ als FOURIER-Koeffizienten bezüglich eines normierten Orthogonalsystems $\{\varphi\}$ besitzt, ist die Konvergenz der Reihe $\sum a_i^2$.

Ist die Reihe $\sum a_i^2$ konvergent und ist das normierte Orthogonalsystem vollständig, so ist die Funktion $f(x)$ bis auf eine Nullfunktion (als Summand) eindeutig bestimmt.

Um zu zeigen, daß die Bedingung des Satzes hinreichend ist, sei

$$f_r(x) = a_1 \varphi_1(x) + \cdots + a_r \varphi_r(x).$$

Dann ist für $r > n$

$$f_r(x) - f_n(x) = a_{n+1} \varphi_{n+1}(x) + \cdots + a_r \varphi_r(x),$$

und auf Grund der Tatsache, daß $\{\varphi\}$ ein NO-System ist, folgt

$$\int_a^b [f_r(x) - f_n(x)]^2 \, dx = a_{n+1}^2 + \cdots + a_r^2.$$

---

[1] FISCHER, E.: Sur la convergence en moyenne. C. r. Acad. Sci. Paris **144**, 1022 (1907). — RIESZ, F.: Sur les systèmes orthogonaux de fonctions. C. r. Acad. Sci. Paris **144**, 615 (1907).

Da die Reihe $\sum\limits_{i=1}^{\infty} a_i^2$ konvergiert, gibt es zu vorgegebenem $\varepsilon > 0$ ein n_0, so daß für $n > n_0$

$$\sum_{i=n+1}^{\infty} a_i^2 < \varepsilon$$

und folglich auch

$$\int_a^b [f_r(x) - f_n(x)]^2 \, dx < \varepsilon$$

ist. Aus dem Satz von WEYL folgt dann, daß die Folge $f_1(x), f_2(x), f_3(x), \ldots$ im Mittel gegen eine Funktion $f(x) \in L^2$ konvergiert.

Diese Funktion besitzt, wie nun gezeigt werden soll, die Zahlen $a_1, a_2, a_3, \ldots$ als FOURIER-Koeffizienten bezüglich des Systems $\{\varphi\}$. Bezeichnen wir zunächst einmal ihre FOURIER-Koeffizienten mit $b_1, b_2, b_3, \ldots$, dann gilt, wie in § 4 gezeigt wurde

$$\int_a^b [f(x) - f_n(x)]^2 \, dx = \int_a^b [f(x)]^2 \, dx - \sum_{i=1}^{n} b_i^2 + \sum_{i=1}^{n} (b_i - a_i)^2.$$

Auf Grund der BESSELschen Ungleichung

$$\int_a^b [f(x)]^2 \, dx - \sum_{i=1}^{n} b_i^2 \geq 0$$

folgt daraus

$$\int_a^b [f(x) - f_n(x)]^2 \, dx \geq \sum_{i=1}^{n} (b_i - a_i)^2.$$

Da die Folge $f_n(x)$ $(n = 1, 2, 3, \ldots)$ im Mittel gegen $f(x)$ konvergiert, strebt das Integral auf der linken Seite der Ungleichung für $n \to \infty$ gegen 0, also muß auch

$$\lim_{n \to \infty} \sum_{i=1}^{n} (b_i - a_i)^2 = 0$$

gelten. Dies ist offenbar nur möglich für $b_i = a_i$ $(i = 1, 2, 3, \ldots)$, d.h. $f(x)$ besitzt tatsächlich die FOURIER-Koeffizienten $a_1, a_2, a_3, \ldots$. Damit ist der erste Teil des Satzes von FISCHER-RIESZ bewiesen.

Zum Beweis des zweiten Teiles genügt es nachzuweisen, daß die Differenz zweier Funktionen mit gleichen FOURIER-Koeffizienten bezüglich eines vollständigen NO-Systems $\{\varphi\}$ Nullfunktion in (a, b) ist. Diese Differenz $g(x)$ ist also eine Funktion, deren sämtliche FOURIER-Koeffizienten $c_i = 0$ $(i = 1, 2, 3, \ldots)$ sind. Wegen der Vollständigkeit von $\{\varphi\}$ gilt die PARSEVALsche Gleichung

$$\int_a^b [g(x)]^2 \, dx = \sum_{i=1}^{\infty} c_i^2 = 0,$$

und das bedeutet bereits, daß $g(x)$ in (a, b) Nullfunktion ist.

§ 10. Abgeschlossene Funktionensysteme,
Äquivalenz von Abgeschlossenheit und Vollständigkeit.

Am Ende des vorhergehenden Paragraphen hatten wir festgestellt, daß eine Funktion, die zu allen Funktionen eines vollständigen NO-Systems orthogonal ist, eine Nullfunktion ist.

Diese Eigenschaft wird nun zur Definition der *abgeschlossenen Funktionensysteme* erhoben:

Ein System {φ} von (nicht notwendig orthogonalen) Funktionen, die in einem Intervall (a, b) definiert sind, heißt abgeschlossen bezüglich einer Klasse F von Funktionen, wenn jede Funktion aus F, die zu allen Funktionen des Systems {ψ} orthogonal ist, in (a, b) eine Nullfunktion ist.

Wir wissen bereits, daß ein vollständiges NO-System abgeschlossen bezüglich der Funktionen aus L^2 ist. Wesentlich ist nun, daß hiervon auch die Umkehrung gilt. So besteht der folgende Satz:

Ein abzählbares Funktionensystem {ψ} ist dann und nur dann vollständig bezüglich der Klasse L^2, wenn es abgeschlossen ist.

Die Begriffe Vollständigkeit und Abgeschlossenheit sind also (bei abzählbaren Funktionensystemen) äquivalent. Dies gilt auch beim Vorhandensein einer Belegungsfunktion $p(x)$, wobei jetzt L^2 durch die Klasse der Funktionen zu ersetzen ist, für die das Integral

$$\int_a^b p(x) [f(x)]^2 \, dx$$

existiert. Der folgende Beweis für den angegebenen Satz ist dann in naheliegender Weise abzuändern.

Zum Beweis bemerken wir zuerst, daß es genügt, die Behauptung für ein in {ψ} enthaltenes, maximales System {ψ*} von linear unabhängigen Funktionen nachzuweisen[1]. Ist nämlich {ψ} vollständig bzw. abgeschlossen, so auch {ψ*}, wie sich unmittelbar aus der Definition der Vollständigkeit bzw. Abgeschlossenheit ergibt.

Wie in § 6 festgestellt, erhält man aus einem vollständigen System {ψ*} von linear unabhängigen Funktionen durch Orthogonalisierung und Normierung ein vollständiges NO-System {φ}. Das gleiche gilt auch für ein abgeschlossenes System {ψ*} von linear unabhängigen Funktionen, denn auf Grund der linearen Beziehung (2.1) zwischen den Funktionen aus {ψ*} und {φ} ist eine Funktion aus L^2 dann und nur dann zu allen Funktionen aus {ψ*} orthogonal, wenn sie zu allen Funktionen aus {φ} orthogonal ist.

---

[1] Darunter verstehen wir ein System linear unabhängiger Funktionen aus {ψ}, welches durch Hinzufügen einer beliebigen darin nicht enthaltenen Funktion aus {ψ} linear abhängig wird. Mit anderen Worten: Man bekommt {ψ*}, wenn die (eventuellen) nicht linear unabhängigen Funktionen von {ψ} entfernt werden.

Der Satz ist also nur noch für ein NO-System zu beweisen, und dafür haben wir bereits gezeigt, daß aus der Vollständigkeit die Abgeschlossenheit folgt. Sei nun $\{\varphi\}$ abgeschlossen und $f(x)$ eine beliebige Funktion aus L^2. Wir betrachten die Partialsummen der FOURIER-Reihe von $f(x)$ bezüglich $\{\varphi\}$:

$$f_n(x) = a_1 \varphi_1(x) + \cdots + a_n \varphi_n(x) \qquad (n = 1, 2, 3, \ldots).$$

Wie beim Beweis des Satzes von FISCHER-RIESZ gezeigt, konvergiert die Folge dieser Partialsummen im Mittel gegen eine Funktion $f^*(x) \in L^2$ mit den gleichen FOURIER-Koeffizienten $a_1, a_2, a_3, \ldots$. Also ist $f(x) - f^*(x)$ eine Funktion, deren sämtliche FOURIER-Koeffizienten verschwinden, die also orthogonal zu allen Funktionen aus $\{\varphi\}$ ist. Da $\{\varphi\}$ nach Voraussetzung abgeschlossen ist, bedeutet dies, daß $f(x) - f^*(x)$ in (a, b) Nullfunktion ist. Dann ist auch

$$[f(x) - f_n(x)]^2 - [f^*(x) - f_n(x)]^2 = [f(x) - f^*(x)][f(x) + f^*(x) - 2f_n(x)]$$

eine Nullfunktion, also gilt

$$\int_a^b [f(x) - f_n(x)]^2 \, dx = \int_a^b [f^*(x) - f_n(x)]^2 \, dx.$$

Da die Folge $f_n(x)$ $(n = 1, 2, 3, \ldots)$ im Mittel gegen $f^*(x)$ konvergiert, folgt daraus

$$\lim_{n \to \infty} \int_a^b [f(x) - f_n(x)]^2 \, dx = \lim_{n \to \infty} \int_a^b [f^*(x) - f_n(x)]^2 \, dx = 0.$$

Das bedeutet, daß $f(x)$ durch die Funktionen des Systems $\{\varphi\}$ im Mittel mit beliebiger Genauigkeit approximiert werden kann, also $\{\varphi\}$ vollständig ist.

Auf Grund dieses Äquivalenzsatzes können die Begriffe vollständig und abgeschlossen in gleicher Weise benutzt werden, und man wird jeweils die Definition heranziehen, die für die durchzuführende Überlegung am geeignetsten ist. In der Literatur findet man die beiden Definitionen auch oft mit vertauschter Bedeutung.

Auf Grund der Äquivalenz gilt nun sogleich, daß ein Funktionensystem, welches in einem Intervall (a, b) abgeschlossen ist, auch in jedem in (a, b) enthaltenen Intervall und sogar in jeder in (a, b) enthaltenen Punktmenge abgeschlossen ist.

§ 11. Die Bedingungen von LAURICELLA, VITALI und DALZELL für die Vollständigkeit eines Funktionensystems.

Wir wollen uns jetzt der Frage nach der Existenz vollständiger (abgeschlossener) Funktionensysteme zuwenden, sowie notwendige und hinreichende Bedingungen für die Vollständigkeit eines Funktionensystems aufstellen.

Die erste Frage ist sofort beantwortet, denn das System der Stufen-funktionen aus § 5 ist, wie dort gezeigt, abgeschlossen (bezüglich der Klasse L^2) und daher auch vollständig.

Um zu entscheiden, ob ein gegebenes Funktionensystem vollständig ist, wird man oft ebenso vorgehen wie bei diesem Beispiel, indem man eben feststellt, ob eine zu allen Funktionen des Systems orthogonale Funktion im Grundintervall Nullfunktion ist, d.h. man benutzt die Definition der Abgeschlossenheit. Bei gewissen Fragen kommt man allerdings mit der dazu äquivalenten Definition der Vollständigkeit leichter zum Ziel, wie etwa beim Beweis der folgenden Sätze.

Ist ein System $\{\varphi\}$ vollständig bezüglich zweier Funktionen $f(x)$ und $g(x)$, so ist es auch vollständig bezüglich jeder Linearkombination

$$h(x) = \alpha f(x) + \beta g(x)$$

mit beliebigen Zahlkoeffizienten α, β.

Nach Voraussetzung gibt es zu einer beliebigen Zahl $\varepsilon > 0$ ein n_0, so daß für $n > n_0$ mit geeigneten Koeffizienten $a_1, \ldots, a_n;\ b_1, \ldots, b_n$

$$\int_a^b \left[f(x) - \sum_{i=1}^n a_i \varphi_i(x) \right]^2 dx < \varepsilon, \qquad \int_a^b \left[g(x) - \sum_{i=1}^n b_i \varphi_i(x) \right]^2 dx < \varepsilon$$

ist. Daraus folgt mit Hilfe von (7.3)

$$\int_a^b \left[h(x) - \sum_{i=1}^n (\alpha a_i + \beta b_i) \varphi_i(x) \right]^2 dx$$

$$= \int_a^b \left(\alpha \left[f(x) - \sum_{i=1}^n a_i \varphi_i(x) \right] + \beta \left[g(x) - \sum_{i=1}^n b_i \varphi_i(x) \right] \right)^2 dx$$

$$\leq 2\alpha^2 \int_a^b \left[f(x) - \sum_{i=1}^n a_i \varphi_i(x) \right]^2 dx + 2\beta^2 \int_a^b \left[g(x) - \sum_{i=1}^n b_i \varphi_i(x) \right]^2 dx$$

$$< 2(\alpha^2 + \beta^2)\, \varepsilon,$$

also läßt sich auch $h(x)$ im Mittel beliebig gut durch die Funktionen aus $\{\varphi\}$ approximieren.

Der nächste Satz zeigt, daß die Vollständigkeit eine *transitive Eigen-schaft* ist.

Ist $\{\varphi\}$ ein vollständiges Funktionensystem bezüglich der Funktionen aus einem anderen System $\{\psi\}$, das vollständig bezüglich der Funktionen der Klasse F ist, dann ist $\{\varphi\}$ auch bezüglich F vollständig.

Zu einer beliebigen Funktion $f(x) \in F$ und beliebigem $\varepsilon > 0$ gibt es nach Voraussetzung Funktionen $\psi_1, \ldots, \psi_n \in \{\psi\}$, so daß mit geeigneten Konstanten $a_1, \ldots, a_n$ für die Funktion $h(x) = a_1 \psi_1 + \cdots + a_n \psi_n$ gilt

$$\int_a^b [f(x) - h(x)]^2 dx < \frac{\varepsilon}{4}.$$

Ferner ist es nach Voraussetzung möglich, jedes ψ_i und auf Grund des vorhergehenden Satzes dann auch $h(x)$ selbst durch einen Ausdruck $c_1\varphi_1 + \cdots + c_r\varphi_r$ mit Konstanten $c_1, \ldots, c_r$ so zu approximieren, daß

$$\int_a^b \left[h(x) - \sum_{i=1}^n c_i\varphi_i(x) \right]^2 dx < \frac{\varepsilon}{4}$$

ist. Daraus folgt auf Grund von (7.3)

$$\int_a^b \left[f(x) - \sum_{i=1}^n c_i\varphi_i(x) \right]^2 dx = \int_a^b \left([f(x) - h(x)] + [h(x) - \sum_{i=1}^n c_i\varphi_i(x)] \right)^2 dx$$

$$\leq 2\int_a^b [f(x) - h(x)]^2 dx + 2\int_a^b [h(x) - \sum_{i=1}^n c_i\varphi_i(x)]^2 dx < \varepsilon,$$

womit der Satz bewiesen ist.

Aus diesem Satz folgt nun sofort die Vollständigkeitsbedingung von LAURICELLA[1]:

Notwendig und hinreichend für die Vollständigkeit eines Funktionensystems $\{\varphi\}$ in L^2 ist die Vollständigkeit von $\{\varphi\}$ bezüglich jedes anderen in L^2 vollständigen Systems $\{\psi\}$.

Aus der Transitivität der Vollständigkeit erhält man ferner die Vollständigkeitsbedingung von VITALI[2]:

Notwendig und hinreichend dafür, daß ein normiertes Orthogonalsystem $\{\varphi\}$ in L^2 vollständig ist, ist die Gültigkeit der Gleichung

$$(11.1) \qquad \sum_{i=1}^\infty \left(\int_a^\xi \varphi_i(x)\,dx \right)^2 = \xi - a, \qquad a \leq \xi \leq b.$$

Zum Beweis sei das NO-System $\{\varphi\}$ zunächst vollständig. Dann gilt für alle Funktionen aus L^2 die PARSEVALsche Gleichung, insbesondere also für die Stufenfunktionen

$$s_\xi(x) = \begin{cases} 1 & \text{für} \quad a \leq x \leq \xi \\ 0 & \text{für} \quad \xi < x \leq b. \end{cases}$$

Für diese ist

$$a_i = \int_a^b s_\xi(x)\,\varphi_i(x)\,dx = \int_a^\xi \varphi_i(x)\,dx$$

und

$$\int_a^b [s_\xi(x)]^2\,dx = \int_a^\xi dx = \xi - a.$$

Setzt man dies in die PARSEVALsche Gleichung ein, so folgt (11.1).

Wenn umgekehrt (11.1) gilt, so gilt damit die PARSEVALsche Gleichung für alle Stufenfunktionen, d.h. $\{\varphi\}$ ist vollständig bezüglich aller

[1] LAURICELLA, G.: Sulla chiusura dei sistemi di funzioni ortogonali. Rend. R. Accad. naz. Lincei (5) **21**, 675 (1912).

[2] VITALI, G.: Sulla condizione di chiusura di un sistema di funzicni ortogonali. Rend. R. Accad. naz. Lincei (5) **30**, 498 (1921).

Stufenfunktionen. Wir wissen aber bereits aus § 5, daß das System der Stufenfunktionen mit rationalen ξ vollständig bezüglich L^2 ist. Auf Grund der Transitivität der Vollständigkeit folgt die Behauptung.

Die Bedeutung der Bedingung von VITALI liegt harin, daß es zur Untersuchung der Vollständigkeit eines NO-Systems genügt, eine einzige Reihe zu berechnen, in die nur die Funktionen des gegebenen NO-Systems eingehen. Um die Vollständigkeit mit Hilfe der PARSEVALschen Gleichung zu zeigen, müssen dagegen unendlich viele Reihen berücksichtigt werden, nämlich die Reihen

$$\sum_{i=1}^{\infty} a_i^2$$

zu jeder der Funktionen aus L^2.

Die Bedingung von VITALI kann schließlich noch vereinfacht werden. Nach einem Satz von DINI[1] ist eine Reihe von nicht negativen Funktionen mit stetiger Summe im zugrunde gelegten Intervall gleichmäßig konvergent. Wenden wir diesen Satz auf die Reihe auf der linken Seite von (11.1) an, indem wir zunächst voraussetzen, daß die Stetigkeit der Reihe schon bewiesen wäre, so folgt, daß diese Reihe in (a, b) gleichmäßig konvergiert und daher über dieses Intervall gliedweise integrierbar ist. Man erhält dann

$$(11.2) \qquad \sum_{i=1}^{\infty} \int_a^b \left[\int_a^{\xi} \varphi_i(x)\, dx \right]^2 d\xi = \frac{(b-a)^2}{2}.$$

Diese Gleichung ist also eine notwendige Bedingung für die Vollständigkeit des Systems $\{\varphi\}$. Wie DALZELL[2] gezeigt hat, ist diese Bedingung aber auch hinreichend, so daß der folgende Satz gilt:

Dann und nur dann ist das normierte Orthogonalsystem $\{\varphi\}$ vollständig in L^2, wenn (11.2) *gilt.*

Zum Beweis, daß die Bedingung (11.2) hinreichend ist, setzen wir

$$\xi - a - \sum_{i=1}^{\infty} \left[\int_a^{\xi} \varphi_i(x)\, dx \right]^2 \equiv \Delta(\xi),$$

so daß für (11.2) auch

$$(11.3) \qquad \int_a^b \Delta(\xi)\, d\xi = 0$$

geschrieben werden kann. Zunächst wird gezeigt, daß $\Delta(\xi)$ im Intervall (a, b) nicht negativ ist. Man bildet dazu die BESSELsche Ungleichung, die ja für beliebige, nicht notwendig vollständige NO-Systeme $\{\varphi\}$ gilt,

---

[1] Siehe z.B. DINI, U.: Lezioni di analisi infinitesimale. Pisa, Nistri 1907—09.
[2] DALZELL, D. P.: On the completness of a series of normal orthogonal functions. J. London Math. Soc. **20**, 87 (1945).

für die zuvor eingeführte Stufenfunktion $f(x) \equiv s_\xi(x)$. Sie lautet offenbar

$$\xi - a \geq \sum_{i=1}^{\infty} \left[\int_a^\xi \varphi_i(x)\, dx \right]^2,$$

also gilt tatsächlich $\Delta(\xi) \geq 0$. Setzen wir zunächst voraus, daß $\Delta(\xi)$ eine stetige Funktion ist, so folgt aus (11.3), daß $\Delta(\xi) \equiv 0$, $a \leq \xi \leq b$, also die Vollständigkeitsbedingung von VITALI gilt.

Es ist dann noch zu beweisen, daß die Funktion $\Delta(\xi)$ oder — damit gleichbedeutend — die Reihe

$$\sum_{i=1}^{\infty} \left[\int_a^\xi \varphi_i(x)\, dx \right]^2,$$

stetig in (a, b) sind. Dazu ist zu zeigen, daß mit $|\xi_1 - \xi_2|$ auch die Differenz

$$\sum_{i=1}^{\infty} a_{i1}^2 - \sum_{i=1}^{\infty} a_{i2}^2, \qquad a_{ij} = \int_a^{\xi_j} \varphi_i(x)\, dx \qquad (j = 1,2)$$

beliebig klein wird. Durch Anwendung der SCHWARZschen Ungleichung und (7.3) erhält man

$$\left(\sum_{i=1}^{\infty} a_{i1}^2 - \sum_{i=1}^{\infty} a_{i2}^2 \right)^2$$

$$= \left[\sum_{i=1}^{\infty} (a_{i1} + a_{i2})(a_{i1} - a_{i2}) \right]^2 \leq \sum_{i=1}^{\infty} (a_{i1} + a_{i2})^2 \cdot \sum_{i=1}^{\infty} (a_{i1} - a_{i2})^2$$

$$\leq 2 \sum_{i=1}^{\infty} (a_{i1}^2 + a_{i2}^2) \cdot \sum_{i=1}^{\infty} (a_{i1} - a_{i2})^2,$$

und auf Grund der BESSELschen Ungleichung gilt ferner

$$\sum_{i=1}^{\infty} a_{ij}^2 \leq \xi_j - a \leq b - a \qquad (j = 1, 2),$$

$$\sum_{i=1}^{\infty} (a_{i1} - a_{i2})^2 = \sum_{i=1}^{\infty} \left(\int_a^b [s_{\xi_1}(x) - s_{\xi_2}(x)] \varphi_i(x)\, dx \right)^2$$

$$\leq \int_a^b [s_{\xi_1}(x) - s_{\xi_2}(x)]^2\, dx = |\xi_1 - \xi_2|.$$

Zusammen erhält man also

$$\left| \sum_{i=1}^{\infty} a_{i1}^2 - \sum_{i=1}^{\infty} a_{i2}^2 \right| \leq 2 \sqrt{b - a}\, \sqrt{|\xi_1 - \xi_2|},$$

und folglich ist $\Delta(\xi)$ stetig in (a, b).

Mit der Bedingung von DALZELL hat man gegenüber der Bedingung von VITALI wieder einen Fortschritt erzielt, denn es ist jetzt zum Nachweis der Vollständigkeit einer Funktion nur noch zu zeigen, daß eine gewisse Reihe mit *konstanten Gliedern* eine bestimmte Summe hat.

§ 12. Vollständigkeit des Systems der trigonometrischen Funktionen.

Es soll nun die Vollständigkeit des Systems der trigonometrischen Funktionen

$$(12.1) \qquad 1, \quad \cos x, \quad \sin x, \quad \cos 2x, \quad \sin 2x, \quad \dots$$

bzw. in der normierten Form

$$\frac{1}{\sqrt{2\pi}}, \quad \frac{\cos x}{\sqrt{\pi}}, \quad \frac{\sin x}{\sqrt{\pi}}, \quad \frac{\cos 2x}{\sqrt{\pi}}, \quad \frac{\sin 2x}{\sqrt{\pi}}, \quad \dots$$

im Intervall $(-\pi, \pi)$ nachgewiesen werden.

Wir führen den Beweis, indem wir zeigen, daß eine Funktion $f(x) \in L^2$, die zu allen diesen Funktionen orthogonal ist, in $(-\pi, \pi)$ notwendig eine Nullfunktion ist, d.h. wir stützen uns auf die Definition der Abgeschlossenheit. Sei $f(x)$ also eine solche Funktion, so ist $f(x)$ natürlich auch zu jeder Linearkombination von trigonometrischen Funktionen des Systems (12.1) orthogonal. Da man jede Potenz einer trigonometrischen Funktion mit ganzzahligem Exponenten durch ein trigonometrisches Polynom, also eine Linearkombination von sin und cos für Vielfache des Arguments ausdrücken kann, ist $f(x)$ auch zu jedem Polynom $T(x)$ in trigonometrischen Funktionen des Systems (12.1) orthogonal:

$$\int\limits_{-\pi}^{+\pi} T(x) f(x) \, dx = 0.$$

Daraus soll zunächst gefolgert werden, daß $f(x)$ in $(-\pi, \pi)$ keine stetige Funktion ungleich Null sein kann. Nimmt man das Gegenteil an, so gibt es einen Punkt x_0 im Inneren des Intervalls, in dem $f(x)$ von Null verschieden ist; es sei etwa $f(x_0) = \eta > 0$. Auf Grund der Stetigkeit gibt es dazu eine Zahl $\delta > 0$, so daß

$$f(x) \geq \frac{\eta}{2} \quad \text{für} \quad x_0 - \delta \leq x \leq x_0 + \delta.$$

Indem δ gegebenenfalls noch verkleinert wird, kann man erreichen, daß das Intervall $(x_0 - \delta, \ x_0 + \delta) = I$ in $(-\pi, \pi)$ enthalten ist. Nun betrachten wir die Funktion

$$1 - \cos \delta + \cos (x - x_0) = t(x)$$

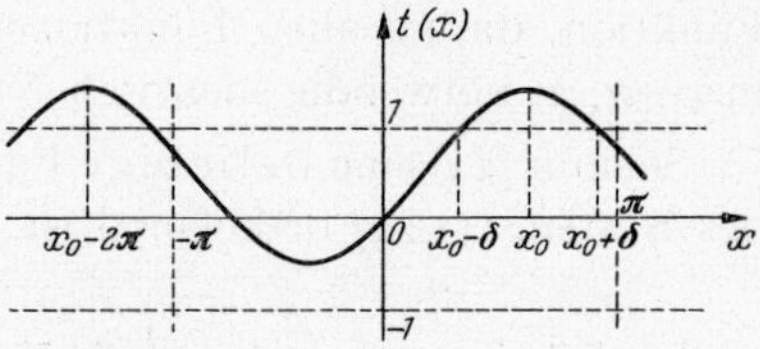

die, wie man leicht an Hand der Abb. 2 bestätigt, folgende Eigenschaft hat:

Abb. 2

$$t(x) > 1 \quad \text{für} \quad x_0 - \delta < x < x_0 + \delta$$
$$t(x) = 1 \quad \text{für} \quad x = x_0 \pm \delta$$
$$|t(x)| < 1 \quad \text{für} \quad x \text{ sonst in } (-\pi, \pi).$$

637535

Die gleiche Eigenschaft haben dann offenbar auch die Funktionen

$$[t(x)]^n = T_n(x) \qquad (n = 1, 2, 3, \ldots).$$

Wie anfangs festgestellt, gilt

$$\int_{-\pi}^{\pi} T_n(x)\, f(x)\, d x = 0,$$

also

$$\int_{-\pi}^{x_0-\delta} + \int_{x_0-\delta}^{x_0+\delta} + \int_{x_0+\delta}^{\pi} T_n(x)\, f(x)\, d x = 0 \text{ [1]}$$

und daraus folgt

$$\int_{x_0-\delta}^{x_0+\delta} T_n(x)\, f(x)\, d x \leq \left| \int_{-\pi}^{x_0-\delta} + \int_{x_0+\delta}^{\pi} T_n(x)\, f(x)\, d x \right|.$$

Schätzt man beide Seiten dieser Ungleichung in geeigneter Weise ab, so erhält man für hinreichend großes n einen Widerspruch. Zunächst gilt, wenn man $T_n(x)$ außerhalb von I durch 1 ersetzt:

$$(12.2) \qquad \left| \int_{-\pi}^{x_0-\delta} + \int_{x_0+\delta}^{\pi} T_n(x)\, f(x)\, d x \right| \leq \int_{-\pi}^{\pi} |f(x)|\, d x,$$

wobei also rechts ein von n unabhängiger Ausdruck steht. Es sei μ das Minimum von $t(x)$ im Intervall $(x_0 - \delta/2, \; x_0 + \delta/2)$. Dieses ist auf Grund der angegebenen Eigenschaft von $t(x)$ größer als 1. Auch in diesem Intervall ist selbstverständlich $f(x) \geq \eta/2$. Daher gilt

$$\int_{x_0-\delta}^{x_0+\delta} T_n(x)\, f(x)\, d x > \frac{\eta}{2} \int_{x_0-\frac{\delta}{2}}^{x_0+\frac{\delta}{2}} T_n(x)\, d x \geq \frac{\eta}{2}\, \mu^n\, \delta.$$

Dieser Ausdruck wird für hinreichend große n größer als

$$\int_{-\pi}^{\pi} |f(x)|\, d x,$$

was im Widerspruch zu (12.2) steht. Also ist tatsächlich jede stetige Funktion, die zu allen Funktionen des Systems (12.1) orthogonal ist, in $(-\pi, \pi)$ notwendig identisch Null.

Sei nun $f(x)$ eine beliebige Funktion aus L^2, die zu allen Funktionen des Systems (12.1) orthogonal ist. Die Funktion

$$F(x) = \int_{-\pi}^{x} f(\xi)\, d\xi$$

---

[1] Hier wie im folgenden benutzen wir die abkürzende Schreibweise

$$\int_a^b F(x)\, d x + \int_c^d F(x)\, d x + \cdots + \int_k^h F(x)\, d x = \int_a^b + \int_c^d + \cdots + \int_k^h F(x)\, d x$$

ist stetig in $(-\pi, \pi)$ und es gilt

(12.3)
$$F(-\pi) = F(\pi) = 0,$$

wobei die zweite Gleichung besteht, weil die Funktion 1 in (12.1) enthalten ist. Durch partielle Integration folgt aus

$$\int_{-\pi}^{\pi} T(x)\, f(x)\, dx = 0$$

die Gleichung

$$\left[T(x)\, F(x)\right]_{-\pi}^{\pi} - \int_{-\pi}^{\pi} T'(x)\, F(x)\, dx = 0,$$

also wegen (12.3)

$$\int_{-\pi}^{\pi} T'(x)\, F(x)\, dx = 0.$$

Das bedeutet, daß $F(x)$ zu allen Funktionen orthogonal ist, die Ableitungen von trigonometrischen Funktionen sind, also zu allen Funktionen aus (12.1) bis auf 1. Da auch jede Konstante C zu diesen Funktionen orthogonal ist, so gilt dies ebenfalls für die Funktion

$$F^*(x) = F(x) - C \quad \text{mit} \quad C = \frac{1}{2\pi} \int_{-\pi}^{\pi} F(x)\, dx.$$

Diese genügt außerdem der Gleichung

$$\int_{-\pi}^{\pi} F^*(x)\, dx = \int_{-\pi}^{\pi} F(x)\, dx - C\, 2\pi = 0,$$

ist somit zu allen Funktionen des Systems (12.1) orthogonal. Als stetige Funktion muß $F^*(x)$ daher identisch Null sein, also

$$F(x) \equiv C.$$

Nun wissen wir bereits, daß $F(-\pi) = 0$ ist, folglich gilt

$$F(x) \equiv 0$$

und daher ist $f(x)$ in $(-\pi, \pi)$ eine Nullfunktion, wie behauptet worden war. Damit ist das System der trigonometrischen Funktionen als vollständig erkannt.

Diese Tatsache kann auch mit Hilfe der Bedingung von DALZELL bewiesen werden, wenn man sich der bekannten Gleichung

$$\sum_{n=1}^{\infty} \frac{1}{n^2} = \frac{\pi^2}{6}$$

bedient[1]. Die Funktion $\varDelta(\xi)$ des vorhergehenden Paragraphen hat jetzt

---

[1] Diese Gleichung wird in § 14 hergeleitet, doch kann sie auch unabhängig von der Theorie der trigonometrischen Reihen bewiesen werden.

die Gestalt

$$\Delta(\xi) = \xi + \pi - \left(\frac{1}{\sqrt{2\pi}}\int_{-\pi}^{+\xi} d\,x\right)^2 - \sum_{n=1}^{\infty}\left[\left(\frac{1}{\sqrt{\pi}}\int_{-\pi}^{+\xi}\cos nx\,d\,x\right)^2 + \left(\frac{1}{\sqrt{\pi}}\int_{-\pi}^{+\xi}\sin nx\,d\,x\right)^2\right]$$

$$= \xi + \pi - \frac{1}{2\pi}(\xi+\pi)^2 - \frac{1}{\pi}\sum_{n=1}^{\infty}\left[\left(\frac{\sin n\xi}{n}\right)^2 + \left(\frac{\cos n\xi + 1}{n}\right)^2\right]$$

$$= \frac{\pi}{2} - \frac{\xi^2}{2\pi} - \frac{2}{\pi}\sum_{n=1}^{\infty}\frac{1+\cos n\xi}{n^2} = \frac{\pi}{2} - \frac{\xi^2}{2\pi} - \frac{\pi}{3} - \frac{2}{\pi}\sum_{n=1}^{\infty}\frac{\cos n\xi}{n^2}$$

$$= \frac{\pi}{6} - \frac{\xi^2}{2\pi} - \frac{2}{\pi}\sum_{n=1}^{\infty}\frac{\cos n\xi}{n^2}\,.$$

Da die rechts stehende Reihe wegen

$$\left|\sum_{n=1}^{\infty}\frac{\cos n\xi}{n^2}\right| \leqq \sum_{n=1}^{\infty}\frac{1}{n^2} < \infty$$

gleichmäßig konvergiert, darf gliedweise von $-\pi$ bis π integriert werden:

$$\int_{-\pi}^{\pi}\Delta(\xi)\,d\xi = \frac{\pi^2}{3} - \frac{\pi^2}{3} - \frac{2}{\pi}\sum_{n=1}^{\infty}\frac{1}{n^3}\,[\sin n\xi]_{-\pi}^{+\pi} = 0\,.$$

Damit ist gezeigt, daß die Bedingung von DALZELL erfüllt ist.

Wollte man auf die Bedingung von VITALI zurückgreifen, so würde das bedeutend mehr Aufwand verursachen, da man dann nachzuweisen hätte, daß $\Delta(\xi) \equiv 0$ ist.

Wir können jetzt die Ergebnisse, die wir allgemein für vollständige Systeme hergeleitet hatten, insbesondere für die trigonometrischen Funktionen aussprechen. Unter diesen ist der folgende Satz besonders wichtig:

Die FOURIER-*Reihe einer Funktion* $f(x) \in L^2$ *bezüglich des Systems der trigonometrischen Funktionen konvergiert im Intervall* $(-\pi, \pi)$ *im Mittel gegen* $f(x)$.

§ 13. Vollständigkeit des Systems der Potenzen von x.

In der gleichen Weise, wie wir die Vollständigkeit des Systems der trigonometrischen Funktionen bewiesen haben, läßt sich zeigen, daß die Potenzen von x

$$(13.1) \qquad\qquad 1,\ x,\ x^2,\ x^3,\ \dots$$

in jedem *endlichen Intervall* (a, b) ein vollständiges System von Funktionen darstellen.

Zum Beweis sei $f(x)$ wieder eine Funktion, die in (a, b) zu allen Funktionen aus (13.1) orthogonal ist. Dann ist $f(x)$ auch orthogonal zu jedem Polynom $P(x)$:

$$(13.2) \qquad \int_a^b P(x) f(x) \, dx = 0.$$

Sei $f(x)$ zunächst stetig und nicht identisch Null in (a, b) und $f(x_0) = \eta > 0$; dann gibt es ein in (a, b) enthaltenes Intervall $(x_0 - \delta, x_0 + \delta)$ mit $\delta > 0$, so daß $f(x) > \eta/2$ für $x_0 - \delta \le x \le x_0 + \delta$ ist. [Andernfalls benutze man $-f(x)$.] An Stelle der Funktion $t(x)$ im vorigen Paragraphen tritt jetzt die Funktion

$$p(x) = 1 + \frac{(x - x_0 + \delta)(x - x_0 - \delta)}{(b - a)^2},$$

für die offenbar folgendes gilt:

$$
\begin{aligned}
p(x) &> 1 \quad \text{für} \quad x_0 - \delta < x < x_0 + \delta \\
p(x) &= 1 \quad \text{für} \quad x = x_0 \pm \delta \\
|p(x)| &< 1 \quad \text{sonst in } (a, b).
\end{aligned}
$$

Wird

$$[p(x)]^n = P_n(x)$$

gesetzt, dann erfüllt auch diese Funktion die vorstehenden Bedingungen, und auf Grund von (13.2) folgt jetzt

$$(13.3) \qquad \int_{x_0 - \delta}^{x_0 + \delta} P_n(x) f(x) \, dx \le \left| \int_a^{x_0 - \delta} + \int_{x_0 + \delta}^b P_n(x) f(x) \, dx \right| < \int_a^b |f(x)| \, dx.$$

Sei μ das Minimum von $p(x)$ im Intervall $(x_0 - \delta/2, x_0 + \delta/2)$, dann gilt

$$\int_{x_0 - \delta}^{x_0 + \delta} P_n(x) f(x) \, dx > \frac{\eta}{2} \int_{x_0 - \frac{\delta}{2}}^{x_0 + \frac{\delta}{2}} P_n(x) \, dx \ge \frac{\eta}{2} \mu^n \delta.$$

Wegen $\mu > 1$ wird dieser Ausdruck für hinreichend großes n größer als der von n unabhängige Ausdruck

$$\int_a^b |f(x)| \, dx$$

im Widerspruch zu (13.3). Also ist eine stetige, zu allen Potenzen von x orthogonale Funktion notwendig identisch Null.

Sei nun $f(x)$ eine beliebige Funktion aus L^2, die zu allen Potenzen von x orthogonal ist. Dann ist die Funktion

$$F(x) = \int_a^x f(\xi) \, d\xi$$

3*

stetig in (a, b) und es gilt $F(a) = F(b) = 0$. Durch partielle Integration folgt aus (13.2)

$$\left[P(x)\, F(x) \right]_a^b - \int_a^b P'(x)\, F(x)\, d\,x = 0$$

und daher

$$\int_a^b P'(x)\, F(x)\, d\,x = 0.$$

Das bedeutet, daß $F(x)$ zu allen Funktionen orthogonal ist, die Ableitungen von Polynomen sind, also insbesondere zu allen Potenzen von x. Daher muß $F(x)$ als stetige Funktion identisch Null sein und $f(x)$ eine Nullfunktion in (a, b). Also ist das System (13.1) vollständig.

Aus diesem Ergebnis, welches auch als Satz von LERCH bezeichnet wird, erhält man unmittelbar die folgende Tatsache:

Jede Funktion aus L^2 kann durch geeignete Polynome im Mittel mit beliebiger Genauigkeit approximiert werden.

Wie der Beweis zeigt, gilt dies auch beim Vorhandensein einer Belegungsfunktion $p(x)$ für alle Funktionen $f(x)$, für die das Integral

$$\int_a^b p(x)\, [f(x)]^2\, d\,x$$

existiert.

Wir bemerken ferner, daß man aus diesem Ergebnis auch eine Folgerung für das sog. *Momentenproblem* ziehen kann, also die Bestimmung einer Funktion $f(x)$, für die die unendlich vielen Integrale

(13.4) $$M_n = \int_a^b f(x)\, x^n\, d\,x \qquad (n = 0, 1, 2, \ldots)$$

vorgegeben sind.

Existiert eine Lösung von (13.4), so ist diese eindeutig bestimmt bis auf eine Nullfunktion (als Summand).

Seien nämlich $f_1(x)$ und $f_2(x)$ zwei Funktionen mit den gleichen Momenten $M_0, M_1, M_2, \ldots$, so sind alle Momente der Differenz $f_1(x) - f_2(x)$ gleich Null, d.h. $f_1(x) - f_2(x)$ ist zu allen Potenzen von x orthogonal und daher in (a, b) Nullfunktion.

§ 14. Folgerungen aus der PARSEVALschen Gleichung.

Wenn ein NO-System vollständig ist, so gilt die PARSEVALsche Gleichung (6.1). Sie liefert eine Reihenentwicklung des Ausdrucks

$$\int_a^b [f(x)]^2\, d\,x,$$

die für gewisse Orthogonalsysteme und Funktionen von besonderem Interesse ist.

Wir betrachten speziell das System der trigonometrischen Funktionen in normierter Form

$$(14.1) \quad \begin{cases} \varphi_1(x) = \dfrac{1}{\sqrt{2\pi}}, \quad \varphi_{2m}(x) = \dfrac{\cos mx}{\sqrt{\pi}}, \quad \varphi_{2m+1}(x) = \dfrac{\sin mx}{\sqrt{\pi}} \\ \qquad\qquad\qquad\qquad\qquad\qquad (m = 1, 2, 3, \ldots) \end{cases}$$

und bezeichnen die Fourier-Koeffizienten einer Funktion $f(x)$ bezüglich dieses Systems mit $\alpha_1, \alpha_2, \alpha_3, \ldots$. Dann besteht zwischen diesen und den Fourier-Koeffizienten von $f(x)$ bezüglich des nicht normierten Systems

$$1, \cos x, \sin x, \cos 2x, \sin 2x, \ldots,$$

die man üblicherweise mit $a_0, a_1, b_1, a_2, b_2, \ldots$ bezeichnet, die Beziehung

$$\alpha_1 = \sqrt{\frac{\pi}{2}}\, a_0, \quad \alpha_{2m} = \sqrt{\pi}\, a_m, \quad \alpha_{2m+1} = \sqrt{\pi}\, b_m \quad (m = 1, 2, 3, \ldots).$$

Außer im Intervall $(-\pi, \pi)$ ist das System (14.1) auch ein NO-System in jedem Intervall $\big(k\pi, (k+2)\pi\big)$ mit einer ganzen Zahl k. Das folgt sofort aus den Formeln

$$\sin n(x + k\pi) = \pm \sin nx, \quad \cos n(x + k\pi) = \pm \cos nx.$$

Mit den Koeffizienten $a_0, a_1, b_1, a_2, b_2, \ldots$ und dem Grundintervall $(0, 2\pi)$ nimmt die Parsevalsche Gleichung die Gestalt an:

$$\frac{1}{2}\, a_0^2 + \sum_{n=1}^{\infty} (a_n^2 + b_n^2) = \frac{1}{\pi} \int_0^{2\pi} [f(x)]^2\, dx.$$

Wir setzen nun speziell $f(x) = e^{zx}$, wobei z ein von x unabhängiger, reeller Parameter sei. Durch zweimalige partielle Integration folgt dann

$$\pi a_n = \int_0^{2\pi} e^{zx} \cos nx\, dx = \left[\frac{e^{zx}}{z} \cos nx\right]_0^{2\pi} + \frac{n}{z}\left(\left[\frac{e^{zx}}{z} \sin nx\right]_0^{2\pi} - \frac{n}{z}\, \pi a_n\right),$$

also

$$a_n = \frac{z(e^{2\pi z} - 1)}{\pi(z^2 + n^2)} \qquad (n = 0, 1, 2, \ldots)$$

und entsprechend

$$b_n = -\frac{n(e^{2\pi z} - 1)}{\pi(z^2 + n^2)} \qquad (n = 1, 2, 3, \ldots).$$

Ferner ist

$$\int_0^{2\pi} [f(x)]^2\, dx = \int_0^{2\pi} e^{2zx}\, dx = \frac{1}{2z}(e^{4\pi z} - 1) = \frac{1}{2z}(e^{2\pi z} + 1)(e^{2\pi z} - 1).$$

Setzt man diese Ausdrücke in die Parsevalsche Gleichung ein, so folgt

$$\frac{(e^{2\pi z} - 1)^2}{\pi^2}\left(\frac{1}{2z^2} + \sum_{n=1}^{\infty} \frac{1}{z^2 + n^2}\right) = \frac{1}{2\pi z}(e^{2\pi z} + 1)(e^{2\pi z} - 1).$$

und daraus

$$\pi \, \frac{e^{2\pi z}+1}{e^{2\pi z}-1} = \frac{1}{z} + 2z \sum_{n=1}^{\infty} \frac{1}{z^2+n^2} \, .$$

Der Ausdruck auf der linken Seite dieser Gleichung ist aber bekanntlich der hyperbolische Cotangens von πz, also gilt

$$(14.2) \qquad \pi \, \mathfrak{Cotg} \, \pi z = \frac{1}{z} + 2z \sum_{n=1}^{\infty} \frac{1}{z^2+n^2} \, .$$

Diese Gleichung ist nicht nur für reelle z richtig, sondern, da beide Seiten analytisch sind, für alle komplexen z-Werte. Wir haben damit eine der bedeutungsvollsten Formeln der Theorie der elementaren transzendenten Funktionen erhalten.

Ersetzt man in (14.2) z durch $i\,z$ und multipliziert die Gleichung mit i, so bekommt man die ebenso interessante Reihenentwicklung

$$(14.3) \qquad \pi \, \mathrm{ctg} \, \pi z = \frac{1}{z} + 2z \sum_{n=1}^{\infty} \frac{1}{z^2-n^2} \, ,$$

die sog. Partialbruchentwicklung des ctg, die man auch mit Hilfe des Satzes von Mittag-Leffler gewinnen kann, wenn auch nicht ganz so leicht.

Auf Grund der Additionstheoreme der trigonometrischen Funktionen kann man aus (14.3) leicht weitere Beziehungen herleiten. So folgt z. B., wenn man (14.3) in die Gleichung

$$\frac{\pi}{\sin \pi z} = \pi \, \mathrm{ctg} \, \frac{\pi z}{2} - \pi \, \mathrm{ctg} \, \pi z$$

einsetzt, die Entwicklung

$$\frac{\pi}{\sin \pi z} = \frac{1}{z} + 2z \sum_{n=1}^{\infty} (-1)^n \, \frac{1}{z^2-n^2} \, .$$

Mit Hilfe von (14.3) sollen nun die geraden Potenzen von π durch Reihen dargestellt werden. Entwickelt man $\frac{1}{z^2-n^2}$ $(n=1, 2, 3, \ldots)$ in eine Potenzreihe, was für $|z| < 1$ sicher möglich ist, so erhält man

$$\frac{1}{z^2-n^2} = -\frac{1}{n^2} \left(\frac{1}{1-\dfrac{z^2}{n^2}} \right) = -\frac{1}{n^2} \sum_{m=0}^{\infty} \frac{z^{2m}}{n^{2m}} \, .$$

Dies in (14.3) eingesetzt, liefert

$$\pi z \, \mathrm{ctg} \, \pi z = 1 - 2z^2 \sum_{n=1}^{\infty} \frac{1}{n^2} \sum_{m=0}^{\infty} \frac{z^{2m}}{n^{2m}}$$

$$= 1 - 2z^2 \sum_{n=1}^{\infty} \frac{1}{n^2} - 2z^4 \sum_{n=1}^{\infty} \frac{1}{n^4} - 2z^6 \sum_{n=1}^{\infty} \frac{1}{n^6} - \cdots .$$

Die dabei vorgenommene Reihenumordnung ist erlaubt, weil die Reihe in jedem Intervall $|z| \leq \gamma < 1$ absolut konvergiert. Andererseits lautet die für $|x| < \pi$ gültige Potenzreihenentwicklung von $x \operatorname{ctg} x$ folgendermaßen:

$$x \operatorname{ctg} x = 1 - \frac{1}{3} x^2 - \frac{1}{45} x^4 - \frac{2}{945} x^6 - \cdots.$$

Ersetzt man darin x durch πz, so folgt

$$\pi z \operatorname{ctg} \pi z = 1 - \frac{\pi^2}{3} z^2 - \frac{\pi^4}{45} z^4 - \frac{2\pi^6}{945} z^6 - \cdots.$$

Durch Koeffizientenvergleich dieser beiden Reihen für $\pi z \operatorname{ctg} \pi z$ erhält man die Gleichungen

$$\sum_{n=1}^{\infty} \frac{1}{n^2} = \frac{\pi^2}{6}, \quad \sum_{n=1}^{\infty} \frac{1}{n^4} = \frac{\pi^4}{90}, \quad \sum_{n=1}^{\infty} \frac{1}{n^6} = \frac{\pi^6}{945}, \quad \cdots,$$

die im Jahre 1736 von L. Euler entdeckt worden sind[1].

§ 15. Verallgemeinerung der Parsevalschen Gleichung.

Eine wichtige Verallgemeinerung der Parsevalschen Gleichung wird in dem folgenden Satz angegeben:

Sind $f(x)$ und $g(x)$ zwei Funktionen aus L^2, die bezüglich des vollständigen und normierten Orthogonalsystems $\{\varphi\}$ die Fourier-Koeffizienten $a_1, a_2, \ldots$ und $b_1, b_2, \ldots$ besitzen, so gilt

$$(15.1) \qquad \int_a^b f(x) g(x) \, dx = \sum_{i=1}^{\infty} a_i b_i.$$

Zum Beweis bemerken wir zunächst, daß mit $f(x)$ und $g(x)$ auf Grund von (7.3) auch $f(x) + g(x) \in L^2$ ist und daß $f(x) + g(x)$ die Fourier-Koeffizienten $a_i + b_i$ ($i = 1, 2, 3, \ldots$) besitzt. Dann gilt für die Funktion $f(x) + g(x)$ die Parsevalsche Gleichung:

$$\int_a^b [f(x) + g(x)]^2 \, dx = \int_a^b [f(x)]^2 \, dx + 2 \int_a^b f(x) g(x) \, dx + \int_a^b [g(x)]^2 \, dx$$

$$= \sum_{i=1}^{\infty} (a_i + b_i)^2 = \sum_{i=1}^{\infty} a_i^2 + 2 \sum_{i=1}^{\infty} a_i b_i + \sum_{i=1}^{\infty} b_i^2.$$

Subtrahiert man davon die Parsevalsche Gleichung für $f(x)$ und die für $g(x)$, so erhält man die Behauptung.

Setzt man in (15.1) den Koeffizienten

$$b_i = \int_a^b \varphi_i(x) g(x) \, dx$$

---

[1] Es ist bisher nicht bekannt, ob sich auch die Summen $\sum n^{-3}$, $\sum n^{-5}$, ... in ähnlicher Weise durch Potenzen von π darstellen lassen oder überhaupt eine geschlossene Darstellung durch bekannte Größen gestatten.

explizit ein, dann folgt:

$$\int_a^b f(x)\,g(x)\,dx = \sum_{i=1}^{\infty} a_i \int_a^b \varphi_i(x)\,g(x)\,dx.$$

Darüber hinaus aber gilt:

$$(15.2) \qquad \int_a^{\xi} f(x)\,g(x)\,dx = \sum_{i=1}^{\infty} a_i \int_a^{\xi} \varphi_i(x)\,g(x)\,dx, \qquad a \leq \xi \leq b,$$

wobei die rechts stehende Reihe absolut und gleichmäßig konvergiert.

Wie wir wissen, ist

$$\lim_{n \to \infty} \int_a^b [f(x) - f_n(x)]^2\,dx = 0,$$

wenn $f_n(x)$ die n-te Partialsumme der FOURIER-Reihe von $f(x)$ bezeichnet. Daraus folgt

$$\lim_{n \to \infty} \int_a^{\xi} [f(x) - f_n(x)]^2\,dx = 0,$$

und dann erhält man schließlich mit Hilfe der SCHWARZschen Ungleichung

$$\lim_{n \to \infty} \int_a^{\xi} [f(x) - f_n(x)]\,g(x)\,dx \leq \lim_{n \to \infty} \sqrt{\int_a^{\xi} [f(x) - f_n(x)]^2\,dx \int_a^{\xi} g(x)\,dx} = 0,$$

womit (15.2) bereits bestätigt ist. Um die absolute und gleichmäßige
Konvergenz der in Gl. (15.2) rechts stehenden Reihe nachzuweisen,
haben wir nach dem CAUCHYschen Kriterium zu zeigen, daß es zu
vorgegebenem $\varepsilon > 0$ eine nur von ε abhängende Zahl n_0 gibt, so daß für
$n > n_0$, beliebiges $m > 0$ und für alle ξ aus (a, b) gilt:

$$\sum_{i=n+1}^{n+m} \left| a_i \int_a^{\xi} \varphi_i(x)\,g(x)\,dx \right| < \varepsilon.$$

Nach der SCHWARZschen Ungleichung für Summen ist

$$\sum_{i=n+1}^{n+m} \left| a_i \int_a^{\xi} \varphi_i(x)\,g(x)\,dx \right| \leq \left(\sum_{i=n+1}^{n+m} a_i^2 \right) \left(\sum_{i=n+1}^{n+m} \left[\int_a^{\xi} \varphi_i(x)\,g(x)\,dx \right]^2 \right),$$

ferner gilt

$$\sum_{i=n+1}^{n+m} \left[\int_a^{\xi} \varphi_i(x)\,g(x)\,dx \right]^2 = \sum_{i=n+1}^{n+m} \left[\int_a^b \varphi_i(x)\,s_{\xi}(x)\,g(x)\,dx \right]^2$$

$$\leq \sum_{i=1}^{\infty} \left[\int_a^b \varphi_i(x)\,s_{\xi}(x)\,g(x)\,dx \right]^{2\,\dagger},$$

und auf Grund der PARSEVALschen Gleichung ist dieser Ausdruck

$$= \int_a^b [s_{\xi}(x)\,g(x)]^2\,dx \leq \int_a^b [g(x)]^2\,dx = C.$$

---

† Dabei sei $s_{\xi}(x)$ die in §5 eingeführte Stufenfunktion.

Da die Reihe $\sum\limits_{i=1}^{\infty} a_i$ konvergiert, kann man n_0 so wählen, daß für $n > n_0$

$$\sum_{i=n_0+1}^{\infty} a_i < \frac{\varepsilon}{C}$$

wird. Dann folgt

$$\sum_{i=n+1}^{n+m} \left| a_i \int_a^{\xi} \varphi_i(x)\, g(x)\, d\, x \right| < \varepsilon,$$

was zu beweisen war.

Um kurz auszudrücken, daß die Funktion $f(x)$ die FOURIER-Reihe

$$\sum_{i=1}^{\infty} a_i \varphi_i(x)$$

besitzt, schreibt man

$$f(x) \sim \sum_{i=1}^{\infty} a_i \varphi_i(x).$$

Das Zeichen $\sim$, welches von HURWITZ eingeführt wurde, bedeutet im allgemeinen keine Gleichheit. Auf Grund von (15.2) wissen wir aber, daß aus vorstehender Beziehung eine Gleichung entsteht, wenn man beide Seiten, eventuell nach Multiplikation mit einer Funktion $g(x)$, von a bis $\xi \leq b$ gliedweise integriert. Dies gilt auch unter der Voraussetzung, daß $\{\varphi\}$ nur bezüglich der Funktionen $f(x)$ und $g(x)$ vollständig sei[1].

§ 16. Weitere Verallgemeinerungen und Hinweise.

Ein großer Teil der in den vorhergehenden Paragraphen hergeleiteten Ergebnisse läßt sich in verschiedenen Richtungen verallgemeinern. Einige dieser Verallgemeinerungsmöglichkeiten sollen hier angedeutet werden.

Wie bereits in § 1 angegeben, kann man die gewöhnliche Orthogonalitätsrelation durch die Orthogonalitätsrelation bezüglich einer Belegungsfunktion $p(x)$ ersetzen:

$$\int_a^b p(x)\varphi_i(x)\varphi_j(x)\, d\, x \begin{cases} \neq 0 & \text{für} \quad i = j \\ = 0 & \text{für} \quad i \neq j. \end{cases}$$

Diese Verallgemeinerung ist jedoch meist nicht bedeutungsvoll, da man durch die Substitution

$$\varphi_i(x) \to \sqrt{p(x)}\, \varphi_i(x) \quad \text{und} \quad f(x) \to \sqrt{p(x)}\, f(x)$$

auf den gewöhnlichen Fall zurückkommt. Nur dann, wenn diese Substitution aus der Klasse der zugelassenen Funktionen hinausführt, so

---

[1] Das heißt, daß die Funktionen $f(x)$ und $g(x)$ im Mittel beliebig genau durch Linearkombinationen von Funktionen aus $\{\varphi\}$ approximiert werden können.

z. B. wenn es sich bei den $\varphi_i(x)$ um Polynome handelt, kommt dieser Verallgemeinerung eine gewisse Bedeutung zu. Die FOURIER-Koeffizienten und die PARSEVALsche Gleichung haben dann die Gestalt

$$a_i = \int\limits_a^b p(x)\, f(x)\, \varphi_i(x)\, dx, \qquad \sum_{i=1}^\infty a_i^2 = \int\limits_a^b p(x)\, [f(x)]^2\, dx.$$

Eine andere Möglichkeit der Verallgemeinerung betrifft das Grundintervall (a, b). Dieses kann z. B. durch eine ganz im endlichen gelegene reelle Punktmenge ersetzt werden. Während dies nichts Neues liefert, ist jedoch der Fall wesentlich, daß das endliche Intervall durch ein unendliches Intervall, etwa (a, ∞) ersetzt wird. In diesem Fall gilt nicht mehr, daß eine quadratisch integrierbare Funktion selbst integrierbar ist, was wesentliche Abweichungen der Theorie nach sich zieht.

Daß eine quadratisch integrierbare Funktion selbst nicht integrierbar zu sein braucht, sieht man an dem folgenden Beispiel. Es ist

$$\int\limits_1^\infty (x^{-\frac{3}{4}})^2\, dx = 2,$$

aber es existiert keineswegs das Integral

$$\int\limits_1^\infty x^{-\frac{3}{4}}\, dx.$$

Dennoch können die Definitionen der Orthogonalität, der Vollständigkeit, der Konvergenz im Mittel usw. auf unendliche Intervalle ausgedehnt werden, wenn die selbstverständliche Voraussetzung gemacht wird, daß die dabei vorkommenden Integrale existieren. Auch das Orthogonalisierungsverfahren kann ohne Schwierigkeiten ausgeführt werden.

Viele der bisher aufgestellten Sätze können auch für unendliche Intervalle oder allgemein für reelle Punktmengen I vom Maß ∞ ausgesprochen werden, wenn man den Begriff der *vollständigen Konvergenz im Mittel* einführt.

Die Folge von Funktionen $f_1(x), f_2(x), f_3(x), \ldots$ *konvergiert vollständig im Mittel in der reellen Punktmenge* I *gegen die Funktion* $F(x)$, *wenn* $F(x)$ *und* $f_1(x), f_2(x), f_3(x), \ldots$ *in jeder in* I *enthaltenen Menge von endlichem Maß* I^* *definiert und integrierbar sind und wenn in* I^* *gilt:*

$$F(x) = \underset{n \to \infty}{\text{l.i.m.}}\, f_n(x).$$

Mit dieser Definition läßt sich z. B. sofort die folgende Verallgemeinerung des Satzes von WEYL aussprechen:

Es sei I *eine reelle Punktmenge und es sei* $f_1(x), f_2(x), f_3(x), \ldots$ *eine Folge von Funktionen, die in jeder Untermenge* I^* *von* I *von endlichem Maß quadratisch integrierbar seien. Gibt es zu jeder Untermenge* I^* *und* *zu jedem $\varepsilon > 0$ eine Zahl n_0, so daß für beliebige $n, m > n_0$ gilt*

$$\int_{I^*} [f_m(x) - f_n(x)]^2 \, dx < \varepsilon,$$

dann konvergiert die gegebene Folge vollständig im Mittel gegen eine Funktion $F(x)$, die in jedem I^* quadratisch integrierbar ist.

Zum Beweis seien $I_1, I_2, I_3, \ldots$ eine Folge von ineinander und in I enthaltenen Mengen von endlichem Maß, durch die I ausgeschöpft wird, d.h. jede in I enthaltene Menge I^* von endlichem Maß ist in einem I_r ($r = 1, 2, 3, \ldots$) enthalten. Es wird zunächst gezeigt, daß in jedem I_r eine quadratisch integrierbare Funktion $F_r(x)$ existiert mit

$$\underset{n \to \infty}{\text{l.i.m.}} \, f_n(x) = F_r(x) \quad \text{in} \quad I_r$$

und

$$F_r(x) = F_{r-1}(x) \quad \text{in} \quad I_{r-1}.$$

Der Beweis erfolgt durch Induktion nach r, wobei der Induktionsbeginn auf Grund des Satzes von WEYL (§ 8) gültig ist.

Sei die Behauptung bis zum Index $r - 1$ richtig. In I_r existiert nach dem Satz von WEYL eine quadratisch integrierbare Funktion $F_r^*(x)$ mit

$$\underset{}{\text{l.i.m.}} \, f_n(x) = F_r^*(x) \quad \text{in} \quad I_r,$$

wobei nach § 7 diese Funktion in I_r eindeutig bis auf eine Nullfunktion als Summand bestimmt ist. Dann ist $F_{r-1}(x) - F_r^*(x)$ eine Nullfunktion in I_{r-1} und

$$G_r(x) = \begin{cases} F_{r-1}(x) - F_r^*(x) & \text{in } I_{r-1} \\ 0 & \text{sonst in } I_r \end{cases}$$

eine Nullfunktion in I_r. Folglich ist mit

$$F_r(x) = F_r^*(x) + G_r(x)$$

der Induktionsschluß erfüllt. Die gesuchte Funktion kann jetzt dadurch definiert werden, daß sie in I_r ($r = 1, 2, 3, \ldots$) und in jeder darin enthaltenen Menge I^* mit $F_r(x)$ übereinstimmt.

Ferner ist wichtig, daß die BESSELsche Ungleichung sowie die Äquivalenz zwischen der PARSEVALschen Gleichung und der Approximierbarkeit im Mittel für ein unendliches Grundintervall gültig bleiben. Dies sieht man sofort ein, wenn man die Schlüsse aus § 6 daraufhin durchprüft. Aber auch das Theorem von FISCHER-RIESZ, die Äquivalenz zwischen der Abgeschlossenheit und der Vollständigkeit eines Systems[1] und die Vollständigkeitsbedingung von VITALI[2] bleiben bei unendlichem Intervall bestehen.

---

[1] Siehe dazu [*18*], S. 761.
[2] Siehe dazu [*13*], Bd. 2, Kap. IV, § 6.

Dagegen gilt bei unendlichem Intervall im allgemeinen nicht mehr die für endliche Intervalle bewiesene Tatsache, daß das System der Potenzen 1, x, x^2, ... vollständig ist. Doch gibt es auch spezielle Fälle, wo beim Vorhandensein einer Belegungsfunktion diese Tatsache richtig bleibt (z. B. bei den LAGUERREschen Polynomen, von denen noch die Rede sein wird); dann hat man die Vollständigkeit jeweils auf Grund der besonderen Eigenschaften des Systems zu beweisen.

Kapitel II.

Allgemeine Theorie der trigonometrischen Reihen.

§ 1. Einleitung.

Nachdem im 1. Kapitel die Grundlagen der allgemeinen Theorie der Orthogonalreihen dargestellt worden sind, soll nun die besonders wichtige Klasse der *trigonometrischen Reihen*, also Reihen der Gestalt

$$(1.1) \qquad \tfrac{1}{2} a_0 + \sum_{\nu=1}^{\infty} (a_\nu \cos \nu x + b_\nu \sin \nu x),$$

eingehend untersucht werden.

Wenn es eine Funktion $f(x)$ gibt, so daß die Koeffizienten der Reihe (1.1) den EULERschen *Formeln*

$$(1.2) \quad a_\nu = \frac{1}{\pi} \int_{-\pi}^{\pi} f(x) \cos \nu x \, d x, \quad b_\nu = \frac{1}{\pi} \int_{-\pi}^{\pi} f(x) \sin \nu x \, d x \quad (\nu = 1, 2, \ldots)$$

genügen, dann wird (1.1) als FOURIER-*Reihe* (im engeren Sinne) der Funktion $f(x)$ bezeichnet. Mit dem Symbol $\sim$ von HURWITZ gilt dann also

$$f(x) \sim \tfrac{1}{2} a_0 + \sum_{\nu=1}^{\infty} (a_\nu \cos \nu x + b_\nu \sin \nu x).$$

Zwischen den Bezeichnungen „trigonometrische Reihe" und „FOURIER-Reihe" ist zu unterscheiden, denn nicht jede trigonometrische Reihe, ja nicht einmal jede konvergente trigonometrische Reihe ist eine FOURIER-Reihe.

Ein Beispiel für diese Tatsache stellt die Reihe

$$(1.3) \qquad \sum_{\nu=1}^{\infty} \frac{\sin \nu x}{\nu^\alpha}, \quad \alpha > 0$$

dar. Aus einem Satz, der in § 3 hergeleitet werden soll, folgt, daß diese Reihe stets konvergiert. Nach der BESSELschen Ungleichung muß bei einer FOURIER-Reihe die Quadratsumme der Koeffizienten beschränkt sein. Diese Quadratsumme, die hier gleich $\sum \nu^{-2\alpha}$ ist, besitzt für

$\alpha \leq \frac{1}{2}$ die *harmonische* Reihe als Minorante und ist daher divergent. Folglich ist die Reihe (1.3) für $\alpha \leq \frac{1}{2}$ keine FOURIER-Reihe.

Diese Schwierigkeit kann sich nicht ergeben, wenn die Reihe (1.1) im Intervall $(-\pi, \pi)$ gleichmäßig konvergiert. Bezeichnet man ihre Summe mit $f(x)$, so erhält man die EULERschen Formeln (1.2) aus (1.1) mit dem in der Einleitung angegebenen Verfahren; *also ist eine im Intervall $(-\pi, \pi)$ gleichmäßig konvergente trigonometrische Reihe FOURIER-Reihe ihrer Summe.*

Eine hinreichende Bedingung für die gleichmäßige Konvergenz einer trigonometrischen Reihe stellt die Konvergenz der Reihe

$$\sum_{\nu=1}^{\infty} \left(|a_\nu| + |b_\nu|\right)$$

dar. Wegen

$$|\cos \nu x| \leq 1, \qquad |\sin \nu x| \leq 1$$

besitzt dann (1.1) eine konvergente Zahlreihe als Majorante und ist folglich in jedem Intervall absolut und gleichmäßig konvergent.

Für spätere Überlegungen ist die Bemerkung wichtig, daß bei einer beliebigen Potenzreihe $Z = c_0 + c_1 z + c_2 z^2 + \cdots,$

die in einem im Konvergenzkreis enthaltenen Kreis vom Radius r_0 um den Ursprung erklärt ist, sowohl Realteil $\Re(Z)$ als auch Imaginärteil $\Im(Z)$ trigonometrische Reihen sind. Um dies einzusehen, setze man

$$z = r e^{i\vartheta} \qquad (0 \leq r \leq r_0;\ 0 \leq \vartheta \leq 2\pi),$$

also

$$z^n = r^n e^{i n \vartheta} = r^n (\cos n\vartheta + i \sin n\vartheta) \qquad (n = 0, 1, 2, \ldots),$$

und erhält dann

(1.4) $$Z = \sum_{n=0}^{\infty} c_n r^n (\cos n\vartheta + i \sin n\vartheta).$$

Mit der Bezeichnung

$$c_n = c_n' + i c_n'' \qquad (c_n', c_n'' \text{ reell}),$$

gilt folglich

$$\Re(Z) = \sum_{n=0}^{\infty} r^n (c_n' \cos n\vartheta - c_n'' \sin n\vartheta),$$

$$\Im(Z) = \sum_{n=0}^{\infty} r^n (c_n'' \cos n\vartheta + c_n' \sin n\vartheta).$$

Diesen Zusammenhang kann man benutzen, um die Summen gewisser trigonometrischer Reihen zu bestimmen, indem man von bekannten Potenzreihenentwicklungen ausgeht.

Legt man z. B. die folgende bekannte Potenzreihe des Logarithmus zugrunde

$$-\log(1 - z) = z + \frac{z^2}{2} + \frac{z^3}{3} + \cdots \qquad (|z| < 1),$$

wobei mit $\underline{\log}$ der Hauptwert des Logarithmus bezeichnet werden soll[1], so erhält man auf diese Weise auf Grund der Gleichungen

$$\Re\left(\log(1-z)\right) = \log|1-z|, \qquad \Im\left(\underline{\log}(1-z)\right) = \underline{arc}(1-z)$$

die beiden Entwicklungen

$$(1.5) \quad -\log\sqrt{1-2r\cos\vartheta+r^2} = r\cos\vartheta + \frac{r^2}{2}\cos 2\vartheta + \frac{r^3}{3}\cos 3\vartheta + \cdots,$$

$$(1.6) \quad \underline{arc\,tg}\,\frac{r\sin\vartheta}{1-r\cos\vartheta} = r\sin\vartheta + \frac{r^2}{2}\sin 2\vartheta + \frac{r^3}{3}\sin 3\vartheta + \cdots.$$

Dabei bedeutet die Unterstreichung in der zweiten Gleichung, daß die Funktionswerte im Intervall $(-\pi/2, \pi/2)$ betrachtet werden. Diese Gleichungen sind jedenfalls für $r < 1$ gültig. Später werden wir zeigen, daß sie auch für $r = 1$ gelten.

Benutzt man die komplexe Schreibweise, so kann man die trigonometrische Reihe (1.1) und die EULERschen Formeln (1.2) in formaler Hinsicht vereinfachen. Drückt man $\cos\nu x$ und $\sin\nu x$ durch die Exponentialfunktion aus, so geht (1.1) über in

$$\tfrac{1}{2}a_0 + \tfrac{1}{2}\sum_{\nu=1}^{\infty}\left[a_\nu(e^{i\nu x}+e^{-i\nu x}) - i\,b_\nu(e^{i\nu x}-e^{-i\nu x})\right]$$

$$= \tfrac{1}{2}a_0 + \tfrac{1}{2}\sum_{\nu=1}^{\infty}(a_\nu - i\,b_\nu)\,e^{i\nu x} + \tfrac{1}{2}\sum_{\nu=1}^{\infty}(a_\nu + i\,b_\nu)\,e^{-i\nu x}.$$

Setzt man nun

$$\tfrac{1}{2}a_0 = c_0, \qquad \tfrac{1}{2}(a_\nu - i\,b_\nu) = c_\nu, \qquad \tfrac{1}{2}(a_\nu + i\,b_\nu) = c_{-\nu}, \qquad (\nu = 1, 2, 3, \ldots),$$

so erhält (1.1) die formal besonders einfache Gestalt

$$(1.7) \qquad\qquad\qquad \sum_{\nu=-\infty}^{+\infty} c_\nu\,e^{i\nu x}.$$

Diese Reihe ist nichts anderes als der Spezialfall $r = 1$ von (1.4), wenn man außerdem $\vartheta = x$ setzt.

Die EULERschen Formeln (1.2) nehmen jetzt, wie man durch Einsetzen unmittelbar bestätigt, die folgende Gestalt an

$$(1.8) \qquad c_\nu = \frac{1}{2\pi}\int_{-\pi}^{+\pi} f(x)\,e^{-i\nu x}\,dx \qquad (\nu = \cdots -2, -1, 0, +1, +2, \ldots).$$

Auch die PARSEVALsche Gl. (I. 6.1) wird in formaler Hinsicht besonders einfach. Berücksichtigt man, daß

$$\tfrac{1}{2}a_0^2 = 2c_0^2, \qquad \tfrac{1}{2}(a_\nu^2 + b_\nu^2) = 2c_\nu\,c_{-\nu}$$

---

[1] Die Unterstreichung bedeute auch bei den folgenden Funktionen, daß es sich um den Hauptwert handelt.

gilt, so folgt aus (I. 6.1)

$$c_0^2 + 2 \sum_{\nu=1}^{\infty} c_\nu c_{-\nu} = \frac{1}{2\pi} \int\limits_{-\pi}^{\pi} [f(x)]^2 \, dx.$$

Da c_ν und $c_{-\nu}$ konjugiert komplexe Zahlen sind, kann man dafür auch schreiben

$$|c_0|^2 + 2 \sum_{\nu=1}^{\infty} |c_\nu|^2 = \frac{1}{2\pi} \int\limits_{-\pi}^{\pi} [f(x)]^2 \, dx.$$

Bisher hatten wir die Orthogonalitätsbeziehung nur für reelle Funktionen erklärt. Sie soll nun auch sinngemäß für komplexwertige Funktionen einer reellen Veränderlichen eingeführt werden. Zwei komplexwertige Funktionen $\varphi_m(x)$ und $\varphi_n(x)$ werden im Intervall (a, b) als *orthogonal* bezeichnet, wenn das von a bis b erstreckte Integral über das Produkt von $\varphi_m(x)$ und der zu $\varphi_n(x)$ *konjugiert komplexen* Funktion $\overline{\varphi_n(x)}$ verschwindet:

$$\int\limits_{a}^{b} \varphi_m(x) \, \overline{\varphi_n(x)} \, dx = 0 \qquad (m \neq n).$$

Im Sinne dieser Orthogonalitätsbeziehung bilden die Funktionen

$$\ldots, \; e^{-2ix}, \quad e^{-ix}, \quad 1, \quad e^{ix}, \quad e^{2ix}, \quad \ldots,$$

nach denen die Reihe (1.7) fortschreitet, ein orthogonales Funktionensystem im Intervall $(-\pi, \pi)$, weil für $m \neq n$ gilt:

$$\int\limits_{-\pi}^{\pi} e^{imx} e^{-inx} \, dx = \int\limits_{-\pi}^{\pi} e^{i(m-n)x} \, dx$$

$$= \int\limits_{-\pi}^{\pi} \cos(m-n)x \, dx + i \int\limits_{-\pi}^{\pi} \sin(m-n)x \, dx = 0.$$

Eine andere Bemerkung von formalem Charakter, die aber recht bedeutungsvoll ist, betrifft die Funktionen $f(x)$, die nur in einer Hälfte des Grundintervalls, etwa in $(0, \pi)$ definiert sind[1]. Diese lassen sich auf das ganze Intervall $(-\pi, \pi)$ so fortsetzen, daß ihre FOURIER-Reihe nur nach $\cos \nu x$ oder $\sin \nu x$ fortschreitet. Definiert man $f(x)$ im Intervall $(-\pi, 0)$ durch $f(x) = f(-x)$, so folgt, da $\cos x$ eine

---

[1] Eine Funktion $f(x)$, die in einem beliebigen von Null verschiedenen, endlichen Intervall (a, b) definiert ist, kann durch die lineare Substitution $x' = \dfrac{b' - a'}{b - a} (x - a) + a'$ stets in eine Funktion $f(x')$ übergeführt werden, die im Intervall (a', b'), also auch in $(0, \pi)$ definiert ist.

gerade und sin x eine ungerade Funktion sind:

$$\int_{-\pi}^{0} f(x) \cos \nu x \, dx = \int_{0}^{\pi} f(x) \cos \nu x \, dx,$$

$$\int_{-\pi}^{0} f(x) \sin \nu x \, dx = - \int_{0}^{\pi} f(x) \sin \nu x \, dx,$$

also

$$a_\nu = \frac{2}{\pi} \int_{0}^{\pi} f(x) \cos \nu x \, dx, \qquad b_\nu = 0.$$

Definiert man $f(x)$ andererseits im Intervall $(-\pi, 0)$ durch $f(x) = -f(-x)$, so erhält man entsprechend

$$a_\nu = 0, \qquad b_\nu = \frac{2}{\pi} \int_{0}^{\pi} f(x) \sin \nu x \, dx.$$

§ 2. Entwicklung der total stetigen Funktionen.

Wie in der Einleitung angedeutet, handelt es sich bei dem zentralen Problem der FOURIER-Reihen darum, festzustellen, wann die FOURIER-Reihe einer gewissen Funktion $f(x)$ im gewöhnlichen Sinne konvergiert und $f(x)$ als Summe besitzt.

Diese Frage kann bisher allgemein nicht völlig befriedigend beantwortet werden, doch gibt es Spezialfälle, in denen dies möglich ist. Einen solchen Fall haben wir bereits im vorhergehenden Paragraphen kennengelernt, nämlich in den trigonometrischen Reihen, bei denen die Reihe aus den absoluten Beträgen der Koeffizienten konvergiert. Diese trigonometrischen Reihen sind gleichmäßig konvergent und stimmen folglich mit den FOURIER-Entwicklungen ihren Summen überein.

Ein anderer Fall, in dem die Ergebnisse des vorhergehenden Kapitels schnell zu einer Lösung des Problems führen, betrifft die total stetigen Funktionen.

Eine Funktion $f(x)$ heißt total stetig im Intervall (a, b), wenn es zu vorgegebenem $\varepsilon > 0$ eine Zahl $\mu > 0$ gibt, so daß folgendes gilt:

Sind $(x_1', x_1''), \ldots, (x_n', x_n'')$ endlich viele in (a, b) enthaltene Teilintervalle, von denen je zwei keine inneren Punkte gemeinsam haben, so soll unabhängig von n aus der Gültigkeit der Ungleichung

$$\sum_{k=1}^{n} |x_k' - x_k''| < \mu$$

die Ungleichung

$$\sum_{k=1}^{n} |f(x_k') - f(x_k'')| < \varepsilon$$

folgen.

Beispiele für Funktionen, die total stetig sind, lassen sich sofort angeben. Befriedigt eine Funktion $f(x)$ etwa im Intervall (a, b) eine LIPSCHITZ-*Bedingung*, d.h. existiert eine positive Konstante A, so daß für alle x', x'' aus (a, b) gilt

$$|f(x') - f(x'')| < A\,|x' - x''|\,,$$

so ist sie total stetig. Es gilt dann nämlich

$$\sum_{k=1}^{n} |f(x_k') - f(x_k'')| < A \sum_{k=1}^{n} |x_k' - x_k''| = A\mu\,,$$

also ist mit $\mu = \varepsilon/A$ die Bedingung für total stetige Funktionen erfüllt. Daraus folgt ferner durch Anwendung des Mittelwertsatzes der Differentialrechnung, daß auch jede Funktion mit beschränkter erster Ableitung total stetig ist. Nach dem Mittelwertsatz ist

$$f(x_k') - f(x_k'') = f'(x_k)\,(x_k' - x_k'')\,, \qquad x_k' \leq x_k \leq x_k''\,,$$

und mit

$$\operatorname*{Max}_{a \leq x \leq b} |f'(x)| = A$$

gilt dann vorstehende LIPSCHITZ-Bedingung.

Ohne Beweis soll die folgende Charakterisierung der total stetigen Funktionen angegeben werden (z. B. [*14*], S. 155). Eine im Intervall (a, b) erklärte total stetige Funktion $f(x)$ besitzt fast überall in (a, b) eine Ableitung $f'(x)$, und es gilt:

$$(2.1) \qquad \int_a^\xi f'(x)\,dx = f(\xi) - f(a)\,.$$

Besitzt umgekehrt eine Funktion $f(x)$ in (a, b) fast überall eine Ableitung $f'(x)$ und läßt sie sich mittels der obigen Gleichung darstellen, so ist sie total stetig. Mit anderen Worten, *die total stetigen Funktionen sind genau die Funktionen, die sich durch Integrale ihrer Ableitung darstellen lassen.*

Auf die anfangs aufgeworfene Frage gibt der folgende Satz über die Entwickelbarkeit der total stetigen Funktionen in FOURIER-Reihen eine Antwort:

Ist die Funktion $f(x)$ im Intervall $(-\pi, \pi)$ total stetig, gilt

$$f(\pi) = f(-\pi)$$

und gehört ihre Ableitung $f'(x)$ der Klasse L^2 der quadratisch integrierbaren Funktionen an, so konvergiert ihre FOURIER-Reihe gleichmäßig in $(-\pi, \pi)$ und stellt $f(x)$ dar.

Zum Beweis seien a'_ν und b'_ν die FOURIER-Koeffizienten von $f'(x)$, dann folgt aus $f(\pi) = f(-\pi)$

$$\pi a'_0 = \int\limits_{-\pi}^{+\pi} f'(x)\, dx = f(\pi) - f(-\pi) = 0.$$

Zu $f'(x)$ gehört also die FOURIER-Reihe

$$f'(x) \sim \sum_{\nu=1}^{\infty} (a'_\nu \cos \nu x + b'_\nu \sin \nu x).$$

Wegen (I. 15.2) gilt dann für jeden Punkt ξ aus $(-\pi, \pi)$

$$\int\limits_{-\pi}^{\xi} f'(x)\, dx = \sum_{\nu=1}^{\infty} \left(a'_\nu \int\limits_{-\pi}^{\xi} \cos \nu x\, dx + b'_\nu \int\limits_{-\pi}^{\xi} \sin \nu x\, dx \right)$$

$$= \sum_{\nu=1}^{\infty} \left(\frac{a'_\nu}{\nu} \sin \nu\xi - \frac{b'_\nu}{\nu} \cos \nu\xi + (-1)^\nu \frac{b'_\nu}{\nu} \right),$$

wobei diese Reihe absolut und gleichmäßig konvergiert. Benutzt man (2.1), so folgt daraus

$$(2.2) \qquad f(\xi) = f(-\pi) + \sum_{\nu=1}^{\infty} (-1)^\nu \frac{b'_\nu}{\nu} + \sum_{\nu=1}^{\infty} \left(\frac{a'_\nu}{\nu} \sin \nu\xi - \frac{b'_\nu}{\nu} \cos \nu\xi \right).$$

Da diese Reihe gleichmäßig konvergiert, stimmt sie mit der FOURIER-Reihe der dargestellten Funktion überein. Damit ist der Beweis geführt. Darüber hinaus kann man die FOURIER-Koeffizienten von $f(x)$ angeben:

$$(2.3) \qquad \frac{1}{2} a_0 = f(-\pi) + \sum_{\nu=1}^{\infty} (-1)^\nu \frac{b'_\nu}{\nu}, \qquad a_\nu = -\frac{b'_\nu}{\nu}, \qquad b_\nu = \frac{a'_\nu}{\nu}.$$

§ 3. sin- und cos-Reihen.

Einen anderen einfachen Fall der Konvergenz trigonometrischer Reihen kann man leicht aus einem allgemeinen Satz über Funktionenreihen, der auch an sich von Interesse ist, herleiten. Bevor wir diesen Satz formulieren, wollen wir an zwei Begriffe erinnern, die dabei benutzt werden.

Eine Reihe von Funktionen $u_1(x) + u_2(x) + u_3(x) + \cdots$ besitzt im Intervall (a, b) *gleichmäßig beschränkte Partialsummen*, wenn eine Konstante A existiert, derart, daß für beliebiges n und alle x aus (a, b)

$$|u_1(x) + u_2(x) + \cdots + u_n(x)| = |U_n(x)| < A$$

ist.

Die Konstantenfolge $a_1, a_2, a_3, \ldots$ heißt von *beschränkter Schwankung*, wenn

1. $\lim\limits_{n \to \infty} a_n = 0,$

2. die Reihe $|a_1 - a_2| + |a_2 - a_3| + |a_3 - a_4| + \cdots$ konvergiert[1].

Es gilt nun folgender Satz.

Die Reihe $u_1(x) + u_2(x) + u_3(x) \ldots$ *besitze in* (a, b) *gleichmäßig beschränkte Partialsummen und die Konstantenfolge* $a_1, a_2, a_3, \ldots$ *sei von beschränkter Schwankung, dann ist die Reihe*

(3.1) $$a_1 u_1(x) + a_2 u_2(x) + a_3 u_3(x) + \cdots$$

im Intervall (a, b) *gleichmäßig konvergent.*

Der Beweis dieses Satzes stützt sich auf die ABELsche *Summationsformel,* die als Analogon in der Theorie der Reihen zur Formel der partiellen Integration betrachtet werden kann. Seien

$$a_1, a_2, a_3, \ldots, \qquad b_1, b_2, b_3, \ldots$$

zwei beliebige Konstantenfolgen, so gilt mit der Bezeichnung

$$\Delta a_k = a_{k+1} - a_k, \qquad \Delta b_k = b_{k+1} - b_k \qquad (k = 1, 2, 3, \ldots)$$

die Identität

$$\Delta(a_k b_k) \equiv a_{k+1} b_{k+1} - a_k b_k = a_k \Delta b_k + b_{k+1} \Delta a_k.$$

Dann folgt durch Summation von $n+1$ bis $n+p$

$$\sum_{k=n+1}^{n+p} a_k \Delta b_k + \sum_{k=n+1}^{n+p} b_{k+1} \Delta a_k = a_{n+p+1} b_{n+p+1} - a_{n+1} b_{n+1}.$$

Die ABELsche Summationsformel erhält man daraus, wenn man annimmt, daß b_k die $(k-1)$-te Partialsumme U_{k-1} einer gewissen Reihe $u_1 + u_2 + u_3 + \cdots$ sei:

$$b_k = u_1 + \cdots + u_{k-1} = U_{k-1}, \qquad U_0 = 0.$$

Damit wird

$$\Delta b_k = U_k - U_{k-1} = u_k,$$

und durch diese Umformung geht die vorstehende Gleichung in die ABELsche *Summationsformel* über:

(3.2) $$\sum_{k=n+1}^{n+p} a_k u_k = - \sum_{k=n+1}^{n+p} U_k \Delta a_k + a_{n+p+1} U_{n+p} - a_{n+1} U_n \quad{}^{\dagger}$$

---

[1] Zum Beispiel sind monotone Nullfolgen, $c_1 \geq c_2 \geq c_3 \geq \cdots$, $c_n \to 0$, auch Folgen beschränkter Schwankung, denn es ist

$$|c_1 - c_2| + |c_2 - c_3| + \cdots + |c_{n-1} - c_n| = (c_1 - c_2) + (c_2 - c_3) + \cdots + (c_{n-1} - c_n) = c_1 - c_n,$$

also

$$\sum_{i=1}^{\infty} |c_i - c_{i+1}| = c_1;$$

d.h. beide Bedingungen sind erfüllt.

† Setzt man insbesondere $n = 0$, so folgt

$$\sum_{k=1}^{p} a_k u_k = - \sum_{k=1}^{p} U_k \Delta a_k + a_{p+1} U_p.$$

Wendet man diese Formel nun auf die Teilsummen

$$R_{np} = \sum_{k=n+1}^{n+p} a_k u_k(x)$$

der Reihe (3.1) an, so folgt mit einer geeigneten Konstanten A

$$|R_{np}| \leq \sum_{k=n+1}^{n+p} |U_k| \, |a_{k+1} - a_k| + |U_{n+p}| \, |a_{n+p+1}| + |U_n| \, |a_{n+1}|$$

$$< A \left(\sum_{k=n+1}^{n+p} |a_k - a_{k+1}| + |a_{n+1}| + |a_{n+p+1}| \right).$$

Auf Grund der Voraussetzung, daß $a_1, a_2, a_3, \ldots$ eine Folge beschränkter Schwankung ist, gibt es zu vorgegebenem $\varepsilon > 0$ eine Zahl n_0, so daß für $n > n_0$ und jede natürliche Zahl p

$$\sum_{k=n+1}^{n+p} |a_k - a_{k+1}| < \frac{\varepsilon}{3A}, \qquad |a_{n+1}| < \frac{\varepsilon}{3A}$$

ist. Dann gilt

$$|R_{np}| < \varepsilon,$$

und da n_0 nicht von x abhängt, folgt daraus wie behauptet, daß die Reihe

$$\sum_{\nu=1}^{\infty} a_\nu u_\nu(x)$$

im Intervall (a, b) gleichmäßig konvergiert.

Diese Überlegung bleibt offensichtlich richtig, wenn $u_1, u_2, u_3, \ldots$ Konstanten sind. Man erhält dann den Satz:

Besitzt die Reihe

$$\sum_{\nu=1}^{\infty} u_\nu$$

beschränkte Partialsummen und ist $a_1, a_2, a_3, \ldots$ eine Konstantenfolge beschränkter Schwankung, dann ist die Reihe

$$\sum_{\nu=1}^{\infty} a_\nu u_\nu$$

konvergent.

Mit Hilfe der zwei letzten Sätze kann leicht das folgende Ergebnis über die Konvergenz der sin-Reihen, also der Reihen, die nur von $\sin nx$ ($n = 1, 2, 3, \ldots$) abhängen, hergeleitet werden:

Wenn die Konstantenfolge $b_1, b_2, b_3, \ldots$

von beschränkter Schwankung ist, dann ist die Reihe

(3.3) $$\sum_{\nu=1}^{\infty} b_\nu \sin \nu x$$

stets konvergent und in jedem Intervall, das kein ganzzahliges Vielfaches von π enthält, gleichmäßig konvergent.

Zum Beweis gehen wir von der Formel für die Partialsumme einer geometrischen Reihe aus:

$$1 + z + z^2 + \cdots + z^{n-1} = \frac{1 - z^n}{1 - z}.$$

Setzt man $z = r e^{ix}$, dann folgt

$$\sum_{k=0}^{n-1} r^k (\cos kx + i \sin kx) = \frac{1 - r^n (\cos nx + i \sin nx)}{1 - r(\cos x + i \sin x)}$$

$$= \frac{(1 - r^n \cos nx - i r^n \sin nx)(1 - r \cos x + i r \sin x)}{(1 - r \cos x)^2 + (r \sin x)^2}.$$

Trennt man in dieser Gleichung Real- und Imaginärteil, so erhält man

$$(3.4) \quad \begin{cases} \displaystyle\sum_{k=0}^{n-1} r^k \cos kx = \frac{1 - r \cos x - r^n \cos nx + r^{n+1} \cos(n-1)x}{1 - 2r \cos x + r^2}, \\[3mm] \displaystyle\sum_{k=0}^{n-1} r^k \sin kx = \frac{r \sin x - r^n \sin nx + r^{n+1} \sin(n-1)x}{1 - 2r \cos x + r^2}. \end{cases}$$

Für $r = 1$ ist insbesondere

$$(3.5) \quad \begin{cases} \displaystyle\sum_{k=0}^{n-1} \cos kx = \frac{1}{2} + \frac{\sin \dfrac{2n-1}{2} x}{2 \sin \dfrac{x}{2}}, \\[5mm] \displaystyle\sum_{k=0}^{n-1} \sin kx = \frac{\cos \dfrac{x}{2} - \cos \dfrac{2n-1}{2} x}{2 \sin \dfrac{x}{2}}. \end{cases}$$

Für späteren Gebrauch merken wir gleich noch die Formel an, die aus (3.4) durch den Grenzübergang $n \to \infty$, der für $r < 1$ sicher erlaubt ist, hervorgehen:

$$(3.6) \quad \begin{cases} \displaystyle\sum_{k=0}^{\infty} r^k \cos kx = \frac{1 - r \cos x}{1 - 2r \cos x + r^2} = \frac{1}{2} + \frac{1 - r^2}{2(1 - 2r \cos x + r^2)}, \\[3mm] \displaystyle\sum_{k=0}^{\infty} r^k \sin kx = \frac{r \sin x}{1 - 2r \cos x + r^2}. \end{cases}$$

Um nun beim Beweis des Satzes die vorhergehenden Ergebnisse anwenden zu können, müssen wir die Partialsummen $S_n(x)$ der Reihe

$$\sum_{\nu=1}^{\infty} \sin \nu x$$

abschätzen. Sei (a, b) ein Intervall, das kein ganzzahliges Vielfaches von π enthält, also etwa

$$0 < \eta \leq x \leq \pi - \eta,$$

dann folgt aus der zweiten Gleichung von (3.5):

$$| S_n (x)| \leq \frac{1}{\sin (x/2)} \leq \frac{1}{\sin (\eta/2)} \, .$$

Dies ist eine von n unabhängige Abschätzung für die Partialsummen. Damit erhält man auf Grund von (3.1) sofort die Behauptung, daß die Reihe (3.3) im Intervall $(\eta, \pi - \eta)$ gleichmäßig konvergiert. Um festzustellen, daß die Reihe (3.3) überall konvergiert, haben wir nur ihre Funktionswerte an den Stellen $x = 2k\pi$ $(k = 1, 2, \ldots)$ zu untersuchen, wo die vorstehende Abschätzung versagt. Für diese Werte verschwinden aber sämtliche Reihenglieder von (3.3), womit alles bewiesen ist.

Auf Grund der ersten Gleichung von (3.5) läßt sich der erste Teil dieses Beweises sofort auf cos-Reihen übertragen. Nur der letzte Schluß versagt jetzt wegen $\cos 2k\pi = 1$. Es gilt daher der folgende Satz über cos-Reihen:

Wenn die Konstantenfolge $a_1, a_2, \ldots$ *von beschränkter Schwankung ist, dann ist die Reihe*

$$\sum_{v=1}^{\infty} a_v \cos vx$$

in jedem Intervall, das kein ganzzahliges Vielfaches von π enthält, gleichmäßig konvergent.

Schließlich bemerken wir noch, daß dieser Satz selbstverständlich auch für allgemeine trigonometrische Reihen gilt, wenn die beiden Folgen $a_1, a_2, \ldots$ und $b_1, b_2, \ldots$ von beschränkter Schwankung sind.

Da eine monotone Nullfolge stets eine Folge beschränkter Schwankung ist, ergibt sich aus dem zuvor bewiesenen Satz, daß auch die Reihe (1.3) stets konvergiert.

Ferner folgt aus dem ABELschen *Theorem über Potenzreihen*[1], daß die Gl. (1.6) auch für $r \to 1$ gilt. Wegen

$$\lim_{r \to 1} \operatorname{arc\,tg} \left(\frac{r \sin \vartheta}{1 - r \cos \vartheta} \right) = \operatorname{arc\,tg} \left(\operatorname{ctg} \frac{\vartheta}{2} \right) = \begin{cases} \dfrac{\pi}{2} - \dfrac{\vartheta}{2} & \text{für} \quad 0 < \vartheta \leq \pi \\[2mm] -\dfrac{\pi}{2} - \dfrac{\vartheta}{2} & \text{für} \quad -\pi \leq \vartheta < 0, \end{cases}$$

erhält man dann aus (1.6), wenn man noch ϑ durch x ersetzt

$$(3.7) \quad \begin{cases} H(x) = \sin x + \dfrac{\sin 2x}{2} + \dfrac{\sin 3x}{3} + \cdots \\[3mm] = \begin{cases} \dfrac{\pi}{2} - \dfrac{x}{2} & \text{für} \quad 0 < x \leq \pi \\[2mm] -\dfrac{\pi}{2} - \dfrac{x}{2} & \text{für} \quad -\pi \leq x < 0. \end{cases} \end{cases}$$

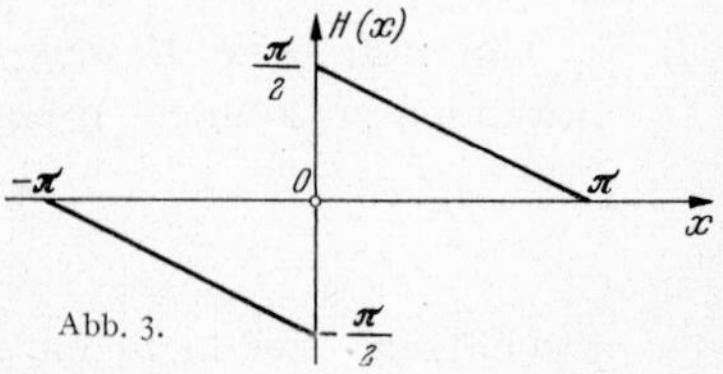

Abb. 3.

---

[1] Später (in § 14) werden wir einen Satz von FROBENIUS beweisen, der das ABELsche Theorem umfaßt, welches man hier heranzuziehen hat.

Schließlich ist leicht zu zeigen, daß die Reihe (3.7) mit der FOURIER-Reihe der dargestellten Funktion übereinstimmt. Es ist nämlich

$$b_\nu = \frac{1}{\pi} \int_{-\pi}^{\pi} H(x) \sin \nu x \, dx = \frac{2}{\pi} \int_{0}^{\pi} H(x) \sin \nu x \, dx$$

$$= \frac{2}{\pi} \int_{0}^{\pi} \left(\frac{\pi}{2} - \frac{x}{2} \right) \sin \nu x \, dx = \int_{0}^{\pi} \sin \nu x \, dx - \frac{1}{\pi} \int_{0}^{\pi} x \sin \nu x \, dx = \frac{1}{\nu}.$$

Alle diese Ergebnisse sind für uns von Interesse, da sie zahlreiche neue Gesichtspunkte ergeben. So haben wir in der Funktion $H(x)$ das erste Beispiel für die Entwicklung einer unstetigen Funktion in eine FOURIER-Reihe. Außerdem sehen wir dabei, daß der Funktionswert dieser FOURIER-Reihe in dem Unstetigkeitspunkt $x = 0$ gleich 0 ist, also mit dem arithmetischen Mittel aus den Grenzwerten bei Annäherung von links und rechts zusammenfällt. Schließlich hat man in $H(x)$ eine Funktion, für die der in § 2 hergeleitete Satz unter schwächeren als den dort angegebenen Voraussetzungen zutrifft. Dieser letzte Sachverhalt gilt auch allgemein, wie der folgende Satz zeigt.

Wenn die Funktion $f(x)$ im Intervall $(-\pi, \pi)$ nur endlich viele Unstetigkeitsstellen erster Art[1]

$$x_1, x_2, \ldots, x_r$$

aufweist und wenn sie in jedem der Intervalle

$$(-\pi, x_1 - \eta), \quad (x_1 + \eta, x_2 - \eta), \quad \ldots, \quad (x_{r-1} + \eta, x_r - \eta), \quad (x_r + \eta, \pi)$$

total stetig ist und dort eine Ableitung $f'(x) \in L^2$ besitzt, wobei $\eta > 0$ eine beliebige Zahl mit

$$-\pi < x_1 - \eta, \quad x_1 + \eta < x_2 - \eta, \quad \ldots, \quad x_r + \eta < \pi$$

sei, dann besitzt die FOURIER-Reihe von $f(x)$ die folgenden Eigenschaften: Sie konvergiert in den angegebenen Intervallen gleichmäßig und besitzt dort $f(x)$ als Summe; in den Unstetigkeitsstellen von $f(x)$ hat sie das arithmetische Mittel aus dem rechten und linken Grenzwert von $f(x)$ bei Annäherung an diese Stellen zur Summe und an den Stellen $x = \pm \pi$ den Wert

$$\tfrac{1}{2} \left[f(-\pi) + f(\pi) \right].$$

Zum Beweis bezeichnen wir mit l'_k bzw. l''_k ($k = 1, 2, \ldots, r$) den linken bzw. rechten Grenzwert von $f(x)$ für $x \to x_k$ und setzen im folgenden

$$f(x_k) = \frac{l'_k + l''_k}{2}$$

---

[1] Eine Unstetigkeitsstelle erster Art einer Funktion $f(x)$ ist ein Punkt, in dem der linke und der rechte Grenzwert existieren, aber nicht übereinstimmen.

und

$$f^*(x) = f(x) - \sum_{k=1}^{r} \left[\frac{l'_k + l''_k}{2} + \frac{l''_k - l'_k}{\pi} H(x - x_k) \right] + \frac{f(\pi) - f(-\pi)}{\pi} H(x - \pi),$$

wo $H(x)$ die zuvor erklärte Funktion ist, die wir uns über das Intervall $(-\pi, \pi)$ hinaus periodisch fortgesetzt denken. Da, wie wir schon wissen, $H(x)$ der Behauptung des Satzes genügt und $f(x)$ sich nach vorstehender Gleichung linear aus $f^*(x)$ und $H(x)$ zusammensetzt, genügt es den Beweis für $f^*(x)$ zu führen. Von der Funktion $f^*(x)$ zeigen wir sogleich, daß sie sogar den Voraussetzungen des Satzes von § 2 genügt, also im ganzen Intervall durch ihre gleichmäßig konvergente FOURIER-Reihe dargestellt wird.

Aus der Definition folgt zunächst unmittelbar, daß $f^*(x)$ an allen von $x_0 = -\pi$, x_1, ..., x_r, $x_{r+1} = \pi$ verschiedenen Punkten stetig ist. Wie man sofort nachrechnet, gilt aber auch

$$\lim_{x \to x_k} f^*(x) = f^*(x_k) \qquad (k = 0, 1, \ldots, r+1),$$

d. h. $f^*(x)$ ist stetig in $(-\pi, \pi)$. Ebenso erhält man

$$f^*(-\pi) = f^*(\pi).$$

Aus den Voraussetzungen über $f'(x)$ und der Tatsache, daß $H(x)$ außer in den Punkten $-\pi, 0, \pi$ eine konstante Ableitung besitzt, folgt ferner $f^*(x) \in L^2$. Um schließlich nachzuweisen, daß $f^*(x)$ total stetig ist, zeigen wir allgemein, daß eine Funktion $F(x)$, die im Intervall (a, b) stetig und in jedem Intervall

$$(a, c - \eta), \qquad (c + \eta, b)$$

mit festem c und beliebig kleinem $\eta > 0$ total stetig ist, im ganzen Intervall total stetig ist.

Wegen (2.1) gelten die Gleichungen

$$F(\xi) = F(c + \eta) + \int_{c+\eta}^{\xi} F'(x) \, dx \qquad (c + \eta \leq \xi \leq b),$$

$$F(c - \eta) = F(a) + \int_{a}^{c-\eta} F'(x) \, dx,$$

und daraus folgt

$$F(\xi) = F(c + \eta) - F(c - \eta) + F(a) + \int_{a}^{c-\eta} F'(x) \, dx + \int_{c+\eta}^{\xi} F'(x) \, dx.$$

Da $F(x)$ stetig ist, ergibt der Grenzübergang $\eta \to 0$

$$F(\xi) = F(a) + \int_{a}^{\xi} F'(x) \, dx, \qquad c \leq \xi \leq b.$$

Da man die gleiche Überlegung auch für das Intervall $a \leq \xi \leq c$ führen kann, gilt vorstehende Gleichung im ganzen Intervall (a, b). Nach (2.1) ist dann $F(x)$ in (a, b) total stetig. Damit ist alles bewiesen.

§ 4. Beispiele für FOURIER-Entwicklungen.

1. Eine interessante Entwicklung in eine FOURIER-Reihe erhält man, wenn man in (I. 15.2) die Funktion $f(x)$ gleich der soeben angegebenen Funktion $H(x)$ und $g(x) \equiv 1$ setzt. Dann folgt

$$\frac{\pi}{2} x - \frac{x^2}{4} = \sum_{\nu=1}^{\infty} \frac{1}{\nu^2} (1 - \cos \nu x) \qquad (0 \leq x \leq 2\pi).$$

Auf Grund der in Kap. I, § 4 hergeleiteten Gleichung

$$\frac{\pi^2}{6} = \sum_{\nu=1}^{\infty} \frac{1}{\nu^2}$$

erhält man daraus

(4.1) $\qquad \dfrac{\pi^2}{6} - \dfrac{\pi}{2} x + \dfrac{x^2}{4} = \dfrac{\cos x}{1^2} + \dfrac{\cos 2x}{2^2} + \dfrac{\cos 3x}{3^2} + \cdots \qquad (0 \leq x \leq 2\pi).$

2. Wir wollen nun untersuchen, welche Gestalt die Entwicklung einer konstanten Funktion $f(x) \equiv c$ im Intervall $(0, \pi)$ in eine sin-Reihe besitzt. Dazu haben wir nach § 2 $f(x)$ zunächst durch die Festsetzung

$$f(x) \equiv -c \qquad (-\pi \leq x < 0)$$

auf das ganze Intervall $(-\pi, \pi)$ fortzusetzen. Der einzige Unstetigkeitspunkt liegt dann bei $x = 0$. Selbstverständlich ist $f(x)$ in den Intervallen $(-\pi, -\eta)$ und (η, π) mit $\eta > 0$ total stetig, und es ist $f'(x) \in L^2$. Dann existiert nach dem vorhergehenden Satz die FOURIER-Entwicklung von $f(x)$, und auf Grund der Überlegungen am Ende von § 1 gilt

$$f(x) = \pm c = \sum_{\nu=1}^{\infty} b_\nu \sin \nu x, \qquad b_\nu = \frac{2}{\pi} \int_0^{\pi} c \sin \nu x \, dx = \frac{2c}{\pi} \frac{1 - (-1)^\nu}{\nu},$$

also

$$f(x) = \pm c = \frac{4c}{\pi} \left(\frac{\sin x}{1} + \frac{\sin 3x}{3} + \frac{\sin 5x}{5} + \cdots \right).$$

Setzt man nun noch $c = \pi/4$, so erhält man die besonders einfache Reihe

$$A(x) = \pm \frac{\pi}{4} = \frac{\sin x}{1} + \frac{\sin 3x}{3} + \frac{\sin 5x}{5} + \cdots,$$

deren Reihenglieder unter denen der Reihe (3.6) von $H(x)$ vorkommen.

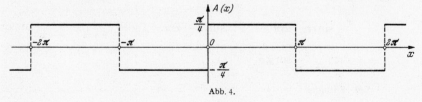

Abb. 4.

3. Eine interessante Reihenentwicklung erhält man auch für die Funktion $x/2$ im Intervall $(-\pi, \pi)$:

$$B(x) = 2A(x) - H(x) = \frac{x}{2} = \frac{\sin x}{1} - \frac{\sin 2x}{2} + \frac{\sin 3x}{3} - + \cdots.$$

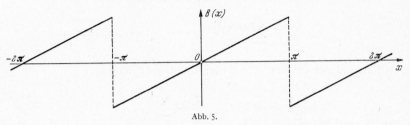

Abb. 5.

4. Um weitere Beispiele zu gewinnen, nehmen wir in der Reihe (1.5) den Grenzübergang $r \to 1$ vor, was nach dem ABELschen Theorem[1] in jedem Intervall, welches kein ganzzahliges Vielfaches von π enthält, erlaubt ist. Dann folgt für $0 < |\vartheta| < \pi$

$$-\log \sqrt{2(1 - \cos \vartheta)} = -\log \left| 2 \sin \frac{\vartheta}{2} \right| = \cos \vartheta + \frac{\cos 2\vartheta}{2} + \frac{\cos 3\vartheta}{3} + \cdots.$$

Die zuletzt hergeleitete Entwicklung ist besonders interessant, weil die dabei entwickelte Funktion, im Gegensatz zu allen anderen bisher betrachteten Funktionen, im Intervall $(-\pi, \pi)$ nicht immer endlich ist. Dennoch handelt es sich dabei tatsächlich um FOURIER-Reihen, wie man sofort durch Berechnung der Koeffizienten bestätigen kann. So erhält man durch partielle Integration

$$a_\nu = -\frac{2}{\pi} \int\limits_0^\pi \log \left| 2 \sin \frac{\vartheta}{2} \right| \cos \nu\vartheta \, d\vartheta = \frac{1}{\nu}.$$

5. Ferner wollen wir noch die Funktion $\cos \alpha x$ mit einer reellen, aber nicht ganzen Zahl α im Intervall $(-\pi, \pi)$ in eine FOURIER-Reihe entwickeln. Diese Funktion erfüllt alle Voraussetzungen des letzten Satzes aus dem vorhergehenden Paragraphen und stimmt daher mit ihrer FOURIER-Entwicklung überein. Es ist jetzt

$$\pi a_\nu = 2 \int\limits_0^\pi \cos \alpha x \cos \nu x \, dx = \int\limits_0^\pi \cos (\nu - \alpha) x \, dx + \int\limits_0^\pi \cos (\nu + \alpha) x \, dx$$

$$= \frac{1}{\nu - \alpha} \sin (\nu - \alpha)\pi + \frac{1}{\nu + \alpha} \sin (\nu + \alpha)\pi = (-1)^\nu \left(\frac{1}{\nu + \alpha} - \frac{1}{\nu - \alpha} \right) \sin \alpha\pi$$

$$= (-1)^\nu \frac{2\alpha}{\alpha^2 - \nu^2} \sin \alpha\pi,$$

---

[1] Vgl. Fußnote 1, S. 54.

und daraus folgt

$$(4.2) \quad \begin{cases} \cos \alpha x = \dfrac{2\alpha}{\pi} \sin \alpha \pi \left(\dfrac{1}{2\alpha^2} - \dfrac{1}{\alpha^2 - 1} \cos x + \dfrac{1}{\alpha^2 - 2^2} \cos 2x - \\ \qquad\qquad - \dfrac{1}{\alpha^2 - 3^2} \cos 3x + - \cdots \right) \quad (-\pi \leq x \leq \pi). \end{cases}$$

Für $x = \pi$ erhält man insbesondere

$$\cos \alpha \pi = \frac{2\alpha}{\pi} \sin \alpha \pi \left(\frac{1}{2\alpha^2} + \frac{1}{\alpha^2 - 1} + \frac{1}{\alpha^2 - 2^2} + \frac{1}{\alpha^2 - 3^2} + \cdots \right),$$

also

$$\pi \operatorname{ctg} \alpha \pi = \frac{1}{\alpha} + 2\alpha \sum_{n=1}^{\infty} \frac{1}{\alpha^2 - n^2}.$$

Damit haben wir noch einmal die schon im Kap. I, § 14 hergeleitete Entwicklung des ctg gewonnen.

Eine uns ebenfalls schon bekannte Entwicklung erhält man, wenn in (4.2) $x = 0$ gesetzt wird:

$$\frac{\pi}{\sin \alpha \pi} = \frac{1}{\alpha} + 2\alpha \sum_{n=1}^{\infty} \frac{(-1)^n}{\alpha^2 - n^2}.$$

6. Als letztes Beispiel betrachten wir die sin-Reihe der folgenden Funktion $f(x, y)$, die als Funktion von x mit einem Parameter y aufgefaßt wird:

$$f(x, y) = \begin{cases} \frac{1}{2} x (\pi - y) & \text{für} \quad 0 \leq x \leq y \\ \frac{1}{2} y (\pi - x) & \text{für} \quad y \leq x \leq \pi. \end{cases}$$

Setzt man

$$\int_0^y x \sin nx \, dx = g(y),$$

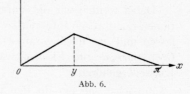

Abb. 6.

so ergibt sich sofort

$$b_n = \frac{1}{\pi} \left[\int_0^y x(\pi - y) \sin nx \, dx + \int_y^\pi y(\pi - x) \sin nx \, dx \right]$$

$$= \frac{1}{\pi} \left[(\pi - y) g(y) - y [g(\pi) - g(y)] + \pi y \int_y^\pi \sin nx \, dx \right]$$

$$= g(y) - \frac{y}{\pi} g(\pi) + y \frac{\cos ny - (-1)^n}{n}.$$

Durch partielle Integration der Definitionsgleichung von $g(y)$ erhält man

$$g(y) = - \left[\frac{x \cos nx}{n} \right]_0^y + \frac{1}{n} \int_0^y \cos nx \, dx = - \frac{y \cos ny}{n} + \frac{\sin ny}{n^2},$$

also ist

$$b_n = - \frac{y \cos ny}{n} + \frac{\sin ny}{n^2} - y \frac{(-1)^n}{n} + y \frac{\cos ny - (-1)^n}{n} = \frac{\sin ny}{n^2},$$

und folglich besteht die einfache Entwicklung

$$f(x, y) = \sum_{n=1}^{\infty} \frac{\sin nx \sin ny}{n^2}.$$

Aus diesem Ergebnis und aus der PARSEVALschen Formel für ein Produkt (I. 15.1) erhält man ferner die Entwicklung:

$$\sum_{n=1}^{\infty} \frac{\sin ny \sin nz}{n^4} = \frac{2}{\pi} \int_{0}^{\pi} f(x, y) f(x, z) \, dx,$$

wobei man noch das Integral auf der rechten Seite elementar berechnen kann.

§ 5. Der zweite Mittelwertsatz der Integralrechnung. Funktionen mit beschränkter Schwankung.

Bei den bisher in diesem Kapitel hergeleiteten Beispielen und Eigenschaften trigonometrischer Reihen haben wir uns im wesentlichen auf die im ersten Kapitel aufgestellten Sätze über orthogonale Funktionen gestützt, ohne tiefer auf die Eigenschaften der trigonometrischen Reihen bzw. der Funktionen $\sin x$ und $\cos x$ einzugehen. Jetzt wollen wir Methoden entwickeln, durch die die besonderen Eigenschaften der trigonometrischen Funktionen besser ausgenutzt werden.

Dabei werden wir die Voraussetzung, daß alle betrachteten Funktionen quadratisch integrierbar sind, also in der Klasse L^2 liegen, fallen lassen und nur noch voraussetzen, *daß alle betrachteten Funktionen im Grundintervall* (im LEBESGUEschen Sinne) *integrierbar sind*, d.h. zur Klasse L gehören.

Zunächst soll ein für den angegebenen Zweck unerläßliches Hilfsmittel bereitgestellt werden, nämlich der sog. *zweite Mittelwertsatz der Integralrechnung* in der folgenden Fassung:

Gegeben seien zwei Funktionen $\varphi(x)$, $f(x)$ im Intervall (a, b) und es sei $\varphi(x)$ in (a, b) monoton und beschränkt. Dann gibt es in (a, b) einen Punkt ξ, so daß gilt:

$$(5.1) \qquad \int_{a}^{b} \varphi(x) f(x) \, dx = \varphi(a) \int_{a}^{\xi} f(x) \, dx + \varphi(b) \int_{\xi}^{b} f(x) \, dx.$$

Wir bemerken zunächst, daß das Integral auf der linken Seite dieser Gleichung existiert. Da $\varphi(x)$ in (a, b) monoton und beschränkt ist, gibt es eine endliche Konstante M mit $|\varphi(x)| \leq M$ in (a, b). Da mit $f(x)$ auch $M|f(x)|$ in (a, b) integrierbar ist, gilt dies wegen $|\varphi(x) f(x)| \leq M|f(x)|$ auch für $\varphi(x) f(x)$.

Ferner bemerken wir, daß es genügt, den Satz für eine monoton abnehmende Funktion $\varphi^*(x)$ zu beweisen, die den Gleichungen

$$(5.2) \qquad \varphi^*(a) = 1, \qquad \varphi^*(b) = 0$$

genügt; (5.1) bekommt dann die Gestalt

$$(5.3) \qquad \int_a^b \varphi^*(x)\, f(x)\, dx = \int_a^\xi f(x)\, dx.$$

Hat man nämlich eine beliebige monotone und beschränkte Funktion $\varphi(x)$, die keine Konstante ist, so ist

$$\varphi^*(x) = \frac{\varphi(x) - \varphi(b)}{\varphi(a) - \varphi(b)}$$

offenbar eine Funktion der eben genannten Art. Dann folgt aus (5.3)

$$\int_a^b f(x) \left[\varphi(x) - \varphi(b)\right] dx = \left[\varphi(a) - \varphi(b)\right] \int_a^\xi f(x)\, dx,$$

und daraus die Behauptung des Satzes:

$$\int_a^b f(x)\, \varphi(x)\, dx = \varphi(a) \int_a^\xi f(x)\, dx + \varphi(b) \int_\xi^b f(x)\, dx.$$

Wir können also im folgenden voraussetzen, daß $\varphi(x)$ (5.2) genügt. Das Intervall (a, b) sei nun in n Teilpunkte

$$x_0 = a, x_1, \ldots, x_{n-1}, x_n = b$$

unterteilt, wobei die Unterteilung so fein sei, daß zu vorgegebenem $\varepsilon > 0$

$$\int_{x_{k-1}}^{x_k} |f(x)|\, dx < \varepsilon \qquad (k = 1, \ldots, n)$$

gilt. Dies ist möglich, da das Integral einer integrierbaren Funktion eine stetige Funktion der Grenzen ist. Setzt man

$$I = \int_a^b \varphi(x)\, f(x)\, dx; \qquad S = \sum_{k=1}^n \varphi(x_k) \int_{x_{k-1}}^{x_k} f(x)\, dx,$$

so ist

$$I - S = \sum_{k=1}^n \int_{x_{k-1}}^{x_k} \left[\varphi(x) - \varphi(x_k)\right] f(x)\, dx.$$

Da $\varphi(x)$ monoton abnehmend ist, gilt ferner

$$0 \leq \varphi(x) - \varphi(x_k) \leq \varphi(x_{k-1}) - \varphi(x_k), \qquad x_{k-1} \leq x \leq x_k,$$

und damit folgt

$$(5.4) \quad \left\{ \begin{aligned} |I - S| &\leq \sum_{k=1}^n \left[\varphi(x_{k-1}) - \varphi(x_k)\right] \int_{x_{k-1}}^{x_k} |f(x)|\, dx < \varepsilon \sum_{k=1}^n \left[\varphi(x_{k-1}) - \varphi(x_k)\right] \\ &= \varepsilon \left[\varphi(x_0) - \varphi(x_n)\right] = \varepsilon. \end{aligned} \right.$$

Setzt man andererseits

$$F(x) = \int\limits_0^x f(t)\, dt,$$

so gilt

$$S = \varphi(x_1)\, F(x_1) + \varphi(x_2)\, [F(x_2) - F(x_1)] + \cdots + \varphi(x_n)\, [F(x_n) - F(x_{n-1})]$$
$$= [\varphi(x_1) - \varphi(x_2)]\, F(x_1) + \cdots + [\varphi(x_{n-1}) - \varphi(x_n)]\, F(x_{n-1}) + \varphi(x_n)\, F(x_n).$$

Wegen $\varphi(x_n) = 0$ und $F(x_0) = 0$ kann dafür auch

$$S = \sum_{k=1}^n [\varphi(x_{k-1}) - \varphi(x_k)]\, F(x_{k-1})$$

geschrieben werden. Diese Gleichung zeigt, daß S als eine Linearkombination der n Zahlen $F(x_0), \ldots, F(x_{n-1})$ mit nicht negativen Koeffizienten, die der Bedingung

$$\sum_{k=1}^n [\varphi(x_{k-1}) - \varphi(x_k)] = 1$$

genügen, dargestellt werden kann. Eine solche Linearkombination liegt aber notwendig zwischen der kleinsten und größten der n Zahlen $F(x_0), \ldots, F(x_{n-1})$. Bezeichnet man mit M_1 bzw. M_2 das Minimum bzw. Maximum der stetigen Funktion $F(x)$ in (a, b), so gilt folglich

$$M_1 \leqq S \leqq M_2.$$

Addiert man dazu die aus (5.4) folgende Ungleichung

$$-\varepsilon < I - S < \varepsilon,$$

so erhält man

$$M_1 - \varepsilon < I < M_2 + \varepsilon.$$

Da I, M_1, M_2 unabhängig von ε sind und $\varepsilon > 0$ beliebig gewählt werden darf, folgt daraus

$$M_1 \leqq I \leqq M_2.$$

Da die stetigen Funktionen $F(x)$ jeden Wert zwischen M_1 und M_2 annimmt, gibt es einen Punkt ξ in (a, b) mit

$$F(\xi) = I;$$

das ist aber bereits die zu beweisende Gl. (5.3).

Neben dem Mittelwertsatz haben wir im folgenden häufig *Funktionen beschränkter Schwankung* heranzuziehen.

Eine (nicht notwendig stetige) Funktion $f(x)$ heißt im Intervall (a, b) von beschränkter Schwankung, wenn es eine Konstante A gibt, so daß für jede beliebige endliche Intervalleinteilung von (a, b)

$$a < x_1 < x_2 \ldots x_{n-1} < b$$

die folgende Ungleichung besteht:

(5.5) $|f(a) - f(x_1)| + |f(x_1) - f(x_2)| + \cdots + |f(x_{n-1}) - f(b)| < A$.

Es ist klar, daß eine Funktion beschränkter Schwankung im Intervall (a, b), dort auch selbst beschränkt ist, denn aus

$$|f(a) - f(x)| + |f(x) - f(b)| < A$$

folgt

$$|f(a) - f(x)| < A,$$

also

(5.6) $|f(x)| < A + |f(a)|$.

Ebenso leicht ist einzusehen, daß eine monotone, beschränkte Funktion eine Funktion beschränkter Schwankung ist. Sei etwa $f(x)$ eine monoton fallende Funktion, so ist

$$|f(a) - f(x_1)| + \cdots + |f(x_{n-1}) - f(b)|$$
$$= f(a) - f(x_1) + f(x_1) - + \cdots - f(b) = f(a) - f(b);$$

entsprechend ist der links stehende Ausdruck gleich $f(b) - f(a)$ bei einer monoton wachsenden Funktion.

Ferner kann man beweisen, daß jede absolut stetige Funktion auch eine Funktion beschränkter Schwankung ist (aber nicht umgekehrt), also insbesondere jede Funktion die einer LIPSCHITZ-Bedingung genügt. Von dieser Tatsache werden wir jedoch keinen Gebrauch machen.

Hingegen ist der folgende Satz für die weiteren Überlegungen wesentlich.

Jede Funktion beschränkter Schwankung in (a, b) kann als Differenz von zwei in (a, b) beschränkten, nicht abnehmenden Funktionen dargestellt werden und umgekehrt ist jede solche Differenz von beschränkter Schwankung.

Zum Beweis sei x ein beliebiger Punkt aus dem Intervall (a, b). Dann ist $f(x)$ auch in dem Intervall (a, x) von beschränkter Schwankung, d.h. es gibt eine obere Schranke und daher auch eine obere Grenze für den Ausdruck

(5.7) $|f(a) - f(x_1)| + \cdots + |f(x_{n-1}) - f(x)|$

bei allen möglichen endlichen Intervalleinteilungen von (a, x) mit $a < x_1 < \cdots < x_{n-1} < x$. Diese obere Grenze, die im allgemeinen von x abhängen wird, bezeichnen wir mit $V(x)$; dann ist

(5.8) $0 < V(x) \leqq A$,

wobei A die in (5.5) vorkommende Konstante ist. Außerdem ist unmittelbar einleuchtend, daß $V(x)$ eine nicht abnehmende Funktion von x ist.

Da $V(x)$ eine obere Grenze für die Ausdrücke (5.7) ist, gibt es zu jedem $\varepsilon > 0$ eine Einteilung $a, x_1, \ldots, x_{k-1}, x$ des Intervalls (a, x), so daß

$$|f(a) - f(x_1)| + \cdots + |f(x_{n-1}) - f(x)| > V(x) - \varepsilon$$

ist. Sei nun $x' > x$ und $x' \in (a, b)$, dann gilt nach Definition von $V(x)$

$$|f(a) - f(x_1)| + \cdots + |f(x_{n-1}) - f(x)| + |f(x) - f(x')| \leq V(x').$$

Bildet man die Differenz dieser beiden Ungleichungen, so folgt

$$|f(x) - f(x')| < V(x') - V(x) + \varepsilon,$$

und da dies für jedes $\varepsilon > 0$ richtig ist, erhält man schließlich

(5.9) $$V(x') - V(x) \geq |f(x') - f(x)| \quad \text{für} \quad x' > x.$$

Wir bilden nun die Funktionen

$$f_1(x) = \tfrac{1}{2}[V(x) + f(x)], \qquad f_2(x) = \tfrac{1}{2}[V(x) - f(x)];$$

diese sind auf Grund von (5.9) nicht abnehmend:

$$\left.\begin{array}{l} f_1(x') - f_1(x) = \tfrac{1}{2}[V(x') - V(x) + f(x') - f(x)] \geq 0 \\ f_2(x') - f_2(x) = \tfrac{1}{2}[V(x') - V(x) - f(x') + f(x)] \geq 0 \end{array}\right\} \text{für} \quad x' > x.$$

Aus (5.6) und (5.8) folgt außerdem, daß $f_1(x)$ und $f_2(x)$ beschränkte Funktionen sind. Wegen $f_1(x) - f_2(x) = f(x)$ ist damit bewiesen, daß eine Funktion beschränkter Schwankung als Differenz von zwei beschränkten monotonen Funktionen dargestellt werden kann.

Um die Umkehrung zu zeigen, seien $f_1(x)$ und $f_2(x)$ zwei im Intervall (a, b) beschränkte, monoton wachsende Funktionen und $f(x) = f_1(x) - f_2(x)$. Bei einer beliebigen Einteilung von (a, b) ergibt sich dann auf Grund der Dreiecksungleichung

$$\begin{aligned} |f(a) - f(x_1)| &+ |f(x_1) - f(x_2)| + \cdots + |f(x_{n-1}) - f(b)| \\ &\leq f_1(x_1) - f_1(a) + f_1(x_2) - f_1(x_1) + \cdots + f_1(b) - f_1(x_{n-1}) + \\ &+ f_2(x_1) - f_2(a) + f_2(x_2) - f_2(x_1) + \cdots + f_2(b) - f_2(x_{\kappa-1}) \\ &= f_1(b) - f_1(a) + f_2(b) - f_2(a) = A. \end{aligned}$$

Damit ist der angegebene Satz vollständig bewiesen.

Auf Grund dieses Satzes übertragen sich die meisten Eigenschaften der monotonen Funktionen unmittelbar auf die Funktionen beschränkter Schwankung. Da die monotonen Funktionen (bereits im RIEMANN-schen Sinne) integrierbar sind, gilt dies auch für die Funktionen beschränkter Schwankung. Ebenso ergibt sich, daß Funktionen beschränkter Schwankung nur Unstetigkeitsstellen erster Art aufweisen und daß bei ihnen der rechte und linke Grenzwert immer existieren.

§ 6. Das Verhalten der FOURIER-Koeffizienten für $n \to \infty$.

Aus der BESSELschen Ungleichung folgt, daß die Reihe

$$\sum_{n=1}^{\infty} (a_n^2 + b_n^2)$$

aus den Quadraten der FOURIER-Koeffizienten einer Funktion der Klasse L^2 konvergiert; also streben die FOURIER-Koeffizienten selbst für $n \to \infty$ gegen Null. Es ist nun leicht einzusehen, daß diese Tatsache richtig bleibt, wenn man das Integral, statt wie in (1.2) von $-\pi$ bis $+\pi$, über ein beliebiges endliches Intervall erstreckt oder — noch allgemeiner — über eine Punktmenge von endlichem Maß, falls dort $f(x)$ nur quadratisch integrierbar ist. Fassen wir den Fall eines endlichen Intervalls (a, b) ins Auge, so ist also mit der Bezeichnung

$$(6.1) \qquad A_n = \int_a^b f(x) \cos nx \, dx, \qquad B_n = \int_a^b f(x) \sin nx \, dx$$

zu zeigen

$$(6.2) \qquad \lim_{n \to \infty} A_n = \lim_{n \to \infty} B_n = 0.$$

Da diese Behauptung für das Intervall $I_0 = (-\pi, \pi)$ gilt und die Funktionen $\cos x$, $\sin x$ periodisch mit der Periode 2π sind, ist sie auch für jedes Intervall $I_m = ((2m-1)\pi, (2m+1)\pi)$ und damit auch für jedes Intervall

$$(6.3) \qquad I = ((2m-1)\pi, (2(m+k)-1)\pi) \qquad (m, k \text{ ganz})$$

richtig, denn letzteres ist eine endliche Summe vom Intervalle I_m. Wir betrachten nun ein Intervall (6.3), welches das gegebene Intervall (a, b) ganz enthält und setzen die Funktion $f(x)$ auf I durch die Definition

$$f^*(x) = \begin{cases} f(x) & \text{in} \quad (a, b) \\ 0 & \text{sonst in } I \end{cases}$$

fort. Diese Funktion ist in I quadratisch integrierbar, für sie gilt die Behauptung und wegen

$$\int_I f^*(x) \cos nx \, dx = \int_a^b f(x) \cos nx \, dx, \qquad \int_I f^*(x) \sin nx \, dx = \int_a^b f(x) \sin nx \, dx$$

folgt sie dann auch für $f(x)$ im Intervall (a, b).

Die Beziehung (6.2) gilt auch dann noch, wenn man statt $f(x) \in L^2$ nur voraussetzt, daß $f(x)$ in (a, b) integrierbar ist. Um dies zu zeigen, benutzen wir den folgenden allgemeinen Satz über LEBESGUEsche Integrale[1].

---

[1] Siehe z. B. [*12*], S. 59.

*Ist $f(x)$ in $I = (a, b)$ integrierbar, dann läßt sich I zu beliebig vor-
gegebenem $\varepsilon > 0$ so in zwei komplementäre Mengen I_1 und I_2 zerlegen, daß
$f(x)$ in I_1 beschränkt, also quadratisch integrierbar ist, während für I_2 gilt:*

$$\int\limits_{I_2} |f(x)|\, d\,x < \varepsilon.$$

Bezeichnet man nun mit $f_1(x)$ die Funktion, die in I_1 gleich $f(x)$
und in I_2 gleich Null ist und mit $f_2(x)$ die Funktion, die in I_1 gleich
Null und in I_2 gleich $f(x)$ ist, so kann $f(x)$ als Summe

$$f(x) = f_1(x) + f_2(x)$$

dargestellt werden. Dabei ist $f_1(x)$ in I quadratisch integrierbar und

$$\int\limits_a^b |f_2(x)|\, d\,x < \varepsilon.$$

Bezeichnet man noch mit A_n' bzw. A_n'' die zu $f_1(x)$ bzw. $f_2(x)$ auf Grund
von (6.1) gehörenden Größen, so ist zunächst

$$\lim_{n \to \infty} A_n' = 0;$$

ferner gilt

$$A_n'' \le \int\limits_a^b |f_2(x) \cos nx|\, d\,x \le \int\limits_a^b |f_2(x)|\, d\,x < \varepsilon,$$

also folgt

$$\lim_{n \to \infty} A_n = \lim_{n \to \infty} (A_n' + A_n'') < 2\,\varepsilon$$

und, da $\varepsilon > 0$ beliebig war,

$$\lim_{n \to \infty} A_n = 0.$$

Die entsprechende Überlegung gilt für B_n.

Benutzt man das Symbol o (von LANDAU), so kann man für (6.2)
auch schreiben [1]:

(6.4) $A_n = o\,(1), \qquad B_n = o\,(1) \qquad (n \to \infty).$

Damit ist bereits eine wesentliche Aussage über das asymptotische
Verhalten der Größen A_n und B_n für $n \to \infty$ gewonnen. Doch ist es
wünschenswert, noch genauere Ergebnisse zu erhalten, und dies ist auch
unter einer weiteren Voraussetzung tatsächlich möglich.

*Ist die Funktion $f(x)$ in dem endlichen Intervall (a, b) von beschränkter
Schwankung, so gilt:*

(6.5) $A_n = O\left(\dfrac{1}{n}\right), \qquad B = O\left(\dfrac{1}{n}\right).$

---

[1] Es bedeutet bekanntlich $A_n = o\,(g\,(n))$ bzw. $A_n = O\,(g\,(n))$, daß $\lim\limits_{n \to \infty} A_n\, g\,(n)^{-1} = 0$
bzw. $\sup\limits_{n = 1, 2, \dots} A_n\, g\,(n)^{-1} < \infty$ gilt.

Zum Beweis gehen wir von der Tatsache aus, daß jede Funktion beschränkter Schwankung die Differenz von zwei monotonen Funktionen ist. Daher kann sogleich vorausgesetzt werden, daß $f(x)$ monoton ist. Dann liefert der zweite Mittelwertsatz der Integralrechnung (5.1):

$$A_n = f(a) \int_a^\xi \cos nx \, dx + f(b) \int_\xi^b \cos nx \, dx$$

$$= f(a) \frac{\sin n\xi - \sin na}{n} + f(b) \frac{\sin nb - \sin n\xi}{n},$$

daraus folgt

$$|n A_n| \leq |f(a)| \left(|\sin n\xi| + |\sin na| \right) +$$
$$+ |f(b)| \left(|\sin nb| + |\sin n\xi| \right) \leq 2 \left(|f(a)| + |f(b)| \right),$$

also ist $A_n = O(1/n)$. Da die entsprechende Überlegung auch für B_n gilt, ist die Behauptung (6.5) bewiesen.

Beschränken wir uns wieder auf das Intervall $(-\pi, \pi)$, so besteht der folgende Satz:

Ist die Funktion $f(x)$ in $(-\pi, \pi)$ total stetig, gilt $f(-\pi) = f(\pi)$ und ist ihre Ableitung $f'(x)$ in $(-\pi, \pi)$ von beschränkter Schwankung, dann gilt für die Fourier-Koeffizienten von $f(x)$ die Abschätzung:

$$a_n = O\left(\frac{1}{n^2}\right), \qquad b_n = O\left(\frac{1}{n^2}\right).$$

Bezeichnet man mit a_n', b_n' die Fourier-Koeffizienten von $f'(x)$, so gilt für diese nach dem vorhergehenden Satz $a_n' = O(n^{-1})$, $b_n' = O(n^{-1})$. Auf Grund von (2.3) ist aber

$$a_n = \frac{a_n'}{n}, \qquad b_n = \frac{b_n'}{n}$$

und daraus erhält man unmittelbar die Behauptung.

Eine hinreichende Bedingung für die absolute und gleichmäßige Konvergenz einer Fourier-Reihe hatten wir in § 1 in der Konvergenz der Reihe $\sum \left(|a_n| + |b_n| \right)$ aufgestellt. Diese Reihe konvergiert aber, wenn sie eine Majorante der Gestalt $A \sum n^{-2}$ besitzt, wie dies unter den Voraussetzungen des vorstehenden Satzes der Fall ist. Folglich konvergiert dann die Fourier-Reihe der Funktion $f(x)$ absolut und gleichmäßig in $(-\pi, \pi)$ und stellt dort $f(x)$ dar. Einen entsprechenden Satz hatten wir bereits in § 2 aufgestellt, dort aber $f'(x) \in L^2$ statt der hier über $f'(x)$ gemachten Voraussetzungen gefordert. Infolgedessen gilt auch der Satz am Schluß von § 3, wenn man statt $f'(x) \in L^2$ voraussetzt, daß $f'(x)$ von beschränkter Schwankung sei.

§ 7. Der RIEMANNsche Satz
über das lokale Verhalten einer FOURIER-Reihe.

Es soll jetzt das Verhalten der Partialsummen

$$S_n(x) = \tfrac{1}{2}a_0 + \sum_{\nu=1}^{n}(a_\nu \cos \nu x + b_\nu \sin \nu x)$$

einer FOURIER-Reihe für $n \to \infty$ untersucht werden. Wie am Anfang des vorigen Paragraphen festgestellt, gilt

$$\lim_{n \to \infty} a_n = \lim_{n \to \infty} b_n = 0.$$

Daher ist

(7.1) $$\lim_{n \to \infty}(a_n \cos nx + b_n \sin nx) = 0.$$

Aus diesem Grund kann statt $S_n(x)$ auch der Ausdruck

$$S_n^*(x) = S_n(x) - \tfrac{1}{2}(a_n \cos nx + b_n \sin nx)$$

untersucht werden, wodurch eine formale Vereinfachung der folgenden Rechnungen bewirkt wird. Wir gehen aus von der Gleichung

$$a_\nu \cos \nu x + b_\nu \sin \nu x = \frac{1}{\pi}\int\limits_{-\pi}^{\pi} f(\xi)(\cos \nu\xi \cos \nu x + \sin \nu\xi \sin \nu x)\, d\xi$$

$$= \frac{1}{\pi}\int\limits_{-\pi}^{\pi} f(\xi) \cos \nu(\xi - x)\, d\xi.$$

Damit wird

$$S_n^*(x) = \frac{1}{\pi}\int\limits_{-\pi}^{\pi} f(\xi)\left[\frac{1}{2} + \sum_{\nu=1}^{n}\cos \nu(\xi - x) - \frac{1}{2}\cos n(\xi - x)\right] d\xi.$$

Andererseits ist

$$\frac{1}{2} + \sum_{\nu=1}^{n}\cos \nu x - \frac{1}{2}\cos nx = \frac{\sin \dfrac{(2n+1)}{2}x}{2\sin \dfrac{x}{2}} - \frac{1}{2}\cos nx = \frac{\sin nx}{2\,\mathrm{tg}\dfrac{x}{2}},$$

also gilt, wenn man noch die Variablensubstitution $\xi = x + t$ ausführt

(7.2) $$S_n^*(x) = \frac{1}{2\pi}\int\limits_{-(\pi+x)}^{\pi-x} f(x+t)\,\frac{\sin nt}{\mathrm{tg}\dfrac{t}{2}}\, dt \,^\dagger.$$

---

† Der entsprechende Ausdruck für $S_n(x)$ lautet

(7.2′) $$S_n(x) = \frac{1}{2\pi}\int\limits_{-(\pi+x)}^{\pi-x} f(x+t)\,\frac{\sin((n+\tfrac{1}{2})t)}{\sin(t/2)}\, dt$$

und wird als DIRICHLETsche Formel bezeichnet.

Da der Integrand für $t = 0$ singulär wird, zerlegen wir das Integral

$$S_n^*(x) = \frac{1}{2\pi} \int\limits_{-(\pi+x)}^{-\delta} + \frac{1}{2\pi} \int\limits_{-\delta}^{+\delta} + \frac{1}{2\pi} \int\limits_{+\delta}^{\pi-x} f(x+t) \frac{\sin nt}{\operatorname{tg} \dfrac{t}{2}} \, dt,$$

wobei $\delta > 0$ eine Zahl sei, die kleiner als $\pi - x$ und $\pi + x$ ist. Das bedeutet, daß jetzt $x \neq \pm\pi$ vorausgesetzt wird. Die Funktion

$$\varphi(t) = \frac{f(x+t)}{\operatorname{tg} \dfrac{t}{2}}$$

ist offenbar in den Intervallen $(-(\pi + x), -\delta)$ und $(\delta, \pi - x)$ integrierbar. Daher gilt auf Grund von (6.4):

$$\lim_{n \to \infty} \int\limits_{-(\pi+x)}^{-\delta} \varphi(t) \sin nt \, dt = \lim_{n \to \infty} \int\limits_{\delta}^{\pi-x} \varphi(x) \sin nt \, dx = 0.$$

Wenn man noch (7.1) beachtet, so folgt insgesamt:

$$(7.3) \qquad \lim_{n \to \infty} S_n^*(x) = \lim_{n \to \infty} S_n(x) = \lim_{n \to \infty} \frac{1}{2\pi} \int\limits_{-\delta}^{\delta} f(x+t) \frac{\sin nt}{\operatorname{tg} \dfrac{t}{2}} \, dt.$$

Fällt x mit $-\pi$ oder π zusammen, etwa mit $-\pi$, so zerlegt man (7.2) folgendermaßen:

$$S_n^*(-\pi) = \frac{1}{2\pi} \int\limits_{0}^{\delta} + \frac{1}{2\pi} \int\limits_{\delta}^{2\pi-\delta} + \frac{1}{2\pi} \int\limits_{2\pi-\delta}^{2\pi} f(-\pi+t) \frac{\sin nt}{\operatorname{tg} \dfrac{t}{2}} \, dt,$$

und jetzt gilt analog zu (7.3)

$$(7.4) \quad \lim_{n \to \infty} S_n^*(-\pi) = \lim_{n \to \infty} S_n(-\pi) = \lim_{n \to \infty} \frac{1}{2\pi} \left[\int\limits_{0}^{\delta} + \int\limits_{2\pi-\delta}^{2} f(-\pi+t) \frac{\sin nt}{\operatorname{tg} \dfrac{t}{2}} \, dt \right].$$

Wenn man sich noch $f(x)$ periodisch über das Intervall $(-\pi, \pi)$ hinaus fortgesetzt denkt, so hängt also in jedem Fall der Grenzwert $\lim\limits_{n \to \infty} S_n(x)$ für $x = x_0$ nur von den Funktionswerten in einer beliebig kleinen positiven Umgebung von x_0 ab. Wenn der Grenzwert der Integrale in (7.3) und (7.4) nicht existiert oder unendlich ist, kann man das gleiche von $\lim\limits_{n \to \infty} S_n(x)$ behaupten. Dieser in den Gln. (7.3) und (7.4) zum Ausdruck kommende Sachverhalt stellt den Riemannschen Satz über das lokale Verhalten einer Fourier-Reihe dar:

Das Verhalten der Fourier-Reihe einer Funktion $f(x)$ in einem Punkt x_0 aus dem Grundintervall $(-\pi, \pi)$, also ihre Konvergenz oder Nichtkonvergenz und der Wert ihrer Summe (im

Falle der Konvergenz) für $x = x_0$ hängt nur von dem Verhalten der Funktion in einer beliebig kleinen Umgebung $(x_0 - \delta,\; x_0 + \delta)$ des Punktes x_0 ab.

Dieser außerordentlich wichtige Satz ist zunächst sehr überraschend. Da die Koeffizienten einer FOURIER-Reihe von den Werten der Funktion $f(x)$ im ganzen Grundintervall abhängen, könnte man erwarten, daß auch das Verhalten der Reihe in einem Punkt x_0 von den Funktionswerten von $f(x)$ im ganzen Intervall $(-\pi, \pi)$ abhängt. Daß dies nicht der Fall ist, ist gerade die wesentliche Aussage des Satzes.

§ 8. Einfache Folgerungen aus dem RIEMANNschen Satz.

Aus den vorhergehenden Überlegungen folgt, daß man sich bei der Untersuchung des Konvergenzverhaltens einer FOURIER-Reihe in einem Punkt x_0 auf die Untersuchung des Grenzwertes

$$\lim_{n \to \infty} \frac{1}{\pi} \int_{-\delta'}^{\delta} f(x_0 + t)\, \frac{\sin nt}{2\,\mathrm{tg}\left(\dfrac{t}{2}\right)}\, dt$$

beschränken kann. Dabei seien δ bzw. δ' zwei positive Zahlen kleiner als $\pi - x_0$ bzw. $\pi + x_0$. Daß wir bisher $\delta = \delta'$ angenommen hatten, ist unwesentlich. Daraus folgt, daß das Argument $x_0 + t$ von $f(x)$ unter dem Integral höchstens zwischen $-\pi$ und $+\pi$ variiert.

Dies Integral bzw. das Integral in (7.3) kann man noch auf eine einfachere Form bringen. Auf Grund der Reihenentwicklung

$$\mathrm{tg}\left(\frac{t}{2}\right) = \frac{t}{2} + \frac{1}{3}\left(\frac{t}{2}\right)^2 + \cdots$$

besteht die Abschätzung

$$\frac{1}{2\,\mathrm{tg}\left(\dfrac{t}{2}\right)} = \frac{1}{t}\, \frac{1}{1 + \dfrac{t^2}{12} + \cdots} = \frac{1}{t}\left[1 + O(t^2)\right],$$

also gilt

$$\frac{1}{2\,\mathrm{tg}\left(\dfrac{t}{2}\right)} - \frac{1}{t} = O(t).$$

Dann folgt auf Grund von (6.4)

$$(8.1) \quad \lim_{n \to \infty} \int_{-\delta'}^{\delta} f(x_0 + t)\, \frac{\sin nt}{2\,\mathrm{tg}\left(\dfrac{t}{2}\right)}\, dt = \lim_{n \to \infty} \int_{-\delta'}^{\delta} f(x_0 + t)\, \frac{\sin nt}{t}\, dt$$

und wir können uns auf die Untersuchung dieses einfachen Ausdrucks beschränken. Ist die Funktion $f(x)$ in jedem endlichen Intervall integrierbar[1], so gilt ebenfalls wegen (6.4) für $\delta^* > \delta$

$$(8.2) \qquad \lim_{n \to \infty} \frac{1}{\pi} \int_{\delta}^{\delta^*} f(x_0 + t) \frac{\sin nt}{t} \, dt = 0,$$

und folglich ändert sich der Grenzwert (8.1) nicht, wenn man darin δ und δ' durch beliebige andere positive Zahlen ersetzt.

Sei jetzt insbesondere $f(x) \equiv 1$, so ist $S_n^*(x) \equiv 1$. Da diese Funktion offenbar die Bedingungen des Satzes von S. 49 befriedigt, hat man

$$(8.3) \qquad 1 = \lim_{n \to \infty} \frac{1}{\pi} \int_{-\delta'}^{\delta} \frac{\sin nt}{t} \, dt.$$

Infolgedessen erhält man aus

$$\lim_{n \to \infty} S_n(x_0) = S(x_0),$$

die Beziehung

$$\lim_{n \to \infty} \frac{1}{\pi} \int_{-\delta'}^{\delta} f(x_0 + t) \frac{\sin nt}{t} \, dt = S(x_0) \lim_{n \to \infty} \frac{1}{\pi} \int_{-\delta'}^{\delta} \frac{\sin nt}{t} \, dt$$

und damit

$$(8.4) \qquad \lim_{n \to \infty} \int_{-\delta'}^{\delta} [f(x_0 + t) - S(x_0)] \frac{\sin nt}{t} \, dt = 0.$$

Umgekehrt folgt aus (8.4), daß $S_n(x_0)$ gegen $S(x_0)$ strebt.

Dies ist also eine notwendige und hinreichende Bedingung dafür, daß die FOURIER-Reihe von $f(x)$ für $x = x_0$ die Summe $S(x_0)$ besitzt.

Ist $f(x)$ nicht nur im Intervall $(-\pi, \pi)$, sondern in jedem endlichen Intervall integrierbar, so kann man wegen (8.2) auch in (8.4) δ und δ' durch beliebige Zahlen ersetzen.

Man kann die Bedingung (8.4) noch in eine andere Form bringen. Auf Grund der Substitution $t \to -t$ gilt

$$\int_{-\delta}^{0} [f(x_0 + t) - S(x_0)] \frac{\sin nt}{t} \, dt = \int_{0}^{\delta} [f(x_0 - t) - S(x_0)] \frac{\sin nt}{t} \, dt,$$

und daher folgt aus (8.4) für $\delta' = \delta$ die mit (8.4) äquivalente Beziehung:

$$(8.5) \qquad \lim_{n \to \infty} \int_{0}^{\delta} [f(x_0 + t) + f(x_0 - t) - 2S(x_0)] \frac{\sin nt}{t} \, dt = 0.$$

Schließlich soll noch eine Folgerung aus (8.3) hergeleitet werden. Auf Grund der Substitution $t \to -t$ erhält man die Gleichung

$$\int_{-\delta}^{\delta} \frac{\sin nt}{t} \, dt = \int_{-\delta}^{0} + \int_{0}^{\delta} \frac{\sin nt}{t} \, dt = 2 \int_{0}^{\delta} \frac{\sin nt}{t} \, dt,$$

---

[1] Es sei daran erinnert, daß wir uns gegebenenfalls die Funktion $f(x)$ über das Intervall $(-\pi, \pi)$ hinaus periodisch fortgesetzt denken können.

und zusammen mit (8.3) und (8.2) folgt dann

$$\lim_{n \to \infty} \int_{\gamma}^{\delta} \frac{\sin nt}{t}\, dt = \begin{cases} \pi & \text{für } \gamma < 0,\ \delta > 0 \\[4pt] \dfrac{\pi}{2} & \text{für } \gamma < 0,\ \delta = 0 \quad \text{oder} \quad \gamma = 0,\ \delta > 0 \\[4pt] 0 & \text{für } \gamma\,\delta > 0. \end{cases}$$

Setzt man in (8.3) $nt = x$, so erhält man ferner

$$\lim_{n \to \infty} \int_{-n\,\delta'}^{n\,\delta} \frac{\sin x}{x}\, dx = \pi,$$

also

$$\int_{-\infty}^{\infty} \frac{\sin x}{x}\, dx = \pi \qquad \text{bzw.} \qquad \int_{0}^{\infty} \frac{\sin x}{x}\, dx = \frac{\pi}{2}.$$

§ 9. Konvergenzbedingungen von DIRICHLET, DINI und LIPSCHITZ.

Auf Grund der im vorhergehenden Paragraphen aufgestellten Ergebnisse, kann man nun leicht eine hinreichende Konvergenzbedingung herleiten, durch die eine erste Antwort auf die Frage nach der Konvergenz (in einem Punkte) einer FOURIER-Reihe gegeben wird. Es handelt sich um die folgende *Bedingung von* DIRICHLET[1]:

Ist die Funktion $f(x)$ im Intervall $(-\pi, \pi)$ integrierbar, x_0 ein Punkt aus diesem Intervall und gibt es ein $\delta > 0$, so daß $f(x)$ im Intervall $(x_0 - \delta, x_0 + \delta)$ [†] monoton ist, dann konvergiert ihre FOURIER-*Reihe und besitzt*

$$(9.1) \qquad f^*(x_0) = \frac{f(x_0 + 0) + f(x_0 - 0)}{2}$$

als Summe.

Zum Beweis betrachten wir die Funktion

$$(9.2) \quad \begin{cases} \varphi(x) = \tfrac{1}{2}\big[f(x_0 + t) + f(x_0 - t)\big] - f^*(x) \\[4pt] \qquad = \tfrac{1}{2}\big[f(x_0 + t) - f(x_0 + 0)\big] + \tfrac{1}{2}\big[f(x_0 - t) - f(x_0 - 0)\big]. \end{cases}$$

Die in dieser Gleichung rechts stehenden beiden Summanden sind für hinreichend kleines t ebenfalls monoton und streben für $t \to 0$ gegen Null. Dann gilt auf Grund des zweiten Mittelwertsatzes für geeignete positive

---

[1] Diese wird manchmal auch als Bedingung von JORDAN bezeichnet, die aber tatsächlich die Voraussetzung der beschränkten Schwankung enthält.

[†] Im Falle $x_0 = \pm\pi$ setzt sich dies Intervall aus den Intervallen $(-\pi, -\pi + \delta)$ und $(\pi - \delta, \pi)$ zusammen.

Zahlen δ', $\delta'' \leq \delta$:

$$\int\limits_0^\delta \varphi(t)\, \frac{\sin nt}{t}\, dt = \frac{1}{2}\, [f(x_0 + \delta) - f(x_0 + 0)] \int\limits_{\delta'}^\delta \frac{\sin nt}{t}\, dt +$$

$$+ \frac{1}{2}\, [f(x_0 - \delta) - f(x_0 - 0)] \int\limits_{\delta''}^\delta \frac{\sin nt}{t}\, dt.$$

Wie im vorhergehenden Paragraphen gezeigt, streben die rechts stehenden Integrale für $n \to \infty$ gegen Null. Daher ist die Bedingung (8.5) mit $S(x_0) = f^*(x_0)$ erfüllt und der Satz bewiesen.

Wie aus dem Beweis hervorgeht, gilt der Satz auch für $x_0 = \pm \pi$, wobei

$$(9.3) \qquad f^*(\pm \pi) = \frac{f(-\pi + 0) + f(\pi - 0)}{2}$$

zu setzen ist.

Ferner kann die Voraussetzung, daß $f(x)$ in einer Umgebung des Punktes x_0 monoton ist, durch die Voraussetzung ersetzt werden, daß $f(x)$ dort von beschränkter Schwankung ist, denn wie wir wissen, läßt sich eine solche Funktion als Differenz zweier monotoner Funktionen darstellen.

Schließlich erwähnen wir noch, daß die Voraussetzungen dieses Satzes in allen Punkten x_0 des Intervalls $(-\pi, \pi)$ befriedigt sind, wenn die Funktion dort den klassischen „Dirichletschen Bedingungen" genügt, nämlich, wenn sie dort beschränkt ist und nur endlich viele Extrema und Unstetigkeitsstellen besitzt. Diese Bedingungen sichern nämlich Integrabilität im Riemannschen Sinne und beschränkte Schwankung im ganzen Intervall.

Ebenso schnell wie im vorhergehenden Falle, beweist man nun, daß auch die folgende *Bedingung von Dini* hinreichend ist:

Ist die Funktion $f(x)$ im Intervall $(-\pi, \pi)$ integrierbar, existiert ihr linker und rechter Grenzwert für $x \to x_0$, wobei x_0 ein Punkt aus diesem Intervall ist und gibt es ein $\delta > 0$, so daß die Integrale

$$I_1(\delta) = \int\limits_0^\delta \frac{|f(x_0 + t) - f(x_0 + 0)|}{t}\, dt, \qquad I_2(\delta) = \int\limits_0^\delta \frac{|f(x_0 - t) - f(x_0 - 0)|}{t}\, dt$$

existieren, dann konvergiert die Fourier-Reihe von $f(x)$ für $x = x_0$ und besitzt dort als Summe die Werte (9.1) bzw. (9.3).

Zum Beweis sei $\varphi(x)$ wieder durch (9.2) gegeben. Ist $0 < \delta' < \delta$, so gilt

$$\left| \int\limits_0^\delta \varphi(t)\, \frac{\sin nt}{t}\, dt \right| \leq \left| \int\limits_{\delta'}^\delta \varphi(t)\, \frac{\sin nt}{t}\, dt \right| + \left| \int\limits_0^{\delta'} \varphi(t)\, \frac{\sin nt}{t}\, dt \right|.$$

Da das erste rechts stehende Integral für $n \to \infty$ gegen Null strebt, wird es für alle hinreichend großen $n > n_0$ kleiner als ein vorgegebenes $\varepsilon > 0$. Der zweite Ausdruck auf der rechten Seite genügt der Abschätzung

$$\left| \int\limits_0^{\delta'} \varphi(t) \, \frac{\sin nt}{t} \, dt \right| \leq \int\limits_0^{\delta'} \frac{|\varphi(t)|}{t} \, dt \leq \frac{1}{2} \left[I_1(\delta') + I_2(\delta') \right].$$

Da die Integrale $I_1(\delta')$, $I_2(\delta')$ stetige Funktionen ihrer oberen Grenze sind, gibt es zu $\varepsilon > 0$ ein $\delta' > 0$ mit

$$|I_1(\delta')| < \frac{\varepsilon}{2} \, , \qquad |I_2(\delta')| < \frac{\varepsilon}{2} \, ,$$

also gilt insgesamt für $n > n_0$

$$\left| \int\limits_0^{\delta} \varphi(t) \, \frac{\sin nt}{t} \, dt \right| < 2\varepsilon,$$

und folglich ist

$$\lim_{n \to \infty} \int\limits_0^{\delta} \varphi(t) \, \frac{\sin nt}{t} \, dt = 0.$$

Auf Grund der Bedingung (8.5) folgt daraus der behauptete Satz.

Als unmittelbare Folge aus diesem Satz erhält man die *Bedingung von* LIPSCHITZ:

Wenn die Funktion $f(x)$ im Intervall $(-\pi, \pi)$ integrierbar ist und in einer Umgebung eines Punktes x_0 aus diesem Intervall einer LIPSCHITZ-*Bedingung*[1] *der Ordnung $\alpha > 0$ genügt, d.h. wenn*

$$(9.4) \qquad\qquad |f(x) - f(x_0)| < A \, |x - x_0|^\alpha$$

mit einer Konstanten A gilt, dann ist die FOURIER-*Reihe von $f(x)$ für $x = x_0$ konvergent und besitzt $f(x_0)$ als Summe.*

Aus (9.4) folgt, daß $f(x)$ im Punkt x_0 stetig ist und daß

$$I_1(\delta) \leq A \int\limits_0^{\delta} t^{\alpha-1} \, dt, \qquad I_2(\delta) \leq A \int\limits_0^{\delta} t^{\alpha-1} \, dt$$

gilt. Dann sind aber alle Voraussetzungen des vorhergehenden Satzes erfüllt und damit der Beweis geführt.

Die Bedingung von LIPSCHITZ ist offenbar mit $\alpha = 1$ erfüllt, wenn die Funktion $f(x)$ in einer Umgebung von x_0 eine beschränkte erste

---

[1] Derartige Bedingungen werden von einigen Autoren auch nach HÖLDER benannt.

Ableitung besitzt. Ist nämlich $|f'(x)| < A$ für $|x - x_0| < \delta$, so folgt nach dem ersten Mittelwertsatz

$$|f(x) - f(x_0)| < A\,|x - x_0|\,.$$

Neben den hier besprochenen gibt es noch eine Reihe von weiteren hinreichenden Bedingungen für die Konvergenz einer FOURIER-Reihe. Derartige Bedingungen finden sich z.B. in [25] und [27], in denen eine eingehendere Untersuchung der in diesem Kapitel aufgeworfenen Fragen durchgeführt wird.

§ 10. Über eine Eigenschaft der Partialsummen einer FOURIER-Reihe.

Sei $f(x)$ eine im Intervall $(-\pi, \pi)$ definierte und dort stetige Funktion und

$$S_n(x) = \frac{a_0}{2} + \sum_{\nu=1}^{n} (a_\nu \cos \nu x + b_\nu \sin \nu x)$$

die n-te Partialsumme ihrer FOURIER-Reihe. Man kann nun fragen, ob $f(x)$ und $S_n(x)$ im Intervall $(-\pi, \pi)$ gemeinsame Funktionswerte besitzen oder, was das gleiche besagt, ob die Funktion

$$\Delta(x) = f(x) - S_n(x)$$

dort Nullstellen aufweist. Diese Frage wird durch den folgenden Satz beantwortet[1]:

Unter den angegebenen Voraussetzungen über $f(x)$ besitzt $\Delta(x)$ im Inneren des Intervalls $(-\pi, \pi)$ mindestens $2n + 1$ Nullstellen.

Zum Beweis bezeichnen wir die verschiedenen Nullstellen von $\Delta(x)$ im Inneren des Intervalls $(-\pi, \pi)$, an denen $\Delta(x)$ das Vorzeichen wechselt, mit

$$x_1, \ldots, x_m,$$

wobei $m = 0$ nicht ausgeschlossen wird. Dann setzen wir

$$(10.1) \quad \begin{cases} F_m(x) = \displaystyle\prod_{r=1}^{m} \sin \frac{x - x_r}{2} & \text{falls } m \text{ gerade,} \\[2ex] F_m(x) = \sin \dfrac{x - \pi}{2} \displaystyle\prod_{r=1}^{m} \sin \frac{x - x_r}{2} & \text{falls } m \text{ ungerade.} \end{cases}$$

In jedem Fall hat also $F_m(x)$ eine gerade Anzahl von Faktoren, nämlich

$$2\left[\frac{m+1}{2}\right] = 2h$$

und besitzt in $(-\pi, \pi)$ die Nullstellen

$$x_1, \ldots, x_m \qquad \text{falls } m \text{ gerade}$$
$$-\pi, x_1, \ldots, x_m, +\pi \quad \text{falls } m \text{ ungerade.}$$

---

[1] PICONE, M.: Atti Accad. Sci. Torino **59**, 679 (1924).

Setzt man noch $F_0(x) \equiv 1$, so ist

$$F_m(x)\, \Delta(x)$$

eine Funktion, die in $(-\pi, \pi)$ entweder keine positiven oder keine negativen Werte annimmt, wie unmittelbar aus der Lage der Nullstellen von $F_m(x)$ und der Stetigkeit aller vorkommenden Funktionen folgt. Schließt man noch den Fall $\Delta(x) \equiv 0$ aus, so gilt also

$$(10.2) \qquad I_m = \int_{-\pi}^{\pi} F_m(x)\, \Delta(x)\, d x \neq 0.$$

Benutzt man die bekannte Beziehung

$$2 \sin \frac{x - x_1}{2}\, \sin \frac{x - x_2}{2} = \cos \frac{x_1 - x_2}{2} - \cos \left(x - \frac{x_1 + x_2}{2}\right)$$

$$= \cos \frac{x_1 - x_2}{2} - \cos \frac{x_1 + x_2}{2}\, \cos x - \sin \frac{x_1 + x_2}{2}\, \sin x$$

für alle Paare

$$\begin{cases} (x_1, x_2) \ldots (x_{m-1}, x_m) & \text{falls } m \text{ gerade}, \\ (x_1, x_2) \ldots (x_m, \pi) & \text{falls } m \text{ ungerade} \end{cases}$$

und setzt diese in (10.1) ein, so erhält man einen Ausdruck der Gestalt

$$F_m(x) = \prod_{k=1}^{h} (a_k + b_k \cos x + c_k \sin x) \qquad \left(h = \left[\frac{m + 1}{2}\right]\right),$$

wobei die a_k, b_k, c_k gewisse Konstanten sind. Aber ein solcher Ausdruck vom Gesamtgrad h in $\cos x$, $\sin x$ ist nach bekannten Formeln der Trigonometrie ein trigonometrisches Polynom der Ordnung h, also eine Linearkombination der Form

$$F_m(x) = \sum_{k=0}^{h} (A_k \cos kx + B_k \sin kx).$$

Setzt man dies in (10.2) ein, so folgt

$$I_m(x) = \sum_{k=0}^{h} \left[A_k \int_{-\pi}^{\pi} \Delta(x) \cos kx\, d x + B_k \int_{-\pi}^{\pi} \Delta(x) \sin kx\, d x\right].$$

Die Integrale auf der rechten Seite stellen, abgesehen von konstanten Faktoren, die FOURIER-Koeffizienten von $\Delta(x)$ dar. Nach Definition von $\Delta(x)$ verschwinden diese aber bis zum Index n, so daß für $h \leq n$ aus vorstehender Gleichung $I_n(x) \equiv 0$ folgen würde im Widerspruch zu (10.2). Also ist notwendig $h \geq n + 1$, und folglich wie behauptet $m \geq 2n + 1$.

Dieser Satz zeigt, daß eine stetige Funktion durch die Partialsumme $S_n(x)$ ihrer FOURIER-Reihe in dem Sinne interpoliert wird, daß sich die durch $f(x)$ und $S_n(x)$ dargestellten Kurven an mindestens $2n + 1$ Punkten im Intervall $(-\pi, \pi)$ schneiden.

Kapitel III.

Konvergenzeigenschaften der trigonometrischen Reihen.

§ 1. Über die absolute Konvergenz trigonometrischer Reihen.

Eines der wichtigsten Ergebnisse über die absolute Konvergenz trigonometrischer Reihen ist der folgende *Satz von* LUSIN-DENJOY[1]:

Notwendig und hinreichend für die absolute Konvergenz einer trigonometrischen Reihe

$$\tfrac{1}{2} a_0 + \sum_{\nu=1}^{\infty} (a_\nu \cos \nu x + b_\nu \sin \nu x)$$

in einer Punktmenge I von positivem Maß ist die Konvergenz der Reihe

$$\sum_{\nu=1}^{\infty} (|a_\nu| + |b_\nu|),$$

d.h. die absolute Konvergenz der beiden Reihen

$$(1.1) \qquad \sum_{\nu=1}^{\infty} a_\nu, \quad \sum_{\nu=1}^{\infty} b_\nu.$$

Daß die Bedingung dieses Satzes hinreichend ist, wurde bereits in Kap. II, § 1 ausgeführt. Dort wurde gezeigt, daß aus der Konvergenz der Reihe

$$\sum_{\nu=1}^{\infty} (|a_\nu| + |b_\nu|)$$

sogar die absolute und gleichmäßige Konvergenz der zugehörigen trigonometrischen Reihe in einem beliebigen Intervall folgt.

Der Nachweis der Notwendigkeit der Bedingung ist dagegen weniger leicht, aber er kann doch recht kurz geführt werden, wenn man sich auf den folgenden Hilfssatz aus der Theorie der reellen Funktionen stützt:

Ist die meßbare Funktion $\varphi(x)$ in einer Punktmenge vom Maße $\mu > 0$, abgesehen höchstens von einer Teilmenge vom Maße Null, stets endlich, so kann man zu vorgegebenem $\varepsilon > 0$ eine Teilmenge I^* von I vom Maße $\mu^* > \mu - \varepsilon$ bestimmen, in der die Funktion $\varphi(x)$ beschränkt ist:

$$|\varphi(x)| < N \quad in \ I^*.$$

Zum Beweis bezeichne man mit I_n $(n = 1, 2, 3, \ldots)$ die Menge der Punkte von I, für die $|\varphi(x)| < n$ ist. Dann erhält man die Folge der

---

[1] LUSIN, N.: Sur l'absolue convergence des séries trigonométriques. C. r. Acad. Sci. Paris **155**, 580—582 (1912). — DENJOY, A.: Sur l'absolue convergence des séries trigonométriques. C. r. Acad. Sci. Paris **155**, 135—136 (1912).

ineinander enthaltenen Mengen $I_1, I_2, I_3, \ldots$, deren Maße eine wachsende Folge bilden, die notwendig gegen μ strebt, denn die Punkte, für die $\varphi(x)$ unendlich wird, bilden nach Voraussetzung eine Menge vom Maße Null. Daraus folgt unmittelbar die Behauptung.

Um nun mit diesem Hilfssatz die Notwendigkeit der Bedingung des Satzes von LUSIN-DENJOY zu zeigen, setzen wir

$$\sqrt{a_\nu^2 + b_\nu^2} = \varrho_\nu, \qquad \text{arc tg}\,(b_\nu/a_\nu) = \gamma_\nu,$$

wobei $\gamma_\nu = \pi/2$ für $a_\nu = 0$ sei. Dann ist, wie man sofort bestätigt

$$a_\nu \cos \nu x + b_\nu \sin \nu x = \varrho_\nu \cos (\nu\, x - \gamma_\nu).$$

Nach Voraussetzung ist die Reihe

$$\tfrac{1}{2}|a_0| + \sum_{\nu=1}^\infty |a_\nu \cos \nu x + b_\nu \sin \nu x| = \tfrac{1}{2}|a_0| + \sum_{\nu=1}^\infty \varrho_\nu |\cos (\nu\, x - \gamma_\nu)|$$

in I konvergent. Bezeichnet man mit $\varphi(x)$ die (meßbare und nicht negative[1]) Summe der Reihe

$$\sum_{\nu=1}^\infty \varrho_\nu |\cos (\nu\, x - \gamma_\nu)|,$$

so gibt es nach dem Hilfssatz eine Teilmenge I^* von I vom Maße $\mu^* > 0$, so daß dort stets $|\varphi(x)| < N$ mit einer geeigneten Konstanten N gilt. Dann gilt natürlich auch für die Partialsummen

$$\sum_{\nu=1}^n \varrho_\nu |\cos (\nu\, x - \gamma_\nu)| < N \qquad (n = 1, 2, 3, \ldots).$$

Nun ist aber nach dem Hauptsatz von LEBESGUE[2] eine konvergente Reihe mit gleichmäßig beschränkten Partialsummen gliedweise integrierbar. Also folgt:

$$(1.2) \qquad \sum_{\nu=1}^\infty \varrho_\nu \int\limits_{I^*} |\cos (\nu\, x - \gamma_\nu)|\, d x = \int\limits_{I^*} \varphi(x)\, d x < \mu^* N.$$

Da der Absolutbetrag des cos den Wert 1 nicht übertrifft, gilt ferner

$$\int\limits_{I^*} |\cos (\nu\, x - \gamma_\nu)|\, d x \geq \int\limits_{I^*} [\cos (\nu\, x - \gamma_\nu)]^2\, d x = \tfrac{1}{2} \int\limits_{I^*} [1 + \cos 2 (\nu\, x - \gamma_\nu)]\, d x$$

$$= \frac{\mu^*}{2} + \frac{1}{2} \left[\cos 2\gamma_\nu \int\limits_{I^*} \cos 2\nu x\, d x + \sin 2\gamma_\nu \int\limits_{I^*} \sin 2\nu x\, d x \right].$$

Wie in Kap. II, § 6 festgestellt, ist

$$\lim_{\nu \to \infty} \int\limits_{I^*} \cos 2\nu x\, d x = \lim_{\nu \to \infty} \int\limits_{I^*} \sin 2\nu x\, d x = 0.$$

---

[1] Siehe z. B. [*10*], S. 522, Satz V.
[2] Siehe z. B. [*10*], S. 523, Satz VII.

Daraus folgt, daß für alle $\nu \geq \nu_0$ mit hinreichend großem ν_0 die Ungleichung

$$\int\limits_{I^*} |\cos(\nu x - \gamma_\nu)| \, dx > \frac{\mu^*}{4}$$

besteht, also ist

$$\sum_{\nu=\nu_0}^{\infty} \varrho_\nu \int\limits_{I^*} |\cos(\nu x - \gamma_\nu)| \, dx > \frac{\mu^*}{4} \sum_{\nu=\nu_0}^{\infty} \varrho_\nu.$$

Da wegen (1.2) der links stehende Ausdruck beschränkt ist, muß die Reihe $\sum\limits_{\nu=\nu_0}^{\infty} \varrho_\nu$ und damit auch $\sum\limits_{\nu=1}^{\infty} \varrho_\nu$ konvergieren. Wegen

$$\varrho_\nu = \sqrt{a_\nu^2 + b_\nu^2} \geq \tfrac{1}{2} \left(|a_\nu| + |b_\nu| \right)$$

konvergiert dann auch die Reihe $\sum\limits_{\nu=1}^{\infty} \left(|a_\nu| + |b_\nu| \right)$, was zu beweisen war.

Aus dem Satz von LUSIN-DENJOY erhält man unmittelbar die

Folgerung: Wenn eine trigonometrische Reihe in einem beliebigen Gebiet von positivem Maß, z. B. in einem beliebig kleinem positiven Intervall, absolut konvergiert, so ist sie überall absolut konvergent.

Für die gewöhnliche Konvergenz gibt es kein entsprechendes Ergebnis.

Schließlich wird man sich fragen, ob dieses Ergebnis richtig bleibt, wenn man die Voraussetzung, daß I ein positives Maß besitzt, durch eine schwächere ersetzt. Darüber ist wenig bekannt. Man kann lediglich durch Beispiele zeigen, daß es für beliebige Mengen vom Maß Null falsch wird.

§ 2. Über die gleichmäßige Konvergenz, die Integration und Differentiation der trigonometrischen Reihen.

Bei den bisherigen Überlegungen hatten wir schon mehrere Bedingungen für die gleichmäßige Konvergenz einer FOURIER-Reihe oder, allgemeiner, einer trigonometrischen Reihe kennengelernt. So ist die gleichmäßige Konvergenz gesichert, wenn die Reihe

$$\sum_{\nu=1}^{\infty} \left(|a_\nu| + |b_\nu| \right)$$

konvergiert (III, § 1); ferner besteht sie bei sin- oder cos-Reihen, deren Koeffizienten eine Folge beschränkter Schwankung bilden, in jedem Intervall, welches kein ganzzahliges Vielfaches von π enthält (II, § 3).

Schließlich ist die FOURIER-Reihe einer Funktion $f(x)$ im Intervall $(-\pi, \pi)$ gleichmäßig konvergent, wenn $f(x)$ totalstetig ist, $f(-\pi) = f(\pi)$

gilt und $f(x)$ eine quadratisch integrierbare Ableitung besitzt (II, § 2) oder wenn die Ableitung von beschränkter Schwankung ist (II, § 6).

Wenn man nun die Überlegungen des vorhergehenden Paragraphen hinzunimmt, so erhält man sofort das folgende Ergebnis:

Wenn eine trigonometrische Reihe in einer beliebigen Punktmenge von positivem Maß absolut konvergiert, so konvergiert sie absolut und gleichmäßig in jedem beliebigen Intervall.

Um außer diesen elementaren Fällen weitere Ergebnisse zu erhalten, kann man sich der fundamentalen Konvergenzbedingung (II. 8.5) bedienen. Falls diese gleichmäßig für alle Punkte x_0 aus einem gewissen Intervall (a, b) erfüllt ist, sichert sie die gleichmäßige Konvergenz der FOURIER-Reihe einer stetigen Funktion und umgekehrt.

In der Tat, es ist sofort einzusehen, daß bei einer stetigen Funktion neben (II. 7.1) auch die beiden anderen Grenzübergänge, die zur Ableitung von (II. 8.5) benutzt werden, nämlich

$$\lim_{n \to \infty} \int_{-(\pi+x)}^{-\delta} + \int_{\delta}^{\pi-x} \frac{f(x+t)}{2\,\mathrm{tg}\,(t/2)} \sin nt\,dt = 0$$

und

$$\lim_{n \to \infty} \int_{-\delta}^{\delta} \left[f(x+t) - S(x)\right]\left[\frac{1}{2\,\mathrm{tg}\,(t/2)} - \frac{1}{t}\right] \sin nt\,dt = 0,$$

gleichmäßig in x gelten[1]. Man kann daher behaupten:

Gegeben sei eine im Intervall $(-\pi, \pi)$ integrierbare Funktion $f(x)$, die in einem Teilintervall (a, b) stetig sei[2]. *Notwendig und hinreichend dafür, daß die FOURIER-Reihe von $f(x)$ gleichmäßig in (a, b) gegen $f(x)$ konvergiert, ist die Eigenschaft, daß es zu vorgegebenen $\varepsilon > 0$ Zahlen $\delta > 0$ und n_0 gibt, so daß für beliebiges x aus (a, b) und $n > n_0$ gilt:*

$$(2.1) \qquad \left|\int_0^{\delta} \left[\frac{f(x+t) + f(x-t)}{2} - f(x)\right] \frac{\sin nt}{t}\,dt\right| < \varepsilon.$$

Ebenso wie im Falle der gewöhnlichen Konvergenz kann man leicht aus diesem allgemeinen Kriterium spezielle Kriterien über gleichmäßige Konvergenz herleiten, analog zu denen in Kap. II, § 9. Wir zeigen dies an folgendem Beispiel:

---

[1] Siehe z. B. [25], S. 298—299.

[2] Ohne auszuschließen, daß a mit $-\pi$ bzw. b mit $+\pi$ zusammenfällt. Ist dies der Fall, so sei $f(x)$ über (a, b) hinaus stetig und periodisch fortsetzbar, also insbesondere $f(-\pi) = f(\pi)$, wenn $a = -\pi$ und $b = \pi$.

Die im Intervall $(-\pi, \pi)$ integrierbare Funktion $f(x)$ genüge gleichmäßig im Intervall (a, b) mit $-\pi \leq a \leq b \leq \pi$ einer LIPSCHITZ-*Bedingung,*

$$(2.2) \qquad\qquad |f(x_1) - f(x_2)| < A|x_1 - x_2|^\alpha,$$

d.h. es gebe zwei positive Konstanten A und α, so daß (2.2) für beliebige $x_1, x_2 \in (a, b)$ gelte, dann konvergiert die FOURIER-*Reihe von $f(x)$ gleichmäßig in jedem Intervall (a', b') mit $a < a' < b' < b$.*

Zum Beweis beachte man zunächst, daß aus (2.2) die Stetigkeit von $f(x)$ in (a, b) folgt. Für Werte x, $x + t$, $x - t$ aus (a, b) erhält man aus (2.2) ferner

$$\left| \frac{f(x+t) + f(x-t)}{2} - f(x) \right| \leq \frac{1}{2} |f(x+t) - f(x)| + \frac{1}{2} |f(x-t) - f(x)| < A|t|^\alpha.$$

Sei nun $x \in (a', b')$ und $\delta \leq \mathrm{Min}\,(a' - a, b - b')$, so liegen mit $|t| \leq \delta$ die Werte x, $x + t$, $x - t$ in (a, b). Dann folgt aus vorstehender Beziehung mit der Bezeichnung $\frac{1}{2}[f(x+t) + f(x-t)] = F(x, t)$:

$$\left| \int_0^\delta |F(x, t) - f(x)| \frac{\sin nt}{t} \, dt \right| \leq \int_0^\delta |F(x, t) - f(x)| \frac{dt}{t} < A \int_0^\delta \frac{dt}{t^{1-\alpha}} = \frac{A}{\alpha} \delta^\alpha.$$

Da $A\alpha^{-1}\delta^\alpha$ mit δ beliebig klein wird, ist (2.1) gleichmäßig in (a', b') und sogar für jedes n erfüllt.

Bemerkung. Wenn die Bedingung (2.2) gleichmäßig im ganzen Grundintervall $(-\pi, \pi)$ erfüllt ist und wenn sich die Funktion $f(x)$ periodisch und stetig über das Intervall $(-\pi, \pi)$ hinaus fortsetzen läßt, dann gilt die Behauptung des Satzes für jedes endliche Intervall (a', b'). Die Bedingung dafür ist offenbar die Gleichung $f(-\pi) = f(\pi)$.

Wir wollen hier keine weiteren, speziellen Kriterien für die gleichmäßige Konvergenz von FOURIER-Reihen aufstellen, da diese in der Theorie der FOURIER-Reihen keine große Bedeutung besitzen[1]. Die Frage nach der gleichmäßigen Konvergenz tritt nämlich meist dann auf, wenn zu untersuchen ist, ob eine FOURIER-Reihe gliedweise integriert werden darf. In diesem Falle erhält man aber bereits eine sehr befriedigende Antwort durch den allgemeinen Satz aus Kap. I, § 15. Wenn man berücksichtigt, daß das System der trigonometrischen Funktionen in der Klasse L^2 der quadratisch integrierbaren Funktionen abgeschlossen ist, enthält dieser Satz die folgende Aussage:

---

[1] Man beachte dabei, daß es, wie LEBESGUE gezeigt hat, stetige Funktionen gibt, deren FOURIER-Reihe überall konvergiert, ohne gleichmäßig konvergent zu sein. Siehe z.B. [25], S. 365.

Sind $f(x)$ und $g(x)$ zwei im Intervall $(-\pi, \pi)$ definierte Funktionen der Klasse L^2 und ist

$$f(x) \sim \tfrac{1}{2} a_0 + \sum_{\nu=1}^{\infty} (a_\nu \cos \nu x + b_\nu \sin \nu x),$$

dann gilt

$$\int_{-\pi}^{\xi} f(x)\, g(x)\, dx = \tfrac{1}{2} a_0 \int_{-\pi}^{\xi} g(x)\, dx +$$

$$+ \sum_{\nu=1}^{\infty} \left[a_\nu \int_{-\pi}^{\xi} g(x) \cos \nu x\, dx + b_\nu \int_{-\pi}^{\xi} g(x) \sin \nu x\, dx \right] \quad (-\pi \leq \xi \leq \pi),$$

wobei die rechts stehende Reihe absolut und gleichmäßig konvergiert.

Setzt man insbesondere $g(x) \equiv 1$, so folgt

$$\int_{-\pi}^{\xi} f(x)\, dx = \frac{1}{2} a_0 (\xi + \pi) + \sum_{\nu=1}^{\infty} (-1)^\nu \frac{b_\nu}{\nu} + \sum_{\nu=1}^{\infty} \left[\frac{a_\nu}{\nu} \sin \nu \xi - \frac{b_\nu}{\nu} \cos \nu \xi \right].$$

Man kann die Gültigkeit dieser Gleichung auch unter der schwächeren Voraussetzung nachweisen, daß $f(x)$ nur integrierbar ist. Das soll hier jedoch nicht ausgeführt werden[1].

In bezug auf die gliedweise Differentiation einer FOURIER-Reihe kennt man hingegen keinen entsprechend allgemeinen Satz. In den meisten praktischen Fällen kommt man jedoch mit dem folgenden Ergebnis aus:

Die Funktion $f(x)$ sei im Grundintervall $(-\pi, \pi)$ total stetig. Notwendig und hinreichend dafür, daß man durch gliedweise Differentiation der FOURIER-Reihe von $f(x)$ die von $f'(x)$ erhält, daß also aus

$$f(x) \sim \tfrac{1}{2} a_0 + \sum_{\nu=1}^{\infty} (a_\nu \cos \nu x + b_\nu \sin \nu x)$$

die Beziehung

$$(2.3) \qquad f'(x) \sim \sum_{\nu=1}^{\infty} \nu (b_\nu \cos \nu x - a_\nu \sin \nu x)$$

folgt, ist die Bedingung

$$(2.4) \qquad\qquad f(-\pi) = f(\pi).$$

Zum Beweis erinnern wir an die Tatsache, daß eine total stetige Funktion fast überall differenzierbar und als Integral ihrer Ableitung darstellbar ist. Es ist demnach

$$\pi a_0' = \int_{-\pi}^{\pi} f'(x)\, dx = f(\pi) - f(-\pi),$$

---

[1] Siehe z. B. [*25*], S. 341.

und dann folgt wegen $a_0' = 0$ (2.4) aus (2.3). Die Bedingung (2.4) ist also notwendig.

Setzt man umgekehrt (2.4) voraus, so erhält man durch partielle Integration die Gleichungen:

$$\int_{-\pi}^{\pi} f'(x) \cos \nu x \, dx = [f(x) \cos \nu x]_{-\pi}^{\pi} + \nu \int_{-\pi}^{\pi} f(x) \sin \nu x \, dx = \pi \nu b_\nu,$$

$$\int_{-\pi}^{\pi} f'(x) \sin \nu x \, dx = [f(x) \sin \nu x]_{-\pi}^{\pi} - \nu \int_{-\pi}^{\pi} f(x) \cos \nu x \, dx = -\pi \nu a_\nu.$$

Daraus folgt sofort die Gültigkeit von (2.3), d.h. (2.4) ist auch hinreichend.

Bemerkung 1. Aus diesem Ergebnis, zusammen mit dem vorhergehenden Satz über die gliedweise Integration, folgt, daß eine total stetige Funktion $f(x)$, die $f(-\pi) = f(\pi)$ genügt, durch ihre FOURIER-Reihe dargestellt wird und diese FOURIER-Reihe im Grundintervall absolut und gleichmäßig konvergiert. Früher hatten wir ein entsprechendes Ergebnis unter der engeren Voraussetzung erhalten, daß $f'(x)$ quadratisch integrierbar (II, § 2) oder von beschränkter Schwankung ist (II, § 6). Diese Verallgemeinerung beruht im Grunde genommen auf der von uns nur erwähnten Tatsache, daß der Satz über die gliedweise Integration nicht nur, wie hier vorausgesetzt, für quadratisch integrierbare Funktionen, sondern bereits für integrierbare Funktionen gültig ist.

Hingegen kann hier a priori nichts darüber gesagt werden, unter welchen Voraussetzungen man in (2.3) das Zeichen $\sim$ durch das Gleichheitszeichen ersetzen kann.

Bemerkung 2. Es soll schließlich noch die Frage beantwortet werden, was man erhält, wenn man die FOURIER-Reihe einer total stetigen Funktion, die nicht der Bedingung (2.4) genügt, gliedweise differenziert. Es ist leicht einzusehen, daß im allgemeinen die entstehende Reihe fast überall im Grundintervall *nicht* konvergiert.

Zum Beweis benutzen wir die Funktion

$$H(x) = \sin x + \frac{\sin 2x}{2} + \frac{\sin 3x}{3} + \cdots$$

aus Kap. II, § 3, die den folgenden Gleichungen genügt:

$$\lim_{x \to -\pi+0} H(x-\pi) = -\lim_{x \to \pi-0} H(x-\pi) = \frac{\pi}{2}.$$

Ist nun $f(x)$ eine beliebige total stetige Funktion im Intervall $(-\pi, \pi)$, so ist dort auch die Funktion

$$f_1(x) = f(x) + \frac{1}{\pi} [f(\pi) - f(-\pi)] H(x-\pi)$$

total stetig und genügt außerdem (2.4). Wir können auf $f_1(x)$ folglich den letzten Satz anwenden und erhalten danach die FOURIER-Reihe von $f_1'(x)$ durch gliedweise Differentiation der FOURIER-Reihe von $f_1(x)$. Diese ist aber die Summe aus der FOURIER-Reihe von $f(x)$ und, im Falle $f(\pi) \neq f(-\pi)$, der mit einem von Null verschiedenen Faktor versehenen FOURIER-Reihe von $H(x-\pi)$. Nun ist

$$H(x - \pi) = - \sin x + \frac{\sin 2x}{2} - \frac{\sin 3x}{3} + - \cdots,$$

und durch gliedweise Differentiation erhält man daraus die Reihe

(2.5) $- \cos x + \cos 2x - \sin 3x + - \cdots,$

die nach der ersten Formel von (II. 3.5) in geschlossener Form dargestellt werden kann:

$$\sum_{\nu=1}^{\infty} (-1)^{\nu} \cos \nu x = \sum_{\nu=1}^{\infty} \cos \left(\nu (x + \pi) \right) = \frac{\sin \left((n + \frac{1}{2}) (x + \pi) \right)}{2 \cos (x/2)} - \frac{1}{2}.$$

Da für fast alle (festen) Werte von x die rechts auftretende Funktion $\sin \left((n + \frac{1}{2}) (x + \pi) \right)$ für $n \to \infty$ keinen Grenzwert besitzt, wo die FOURIER-Reihe von $f_1'(x)$ konvergiert, muß die gliedweise differenzierte FOURIER-Reihe von $f(x)$ für fast alle Werte von x divergieren.

§ 3. Über das CESÀROsche Summationsverfahren.

Nach der klassischen Definition versteht man unter der Summe einer unendlichen Reihe

(3.1) $a_0 + a_1 + a_2 + \cdots$

den Grenzwert der Folge ihrer Partialsummen

$$S_1 = a_0, \quad S_2 = a_0 + a_1, \quad S_3 = a_0 + a_1 + a_2, \quad \ldots .$$

Denkt man sich hingegen die Summe einer Reihe a priori als gegeben, so handelt es sich bei der Folge $S_1, S_2, S_3, \ldots$ nur um eine mögliche Folge von Näherungswerten, der eine gewisse Willkür anhaftet. Bei diesem Standpunkt kann man sich die Reihensumme auch durch andere Näherungsfolgen oder Grenzprozesse angenähert denken, deren Grenzwert man dann auch umgekehrt zur Definition der Reihensumme erheben kann.

So kann man sich fragen, ob die aus den arithmetischen Mitteln der Partialsummen gebildete Folge

(3.2) $S_1' = S_1, \quad S_2' = \frac{S_1 + S_2}{2}, \quad S_3' = \frac{S_1 + S_2 + S_3}{3}, \quad \ldots$

ebenfalls als Näherungsfolge der Reihe betrachtet werden kann. Eine andere Näherungsmöglichkeit liefert der Satz von ABEL. Wenn die

Reihe (3.1) im üblichen Sinne konvergiert und S als Summe besitzt, dann konvergiert die durch die Potenzreihe

$$(3.3) \qquad A(x) = a_0 + a_1 x + a_2 x^2 + \cdots$$

dargestellte analytische Funktion beim Grenzübergang von links für $x \to 1$ ebenfalls gegen S. Es gibt jedoch auch Fälle, wo (3.3) bei diesem Grenzübergang gegen einen endlichen Wert konvergiert oder die Folge (3.2) konvergent ist, ohne daß die Reihe (3.1) im üblichen Sinne konvergiert[1]. Legte man den Grenzwert von (3.2) oder (3.3) als Summe einer unendlichen Reihe zugrunde, so würden folglich diese Definitionen über die übliche hinausgehen.

Auf Grund der hier angedeuteten Gesichtspunkte hat sich eine ganze Theorie der „Summation" von im klassischen Sinne divergenten Reihen entwickelt, in der die Eigenschaften von Reihen untersucht werden, die bei gewissen „Summationsverfahren" eine „Summe" liefern[2].

Bei den bisher angegebenen Beispielen für derartige Verfahren war bereits die für die ganze Theorie grundlegende Forderung erfüllt, daß die Anwendung dieser Verfahren auf Reihen, die im klassischen Sinne gegen einen Wert S konvergieren, den gleichen Wert S liefern. Man nennt diese Voraussetzung das *Permanenzprinzip* und bezeichnet Verfahren, die dem Permanenzprinzip genügen, als *permanent*.

In der Theorie der Fourier-Reihen kommt dem durch (3.2) gegebenen und nach Cesàro benannten Summationsverfahren eine besondere Bedeutung zu. Wir werden daher auf dieses Verfahren näher eingehen und haben zuerst festzustellen, daß das Permanenzprinzip erfüllt ist. Das ergibt sich fast unmittelbar aus dem Satz von Cesàro[2], der besagt, daß bei einer Folge $s_1, s_2, \ldots$ aus der Beziehung

$$\lim_{n \to \infty} (s_n - s_{n-1}) = \lambda$$

die Gleichung

$$\lim_{n \to \infty} \frac{s_n}{n} = \lambda$$

folgt. Setzt man nun

$$(3.4) \qquad S_1^{(1)} = S_1, \; S_2^{(1)} = S_1 + S_2, \; S_3^{(1)} = S_1 + S_2 + S_3, \; \ldots,$$

so hat man gleichzeitig

$$S_n = S_n^{(1)} - S_{n-1}^{(1)}, \qquad S_n' = \frac{S_n^{(1)}}{n},$$

---

[1] Ein Beispiel für den ersten Fall bildet die geometrische Reihe

$$1 - x + x^2 - x^3 + \cdots = \frac{1}{1+x}.$$

[2] Siehe z.B. [21].

und auf Grund des Satzes von CESÀRO folgt daraus sofort die behauptete Permanenz.

Das durch (3.2) gegebene Summationsverfahren von CESÀRO bezeichnet man mit dem Symbol C_1, zur Unterscheidung von allgemeineren, ebenfalls nach CESÀRO benannten Verfahren C_k ($k = 2, 3, \ldots$). Bei diesen setzt man, beginnend mit den durch (3.4) gegebenen Größen für $k = 2, 3, \ldots$:

$$S_1^{(k)} = S_1^{(k-1)}, \quad S_2^{(k)} = S_1^{(k-1)} + S_2^{(k-1)}, \quad S_3^{(k)} = S_1^{(k-1)} + S_2^{(k-1)} + S_3^{(k-1)}, \quad \ldots$$

und untersucht den Grenzwert der Ausdrücke

$$\binom{n+k-1}{k}^{-1} S_n^{(k)}$$

für $n \to \infty$.

Obwohl wir im folgenden hauptsächlich das C_1-Verfahren heranziehen werden, soll in diesem Zusammenhang noch auf zwei weitere Verfahren hingewiesen werden. Ein Verfahren, welches für $k = 1$ mit C_1 übereinstimmt, ist das HÖLDERsche Verfahren H_k ($k = 1, 2, 3, \ldots$), bei dem die durch (3.2) gegebene Mittelbildung iteriert wird; so bildet man z. B. bei H_2

$$S_1'' = S_1', \quad S_2'' = \frac{S_1' + S_2'}{2}, \quad S_3'' = \frac{S_1' + S_2' + S_3'}{3}, \quad \ldots$$

und untersucht den Grenzwert von S_n'' für $n \to \infty$.

Die zuvor erwähnte Methode, die sich auf den ABELschen Grenzwertsatz stützt, bezeichnet man nach ABEL, abgekürzt mit dem Symbol A.

Wir wollen nun genauer auf das C_1-Verfahren eingehen. Ein Beispiel für eine im üblichen Sinne nicht konvergente Reihe, die C_1-summierbar ist, hat man in der Reihe

(3.5) $1 - 1 + 1 - 1 + - \cdots.$

Hierbei ist

$$S_{2m-1} = 1, \qquad S_{2m} = 0, \qquad S_{2m-1}^{(1)} = S_{2m}^{(1)} = m,$$

und es gilt folglich

$$\lim_{n \to \infty} \frac{1}{n} S_n^{(1)} = \frac{1}{2}.$$

Die Reihe (3.5), die in der Entwicklung der Mathematik zu wichtigen Überlegungen, aber auch zu zahlreichen Trugschlüssen Anlaß gegeben hat, ist also C_1-summierbar mit der Summe $\frac{1}{2}$ [1].

Eine wesentliche Rechtfertigung für die Einführung des CESÀROschen Summationsverfahrens bildet die Tatsache, daß die Theorie der Reihen-

---

[1] Wie schon angegeben, ist die Reihe (3.5) auch A-summierbar, ebenfalls mit der Summe $\frac{1}{2}$. Es kann darüber hinaus gezeigt werden (§ 5), daß jede C_k-summierbare Reihe auch A-summierbar ist und die gleiche Summe besitzt. Die Umkehrung hiervon gilt aber nicht. Dagegen sind das C_k- und das H_k-Verfahren äquivalent.

multiplikation, die bei der klassischen Summendefinition etwas unübersichtlich ist, bei Zugrundelegung des C_1-Verfahrens besonders klar und einfach wird. Dies soll jetzt im einzelnen auseinandergesetzt werden. Seien

$$A = a_0 + a_1 + a_2 + \cdots, \qquad B = b_0 + b_1 + b_2 + \cdots$$

zwei (im gewöhnlichen Sinne) konvergente Reihen. Unter der Reihe $\sum c_n$ verstehen wir das (im Sinne von Cauchy gebildete) Produkt dieser Reihen mit dem allgemeinen Glied

$$c_n = a_0 b_n + a_1 b_{n-1} + \cdots + a_n b_0.$$

Es wird behauptet, daß diese Reihe C_1-summierbar ist und als Summe den Wert AB besitzt.

Zum Beweis seien

$$A_0, A_1, A_2, \ldots, \qquad B_0, B_1, B_2, \ldots, \qquad C_0, C_1, C_2, \ldots$$

die Partialsummen der entsprechend bezeichneten Reihen. Durch Addition der Gleichungen

$$\begin{aligned}
c_0 &= a_0 b_0 \\
c_1 &= a_0 b_1 + a_1 b_0 \\
&\;\cdots\cdots\cdots \\
c_n &= a_0 b_n + a_1 b_{n-1} + \cdots + a_n b_0
\end{aligned}$$

folgt

$$C_n = a_0 B_n + a_1 B_{n-1} + \cdots + a_n B_0.$$

Addiert man schließlich die Gleichungen

$$\begin{aligned}
C_0 &= a_0 B_0 \\
C_1 &= a_0 B_1 + a_1 B_0 \\
&\;\cdots\cdots\cdots \\
C_n &= a_0 B_n + a_1 B_{n-1} + \cdots + a_n B_0,
\end{aligned}$$

so erhält man

$$C_0 + C_1 + \cdots + C_n = A_n B_0 + A_{n-1} B_1 + \cdots + A_0 B_n.$$

Wie sofort einzusehen, folgt daraus

$$(3.6) \quad \left\{ \begin{aligned}
&\frac{C_0 + C_1 + \cdots + C_n}{n+1} - A\,\frac{B_0 + B_1 + \cdots + B_n}{n+1} \\
&\qquad = \frac{(A_n - A)\,B_0 + (A_{n-1} - A)\,B_1 + \cdots + (A_0 - A)\,B_n}{n+1}.
\end{aligned} \right.$$

Um den Beweis zu beenden, ziehen wir nun das Permanenzprinzip heran. Danach ist

$$\lim_{n \to \infty} \frac{B_0 + B_1 + \cdots + B_n}{n+1} = \lim_{n \to \infty} B_n = B.$$

Auf Grund der Konvergenz der Reihe $\sum b_n$ existiert eine endliche obere Schranke N für die Partialsummen B_n, so daß gilt:

$$|(A_n - A)\, B_0 + (A_{n-1} - A)\, B_1 + \cdots + (A_0 - A)\, B_n| \leq$$
$$\leq N\,(|A_0 - A| + |A_1 - A| + \cdots + |A_n - A|).$$

Wegen $\lim |A_n - A| = 0$ kann man wieder das Permanenzprinzip anwenden und erhält

$$\lim_{n \to \infty} \frac{|A_0 - A| + |A_1 - A| + \cdots + |A_n - A|}{n + 1} = 0.$$

Daraus folgt, wenn man in (3.6) den Grenzübergang $n \to \infty$ ausführt:

$$\lim_{n \to \infty} \frac{C_0 + C_1 + \cdots + C_n}{n + 1} = A \lim_{n \to \infty} \frac{B_0 + B_1 + \cdots + B_n}{n + 1} = AB.$$

Das war aber gerade die Behauptung.

Dieses Ergebnis bildet die Grundlage für den

Satz von HARDY: *Wenn die Reihe $\sum a_n$ C_1-summierbar ist und*

$$a_n = O\left(\frac{1}{n}\right)$$

gilt, dann ist diese Reihe auch im gewöhnlichen Sinne konvergent mit dem gleichen Wert.

Zum Beweis kann man ohne Einschränkung der Allgemeinheit annehmen, daß die Reihe C_1-summierbar zum Werte Null ist. Dies läßt sich z. B. durch Abänderung des ersten Gliedes sofort erreichen. Es gilt dann also mit der Bezeichnung

$$S_n = a_1 + a_2 + \cdots + a_n, \qquad S'_n = \frac{S_1 + S_2 + \cdots + S_n}{n}$$

die Beziehung

(3.7) $$\lim_{n \to \infty} S'_n = 0.$$

Ferner existiert nach Voraussetzung eine Konstante M mit

(3.8) $$|a_n| < \frac{M}{n},$$

und daraus soll gefolgert werden, daß

$$\lim_{n \to \infty} S_n = 0$$

gilt.

Sei p eine beliebige natürliche Zahl mit $p < n$, dann ist

$$\left|\frac{S_1 + S_2 + \cdots + S_p}{n}\right| < \left|\frac{S_1 + S_2 + \cdots + S_p}{p}\right| = |S'_p|,$$

und wegen (3.7) folgt

$$\lim_{n \to \infty} \frac{S_1 + S_2 + \cdots + S_p}{n} = 0.$$

Geht man in der Gleichung

$$\frac{S_{p+1} + S_{p+2} + \cdots + S_n}{n} = S_n' - \frac{S_1 + S_2 + \cdots + S_p}{n}$$

auf beiden Seiten zur Grenze für $n \to \infty$ über, so erhält man damit

$$\lim_{n \to \infty} \frac{S_{p+1} + S_{p+2} + \cdots + S_n}{n} = 0.$$

Auf Grund dieser Beziehung folgt aus der Gleichung

$$\frac{S_{p+1} + \cdots + S_n}{n} = \frac{n-p}{n} S_n - \frac{1}{n} \sum_{k=p+1}^{n-1} (S_n - S_k)$$

$$= \frac{n-p}{n} S_n - \frac{1}{n} \sum_{k=p+1}^{n-1} (a_{k+1} + a_{k+2} + \cdots + a_n)$$

durch Grenzübergang

(3.9) $$\lim_{n \to \infty} \left[\frac{n-p}{n} S_n - \frac{1}{n} \sum_{k=p+1}^{n-1} (a_{k+1} + \cdots + a_n) \right] = 0.$$

Auf Grund der Voraussetzung (3.8) gilt die Abschätzung

$$\left| \sum_{k=p+1}^{n-1} (a_{k+1} + \cdots + a_n) \right| \leq \sum_{k=p+1}^{n-1} (|a_{k+1}| + \cdots + |a_n|) <$$

$$< M \sum_{k=p+1}^{n-1} \left(\frac{1}{k+1} + \frac{1}{k+2} + \cdots + \frac{1}{n} \right) < M \sum_{k=p+1}^{n-1} \frac{n-k}{k} <$$

$$< \frac{M}{p} \sum_{k=p+1}^{n-1} (n-k) < \frac{M}{2p} (n-p)(n-p-1) < \frac{M(n-p)^2}{2p}.$$

Mit einer geeigneten, von n und p abhängigen Zahl $\Theta_{n,p}$ mit

$$|\Theta_{n,p}| < \tfrac{1}{2}$$

gilt dann

$$\frac{1}{n} \sum_{k=p+1}^{n-1} (a_{k+1} + \cdots + a_n) = M \Theta_{n,p} \frac{(n-p)^2}{np}.$$

Die Gl. (3.9) nimmt damit die folgende Gestalt an:

(3.10) $$\lim_{n \to \infty} \frac{n-p}{n} \left[S_n - M \Theta_{n,p} \frac{n-p}{p} \right] = 0.$$

Sei nun ε mit $0 < \varepsilon \leq \tfrac{1}{2}$ beliebig vorgegeben, so gibt es zu jedem $n > 4/\varepsilon$ wenigstens eine natürliche Zahl p mit

(3.11) $$\frac{n}{1+2\varepsilon} \leq p \leq n \left(1 - \frac{\varepsilon}{2} \right),$$

denn dann ist

$$n\left(1 - \frac{\varepsilon}{2}\right) - \frac{n}{1 + 2\varepsilon} = n\left(1 - \frac{\varepsilon}{2} - \frac{1}{1 + 2\varepsilon}\right) > \frac{n\,\varepsilon}{2\,(1 + 2\,\varepsilon)} > \frac{2}{1 + 2\,\varepsilon} \geq 1.$$

Aus (3.11) folgen unmittelbar die Abschätzungen

$$(3.12) \qquad \frac{n - p}{n} \geq \frac{n - n\left(1 - \frac{\varepsilon}{2}\right)}{n} = \frac{\varepsilon}{2},$$

$$(3.13) \qquad \frac{n - p}{p} \leq \frac{n - n(1 + 2\varepsilon)^{-1}}{n(1 + 2\varepsilon)^{-1}} = 2\varepsilon.$$

Auf Grund der ersten dieser Ungleichungen erhält man aus (3.10)

$$\lim_{n \to \infty}\left[S_n - M\,\Theta_{n,p}\,\frac{n - p}{p}\right] = 0.$$

Sei nun für $n > n_0$

$$\left|S_n - M\,\Theta_{n,p}\,\frac{n - p}{p}\right| < \varepsilon,$$

so ist

$$|S_n| < \varepsilon + \left|M\,\Theta_{n,p}\,\frac{n - p}{p}\right|.$$

Wegen $|\Theta_{n,p}| < \frac{1}{2}$ und (3.13) ergibt sich daraus

$$|S_n| < \varepsilon + M\,\varepsilon = (1 + M)\,\varepsilon.$$

Da ε beliebig klein sein darf, erhält man daraus die Behauptung

$$\lim_{n \to \infty} S_n = 0.$$

§ 4. Der FEJÉRsche Satz über die C_1-Summierbarkeit der FOURIER-Reihen.

Über den bereits angegebenen Satz über Produktreihen hinaus findet die CESÀROsche Summationsmethode eine wichtige Rechtfertigung in der Theorie der FOURIER-Reihen durch den

Satz von FEJÉR. *Die FOURIER-Reihe einer im Grundintervall* $(-\pi, \pi)$ *integrierbaren Funktion* $f(x)$ *ist in jedem Punkt des Grundintervalls, in dem der linke und der rechte Grenzwert der Funktion existieren, C_1-summierbar mit der Summe*

$$f^*(x) = \tfrac{1}{2}\left[f(x + 0) + f(x - 0)\right]$$

für innere Punkte und

$$f^*(\pm\pi) = \tfrac{1}{2}\left[f(-\pi + 0) + f(\pi - 0)\right]$$

für die Randpunkte des Intervalls.

Ist $f(x)$ außerdem stetig für $-\pi \leq a \leq x \leq b \leq \pi$, dann konvergiert die Folge der arithmetischen Mittel aus den Partialsummen gleichmäßig gegen $f(x)$ in jedem Intervall (a', b') mit $a < a'$, $b' < b$; ist $f(x)$ im ganzen Intervall $(-\pi, \pi)$ stetig und gilt

$$f(-\pi) = f(\pi),$$

so ist diese Behauptung sogar mit $a' = -\pi$, $b' = \pi$ erfüllt.

Dem eigentlichen Beweis dieses Satzes wird eine vorbereitende Überlegung vorangestellt, die auch an sich von Interesse ist.

Wir gehen von der Dirichletschen *Formel* für die Partialsummen der Fourier-Reihe einer Funktion $f(x)$ aus[1]:

$$S_n(x) = \frac{1}{2} a_0 + \sum_{v=1}^{\infty} (a_v \cos vx + b_v \sin vx) = \frac{1}{\pi} \int_{-(\pi+x)}^{\pi-x} f(x+t) \frac{\sin((n+\frac{1}{2})t)}{2 \sin(t/2)} \, dt.$$

Denkt man sich die Funktion $f(x)$ über das Intervall $(-\pi, \pi)$ hinaus periodisch fortgesetzt, so darf man die Grenzen in dem rechts stehenden Integral um x verschieben und erhält

$$S_n(x) = \frac{1}{\pi} \int_{-\pi}^{\pi} f(x+t) \frac{\sin((n+\frac{1}{2})t)}{2 \sin(t/2)} \, dt.$$

Dann ist

$$S_n'(x) = \frac{1}{n} \sum_{k=0}^{n-1} S_k(x) = \frac{1}{\pi n} \int_{-\pi}^{\pi} \frac{f(x+t)}{2 \sin(t/2)} \left[\sum_{k=0}^{n-1} \sin((k+\frac{1}{2})t) \right] dt;$$

berücksichtigt man darin die aus (II. 3.5) folgende Gleichung

$$\sum_{k=0}^{n-1} \sin(a+kt) = \sin a \sum_{k=0}^{n-1} \cos kt + \cos a \sum_{k=0}^{n-1} \sin kt = \frac{\sin\left(\frac{nt}{2}\right) \sin\left(a + \frac{n-1}{2} t\right)}{\sin(t/2)},$$

so gilt [2]:

(4.1) $$S_n'(x) = \frac{1}{2\pi n} \int_{-\pi}^{\pi} f(x+t) \left[\frac{\sin(nt/2)}{\sin(t/2)} \right]^2 dt.$$

Das Wesentliche an dieser Formel ist die Tatsache, daß der Faktor von $f(x+t)$ im Integranden, der sog. *Kern des Integrals*, nicht negativ ist und daß der rechts stehende Ausdruck den Faktor $1/n$ besitzt. Dadurch ist die Handhabung dieser Formel wesentlich einfacher und folgenreicher als etwa die der Dirichletschen Formel. Insbesondere ist sofort

---

[1] Siehe Fußnote †, S. 68.

[2] Ein anderer, mehr elementarer Ausdruck für $S_n'(x)$, den man sofort aus der Definition ableiten kann, ist†

$$S_n'(x) = \frac{1}{2} a_0 + \sum_{v=1}^{n-1} \left(1 - \frac{v}{n}\right) (a_v \cos vx + b_v \sin vx).$$

einzusehen, daß der rechts stehende Ausdruck im Falle, daß darin das Integral nur von $-\pi$ bis $-\delta$ oder von δ bis π mit $0 < \delta \leq \pi$ erstreckt wird, für $n \to \infty$ gleichmäßig gegen Null konvergiert. So gilt z. B. für die Integrationsgrenzen δ und π:

$$\frac{1}{2\pi n} \left| \int_{\delta}^{\pi} f(x+t) \left[\frac{\sin(nt/2)}{\sin(t/2)} \right]^2 dt \right| \leq \frac{1}{2\pi n \left[\sin(\delta/2)\right]^2} \int_{\delta}^{\pi} |f(x+t)| \, dt$$

$$\leq \frac{1}{n} \frac{1}{2\pi \left[\sin(\delta/2)\right]^2} \int_{-\pi}^{\pi} |f(t)| \, dt.$$

Da im rechts stehenden Ausdruck der Faktor von $1/n$ eine Konstante ist, folgt daraus sofort die Behauptung.

Setzt man in (4.1) speziell $f(x) \equiv 1$, so gilt auf Grund der vorstehenden Bemerkung

$$(4.2) \quad 1 = \lim_{n \to \infty} \frac{1}{2\pi n} \int_{-\pi}^{\pi} \left[\frac{\sin(nt/2)}{\sin(t/2)} \right]^2 dt = \lim_{n \to \infty} \frac{1}{\pi n} \int_{0}^{\delta} \left[\frac{\sin(nt/2)}{\sin(t/2)} \right]^2 dt.$$

Daraus kann man analog zu der entsprechenden Überlegung in Kap. II (§ 7, § 8) ableiten, *daß für die C_1-Summierbarkeit der* FOURIER-*Reihe einer Funktion $f(x)$ im Punkte x_0 zur Summe $S'(x_0)$ die Bedingung*[1]

$$(4.3) \quad \lim_{n \to \infty} \frac{1}{n} \int_{0}^{\delta} \left[f(x_0 + t) + f(x_0 - t) - 2 S'(x_0) \right] \left[\frac{\sin(nt/2)}{\sin(t/2)} \right]^2 dt = 0$$

notwendig und hinreichend ist. Ferner sieht man unmittelbar ein, daß die Folge $S'_n(x)$ ($n = 0, 1, 2, \ldots$) in jedem Intervall (a, b) gleichmäßig gegen $S'(x)$ konvergiert, falls (4.3) gleichmäßig in (a, b) befriedigt ist.

Wir können nun sehr leicht den FEJÉRschen Satz beweisen. Sei wieder

$$F(x_0, t) = \frac{f(x_0 + t) + f(x_0 - t)}{2}$$

und $f^*(x_0)$ wie im Satz definiert. Für den Punkt x_0 existiere ein endlicher linker und rechter Grenzwert von $f(x)$. Dann gibt es zu jedem $\varepsilon > 0$ ein $\delta > 0$, so daß im Intervall $0 \leq t \leq \delta$ die folgende Abschätzung besteht:

$$|F(x_0, t) - f^*(x_0)| \leq \tfrac{1}{2} |f(x_0 + t) - f(x_0 + 0)| + \tfrac{1}{2} |f(x_0 - t) - f(x_0 - 0)| < \varepsilon.$$

Daraus erhält man

$$\left| \frac{1}{n} \int_{0}^{\delta} \left[F(x_0, t) - f^*(x_0) \right] \left[\frac{\sin(nt/2)}{\sin(t/2)} \right]^2 dt \right| \leq \frac{\varepsilon}{n} \int_{0}^{\delta} \left[\frac{\sin(nt/2)}{\sin(t/2)} \right]^2 dt \,,$$

---

[1] Dieser Gleichung entspricht in Kap. II die Gl. (8.5).

und auf Grund von (4.2) folgt dann

$$\lim_{n \to \infty} \frac{1}{n} \int\limits_0^\delta \left[F(x_0, t) - f^*(x_0) \right] \left[\frac{\sin (n t/2)}{\sin (t/2)} \right]^2 dt = 0.$$

Nach (4.3) gilt daher $f^*(x_0) = S'(x_0)$, womit der erste Teil des FEJÉR-schen Satzes bewiesen ist.

Ebenso leicht ist auch der zweite Teil, nämlich die Aussage über die gleichmäßige Konvergenz, herzuleiten. Ist $f(x)$ im Intervall (a, b) stetig, so ist $f(x)$ in jedem Intervall (a', b') mit $a < a'$, $b' < b$ gleichmäßig stetig. Daraus folgt, daß zu jedem $\varepsilon > 0$ ein $\delta > 0$ existiert derart, daß die Ab-schätzung

$$\left| F(x, t) - f(x) \right| \le \tfrac{1}{2} \left| f(x + t) - f(x) \right| + \tfrac{1}{2} \left| f(x - t) - f(x) \right| < \varepsilon$$

gleichmäßig für alle $a' \le x \le b'$ und $|t| \le \delta$ gültig ist. Daraus erhält man die zweite Behauptung des Satzes wie vorher im Falle der gewöhn-lichen Konvergenz. Darin ist auch der im Satz zuletzt erwähnte Fall $a = a' = -\pi$, $b = b' = \pi$ enthalten, denn dann lege man statt des Inter-valls (a, b) ein Intervall (a_0, b_0) mit $a_0 < -\pi$, $\pi < b_0$ zugrunde.

Der FEJÉRsche Satz, der zahlreiche wichtige Folgerungen gestattet, erlaubt es insbesondere, den Funktionswert $f(x_0)$ — oder genauer den Wert $f^*(x_0)$ — einer Funktion $f(x)$ unter den im Satz angegebenen schwachen Voraussetzungen mit Hilfe ihrer FOURIER-Koeffizienten prak-tisch zu berechnen.

Aus dem FEJÉRschen Satz und dem im vorhergehenden Paragraphen aufgestellten Satz von HARDY, entnimmt man unmittelbar den folgenden Satz:

Genügen die FOURIER-Koeffizienten einer integrierbaren Funktion $f(x)$ der Bedingung

$$a_n = O\left(\frac{1}{n}\right), \qquad b_n = O\left(\frac{1}{n}\right),$$

dann konvergiert die FOURIER-Reihe von $f(x)$ gegen $f^*(x)$ in jedem Punkt, in dem der linke und rechte Grenzwert der Funktion existieren.

Auf Grund des Satzes aus Kap. II, § 6 ist vorstehende Bedingung zu Beispiel erfüllt, wenn $f(x)$ eine Funktion mit beschränkter Schwan-kung ist. Damit haben wir zugleich einen neuen Beweis für die klassische DIRICHLETsche Konvergenzbedingung erhalten[1].

Eine weitere Folge aus dem FEJÉRschen Satz ist der nachstehende Satz:

Konvergiert die FOURIER-Reihe einer integrierbaren Funktion $f(x)$ in einem Punkte x_0, in dem der rechte und linke Grenzwert von $f(x)$ existieren, dann fällt ihre Summe notwendig mit $f^*(x_0)$ zusammen.

---

[1] Siehe Kap. II, § 9.

Aus der Voraussetzung dieses Satzes folgt, daß die FOURIER-Reihe im Punkte x_0 C_1-summierbar mit der Summe $f^*(x_0)$ ist. Wenn aber eine Reihe gleichzeitig C_1-summierbar und konvergent im gewöhnlichen Sinne ist, so stimmen nach dem Permanenzprinzip ihre beiden Summen überein.

Noch wichtiger als diese Folgerung aus dem FEJÉRschen Satz ist der folgende

Satz über die trigonometrische Approximation. *Sei $f(x)$ eine im Intervall $(-\pi, \pi)$ stetige Funktion mit*

$$f(-\pi) = f(\pi)$$

und $\varepsilon > 0$ eine beliebige Zahl. Dann gibt es ein trigonometrisches Polynom $T(x)$, so daß

$$|f(x) - T(x)| < \varepsilon$$

für alle x aus dem Intervall $(-\pi, \pi)$ gilt; mit anderen Worten: $f(x)$ läßt sich im Intervall $(-\pi, \pi)$ gleichmäßig durch trigonometrische Polynome approximieren.

Nach dem FEJÉRschen Satz läßt sich $f(x)$ gleichmäßig durch die Folge $S_n'(x)$ $(n = 0, 1, 2, \ldots)$ approximieren. Die $S_n'(x)$ sind aber trigonometrische Polynome, womit der Satz bereits bewiesen ist[1].

Diesen Satz bezeichne man mitunter als den *zweiten* WEIERSTRASS-*schen Approximationssatz.* Es gibt dann auch einen „ersten" WEIER-STRASSschen Approximationssatz, den man leicht aus dem zweiten herleiten kann; dieser heißt schlechthin der

WEIERSTRASSsche Approximationssatz. *Ist $f(x)$ eine in einem endlichen Intervall (a, b) stetige Funktion und $\varepsilon > 0$ eine beliebige Zahl, dann gibt es ein Polynom $P(x)$, so daß gleichmäßig im Intervall (a, b) die Abschätzung gilt:*

$$|f(x) - P(x)| < \varepsilon.$$

Mit anderen Worten: $f(x)$ läßt sich in (a, b) gleichmäßig durch Polynome approximieren.

Zum Beweis kann man ohne Einschränkung annehmen, daß $a = 0$ und $b = 1$ ist, da man dies sonst durch die Transformation

$$x = a + (b - a) \, x'$$

erreichen kann. Dies vorausgesetzt, machen wir die Substitution

$$x = \cos \vartheta;$$

---

[1] Die genaue Gestalt dieser trigonometrischen Näherungspolynome ist in Fuß-note 2, S. 91 angegeben.

dadurch geht $f(x)$ in eine im Intervall $(-\pi, \pi)$ definierte und dort stetige Funktion $\varphi(\vartheta)$ über. Da $\cos\vartheta$ eine gerade Funktion ist, trifft dies auch für $\varphi(\vartheta)$ zu. Daher gilt insbesondere

$$\varphi(-\pi) == \varphi(\pi),$$

so daß für $\varphi(\vartheta)$ alle Voraussetzungen des zweiten WEIERSTRASSschen Approximationssatzes erfüllt sind. Es gibt also ein trigonometrisches Polynom $T(\vartheta)$, so daß

$$|\varphi(\vartheta) - T(\vartheta)| < \varepsilon$$

gleichmäßig im Intervall $(-\pi, \pi)$ gilt. Wie wir wissen, kann für $T(\vartheta)$ eines der trigonometrischen Polynome $S_n(x)$ gewählt werden. Da $\varphi(\vartheta)$ eine gerade Funktion ist, ist die FOURIER-Reihe von $\varphi(\vartheta)$ eine reine cos-Reihe und daher ist auch $S_n'(x)$ ein cos-Polynom. Da man bekanntlich alle Funktionen $\cos n\vartheta$ $(n = 0, 1, 2, \ldots)$ durch Polynome in $\cos\vartheta$ ausdrücken kann, ist auch $T(\vartheta)$ ein Polynom in $\cos\vartheta$ [†]. Setzt man in $T(\vartheta)$ für $\cos\vartheta$ wieder x, so erhält man ein Polynom $P(x)$ mit der gewünschten Eigenschaft.

Zum Schluß bemerken wir noch, daß aus diesem Approximationssatz sofort die Tatsache folgt, daß die Funktion $f(x)$ im Intervall (a, b) auch im Mittel mit beliebiger Genauigkeit durch Polynome approximiert werden kann. Dies hatten wir bereits unter allgemeineren Voraussetzungen im Kap. I, § 13 hergeleitet, wo gezeigt wurde, daß das System der Polynome vollständig bezüglich der Klasse der quadratisch integrierbaren Funktionen ist.

§ 5. Der Satz von FROBENIUS und die ABELsche Summation von FOURIER-Reihen.

Trotz der Bedeutung und der Allgemeinheit der bisher mit Hilfe der CESÀROschen Summationsmethode erhaltenen Sätze ist es nicht überflüssig, auch auf einige Ergebnisse einzugehen, die man mit Hilfe der ABELschen Summationsmethode herleiten kann.

Wir beginnen mit dem Nachweis, daß eine C_1-summierbare Reihe auch nach der ABELschen Methode summierbar ist. Dies besagt der

Satz von FROBENIUS: *Wenn eine Reihe*

$$c_0 + c_1 + c_2 + \cdots$$

[†] Daß $\cos n\vartheta$ ein Polynom in $\cos\vartheta$ ist, folgt durch vollständige Induktion sofort aus der Gleichung $\cos n\vartheta = 2\cos\vartheta\cos(n-1)\vartheta - \cos(n-2)\vartheta$.

C_1-summierbar zur Summe S ist[1], dann ist sie auch A-summierbar zur Summe S, d.h. der Grenzwert der analytischen Funktion

$$(5.1) \qquad \varphi(z) = c_0 + c_1 z + c_2 z^2 + \cdots$$

beim Grenzübergang $z \to 1$ auf der reellen Achse von links existiert und ist ebenfalls gleich S. Diese Aussage bleibt richtig, wenn man z als komplexe Veränderliche betrachtet und den Grenzübergang $z \to 1$ beliebig in einem zur reellen Achse symmetrischen Winkelraum mit einem Öffnungswinkel $2\vartheta_0$, der kleiner als π ist, vornimmt (vgl. Abb. 7). Setzt man

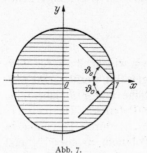

Abb. 7.

$$z = 1 - r\, e^{i\,\vartheta},$$

so muß also beim Grenzübergang gelten:

$$|\vartheta| \le \vartheta_0 < \frac{\pi}{2}.$$

Es soll zunächst die in Kap. II, § 3 hergeleitete ABELsche Summationsformel auf die Reihe (5.1) angewendet werden. Setzt man in der ABELschen Summationsformel (II. 3.2)

$$a_k = z^{k-1}, \qquad u_k = c_{k-1}, \qquad U_k = C_{k-1} = c_0 + c_1 + \cdots + c_{k-1},$$

so folgt

$$\sum_{k=1}^{n} c_{k-1}\, z^{k-1} = - \sum_{k=1}^{n} C_k (z^k - z^{k-1}) + C_{n-1} z^n.$$

Für $k - 1 = h$ gilt also

$$(5.2) \qquad \sum_{h=0}^{n-1} c_h z^h = (1-z) \sum_{h=0}^{n-1} C_h z^h + C_{n-1} z^n \qquad (n = 1, 2, \ldots)$$

und daraus erhält man für $z = 1$:

$$C_n = c_0 + c_1 + \cdots + c_n \qquad (n = 0, 1, \ldots).$$

Ersetzt man in den beiden letzten Formeln die kleinen c_h ($h = 0, 1, \ldots$) durch die großen C_h, so folgt ebenso

$$(5.3) \qquad \sum_{h=0}^{n-1} C_h z^h = (1-z) \sum_{h=0}^{n-1} C_h^* z^h + C_{n-1}^* z^n, \qquad C_h^* = C_0 + C_1 + \cdots + C_h.$$

Nun soll mit Hilfe des Quotientenkriteriums gezeigt werden, daß die Reihe

$$C_0^* + C_1^* z + C_2^* z^2 + \cdots$$

---

[1] Der Satz bleibt auch gültig, wenn nur vorausgesetzt wird, daß die Reihe C_k-summierbar mit $k > 1$ ist.

den Konvergenzradius 1 besitzt. Es ist also zu zeigen, daß

$$\lim_{n \to \infty} \frac{C_n^*}{C_{n+1}^*} = 1$$

gilt. Nach unserer Bezeichnung ist

$$C_n' = \frac{C_0 + C_1 + \cdots + C_n}{n+1} = \frac{C_n^*}{n+1},$$

und nach Voraussetzung gilt $\lim C_n' = S$. Ohne Einschränkung kann man $S \neq 0$ annehmen, da man dies sonst durch Addition einer Konstante zur Reihe erreichen kann. Dann folgt die Behauptung unmittelbar durch Grenzübergang aus der Gleichung

$$\frac{C_n^*}{C_{n+1}^*} = \frac{(n+1)\,C_n'}{(n+2)\,C_{n+1}'} = \frac{1 + \dfrac{1}{n}}{1 + \dfrac{2}{n}} \, \frac{C_n'}{C_{n+1}'}.$$

Aus diesem Ergebnis entnimmt man unter der Voraussetzung $|z| < 1$ folgende Tatsachen:

1. Die Reihe $\sum\limits_{h=0}^{\infty} C_h^* z^h$ konvergiert;

2. $\lim\limits_{n \to \infty} C_{n-1}^* z^n = 0$;

3. auf Grund der Gl. (5.3) ist auch die Reihe $\sum\limits_{h=0}^{\infty} C_h z^h$ konvergent;

4. $\lim\limits_{n \to \infty} C_{n-1} z^n = 0$;

5. auf Grund der Gl. (5.2) ist auch die Reihe $\varphi(x) = \sum\limits_{h=0}^{\infty} c_h z^h$ konvergent und genügt der Gleichung:

$$(5.4) \qquad \varphi(z) = (1-z)^2 \sum_{h=0}^{\infty} C_h^* z^h = (1-z)^2 \sum_{h=0}^{\infty} (h+1)\, C_h' z^h.$$

Mit Hilfe dieser Formel kann man nun zeigen, daß der Grenzwert von $\varphi(z)$ für $z \to 1 - 0$ existiert und gleich S ist. Dazu multipliziere man die für $|z| < 1$ gültige Identität

$$(5.5) \quad (1-z)^2 \sum_{h=0}^{\infty} (h+1)\, z^h = (1-z)^2 \frac{d}{dz} \sum_{h=0}^{\infty} z^{h+1} = (1-z)^2 \frac{d}{dz} \left(\frac{z}{1-z} \right) = 1$$

mit S und subtrahiere sie von (5.4), dann folgt

$$\varphi(z) - S = (1-z)^2 \sum_{h=0}^{\infty} (h+1)\,(C_h' - S)\, z^h$$

und schließlich

$$|\varphi(z) - S| \leq |1 - z|^2 \sum_{h=0}^{\infty} (h+1)\,|C_h' - S|\,|z|^h.$$

Wegen $\lim C'_n = S$ gibt es zu vorgegebenem $\varepsilon > 0$ ein n_0, so daß für $n > n_0$

$$|C'_n - S| < \varepsilon$$

ist. Dann gilt, wenn man noch $|z| < 1$ und (5.5) berücksichtigt:

$$|\varphi(z) - S| \leq |1 - z|^2 \sum_{h=0}^{n_0} (h+1) |C'_h - S| + |1 - z|^2 \varepsilon \sum_{h=n_0+1}^{\infty} (h+1) |z|^h$$

$$\leq |1 - z|^2 N + \left(\frac{|1-z|}{1-|z|}\right)^2 \varepsilon (1 - |z|)^2 \sum_{h=0}^{\infty} (h+1) |z|^h$$

$$= |1 - z|^2 N + \left(\frac{|1-z|}{1-|z|}\right)^2 \varepsilon.$$

Die dabei auftretende Größe

$$N = \sum_{h=0}^{n_0} (h+1) |C'_h - S|$$

hängt nicht von z ab. In dem im Satz vorausgesetzten Winkelraum mit $|\vartheta| \leq \vartheta_0$ gilt

$$\frac{|1-z|}{1-|z|} = (1+|z|) \frac{|1-z|}{1-|z|^2} = (1+|z|) \frac{r}{2r\cos\vartheta - r^2} \leq \frac{2}{2\cos\vartheta - r}.$$

Liege nun z so nahe bei 1, daß $r < \cos\vartheta_0$ gilt, dann folgt

$$\frac{|1-z|}{1-|z|} \leq \frac{2}{\cos\vartheta_0};$$

sei ferner auch noch $r^2 = |1-z|^2 < \varepsilon N^{-1}$, dann erhält man insgesamt die folgende Abschätzung:

$$|\varphi(z) - S| < \left[1 + \left(\frac{2}{\cos\vartheta_0}\right)^2\right] \varepsilon.$$

Da $\varepsilon > 0$ beliebig gewählt werden konnte, ist damit gezeigt, daß der Grenzwert von $\varphi(z)$ für $z \to 1$ in dem vorgegebenen Winkelraum tatsächlich existiert und gleich S ist. Damit ist der Satz von FROBENIUS bewiesen.

Da eine konvergente Reihe auch C_1-summierbar ist, folgt aus diesem Satz sofort wieder der ABELsche Grenzwertsatz, und zwar sogleich in der allgemeinen, modernen Fassung, bei der z in dem zuvor angegebenen Winkelraum gegen 1 konvergieren kann.

Ferner erhält man daraus zusammen mit dem FEJÉRschen Satz die folgende Aussage:

Die FOURIER-Reihe einer im Intervall $(-\pi, \pi)$ integrierbaren Funktion $f(x)$ ist in jedem Punkte des Intervalls, in dem der linke und der rechte Grenzwert existieren und endlich sind, A-summierbar mit der Summe

$$f^*(x) = \tfrac{1}{2}[f(x+0) + f(x-0)]$$

für innere Punkte und

$$f^*(\pm \pi) = \tfrac{1}{2}[f(-\pi + 0) + f(\pi - 0)]$$

für die Randpunkte.

Weiterhin entnimmt man aus dem Beweis des Satzes von FROBENIUS sehr leicht, daß eine Funktionenreihe, die in einem Intervall gleichmäßig C_1-summierbar ist, dort auch gleichmäßig A-summierbar sein muß. Daher kann man zusätzlich zu der eben gemachten Aussage auch noch behaupten, daß in jedem Intervall, in dem $f(x)$ stetig ist, die FOURIER-Reihe von $f(x)$ gleichmäßig A-summierbar ist.

Es soll jetzt ein geschlossener Ausdruck für die im Satz von FRO-BENIUS auftretende Reihe $\varphi(z) = \sum c_\nu z^\nu$ hergeleitet werden, falls die Reihe $\varphi(1) = \sum c_\nu$ die FOURIER-Reihe einer integrierbaren Funktion $f(x)$ ist:

$$f(x) \sim \sum_{\nu=0}^{\infty} c_\nu = \frac{a_0}{2} + \sum_{\nu=1}^{\infty} (a_\nu \cos \nu x + b_\nu \sin \nu x).$$

Setzt man $x = \vartheta$ und $z = r$, so folgt aus (5.1):

$$\varphi(r) = \frac{a_0}{2} + \sum_{\nu=1}^{\infty} (a_\nu \cos \nu\vartheta + b_\nu \sin \nu\vartheta) \, r^\nu.$$

Für $|r| < 1$ kann man dafür auch schreiben

$$\varphi(r) = \frac{1}{\pi} \int_{-\pi}^{\pi} \left[\frac{1}{2} + \sum_{\nu=1}^{\infty} (\cos \nu\xi \cos \nu\vartheta + \sin \nu\xi \sin \nu\vartheta) \, r^\nu \right] f(\xi) \, d\xi$$

$$= \frac{1}{\pi} \int_{-\pi}^{\pi} \left[\frac{1}{2} + \sum_{\nu=1}^{\infty} r^\nu \cos \nu(\xi - \vartheta) \right] f(\xi) \, d\xi,$$

denn dann ist die rechts auftretende Reihe in Abhängigkeit von ξ betrachtet (absolut und) gleichmäßig konvergent, und man kann das Integral nach vorn ziehen. Auf Grund der ersten Gleichung von (II. 3.6) folgt daraus

(5.6) $$\varphi(r) = \frac{1 - r^2}{2\pi} \int_{-\pi}^{\pi} \frac{f(\xi)}{1 - 2r \cos(\xi - \vartheta) + r^2} \, d\xi.$$

Das rechts stehende Integral bezeichnet man als POISSONsches *Integral.*

Das Interesse an dieser Formel beruht auf der Tatsache, daß die Funktion $\varphi(r)$ als Realteil einer analytischen Funktion mit dem Argument $\zeta = r \, e^{i\vartheta}$ aufgefaßt werden kann. Um dies einzusehen, setze man

$$\psi(r) = \sum_{\nu=1}^{\infty} (-b_\nu \cos \nu\vartheta + a_\nu \sin \nu\vartheta) \, r^\nu.$$

Da die Koeffizienten a_ν und b_ν für $\nu \to \infty$ gegen Null streben, also ins-besondere beschränkt sind, ist diese Reihe absolut und gleichmäßig konvergent[1]. Dann ist $\varphi(r)$ der Realteil der Funktion

$$\varphi + i\,\psi = \tfrac{1}{2}\,a_0 + \sum_{\nu=1}^{\infty} \left[(a_\nu - i\,b_\nu) \cos \nu\vartheta + (b_\nu + i\,a_\nu) \sin \nu\vartheta \right] r^\nu$$

$$= \tfrac{1}{2}\,a_0 + \sum_{\nu=1}^{\infty} (a_\nu - i\,b_\nu)(\cos \nu\vartheta + i \sin \nu\vartheta)\,r^\nu = \tfrac{1}{2}\,a_0 + \sum_{\nu=1}^{\infty} (a_\nu - i\,b_\nu)\,\zeta^\nu.$$

Bekanntlich ist der Realteil (ebenso wie der Imaginärteil) einer analy-tischen Funktion von ζ eine *harmonische Funktion* von $x = r \cos \vartheta$ und $y = r \sin \vartheta$. Die durch (5.6) gegebene Funktion ist daher eine harmonische Funktion, die auf Grund des vorhergehenden Satzes für $r \to 1 - 0$ gegen $f^*(\vartheta)$ konvergiert. Damit haben wir für den Fall eines Kreises vom Radius 1 eine Lösung des folgenden grundlegenden Problems der Analysis erhalten:

DIRICHLETsches Problem. *Es ist eine harmonische Funktion zu be-stimmen, die bei (senkrechter) Annäherung an die Randpunkte eines gegebenen Gebietes vorgegebene Werte annimmt.*

Dieses Problem wird durch (5.6) für einen Kreis unter der recht all-gemeinen Voraussetzung gelöst, daß die auf dem Kreis vorgegebenen Werte die Funktionswerte einer integrierbaren Funktion $f(\vartheta)$ mit nur Unstetig-keitsstellen erster Art (endlichen Sprungstellen) sind und daß $f(\vartheta)$ an den Unstetigkeitsstellen das arithmetische Mittel aus dem linken und rechten Grenzwert als Funktionswert besitzt.

§ 6. Die RIEMANNsche Summationsmethode.

Eine von den bisher betrachteten wesentlich verschiedene Summa-tionsmethode verdankt man RIEMANN. Sie ist auf die Bemerkung ge-gründet, daß man aus einer trigonometrischen Reihe

$$(6.1) \qquad \tfrac{1}{2}\,a_0 + \sum_{\nu=1}^{\infty} (a_\nu \cos \nu x + b_\nu \sin \nu x),$$

bei der nur vorausgesetzt wird, daß die Koeffizienten a_ν und b_ν zwei beschränkte Folgen bilden, durch zweimalige, gliedweise Integration eine in jedem endlichen Intervall (a, b) absolut und gleichmäßig konvergente Reihe erhält:

$$(6.2) \qquad F(x) = \frac{1}{4}\,a_0\,x^2 - \sum_{\nu=1}^{\infty} \frac{1}{\nu^2}\,(a_\nu \cos \nu x + b_\nu \sin \nu x).$$

---

[1] Siehe Kap. II, § 6.

Die absolute und gleichmäßige Konvergenz dieser Reihe ist sofort einzusehen, denn nach Voraussetzung existiert eine Konstante C mit $|a_\nu| < C$, $|b_\nu| < C$, und daher bildet die konvergente Reihe $2C \sum \nu^{-2}$ eine Majorante.

Daraus folgt außerdem, daß $F(x)$ im Intervall (a, b) eine stetige Funktion von x ist und daß die FOURIER-Reihe der Funktion

$$\tfrac{1}{4} a_0 x^2 - F(x)$$

gleich der in (6.2) rechts stehenden Reihe $\sum \nu^{-2}(a_\nu \cos \nu x + b_\nu \sin \nu x)$ ist.

Hat man in der angegebenen Weise die Funktion $F(x)$ gewonnen, so bietet sich unmittelbar die Möglichkeit, daraus die Reihe (6.1) durch zweimalige, gliedweise Differentiation zurückzugewinnen. Doch liefert dies keine interessanten Ergebnisse, da man, um die zweimalige, gliedweise Differenzierbarkeit zu sichern, sehr einschränkende Voraussetzungen über die Koeffizienten machen muß.

RIEMANN hatte nun die folgenreiche Idee, die zweimalige Differentiation durch eine andere Operation zu ersetzen, die bei zweimal differenzierbaren Funktionen wieder die übliche zweite Ableitung liefert, aber darüber hinaus einen weiten Anwendungsbereich hat.

Mit der Bezeichnung

(6.3) $$\mathfrak{R}_h f(x) = \frac{f(x + 2h) + f(x - 2h) - 2f(x)}{(2h)^2}$$

versteht man unter der zweiten RIEMANNschen Ableitung einer Funktion $f(x)$ den Grenzwert von $\mathfrak{R}_h f(x)$ für $h \to 0$, falls dieser existiert, und schreibt dafür $D_2 f(x)$:

$$D_2 f(x) = \lim_{h \to 0} \mathfrak{R}_h f(x).$$

Wir wollen uns zunächst klar machen, daß $f''(x) = D_2 f(x)$ ist, falls $f''(x)$ existiert. Dazu benutzen wir die TAYLORsche Formel (mit dem Restglied von PEANO):

$$f(x + 2h) = f(x) + 2h f'(x) + \frac{(2h)^2}{2} \left[f''(x) + \varepsilon_1 \right] \quad \text{mit} \quad \varepsilon_1 \to 0 \text{ für } h \to 0,$$

$$f(x - 2h) = f(x) - 2h f'(x) + \frac{(2h)^2}{2} \left[f''(x) + \varepsilon_2 \right] \quad \text{mit} \quad \varepsilon_2 \to 0 \text{ für } h \to 0.$$

Daraus folgt sofort

$$\mathfrak{R}_h f(x) = f''(x) + \frac{\varepsilon_1 + \varepsilon_2}{2},$$

und wie behauptet $f''(x) = D_2 f(x)$.

Hingegen gibt es viele Funktionen, bei denen zwar $D_2 f(x)$, aber nicht $f''(x)$ existiert. Ist z.B. $f(x) = 0$ und $f(x + 2h)$ eine ungerade

Funktion von h, die als Funktion von h sonst beliebig sein kann, so ist $\Re_h f(x) = 0$ und folglich auch $D_2 f(x) = 0$, während $f''(x)$ keineswegs zu existieren braucht.

Wir sagen nun, daß die Reihe (6.1) *im* RIEMANN*schen Sinne summierbar — kurz R-summierbar — zur Summe S ist, wenn der Grenzwert von $\Re_h F(x)$ für $h \to 0$ existiert und gleich S ist.*

Auch dieses Summationsverfahren genügt dem Permanenzprinzip. Wir beweisen dazu den folgenden Satz:

Wenn die Koeffizientenfolgen a_ν und b_ν der trigonometrischen Reihe (6.1) *beschränkt sind und wenn diese Reihe für $x = x_0$ (im gewöhnlichen Sinne) gegen S konvergiert, so ist sie für $x = x_0$ auch R-summierbar zur Summe S.*

Den Beweis beginnen wir damit, festzustellen, wie sich die Operation $\Re_h$ auf die einzelnen Glieder von (6.2) auswirkt:

$$\Re_h x^2 = 2,$$

$$\Re_h \cos \nu x = \frac{1}{(2h)^2} \left[\cos(\nu x + 2\nu h) + \cos(\nu x - 2\nu h) - 2\cos \nu x \right]$$

$$= \frac{2\cos \nu x}{(2h)^2} (\cos 2\nu h - 1) = -\cos \nu x \left(\frac{\sin \nu h}{h} \right)^2,$$

$$\Re_h \sin \nu x = -\sin \nu x \left(\frac{\sin \nu h}{h} \right)^2.$$

Damit gilt

$$\Re_h F(x) = \frac{1}{2} a_0 + \sum_{\nu=1}^{\infty} (a_\nu \cos \nu x + b_\nu \sin \nu x) \left(\frac{\sin \nu h}{h} \right)^2.$$

Führt man die Abkürzungen

$$A_0(x) = \tfrac{1}{2} a_0, \qquad A_\nu(x) = a_\nu \cos \nu x + b_\nu \sin \nu x \qquad (\nu = 1, 2, 3, \ldots)$$

und

$$\Theta(t) = \left(\frac{\sin t}{t} \right)^2$$

ein und berücksichtigt man $\Theta(0) = 1$, so folgt

$$\Re_h F(x) = \sum_{\nu=0}^{\infty} A_\nu(x) \, \Theta(\nu h).$$

Setzt man noch

$$A_0(x) + A_1(x) + \cdots + A_\nu(x) = S_\nu(x),$$

so ergibt sich auf Grund der Summationsformel (II. 3.2)

$$\sum_{\nu=0}^{n} A_\nu(x_0) \, \Theta(\nu h) = \sum_{\nu=0}^{n} S_\nu(x_0) \left[\Theta(\nu h) - \Theta((\nu+1) h) \right] + \Theta((n+1) h) \, S_n(x_0),$$

woraus man zufolge der Identität

$$S = S \sum_{\nu=0}^{n} [\Theta(\nu h) - \Theta((\nu + 1) h)] + \Theta((n + 1) h) S$$

die Beziehung erhält:

$$\sum_{\nu=0}^{n} A_\nu(x_0) \Theta(\nu h) - S$$
$$= \sum_{\nu=0}^{n} [S_\nu(x_0) - S][\Theta(\nu h) - \Theta((\nu+1)h)] + [S_n(x_0) - S] \Theta((n+1)h).$$

Nach Voraussetzung konvergiert $S_n(x_0)$ für $n \to \infty$ gegen S, und $\Theta((n+1)h)$ konvergiert bei festem $h > 0$ für $n \to \infty$ gegen 0, also gilt

$$\lim_{n \to \infty} [S_n(x_0) - S] \Theta((n + 1) h) = 0.$$

Damit folgt aus der vorhergehenden Gleichung, wenn man auf beiden Seiten zur Grenze $n \to \infty$ übergeht:

$$(6.4) \qquad \Re_h F(x_0) - S = \sum_{\nu=0}^{\infty} [S_\nu(x_0) - S][\Theta(\nu h) - \Theta((\nu + 1) h)].$$

Jetzt geben wir eine beliebige Zahl $\varepsilon > 0$ vor und wählen dazu ein ν_0, so daß für $\nu > \nu_0$ die Ungleichung

$$|S_\nu(x_0) - S| < \varepsilon$$

besteht. Dies ist auf Grund der Voraussetzung $\lim S_\nu(x_0) = S$ möglich. Bezeichnen wir mit $\varDelta_2$ den Rest der in (6.4) auf der rechten Seite stehenden Reihe vom $(\nu_0 + 1)$-ten Glied ab, so gilt bei festem h

$$|\varDelta_2| = \left| \sum_{\nu=\nu_0+1}^{\infty} [S_\nu(x_0) - S][\Theta(\nu h) - \Theta((\nu+1) h)] \right| < \varepsilon \sum_{\nu=\nu_0+1}^{\infty} |\Theta(\nu h) - \Theta((\nu+1) h)|$$

$$= \varepsilon \sum_{\nu=\nu_0+1}^{\infty} \left| \int_{\nu h}^{(\nu+1) h} \Theta'(t) \, dt \right| \leq \varepsilon \sum_{\nu=\nu_0+1}^{\infty} \int_{\nu h}^{(\nu+1) h} |\Theta'(t)| \, dt$$

$$= \varepsilon \int_{(\nu_0+1) h}^{\infty} |\Theta'(t)| \, dt < \varepsilon \int_{0}^{\infty} |\Theta'(t)| \, dt.$$

Auf Grund der Gleichung

$$\Theta'(t) = 2 \left(\frac{\sin t}{t} \right) \frac{t \cos t - \sin t}{t^2}$$

$$= 2 \frac{\sin t}{t} \left[\left(\frac{1}{2!} - \frac{1}{3!} \right) t - \left(\frac{1}{4!} - \frac{1}{5!} \right) t^3 + - \cdots \right]$$

bleibt die Funktion $|\Theta'(t)|$ für $t \to 0$ endlich und für $t \to \infty$ gilt $|\Theta'(t)| = O(t^{-2})$. Daher hat das auf der rechten Seite der vorstehenden Abschätzung auftretende Integral einen endlichen Wert Γ, und dann gilt insgesamt:

$$|\varDelta_2| < \varepsilon \Gamma.$$

Das Wesentliche an dieser Abschätzung ist die Tatsache, daß sie nicht von h abhängt.

Der Anfangsteil der Reihe aus (6.4):

$$\Delta_1 = \sum_{\nu=0}^{\nu_0} \left[S_\nu(x_0) - S \right] \left[\Theta(\nu h) - \Theta((\nu + 1) h) \right]$$

ist sofort abzuschätzen. Da der Grenzwert von $\Theta(t)$ für $t \to 0$ existiert und endlich ist, strebt Δ_1 für $h \to 0$ ebenfalls gegen Null, d.h. es gibt ein $h_0 > 0$, so daß für $|h| < h_0$

$$|\Delta_1| < \varepsilon$$

ist. Dann ist

$$|\mathfrak{R}_h F(x_0) - S| \leq |\Delta_1| + |\Delta_2| < (1 + \Gamma)\,\varepsilon,$$

und folglich gilt wie im Satz behauptet:

(6.5) $\lim_{h \to 0} \mathfrak{R}_h F(x_0) = S$.

Aus diesem Beweis kann man unmittelbar auch noch den folgenden Zusatz entnehmen:

Wenn die Reihe (6.1) *in einem Intervall* (a, b) *gleichmäßig gegen eine Funktion* $S(x)$ *konvergiert (die dann notwendig stetig ist), so gilt der* (6.5) *entsprechende Grenzübergang*

$$\lim_{h \to 0} \mathfrak{R}_h F(x) = S(x)$$

gleichmäßig im Intervall (a, b).

Mit einer ähnlichen Schlußweise beweist man auch den folgenden, ebenfalls auf RIEMANN zurückgehenden Satz:

Wenn die Koeffizienten a_ν *und* b_ν *der trigonometrischen Reihe* (6.1) *für* $n \to \infty$ *gegen Null streben, dann gilt für jeden beliebigen Punkt* x:

(6.6) $\lim_{h \to 0} h\,\mathfrak{R}_h F(x) = 0$.

Es soll ausdrücklich darauf hingewiesen werden, daß bei diesem Satz nicht vorausgesetzt wird, daß die Reihe (6.1) selbst konvergiert.

Auf Grund der Voraussetzung über die Koeffizienten a_ν und b_ν gibt es zu vorgegebenem $\varepsilon > 0$ ein ν_0, so daß für $\nu > \nu_0$

(6.7) $|A_\nu(x)| = |a_\nu \cos \nu x + b_\nu \sin \nu x| \leq |a_\nu| + |b_\nu| < \varepsilon$

ist. Analog zum Beweis des vorhergehenden Satzes sei jetzt

$$h\,\mathfrak{R}_h F(x) = h \sum_{\nu=0}^{\infty} A_\nu(x) \left(\frac{\sin \nu h}{\nu h} \right)^2 = \Delta_1' + \Delta_2'$$

mit

$$\Delta_1' = h \sum_{v=0}^{v_0} A_v(x) \left(\frac{\sin vh}{vh} \right)^2, \qquad \Delta_2' = h \sum_{v=v_0+1}^{\infty} A_v(x) \left(\frac{\sin vh}{vh} \right)^2.$$

Aus

$$\lim_{h \to 0} \left(\frac{\sin vh}{vh} \right)^2 = 1$$

folgt sofort

$$\lim_{h \to 0} \Delta_1' = 0,$$

also gibt es ein h_0, so daß für $|h| < h_0$

$$|\Delta_1'| < \varepsilon$$

ist. Schätzen wir nun Δ_2' ab:

$$|\Delta_2'| \leq |h| \sum_{v=v_0+1}^{\infty} |A_v(x)| \left(\frac{\sin vh}{vh} \right)^2 < \frac{\varepsilon}{|h|} \sum_{v=1}^{\infty} \left(\frac{\sin vh}{v} \right)^2.$$

Auf Grund der Gleichung

$$2 \sin^2 \alpha = 1 - \cos 2\alpha$$

folgt aus (II. 4.1) für $|h| \leq \pi$:

$$2 \sum_{v=1}^{\infty} \left(\frac{\sin v|h|}{v} \right)^2 = \sum_{v=1}^{\infty} \frac{1 - \cos 2v|h|}{v^2} = \frac{\pi^2}{6} - \left(\frac{\pi^2}{6} - \pi |h| + |h|^2 \right) = \pi |h| - |h|^2.$$

Berücksichtigt man dies in der vorhergehenden Abschätzung, so folgt:

$$|\Delta_2'| < \varepsilon \frac{\pi - |h|}{2} \leq \frac{\varepsilon \pi}{2}.$$

Dann erhält man zusammen mit der Abschätzung für Δ_1' und $0 < |h| < h_0 < \pi$:

$$|h \, \Re_h F(x)| \leq \Delta_1' + \Delta_2' < \left(1 + \frac{\pi}{2} \right) \varepsilon,$$

und daraus folgt die Behauptung (6.6) des Satzes.

Wir sehen auf Grund dieses Beweises ferner, daß (6.6) gleichmäßig für alle x aus einem beliebigen Intervall gültig ist. Daß es sich bei $F(x)$ um eine Funktion von x handelt, geht nur in die Abschätzung (6.7) ein; diese gilt aber gleichmäßig für alle x.

Wir wollen schließlich noch zeigen, daß die Bedingung $a_n \to 0$, $b_n \to 0$, die beim Riemannschen Satz vorausgesetzt worden war, sehr wenig einschränkend ist. Dazu beweisen wir den

Satz von Cantor-Lebesgue. *Wenn die trigonometrische Reihe* (6.1) *in einer Punktmenge I vom Maße $\mu > 0$ konvergiert, gilt notwendig*

$$\lim_{n \to \infty} a_n = \lim_{n \to \infty} b_n = 0.$$

Setzt man wie im § 1

$$\varrho_\nu = \sqrt{a_\nu^2 + b_\nu^2}, \qquad \arccos\left(\frac{a_\nu}{\varrho_\nu}\right) = \gamma_\nu,$$

so ist

$$A_\nu(x) = a_\nu \cos \nu x + b_\nu \sin \nu x = \varrho_\nu \cos(\nu x - \gamma_\nu).$$

Wir schließen nun indirekt und nehmen an, der Satz sei falsch. Dann gibt es zu jeder hinreichend kleinen Zahl $\eta > 0$ eine unendliche Folge von Indizes $n_1 < n_2 < \cdots$, so daß für diese

$$\varrho_{n_\nu} > \eta$$

gilt. Für alle Punkte x aus I ist nach Voraussetzung die Reihe $\sum A_\nu(x)$ konvergent, und folglich hat man die Gleichung

$$\lim_{\nu \to \infty} A_\nu(x) = \lim_{\nu \to \infty} \varrho_{n_\nu} \cos(n_\nu x - \gamma_{n_\nu}) = 0.$$

Wegen $\varrho_{n_\nu} > \eta$ folgt daraus

$$\cos(n_\nu x - \gamma_{n_\nu}) \to 0,$$

also auch

$$[\cos(n_\nu x - \gamma_{.i\nu})]^2 \to 0.$$

Nach dem Hauptsatz über LEBESGUEsche Integrale gilt dann

$$(6.8) \qquad \lim_{\nu \to \infty} \int_I [\cos(n_\nu x - \gamma_{n_\nu})]^2 \, dx = \int_I \lim_{\nu \to \infty} [\cos(n_\nu x - \gamma_{n_\nu})]^2 \, dx = 0.$$

Andererseits ist

$$\int_I [\cos(n_\nu x - \gamma_{n_\nu})]^2 \, dx = \frac{1}{2} \int_I [1 + \cos 2(n_\nu x - \gamma_{n_\nu})] \, dx$$

$$= \frac{\mu}{2} - \frac{1}{2} \cos 2\gamma_{n_\nu} \int_I \cos 2 n_\nu x \, dx - \frac{1}{2} \sin 2\gamma_{n_\nu} \int_I \sin 2 n_\nu x \, dx,$$

und nach Kap. II, § 6 streben die beiden rechts stehenden Integrale für $n_\nu \to \infty$ gegen Null. Man hat also jetzt die Gleichung

$$\lim_{\nu \to \infty} \int_I [\cos(n_\nu x - \gamma_{\eta\nu})]^2 \, dx = \frac{\mu}{2},$$

die wegen $\mu > 0$ einen Widerspruch zu (6.8) darstellt. Damit ist der Satz von CANTOR-LEBESGUE bewiesen [1].

§ 7. Der Eindeutigkeitssatz für trigonometrische Reihen.

Gestützt auf die bisherigen Ergebnisse, können wir uns jetzt der wichtigen Frage zuwenden, unter welchen Voraussetzungen die Darstellung einer Funktion durch trigonometrische Reihen eindeutig ist. Darüber hat man den sehr umfassenden

---

[1] Man vergleiche dieses Ergebnis mit dem Satz von LUSIN-DENJOY aus § 1 dieses Kapitels.

Satz von DU BOIS-REYMOND und DE LA VALLÉE POUSSIN. *Wenn eine trigonometrische Reihe im Grundintervall* $(-\pi, \pi)$ *gegen eine integrierbare Funktion* $f(x)$ *konvergiert, dann ist die trigonometrische Reihe die* FOURIER-*Reihe von* $f(x)$.

Aus diesem Satz entnimmt man sofort die Folgerung, daß zwei trigonometrische Reihen, die gegen die gleiche integrierbare Funktion $f(x)$ konvergieren, identisch sein müssen, denn ihre Koeffizienten sind die FOURIER-Koeffizienten von $f(x)$.

Der Satz von DU BOIS-REYMOND und DE LA VALLÉE POUSSIN ist nicht leicht zu beweisen, und wir werden uns hier darauf beschränken, einen weniger umfassenden Satz zu beweisen, der leicht aus den bisherigen Ergebnissen abgeleitet werden kann[1]. Aber auch dieser Satz wird bereits zahlreiche interessante Folgerungen gestatten.

Die Frage, ob eine Funktion durch zwei verschiedene trigonometrische Reihen dargestellt werden kann, läßt sich sofort zurückführen auf die Frage, ob man die Null durch eine trigonometrische Reihe mit nicht sämtlich verschwindenden Koeffizienten darstellen kann. Man bildet dazu einfach die trigonometrische Reihe, deren Koeffizienten die Differenzen aus den entsprechenden Koeffizienten der beiden ursprünglichen Reihen sind, die beide eine gewisse Funktion darstellen. Es genügt also, sich auf diesen Fall zu beschränken und wir werden darüber den folgenden Satz beweisen:

Eindeutigkeitssatz. *Wenn eine trigonometrische Reihe im Grundintervall* $(-\pi, \pi)$ *mit Ausnahme höchstens einer Punktmenge I, die nur endlich viele Häufungspunkte besitzt, gegen Null konvergiert, so sind die Koeffizienten der Reihe notwendig alle gleich Null.*

Wir beginnen den Beweis mit dem folgenden

Hilfssatz. Wenn die Funktion $F(x)$ im Intervall (a, b) stetig ist und wenn im Inneren des Intervalls stets

$$(7.1) \qquad D_2 F(x) = \lim_{h \to 0} \Re_h F(x) = 0$$

gilt, so ist die Funktion $F(x)$ notwendig eine lineare Funktion in (a, b), d.h. es existieren zwei Konstante A und B, so daß in (a, b) die Gleichung

$$F(x) = A\, x + B$$

besteht.

Bildet man mit zwei beliebigen reellen Zahlen α und β die Funktion

$$(7.2) \quad \Phi(x) = \alpha \left[F(x) - \frac{x-a}{b-a} F(b) - \frac{b-x}{b-a} F(a) \right] - \frac{1}{2} \beta^2 (b-x)(x-a),$$

so genügt diese der Gleichung

$$\Re_h \, \Phi(x) = \alpha \, \Re_h \, F(x) + \beta^2,$$

und durch den Grenzübergang $h \to 0$ folgt hieraus wegen (7.1)

$$(7.3) \qquad\qquad D_2 \Phi(x) = \alpha \, D_2 F(x) + \beta^2 = \beta^2 > 0.$$

Aus der Definitionsgleichung von $\Phi(x)$ entnimmt man ferner:

$$\Phi(a) = \Phi(b) = 0.$$

Aus den beiden letzten Beziehungen soll nun gefolgert werden, daß die Funktion $\Phi(x)$ im Intervall (a, b) keine positiven Werte annehmen kann. Andernfalls müßte die Funktion $\Phi(x)$, die auf Grund der Stetigkeit von $F(x)$ ebenfalls stetig ist, in (a, b) ein positives Maximum besitzen, etwa an der Stelle x_0. Ist dann h dem absoluten Betrag nach hinreichend klein, so würde gelten

$$\Phi(x_0 + 2h) - \Phi(x_0) \leqq 0, \qquad \Phi(x_0 - 2h) - \Phi(x_0) \leqq 0,$$

folglich auch

$$\Re_h \, \Phi(x_0) \leqq 0$$

und daher schließlich im Gegensatz zu (7.3)

$$D_2 \Phi(x_0) \leqq 0.$$

Wir sind also sicher, daß in (a, b) immer $\Phi(x) \leqq 0$ ist, und zwar bei beliebiger Wahl von α und β. Nimmt man nun an, daß der in der Definitionsgleichung (7.2) von $\Phi(x)$ in der Klammer enthaltene Ausdruck

$$F(x) - \frac{x-a}{b-a} \, F(b) - \frac{b-x}{b-a} \, F(a) \equiv G(x)$$

für einen Punkt x_1 aus dem Intervall (a, b) von Null verschieden sei, so setze man

$$\alpha = \frac{\frac{1}{2} \beta^2 (b - x_1)(x_1 - a) + 1}{G(x_1)}$$

und erhält dann für dieses α

$$\Phi(x_1) = \alpha \, G(x_1) - \tfrac{1}{2} \beta^2 (b - x_1)(x_1 - a) = 1 > 0$$

im Widerspruch zu der vorhergehenden Feststellung. Es gilt daher $G(x) \equiv 0$ und folglich

$$F(x) \equiv \frac{x-a}{b-a} \, F(b) + \frac{b-x}{b-a} \, F(a),$$

womit der Hilfssatz bewiesen ist.

Wir kommen nun zum Beweis des Eindeutigkeitssatzes und legen dabei ein beliebiges endliches Intervall (a, b) zugrunde. Da eine trigonometrische Reihe periodisch mit der Periode 2π ist, ist sie auch im

Intervall (a, b) definiert und konvergiert dort ebenso wie im Intervall $(-\pi, \pi)$ höchstens mit Ausnahme einer Punktmenge, die nur endlich viele Häufungspunkte besitzt, gegen Null. Diese Punktmenge bezeichnen wir wieder mit I und zeigen zuerst, daß I notwendig das Maß Null besitzt. Bezeichnet man mit

$$x_1, x_2, \ldots, x_r$$

die nach wachsender Größe angeordneten Häufungspunkte aus I, so ist zu vorgegebenem $\varepsilon > 0$ das Maß der aus den Intervallen

$$\left(x_i - \frac{\varepsilon}{2r}, \quad x_i + \frac{\varepsilon}{2r}\right) \qquad i = 1, \ldots, r$$

gebildeten Punktmenge gleich ε[†]. Alle Punkte von I, die nicht in diese Intervalle fallen, sind isolierte Punkte und die aus diesen Punkten gebildete Menge hat das Maß Null. Da $\varepsilon > 0$ beliebig gewählt werden konnte, folgt daraus, daß das Maß von I gleich Null ist.

Wir wählen nun ε so klein, daß sich die Intervalle nicht überdecken und setzen zur Abkürzung

$$x_i - \frac{\varepsilon}{2r} = x_i', \qquad x_i + \frac{\varepsilon}{2r} = x_i''.$$

Zwischen x_i'' und x_{i+1}' gibt es dann nach Voraussetzung nur endlich viele Punkte aus I, die der Größe nach geordnet mit

$$y_{i,1}, y_{i,2}, \ldots, y_{i,n_i}$$

bezeichnet werden sollen. Setzt man noch

$$y_{i,0} = x_i'', \qquad y_{i,n_i+1} = x_{i+1}',$$

so ist klar, daß an jedem inneren Punkt der Intervalle

$$E_{i,j} \equiv (y_{i,j}, y_{i,j+1}) \qquad (i = 1, \ldots, r; \; j = 0, \ldots, n_i)$$

die gegebene trigonometrische Reihe gegen Null konvergiert.

Da, wie festgestellt, I eine Nullmenge ist und die trigonometrische Reihe im ganzen Intervall (a, b) mit Ausnahme der Punkte aus I konvergiert, konvergiert sie in einer Punktmenge vom Maß $b - a > 0$. Wir können daher den Satz von CANTOR-LEBESGUE aus dem vorhergehenden Paragraphen anwenden und dieser besagt, daß die Koeffizienten unserer trigonometrischen Reihe der Bedingung

$$\lim_{n \to \infty} a_n = \lim_{n \to \infty} b_n = 0$$

[†] Man kann ohne Einschränkung annehmen, daß die Randpunkte des Intervalls (a, b) keine Häufungspunkte sind, da man das Intervall andernfalls geeignet vergrößern kann. ε wähle man so klein, daß die Punkte $x_1 - \varepsilon/2r$ und $x_r + \varepsilon/2r$ noch in (a, b) liegen.

genügen. Nun läßt sich der erste Satz (Permanenzprinzip) aus dem vorhergehenden Paragraphen anwenden und führt zu dem Ergebnis, daß die mit den Koeffizienten der gegebenen Reihe gebildete Funktion

$$F(x) = \frac{1}{4} a_0 x^2 - \sum_{\nu=1}^{\infty} \frac{1}{\nu^2} (a_\nu \cos \nu x + b_\nu \sin \nu x)$$

in jedem inneren Punkt eines jeden der Intervalle $E_{i,j}$ der Gleichung

$$D_2 F(x) = 0$$

genügt. Auf Grund unseres Hilfssatzes folgt daraus, daß $F(x)$ im Inneren eines jeden Intervalles $E_{i,j}$ eine lineare Funktion ist:

$$F(x) \equiv A_{i,j} x + B_{i,j} \quad \text{in} \quad E_{i,j},$$

wobei $A_{i,j}$ und $B_{i,j}$ geeignete Konstanten sind.

Auf den ersten Blick könnte man annehmen, daß die Koeffizienten $A_{i,j}$ und $B_{i,j}$ für verschiedene i bzw. j verschieden sind. Daß dies aber tatsächlich nicht der Fall ist, soll im nächsten Beweisschritt gezeigt werden.

Auf Grund der Stetigkeit der Funktion $F(x)$ muß die Gleichung

(7.4) $A_{i,j-1} y_{i,j} + B_{i,j-1} = A_{i,j} y_{i,j} + B_{i,j}$ $(i = 1, \ldots, r; \ j = 1, \ldots, n_i)$

bestehen. Nun ziehen wir (6.6) heran; danach muß

$$\lim_{h \to 0} h \, \Re_h F(x) = 0$$

gelten. Im vorliegenden Fall ist aber

$$h \, \Re_h F(y_{i,j}) = \frac{A_{i,j} - A_{i,j-1}}{2},$$

und damit folgt

$$A_{i,j} = A_{i,j-1} \quad (j = 1, \ldots, n_i).$$

Auf Grund von (7.4) gilt dann auch

$$B_{i,j} = B_{i,j-1} \quad (j = 1, \ldots, n_i),$$

folglich hat man im ganzen Intervall

$$(x_i'', x_{i+1}') \equiv \left(x_i + \frac{\varepsilon}{2r}, \ x_{i+1} - \frac{\varepsilon}{2r} \right)$$

die Darstellung

(7.5) $F(x) = A_i x + B_i \quad (i = 1, \ldots, r).$

Da $\varepsilon > 0$ beliebig vorgegeben werden kann, gilt die Darstellung (7.5) sogar im Intervall (x_i, x_{i+1}), und auf Grund der Stetigkeit von $F(x)$ folgt daraus wie oben die Gleichung

$$F(x) = A x + B$$

im ganzen Intervall (a, b). Das Intervall (a, b) war ein beliebiges endliches Intervall, und daher gilt wegen der Stetigkeit von $F(x)$ die Darstellung

$$F(x) = A x + B$$

sogar für jeden endlichen Wert von x. Zufolge der Definitionsgleichung von $F(x)$ ergibt sich daraus

$$(7.6) \qquad B + \sum_{\nu=1}^{\infty} \frac{1}{\nu^2} (a_\nu \cos \nu x + b_\nu \sin \nu x) = \frac{1}{4} a_0 x^2 - A x.$$

Nimmt man nun an, daß mindestens eine der Konstanten a_0 oder A ungleich Null sei, so übertrifft die rechte Seite dieser Gleichung dem absoluten Betrag nach für hinreichend große x jede vorgegebene Schranke. Die linke Seite bleibt aber als stetige, periodische Funktion beschränkt. Dieser Widerspruch löst sich nur, wenn $a_0 = A = 0$ ist. Dann wird durch die in (7.6) links stehende Reihe für alle endlichen Werte von x die Null dargestellt. Da sie (absolut und) gleichmäßig konvergent ist, ist sie mit der FOURIER-Reihe der Null identisch und diese hat lauter verschwindende Koeffizienten. Daß alle Koeffizienten a_ν und b_ν verschwinden, ist aber gerade die Behauptung des Eindeutigkeitssatzes, der damit bewiesen ist.

Man leitet aus diesem Eindeutigkeitssatz sofort die nachstehende Folgerung her.

Folgerung. *Es seien I und I^* zwei beliebige Punktmengen aus dem Intervall $(-\pi, \pi)$, die nur endlich viele Häufungspunkte enthalten. Wenn dann eine trigonometrische Reihe im ganzen Intervall $(-\pi, \pi)$ mit Ausnahme von I konvergiert und wenn die durch diese Reihe dargestellte Funktion $f(x)$ im ganzen Intervall $(-\pi, \pi)$ mit Ausnahme von I^* in eine* FOURIER-*Reihe entwickelt werden kann, so ist die gegebene trigonometrische Reihe notwendig die* FOURIER-*Reihe von $f(x)$.*

Um dies einzusehen, beachte man, daß die aus der gegebenen Reihe und der FOURIER-Reihe von $f(x)$ gebildete Differenzreihe im ganzen Intervall $(-\pi, \pi)$ höchstens mit Ausnahme der Punkte aus I und I^* gegen Null konvergiert. Die Vereinigungsmenge von I und I^* besitzt ebenfalls nur endlich viele Häufungspunkte, so daß der Eindeutigkeitssatz angewendet werden kann.

Wir weisen schließlich darauf hin, daß die im Eindeutigkeitssatz vorausgesetzte Eigenschaft von I nicht notwendig für dessen Gültigkeit ist[1]. Eine notwendige Bedingung hat man jedoch in der Forderung, daß die Ausnahmemenge I eine Nullmenge ist.

---

[1] Eine allgemeinere hinreichende Bedingung für die Gültigkeit des Eindeutigkeitssatzes ist die, daß I abzählbar viele Häufungspunkte besitzt. Siehe [*25*], S. 105.

Dies ist sofort einzusehen: Wie früher festgestellt[1], läßt sich z.B. eine nur im Intervall $(0, \pi)$ erklärte Funktion unter entsprechenden Voraussetzungen einerseits in eine cos-Reihe und andererseits in eine sin-Reihe entwickeln. Die Differenz dieser beiden Reihen stellt dann im Intervall $(0, \pi)$ die Null dar, obwohl ihre Koeffizienten nicht alle verschwinden. Die Ausnahmemenge I ist jetzt das Intervall $(-\pi, 0)$.

§ 8. Das FOURIERsche Integral.

Um zum Begriff des FOURIERschen Integrals und der damit verbundenen Fragestellung zu gelangen, beginnen wir mit einer heuristischen Betrachtung, bei der also nicht auf die Voraussetzungen eingegangen wird, unter denen sie tatsächlich gültig ist. Dies bleibt den anschließenden Überlegungen vorbehalten.

Wir gehen von einer im Intervall $(-\pi/h, \pi/h)$ erklärten Funktion $f(x)$ aus, wobei h eine beliebige positive reelle Zahl sei. Durch die Substitution

$$x = \frac{x'}{h}$$

geht $f(x)$ in eine im Intervall $(-\pi, \pi)$ erklärte Funktion von x' über, die wir uns durch ihre FOURIER-Reihe in komplexer Schreibweise dargestellt denken:

$$f\left(\frac{x'}{h}\right) = \sum_{v=-\infty}^{\infty} \alpha_v e^{ivx'} \quad \text{mit} \quad \alpha_v = \frac{1}{2\pi} \int_{-\pi}^{\pi} f\left(\frac{x'}{h}\right) e^{-ivx'} dx'.$$

Macht man die angegebene Substitution auf beiden Seiten wieder rückgängig, so folgt daraus

$$(8.1) \quad f(x) = \frac{h}{\sqrt{2\pi}} \sum_{v=-\infty}^{\infty} F_v e^{ivhx} \quad \text{mit} \quad F_v = \frac{1}{\sqrt{2\pi}} \int_{-\pi/h}^{\pi/h} f(x) e^{-ivhx} dx.$$

Diese Beziehung kann man noch etwas anders darstellen, indem man die Folge der Koeffizienten

$$\dots, F_{-2}, F_{-1}, F_0, F_1, F_2, \dots$$

als Funktionswerte der Funktion

$$F(h, y) = \frac{1}{\sqrt{2\pi}} \int_{-\pi/h}^{\pi/h} f(x) e^{-iyx} dx$$

für die y-Werte

$$\dots, -2h, -h, 0, h, 2h, \dots$$

---

[1] Kap. II, § 1 Schlußbemerkung und § 2.

betrachtet. Damit folgt aus (8.1):

$$f(x) = \frac{1}{\sqrt{2\pi}} \sum_{\nu=-\infty}^{\infty} e^{i\nu h x} h F(h, \nu h).$$

Das bemerkenswerte an dieser Gleichung ist die Tatsache, daß die links stehende Funktion $f(x)$ nicht von der auf der rechten Seite auftretenden Größe h abhängt. Es liegt daher nahe, den Grenzübergang $h \to 0$ auszuführen, durch den der rechts stehende Ausdruck in ein Integral übergeht:

$$\lim_{h \to 0} \frac{1}{\sqrt{2\pi}} \sum_{\nu=-\infty}^{\infty} e^{i\nu h x} h F(h, \nu h) = \frac{1}{\sqrt{2\pi}} \int_{-\infty}^{\infty} e^{iyx} F(y)\, dy,$$

wobei

$$\lim_{h \to 0} F(h, y) = F(y)$$

gesetzt ist. Immer unter der Annahme der Zulässigkeit aller dieser Schlüsse erhält man damit die Gleichung

$$(8.2) \qquad f(x) = \frac{1}{\sqrt{2\pi}} \int_{-\infty}^{\infty} e^{ixy} F(y)\, dy,$$

wobei

$$(8.3) \qquad F(x) = \frac{1}{\sqrt{2\pi}} \int_{-\infty}^{\infty} e^{-ixy} f(y)\, dy$$

ist.

Die durch (8.3) gegebene (lineare) Integraltransformation, die zu (8.2) invers ist, wird als FourIer*sche Transformation* der Funktion $f(x)$ bezeichnet und entsprechend $F(x)$ als FourIer*sche Transformierte* von $f(x)$.

Setzt man (8.3) in (8.2) ein, so folgt die Identität

$$(8.4)\quad f(x) = \frac{1}{2\pi} \int_{-\infty}^{\infty} e^{ixy} dy \int_{-\infty}^{\infty} e^{-iyz} f(z)\, dz = \frac{1}{2\pi} \int_{-\infty}^{\infty} dy \int_{-\infty}^{\infty} e^{iy(x-z)} f(z)\, dz,$$

die als FourIer*sche Integraldarstellung* von $f(x)$ bezeichnet wird.

Über die Zulässigkeit der bisher benutzten Schlüsse haben wir keine Rechenschaft gegeben. Das Grundproblem über FourIersche Integrale ist nun gerade die Frage, welche Funktionen der Gl. (8.4) genügen oder — anders ausgesprochen — für welche Funktionen die Transformation (8.2) die inverse der FourIerschen Transformation (8.3) ist.

Das FourIersche Integral (8.4) soll nun noch etwas umgeformt werden. Zerlegt man es in Real- und Imaginärteil, so erhält man den Ausdruck

$$\frac{1}{2\pi} \int_{-\infty}^{\infty} dy \int_{-\infty}^{\infty} \cos y(x-z) f(z)\, dz + \frac{i}{2\pi} \int_{-\infty}^{\infty} dy \int_{-\infty}^{\infty} \sin y(x-z) f(z)\, dz.$$

Da $\sin y(x-z)$ eine ungerade und $\cos y(x-z)$ eine gerade Funktion von y sind, ist der zweite Summand in diesem Ausdruck gleich Null und der erste ist gleich dem mit 2 multiplizierten, nur von 0 bis ∞ erstreckten Integral (in bezug auf y). Man erhält dann aus (8.4) die Formel

$$f(x) = \frac{1}{\pi} \int\limits_0^\infty dy \int\limits_{-\infty}^\infty \cos y(x-z) \, f(z) \, dz.$$

Über die FOURIERschen Integrale soll nun der folgende wichtige Satz bewiesen werden[1]:

Es sei $f(x)$ eine Funktion, die im Intervall $(-\infty, \infty)$ definiert und in jedem endlichen Intervall integrierbar ist und darüber hinaus folgenden Voraussetzungen genügt:

1. Es existiert das Integral

$$I = \int\limits_{-\infty}^\infty |f(x)| \, dx = \lim_{\delta, \delta' \to \infty} \int\limits_{-\delta'}^\delta |f(x)| \, dx \qquad (\delta > 0, \delta' > 0);$$

2. es existiert eine integrierbare Funktion $g(x)$ mit der Periode 2π, die in einer Umgebung eines Punktes $x = x_0$ mit $f(x)$ übereinstimmt und deren FOURIER-Reihe für $x = x_0$ gegen

$$f^*(x_0) = \tfrac{1}{2} \left[f(x_0 + 0) + f(x_0 - 0) \right]$$

konvergiert[2].

Dann besteht die Gleichung

$$(8.5) \qquad f^*(x_0) = \frac{1}{\pi} \int\limits_0^\infty dy \int\limits_{-\infty}^\infty \cos y(z - x_0) \, f(z) \, dz.$$

Zum Beweis ziehen wir die Ergebnisse aus Kap. II, § 8 heran. Auf Grund der Gl. (II. 8.4) unter Berücksichtigung von (II. 8.3) folgt aus der zweiten Voraussetzung unseres Satzes zunächst

$$f^*(x_0) = \lim_{n \to \infty} \frac{1}{\pi} \int\limits_{-\delta'}^\delta g(x_0 + t) \, \frac{\sin nt}{t} \, dt,$$

wobei δ und δ' beliebige positive Zahlen sind. Da $f(x)$ und $g(x)$ in einer Umgebung von x_0 übereinstimmen, gilt diese Gleichung für hinreichend kleine δ und δ', wenn man darin $g(x_0 + t)$ durch $f(x_0 + t)$ ersetzt:

$$(8.6) \qquad f^*(x_0) = \lim_{n \to \infty} \frac{1}{\pi} \int\limits_{-\delta'}^\delta f(x_0 + t) \, \frac{\sin nt}{t} \, dt.$$

---

[1] Ein Satz dieser Art findet sich auch in [*28*] und [*32*].

[2] Diese Voraussetzung ist z.B. erfüllt, wenn $f(x)$ in einer Umgebung von x_0 von beschränkter Schwankung ist.

Wegen (II. 8.2) bleibt diese Gleichung aber auch richtig, wenn δ und δ' beliebige positive Zahlen sind.

Die erste Voraussetzung des Satzes sichert die Existenz des Integrals[1]

$$\int_{-\infty}^{\infty} f(x_0 + t) \frac{\sin nt}{t}\, dt,$$

daher gibt es zu vorgegebenem $\varepsilon > 0$ Zahlen $\delta > 0$, $\delta' > 0$, so daß unabhängig von n die folgende Abschätzung gilt:

$$\left| \frac{1}{\pi} \int_{-\delta'}^{\delta} f(x_0 + t) \frac{\sin nt}{t}\, dt - \frac{1}{\pi} \int_{-\infty}^{\infty} f(x_0 + t) \frac{\sin nt}{t}\, dt \right| < \varepsilon.$$

Dann folgt wegen (8.6) für hinreichend großes n_0 und $n > n_0$

$$\left| f^*(x_0) - \frac{1}{\pi} \int_{-\infty}^{\infty} f(x_0 + t) \frac{\sin nt}{t}\, dt \right| \leq \left| f^*(x_0) - \frac{1}{\pi} \int_{-\delta'}^{\delta} f(x_0 + t) \frac{\sin nt}{t}\, dt \right| +$$

$$+ \left| \frac{1}{\pi} \int_{-\delta'}^{\delta} f(x_0 + t) \frac{\sin nt}{t}\, dt - \frac{1}{\pi} \int_{-\infty}^{\infty} f(x_0 + t) \frac{\sin nt}{t}\, dt \right| < 2\varepsilon,$$

und daher gilt die Gleichung:

$$(8.7) \qquad f^*(x_0) = \lim_{n \to \infty} \frac{1}{\pi} \int_{-\infty}^{\infty} f(x_0 + t) \frac{\sin nt}{t}\, dt.$$

Setzt man nun voraus, daß die Gleichung

$$(8.8) \qquad \int_{-\infty}^{\infty} f(x_0 + t)\, dt \int_{0}^{n} \cos yt\, dy = \int_{0}^{n} dy \int_{-\infty}^{\infty} f(x_0 + t) \cos yt\, dt,$$

richtig ist, so kann man den Beweis schnell beenden. Auf Grund der Identität

$$(8.9) \qquad \frac{\sin nt}{t} = \int_{0}^{n} \cos yt\, dy$$

hat man die Beziehung

$$\int_{-\infty}^{\infty} f(x_0 + t) \frac{\sin nt}{t}\, dt = \int_{-\infty}^{\infty} f(x_0 + t)\, dt \int_{0}^{n} \cos yt\, dy,$$

und wegen (8.8) folgt dann

$$f^*(x_0) = \lim_{n \to \infty} \frac{1}{\pi} \int_{0}^{n} dy \int_{-\infty}^{\infty} f(x_0 + t) \cos yt\, dt = \frac{1}{\pi} \int_{0}^{\infty} dy \int_{-\infty}^{\infty} f(x_0 + t) \cos yt\, dt.$$

---

[1] Für diesen Teil des Beweises würde es genügen, daß das Integral

$$\int_{-\infty}^{\infty} \frac{|f(x)|}{1 + |x|}\, dx$$

existiert.

Durch die Substitution $t = z - x_0$ geht diese Gleichung in die im Satz behauptete Gl. (8.5) über.

Es kommt nun darauf an, (8.8) zu beweisen. Bezeichnet man mit Δ die Differenz der in (8.8) links und rechts stehenden Integrale, so soll also $\Delta = 0$ nachgewiesen werden. Seien δ und δ' wieder zwei beliebige positive Zahlen und beachtet man, daß Integrationen über endliche Intervalle vertauscht werden dürfen, so hat man

$$\Delta = \int_{-\infty}^{-\delta'} + \int_{\delta}^{\infty} f(x_0 + t)\, dt \int_{0}^{n} \cos yt\, dy - \int_{0}^{n} dy \int_{-\infty}^{-\delta'} + \int_{\delta}^{\infty} f(x_0 + t) \cos yt\, dy.$$

Auf Grund der ersten Voraussetzung gilt für hinreichend große δ und δ':

$$\left| \int_{-\infty}^{-\delta'} + \int_{\delta}^{\infty} f(x_0 + t) \cos yt\, dt \right| \leq \int_{-\infty}^{-\delta'} + \int_{\delta}^{\infty} |f(x_0 + t)|\, dt < \frac{\varepsilon}{n}\,;$$

daraus folgt

$$\left| \int_{0}^{n} dy \int_{-\infty}^{-\delta'} + \int_{\delta}^{\infty} f(x_0 + t) \cos yt\, dt \right| < \varepsilon.$$

Andererseits besteht wegen (8.8) die Abschätzung

$$\left| \int_{-\infty}^{-\delta'} + \int_{\delta}^{\infty} f(x_0 + t)\, dt \int_{0}^{n} \cos yt\, dy \right| \leq \int_{-\infty}^{-\delta'} + \int_{\delta}^{\infty} \left| f(x_0 + t)\, \frac{\sin nt}{t} \right| dt$$

$$\leq \int_{-\infty}^{-\delta'} + \int_{\delta}^{\infty} |f(x_0 + t)|\, dt < \varepsilon.$$

Beide Abschätzungen zusammen ergeben

$$|\Delta| < 2\varepsilon,$$

und daraus folgt sofort $\Delta = 0$. Damit ist der Satz vollständig bewiesen.

Wir wollen schließlich noch auf die Tatsache hinweisen, daß die erste Voraussetzung des Satzes durch die schwächere, bereits erwähnte Forderung ersetzt werden kann, daß das Integral

$$I' = \int_{-\infty}^{\infty} \frac{|f(x)|}{1 + |x|}\, dx$$

existiert. Allerdings muß man dann noch zusätzlich verlangen, daß $f(x)$ für $x \to \pm\infty$ monoton gegen Null strebt und daß das Integral (8.5) im Sinne des CAUCHYschen Hauptwertes zu verstehen ist, d.h. als Grenzwert eines Integrals zwischen $-\delta$ und δ (aber nicht zwischen $-\delta'$ und δ) für $\delta \to \infty$ [1].

---

[1] Vgl. dazu [25], S. 413 sowie [28].

§ 9. Eigenschaften der FOURIERschen Transformation.

Die FOURIERsche Transformation (8.3) bildet ein wichtiges Beispiel für eine Klasse von Funktionaloperatoren, die eine große und noch ständig wachsende Bedeutung in der modernen Analysis besitzen: *Die sog. linearen Funktionaltransformationen.* Es handelt sich dabei um Operatoren $\mathfrak{T}$, die auf eine beliebige Linearkombination von zwei (oder mehr) Funktionen mit konstanten Koeffizienten ausgeübt, die entsprechende Linearkombination der transformierten Funktionen liefern[1]:

$$\mathfrak{T}[c_1 f_1(x) + c_2 f_2(x)] = c_1 \mathfrak{T}[f_1(x)] + c_2 \mathfrak{T}[f_2(x)].$$

Neben der Linearität besitzt die FOURIERsche Transformation (8.3) die weitere grundlegende Eigenschaft, unter gewissen Voraussetzungen umkehrbar zu sein; die inverse Operation wird dann durch (8.2) gegeben. Nach dem in § 8 bewiesenen Satz ist dies unter den dort gemachten Voraussetzungen der Fall und zwar im Sinne der Gl. (8.5), d. h. es ist

$$(9.1) \qquad \frac{1}{\sqrt{2\pi}} \int_{-\infty}^{\infty} e^{i x_0 y} F(y)\, dy = \frac{1}{2} \left[f(x_0 + 0) + f(x_0 - 0) \right].$$

Eine weitere wichtige Eigenschaft der FOURIERschen Transformation findet ihren Ausdruck in der Gleichung

$$(9.2) \qquad \int_{-\infty}^{\infty} |F(x)|^2\, dx = \int_{-\infty}^{\infty} |f(x)|^2\, dx,$$

wobei $f(x)$ und $F(x)$ komplexwertige Funktionen der reellen Veränderlichen x sein können. Diese Gleichung kann als Analogon zur PARSEVAL-schen Gl. (I. 6.1) bei FOURIER-Reihen betrachtet werden.

Wir können uns die Gültigkeit von (9.2) sehr schnell durch die folgende heuristische Betrachtung plausibel machen, bei der ohne Begründung vorausgesetzt wird, daß zwei gewisse Integrationen über unendliche Intervalle vertauschbar seien. Nimmt man noch der Einfachheit halber an, daß $f(x)$ und $F(x)$ reelle Funktionen seien, so folgt aus (8.2)

$$f(x) = \frac{1}{\sqrt{2\pi}} \int_{-\infty}^{\infty} \cos(x y)\, F(y)\, dy = \frac{1}{\sqrt{2\pi}} \int_{-\infty}^{\infty} \cos(-x y)\, F(y)\, dy = f(-x),$$

d. h. $f(x)$ ist eine gerade Funktion. Auf Grund von (8.3) gilt ferner

$$\int_{-\infty}^{\infty} [F(x)]^2\, dx = \frac{1}{\sqrt{2\pi}} \int_{-\infty}^{\infty} F(x)\, dx \int_{-\infty}^{\infty} e^{-i x y} f(y)\, dy,$$

---

[1] Der RIEMANNsche Operator $\mathfrak{R}_h$ aus § 5 ist ebenfalls ein solcher linearer Operator.

und daraus folgt durch Vertauschung der Integrationen und unter Berücksichtigung von (8.2)

$$\int\limits_{-\infty}^{\infty} [F(x)]^2\, dx = \frac{1}{\sqrt{2\pi}} \int\limits_{-\infty}^{\infty} f(y)\, dy \int\limits_{-\infty}^{\infty} e^{-ixy} F(x)\, dx = \int\limits_{-\infty}^{\infty} f(y)\, f(-y)\, dy.$$

Da, wie eben festgestellt, $f(x)$ eine gerade Funktion ist, erhält man daraus unmittelbar (9.2).

Es ist nicht schwer, diese heuristische Überlegung in aller Strenge unter der Voraussetzung durchzuführen, daß die Funktion $f(x)$ im Intervall $(-\infty, \infty)$ sowohl integrierbar als auch quadratisch integrierbar sei[1]. Darauf wollen wir nicht im einzelnen eingehen, da es sich hierbei um ein Ergebnis handelt, welches in den Rahmen der Theorie von PLANCHEREL über die FOURIERsche Transformation im Raum $L^2 = L^2(-\infty, \infty)$, d. h. der im Intervall $(-\infty, \infty)$ quadratisch integrierbaren Funktionen gehört. In dieser Theorie[2], von der wir hier nur einen schwachen Eindruck geben können, wird mit Hilfe der FOURIERschen Transformation (wobei nur die Konvergenz des Integrals *im Mittel* verlangt wird) jeder Funktion $f(x) \in L^2$ eineindeutig (bis auf Nullfunktionen) eine Funktion $F(x) \in L^2$ so zugeordnet, daß einander zugeordnete Funktionen der Gl. (9.2) genügen. Diese Zuordnung hat ferner die Eigenschaft, daß sie sich für die reellen Funktionen als *involutorisch* erweist.

Aus der ,,PARSEVALschen Gleichung'' (9.2) folgt insbesondere, daß die FOURIERsche Transformierte einer von den Nullfunktionen verschiedenen Funktion aus L^2 ebenfalls keine Nullfunktion ist.

Eine andere wichtige, unmittelbare Folge aus (9.2) ist der sog. *Satz von der Faltung.* Bezeichnet man mit $\mathfrak{F}[F(x)]$ die FOURIERsche Transformierte von $F(x)$, so versteht man darunter die Beziehung

$$(9.3) \qquad \mathfrak{F}\left[\int\limits_{-\infty}^{\infty} F(\xi)\, \Phi(x-\xi)\, d\xi\right] = \sqrt{2\pi}\; \mathfrak{F}[F(x)]\, \mathfrak{F}[\Phi(x)].$$

Um diese Gleichung zu gewinnen, wird zunächst (9.2) für zwei reelle Funktionen ebenso verallgemeinert, wie die gewöhnliche PARSEVALsche Gleichung:

$$(9.4) \qquad \int\limits_{-\infty}^{\infty} F(x)\, G(x)\, dx = \int\limits_{-\infty}^{\infty} f(x)\, g(x)\, dx.$$

Setzt man $G(\xi) = \Phi(x-\xi)$ und sodann $x - y = z$, so hat man

$$g(\xi) = \frac{1}{\sqrt{2\pi}} \int\limits_{-\infty}^{\infty} e^{-i\xi y} \Phi(x-y)\, dy = \frac{e^{-i\xi x}}{\sqrt{2\pi}} \int\limits_{-\infty}^{\infty} e^{i\xi z} \Phi(z)\, dz = e^{-i\xi x} \varphi(\xi).$$

[1] Siehe [*28*], S. 172.

[2] Siehe dazu [*28*], Kap. VIII und [*31*], Kap. IV.

Damit nimmt (9.4) die folgende Gestalt an:

$$\int_{-\infty}^{\infty} F(\xi)\, \Phi(x - \xi)\, d\xi = \int_{-\infty}^{\infty} e^{-i\xi x} f(\xi)\, \varphi(\xi)\, d\xi = \sqrt{2\pi}\, \mathfrak{F}\left[f(x)\, \varphi(x)\right].$$

Übt man darauf die FOURIERsche Transformation aus, so erhält man die behauptete Gl. (9.3).

Wir wollen schließlich zwei Beispiele für die FOURIERsche Transformation angeben. Dazu bemerken wir einleitend, daß für eine gerade bzw. ungerade Funktion $f(x)$ die Gl. (8.3) die Form

$$(9.5) \qquad F(x) = \sqrt{\frac{2}{\pi}} \int_0^{\infty} \cos(x\,y)\, f(y)\, dy$$

bzw.

$$(9.6) \qquad F(x) = \sqrt{\frac{2}{\pi}} \int_0^{\infty} \sin(x\,y)\, f(y)\, dy$$

annimmt, wobei im zweiten Fall $F(x)$ an Stelle von $-iF(x)$ gesetzt ist. Diese Transformationen werden als *cos-* bzw. *sin-Transformation* bezeichnet. Danach ist mit $f(x)$ auch die FOURIERsche Transformierte $F(x)$ eine gerade bzw. ungerade Funktion, und man erhält aus (9.1):

$$(9.7) \qquad f^*(x) = \sqrt{\frac{2}{\pi}} \int_0^{\infty} \cos(x\,y)\, F(y)\, dy$$

bzw.

$$(9.8) \qquad f^*(x) = \sqrt{\frac{2}{\pi}} \int_0^{\infty} \sin(x\,y)\, F(y)\, dy,$$

mit der üblichen Bedeutung von $f^*(x)$.

Durch diese Gleichungen tritt der involutorische Charakter der Transformationen (9.5) und (9.6) besonders deutlich hervor, vor allem für stetige Funktionen, bei denen $f^*(x) \equiv f(x)$ ist.

Ein erstes Beispiel gewinnt man mit Hilfe der elementaren Formel

$$\int e^{\alpha y} \cos(x\,y)\, dy = \frac{e^{\alpha y}}{\alpha^2 + x^2} \left[\alpha \cos(x\,y) + x \sin(x\,y)\right].$$

Setzt man darin $\alpha = -\lambda$ mit $\lambda > 0$ und integriert von 0 bis ∞, so folgt

$$\int_0^{\infty} e^{-\lambda y} \cos(x\,y)\, dy = \frac{\lambda}{\lambda^2 + x^2};$$

diese Gleichung zeigt, daß die cos-Transformierte von $f(x) = e^{-\lambda x}$ die Funktion

$$F(x) = \sqrt{\frac{2}{\pi}}\, \frac{\lambda}{\lambda^2 + x^2}$$

ist. Setzt man die Funktion $e^{-\lambda x}$ als gerade Funktion über den Nullpunkt hinaus fort, so genügt die fortgesetzte Funktion den für die Gültigkeit von (9.7) notwendigen Voraussetzungen, und man erhält damit die weniger elementare Beziehung

$$\sqrt{\frac{2}{\pi}} \int_0^\infty \cos(x\,y) \sqrt{\frac{2}{\pi}} \frac{\lambda}{\lambda^2 + y^2}\, dy = e^{-\lambda x},$$

d. h.

$$\int_0^\infty \frac{\cos(x\,y)}{\lambda^2 + y^2}\, dy = \frac{\pi}{2\lambda}\, e^{-\lambda x},$$

die wichtige Folgerungen gestattet[1]. In diesem Fall nimmt die „Parsevalsche Gleichung" (9.2) die folgende Gestalt an:

$$\frac{2}{\pi} \int_0^\infty \frac{\lambda^2}{(\lambda^2 + x^2)^2}\, dx = \int_0^\infty e^{-2\lambda x}\, dx = \frac{1}{2\lambda}.$$

Ein weiteres interessantes Beispiel liefert die Funktion

$$f(x) = e^{-a^2 x^2}$$

mit reellem $a > 0$. Da $f(x)$ gerade ist, erhält man mittels der cos-Transformation

$$F(x) = \sqrt{\frac{2}{\pi}} \int_0^\infty \cos(x\,y)\, e^{-a^2 y^2}\, dy = \frac{1}{2} \sqrt{\frac{2}{\pi}} \int_0^\infty (e^{i\,x\,y - a^2 y^2} + e^{-i\,x\,y - a^2 y^2})\, dy.$$

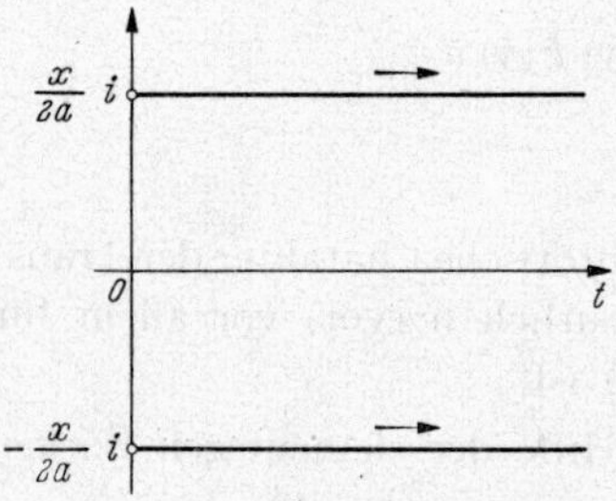

Zufolge der Identität

$$-a^2 y^2 \pm i\,x\,y = -\left(a\,y \mp \frac{x}{2a} i\right)^2 - \frac{x^2}{4a^2}$$

und der Substitution

$$a\,y \mp \frac{x}{2a} i = t$$

ergibt sich daraus

$$F(x) = \frac{1}{2a} \sqrt{\frac{2}{\pi}} e^{-\frac{x^2}{4a^2}} \left\{ \int_{\frac{x}{2a} i}^\infty + \int_{-\frac{x}{2a} i}^\infty e^{-t^2}\, dt \right\},$$

Abb. 8.

wobei die Integrationswege der Integrale in der nebenstehenden Abb. 8 angegeben sind. Auf Grund des Cauchyschen Satzes gilt dann

$$\int_{-\frac{x}{2a} i}^\infty e^{-t^2}\, dt = \int_{-\frac{x}{2a} i}^0 + \int_0^\infty e^{-t^2}\, dt, \qquad \int_{\frac{x}{2a} i}^\infty e^{-t^2}\, dt = -\int_0^{\frac{x}{2a} i} + \int_0^\infty e^{-t^2}\, dt,$$

---

[1] Das Integral auf der linken Seite wurde bereits von Laplace berechnet und wird manchmal nach ihm benannt.

wobei der Integrationsweg im ersten Integral auf der rechten Seite jeweils die imaginäre Achse und im zweiten die reelle Achse sei. Dann ist offensichtlich

$$\int_{-\frac{x}{2a}i}^{0} e^{-t^2}\,dt = \int_{0}^{\frac{x}{2a}i} e^{-t^2}\,dt,$$

und mit der Bezeichnung

$$(9.9) \qquad\qquad I = \int_{0}^{\infty} e^{-t^2}\,dt$$

folgt schließlich

$$(9.10) \qquad F(x) = \sqrt{\frac{2}{\pi}} \int_{0}^{\infty} \cos(x\,y)\, e^{-a^2 x^2}\,dx = \frac{1}{a}\sqrt{\frac{2}{\pi}}\, I\, e^{-\frac{x^2}{4a^2}}.$$

Diese Darstellung zeigt, daß die Transformierte $F(x)$ von $f(x) = e^{-a^2 x^2}$ eine Funktion vom gleichen Typ ist, bei der im Exponenten a durch $1/2a$ ersetzt ist und ein konstanter Faktor auftritt. Diesen können wir mit Hilfe der Formel (9.7) bestimmen, die jetzt die folgende Gestalt annimmt:

$$e^{-a^2 x^2} = \frac{2}{\pi}\frac{I}{a} \int_{0}^{\infty} \cos(x\,y)\, e^{-\lambda^2 x^2}\,dx, \qquad \lambda = \frac{1}{2a}.$$

Auf Grund von (9.10) erhält man daraus

$$e^{-a^2 x^2} = \frac{2}{\pi}\frac{I}{a}\frac{I}{\lambda}\, e^{-\frac{x^2}{4\lambda^2}} = \frac{4}{\pi}\, I^2\, e^{-a^2 x^2}.$$

also

$$(9.11) \qquad\qquad I = \int_{0}^{\infty} e^{-t^2}\,dt = \frac{\sqrt{\pi}}{2},$$

Wir haben damit ein bestimmtes Integral berechnet, das besonders in der Wahrscheinlichkeitstheorie eine wichtige Rolle spielt.

Auf Grund von (9.11) nimmt (9.10) die folgende endgültige Gestalt an:

$$F(x) = \frac{1}{\sqrt{2}\,a}\, e^{-\frac{x^2}{4a^2}}.$$

Kapitel IV.

Allgemeine Eigenschaften
von orthogonalen Polynomen.

§ 1. Einleitung.

Der WEIERSTRASSSche Approximationssatz, der im vorhergehenden
Kapitel als einfache Folge aus dem FEJÉRSchen Satz hergeleitet worden
war, besagt, daß man eine stetige Funktion in einem endlichen Intervall
durch Polynome gleichmäßig approximieren kann. Dieser Satz ist z. B.
für Fragen der mechanischen Quadratur von Bedeutung, denn er erlaubt es, eine stetige Funktion, deren analytische Darstellung sehr
kompliziert sein kann, durch ein Polynom zu ersetzen, also einen besonders einfachen und handlichen Ausdruck. Allerdings tritt bei der
praktischen Auswertung dieses Gesichtspunktes die Schwierigkeit auf,
das Näherungspolynom explizit aufzustellen, und dies erfordert auf dem
durch den Beweis des WEIERSTRASSSchen Approximationssatzes auf-
gezeigten Weg einen sehr großen rechnerischen Aufwand. Es erhebt
sich daher die Frage, ob es möglich ist, eine in einem Intervall (a, b)
gegebene Funktion in eine Reihe von in (a, b) orthogonalen Polynomen
zu entwickeln, so daß man in den Partialsummen dieser Reihe un--
mittelbar approximierende Polynome erhält.

Man wird so dazu geführt, ganz allgemein die in einem Intervall
(a, b) orthogonalen Polynome zu untersuchen, wobei der Fall eines unendlichen Intervalls, also entweder $a = - \infty$ oder $b = \infty$ nicht ausgeschlossen werden soll. Ferner soll sogleich zugelassen werden, daß es
sich um Orthogonalität bezüglich einer Belegungsfunktion $p(x)$ handelt,
wobei $p(x)$ eine im Grundintervall (a, b) mit Ausnahme höchstens einer
Nullmenge positive Funktion ist. Dabei wird auch erlaubt, daß $p(x)$
in (a, b) Singularitäten besitzt, sofern nicht die selbstverständliche Voraussetzung verletzt wird, daß $p(x)$ in (a, b) integrierbar sei.

Unter diesen Voraussetzungen heißen die Polynome

$$(1.1) \qquad P_0(x), \; P_1(x), \; P_2(x), \; \ldots$$

orthogonal im Intervall (a, b), wenn sie der Orthogonalitätsbedingung

$$(1.2) \qquad \int\limits_a^b p(x) \, P_m(x) \, P_n(x) \, dx = 0, \qquad m \neq n$$

*genügen. Ferner wird vorausgesetzt, daß der Grad von $P_n(x)$ gleich n sei,
d.h. daß der Koeffizient von x^n, im folgenden mit k_n bezeichnet, nicht verschwindet:*

$$(1.3) \qquad\qquad k_n \neq 0.$$

Für ein derartiges System von orthogonalen Polynomen[1] haben wir bereits in Kap. I, § 3 einen grundlegenden Eindeutigkeitssatz bewiesen, der besagt, daß bei festem Intervall (a, b) und fester Belegungsfunktion $p(x)$ die Polynome (1.1) bis auf einen konstanten Faktor eindeutig bestimmt sind[2].

Ferner wissen wir aus Kap. I, § 13, daß unter der (hierfür wesentlichen) Voraussetzung eines endlichen Intervalls (a, b), das System (1.1) vollständig ist.

Wir wollen in diesem Kapitel weitere allgemeine Eigenschaften derartiger Polynomsysteme untersuchen[3] und beginnen mit dem folgenden, sehr leicht zu beweisenden

Nullstellensatz: *Die Nullstellen des Polynoms* $P_n(x)$ *d.h. die Wurzeln der algebraischen Gleichung*

$$P_n(x) = 0 \qquad (n = 0, 1, 2, \ldots)$$

sind alle reell, einfach und liegen im Inneren des Intervalls (a, b).

Beweis. Mit $x_1, \ldots, x_m$ $(0 \leq m \leq n)$ werden die verschiedenen Nullstellen von $P_n(x)$ bezeichnet, die im Inneren des Intervalls (a, b) liegen und an denen $P_n(x)$ das Vorzeichen wechselt. Sei nun $\Pi_m(x)$ gegeben durch

$$\Pi_m(x) = \begin{cases} 1 & \text{falls } m = 0 \\ (x - x_1) \ldots (x - x_m) & \text{falls } m > 0, \end{cases}$$

dann ändert dieses Polynom im Intervall (a, b) offenbar an den gleichen Stellen wie $P_n(x)$ das Vorzeichen, folglich hat das Produkt $p(x) \Pi_m(x) P_n(x)$ in ganz (a, b) konstantes Vorzeichen. Auf Grund der Voraussetzung über $p(x)$ gilt daher

$$\int_a^b p(x) \Pi_m(x) P_n(x) \neq 0.$$

Dies ist aber für $m < n$ unmöglich, denn nach Kap. I, § 3 ist $P_n(x)$ zu jedem Polynom kleineren Grades orthogonal. Also muß notwendig

---

[1] Derartige Polynome werden von einigen Autoren allgemein als TSCHEBYSCHEFF-sche Polynome bezeichnet. Dabei ist jedoch zu beachten, daß diese Bezeichnung auch für gewisse *spezielle* orthogonale Polynome benutzt wird.

[2] Daraus folgt, daß die Polynome (1.1) vollständig bestimmt sind, wenn man z.B. den Wert von k_n oder den Funktionswert an einer Stelle vorgibt oder wenn man verlangt, daß sie normiert sind und ein bestimmtes Vorzeichen haben. Wenn eine derartige Voraussetzung angegeben ist, durch die die orthogonalen Polynome (1.1) eindeutig bestimmt sind, wollen wir sie als *standardisiert* bezeichnen (den Ausdruck normiert, der in der Literatur auch benutzt wird, bleibt hier den Polynomen vorbehalten, für die $\int_a^b p(x) [P_n(x)]^2 \, dx = 1$ gilt).

[3] Ein grundlegendes Werk über orthogonale Polynome ist [24].

$m = n$ sein, und da ein Polynom n-ten Grades genau n Nullstellen hat, ist damit der Satz bewiesen.

Es soll darauf hingewiesen werden, daß diese Überlegung in Analogie zu der Schlußweise in Kap. II, § 10 steht und auch ein entsprechender Satz gilt:

Die n-te Partialsumme

$$S_n(x) = \sum_{\nu=0}^{n} a_\nu P_\nu(x)$$

der FOURIER-*Entwicklung einer stetigen Funktion $f(x)$ nach dem System (1.1) von orthogonalen Polynomen stimmt mit $f(x)$ im Intervall (a, b) an mindestens $n + 1$ inneren Punkten überein*[1].

Zum Beweis seien $x_1, \ldots, x_m$ die Nullstellen von $f(x) - S_n(x)$ im Inneren von (a, b), an denen diese Funktion ihr Vorzeichen wechselt. Wir können $m \leq n$ annehmen, da sonst nichts zu beweisen ist. Mit

$$\Pi_m(x) = \begin{cases} 1 & \text{falls } m = 0 \\ (x - x_1) \ldots (x - x_m) & \text{falls } m > 0 \end{cases}$$

gilt analog zum vorhergehenden Beweis

$$\int_a^b p(x) \left[f(x) - S_n(x) \right] \Pi_m(x) \neq 0.$$

Wegen

$$\int_a^b p(x) \left[f(x) - S_n(x) \right] P_\nu(x)\, dx = a_\nu - a_\nu = 0 \qquad (\nu = 0, 1, \ldots, n)$$

ist dies aber für $m \leq n$ unmöglich, womit die Behauptung bereits bewiesen ist.

Die Eigenschaften der Nullstellen von $P_n(x)$, die im ersten Satz angegeben wurden, gestatten eine interessante Anwendung auf die mechanische Quadratur, d. h. auf die Frage nach dem angenäherten Wert eines Integrals der Gestalt

$$I = \int_a^b p(x) f(x)\, dx.$$

In der numerischen Analysis geht man dabei üblicherweise so vor, daß man $f(x)$ durch ein Polynom $(n - 1)$-ten Grades ersetzt, welches an n (meist äquidistanten) Punkten $x_1, \ldots, x_n$ im Intervall (a, b) mit $f(x)$ übereinstimmt. Der Näherungswert für I wird im allgemeinen um so besser, je größer der Grad des Polynoms ist.

---

[1] Dieser Satz befindet sich bereits in der in Kap. II, Fußnote 1, S. 75 angegebenen Arbeit von PICONE. Auf diese ist neuerdings L. MERLI [Boll. Unione Mat. Ital. (3) **6**, 285—287 (1951)] zurückgekommen. — Für ein beliebiges Orthogonalsystem trifft dieser Satz nicht zu; es ist nicht schwer, Gegenbeispiele anzugeben.

Setzt man nun voraus, daß die Interpolationsstellen $x_1, \ldots, x_n$ die Nullstellen von $P_n(x)$ seien und $A(x)$ und $B(x)$ zwei beliebige Polynome, deren Grade $2n-1$ nicht übertreffen und die

(1.4) $$A(x_i) = B(x_i) = f(x_i) \qquad (i = 1, \ldots, n)$$

genügen, so gilt

$$A(x) - B(x) = P_n(x)\, \Pi_{n-1}(x)$$

mit einem Polynom $\Pi_{n-1}(x)$, dessen Grad $\leq n-1$ ist. Dann folgt

$$\int\limits_a^b p(x)\, A(x)\, dx - \int\limits_a^b p(x)\, B(x)\, dx = \int\limits_a^b p(x)\, P_n(x)\, \Pi_{n-1}(x)\, dx = 0,$$

d. h. das Näherungsintegral besitzt für alle Interpolationspolynome mit den angegebenen Eigenschaften den gleichen Wert. Unter diesen gibt es auch ein eindeutig bestimmtes Polynom $(n-1)$-ten Grades. Man kann daher behaupten:

Jedes Interpolationspolynom, das (1.4) genügt und dessen Grad $2n-1$ nicht übertrifft, liefert das gleiche Näherungsintegral das ein durch (1.4) eindeutig bestimmtes Polynom $(n-1)$-ten Grades.

Auf Grund dieses Zusammenhangs sind die Nullstellen der orthogonalen Polynome für die mechanische Quadratur besonders geeignet.

Das durch (1.4) eindeutig bestimmte Polynom $(n-1)$-ten Grades kann man sofort mittels der LAGRANGEschen Interpolationsformel angeben:

$$L(x) = \sum_{\nu=1}^{n} \frac{(x - x_1) \ldots (x - x_{\nu-1})\,(x - x_{\nu+1}) \ldots (x - x_n)}{(x_\nu - x_1) \ldots (x_\nu - x_{\nu-1})\,(x_\nu - x_{\nu+1}) \ldots (x_\nu - x_n)}\, f(x_\nu)$$

$$= \sum_{\nu=1}^{n} \frac{P_n(x)}{(x - x_\nu)\, P_n'(x_\nu)}\, f(x_\nu).$$

Wenn nun $\Pi(x)$ ein beliebiges Polynom von höchstens $(2n-1)$-tem Grad ist und man in (1.4) und im LAGRANGEschen Interpolationspolynom $f(x) = \Pi(x)$ setzt, dann kann man $\Pi(x)$ und $L(x)$ mit $A(x)$ und $B(x)$ identifizieren, und auf Grund unserer Überlegung folgt

$$\int\limits_a^b p(x)\, \Pi(x)\, dx = \int\limits_a^b p(x)\, L(x)\, dx = \sum_{\nu=1}^{n} \frac{\Pi(x_\nu)}{P_n'(x_\nu)} \int\limits_a^b p(x)\, \frac{P_n(x)}{x - x_\nu}\, dx.$$

Setzt man noch für den von $\Pi(x)$ unabhängigen Anteil der Summanden in der rechts stehenden Summe

$$H_{n,\nu} = \frac{1}{P_n'(x)} \int\limits_a^b p(x)\, \frac{P_n(x)}{x - x_\nu}\, dx,$$

so hat man die Formel

$$(1.5) \qquad \int_a^b p(x)\,\Pi(x)\,dx = H_{n,1}\,\Pi(x_1) + H_{n,2}\,\Pi(x_2) + \cdots + H_{n,n}\,\Pi(x_n).$$

Die Konstanten $H_{n,\nu}$, die nach CHRISTOFFEL benannt werden, sind mit den *Momenten* M_k der Funktion $p(x)$ durch die Gleichung

$$H_{n,1}\,x_1^k + H_{n,2}\,x_2^k + \cdots + H_{n,n}\,x_n^k = \int_a^b p(x)\,x^k\,dx = M_k \qquad (k = 0, \ldots, n-1)$$

verbunden, die man aus (1.5) mit $\Pi(x) = x^k$ erhält. Insbesondere erhält man für $k = 0$:

$$H_{n,1} + \cdots + H_{n,n} = \int_a^b p(x)\,dx.$$

§ 2. Die Rekursionsformel und die Summationsformel von CHRISTOFFEL-DARBOUX.

Eine grundlegende Eigenschaft der orthogonalen Polynome ist die Existenz einer einfachen Rekursionsformel, durch die drei aufeinander-folgende orthogonale Polynome miteinander verbunden werden. Um diese kurz angeben zu können, bezeichnen wir mit k_n den Koeffizienten von x^n in $P_n(x)$, also den nach Voraussetzung von Null verschiedenen höchsten Koeffizienten von $P_n(x)$, und mit k_n' den nachfolgenden Koeffizienten von x^{n-1} in $P_n(x)$. Ferner sei

$$h_n = \int_a^b p(x)\,[P_n(x)]^2\,dx \qquad (n = 0, 1, 2, \ldots);$$

es ist also $\sqrt{h_n}$ der *Normierungsfaktor* von $P(x)$. Dann gilt die *Rekursionsformel:*

$$(2.1) \qquad P_{n+1}(x) = (A_n x + B_n)\,P_n(x) - C_n\,P_{n-1}(x) \qquad (n = 1, 2, \ldots)$$

mit Konstanten A_n, B_n und C_n, die den Gleichungen

$$(2.2) \qquad A_n = \frac{k_{n+1}}{k_n}, \qquad B_n = A_n\!\left(\frac{k_{n+1}'}{k_{n+1}} - \frac{k_n'}{k_n}\right), \qquad C_n = \frac{A_n\,h_n}{A_{n-1}\,h_{n-1}}$$

genügen.

Zum Beweis beachte man zunächst, daß

$$P_{n+1}(x) - A_n\,x\,P_n(x)$$

ein Polynom von einem Grade kleiner oder gleich n ist und sich folglich linear durch $P_0(x), \ldots, P_n(x)$ mit geeigneten Konstanten $\gamma_0, \ldots, \gamma_n$ dar-stellen läßt:

$$P_{n+1}(x) - A_n\,x\,P_n(x) = \gamma_0\,P_n(x) + \gamma_1\,P_{n-1}(x) + \cdots + \gamma_n\,P_0(x).$$

Multipliziert man diese Gleichung mit $p(x) P_\nu(x)$ $(\nu = 0, \ldots, n-2)$ und integriert von a bis b, so folgt sofort $\gamma_\nu = 0$ $(\nu = 2, \ldots, n)$[1]. Ferner liefert Koeffizientenvergleich für den Koeffizienten von x^n:

$$k'_{n+1} - A_n k'_n = \gamma_0 k_n,$$

also ist

$$\gamma_0 = \frac{1}{k_n} (k'_{n+1} - A_n k'_n) = A_n \left(\frac{k'_{n+1}}{k_{n+1}} - \frac{k'_n}{k_n} \right) = B_n.$$

Zum Beweis unserer Behauptung ist dann nur noch $-\gamma_1 = C_n$ nachzuweisen. Aus

$$-\gamma_1 P_{n-1}(x) = -P_{n+1}(x) + (A_n x + B_n) P_n(x)$$

folgt

$$-\gamma_1 \int_a^b p(x) [P_{n-1}(x)]^2 \, dx = -\gamma_1 h_{n-1} = A_n \int_a^b p(x) \, x \, P_n(x) \, P_{n-1}(x) \, dx$$

$$= A_n \int_a^b p(x) \, P_n(x) \, k_{n-1} x^n \, dx = A_n \frac{k_{n-1}}{k_n} \int_a^b p(x) [P_n(x)]^2 \, dx = A_n \frac{k_{n-1}}{k_n} h_n,$$

und daher gilt tatsächlich

$$-\gamma_1 = A_n \frac{k_{n-1} h_n}{k_n h_{n-1}} = \frac{A_n}{A_{n-1}} \frac{h_n}{h_{n-1}} = C_n.$$

Wir bemerken ferner, daß (2.1) auch für $n = 0$ gültig bleibt, wenn man

$$P_{-1}(x) \equiv 0$$

setzt, denn es ist

$$P_1(x) = k_1 x + k'_1 = \left(\frac{k_1}{k_0} x + \frac{k'_1}{k_0} \right) k_0 = (A_0 x + B_0) P_0(x).$$

Eine andere wichtige Formel, die in Analogie zu der Beziehung

$$\frac{1}{2} + \sum_{\nu=1}^n (\cos \nu\xi \cos \nu x + \sin \nu\xi \sin \nu x) = \frac{1}{2} + \sum_{\nu=1}^n \cos \nu(\xi - x) = \frac{\sin((n + \frac{1}{2})(\xi - x))}{2 \sin \frac{\xi - x}{2}}$$

aus der Theorie der trigonometrischen Reihen steht, ist die folgende *Summationsformel von* CHRISTOFFEL-DARBOUX:

$$(2.3) \qquad \sum_{\nu=0}^n \frac{1}{h_\nu} P_\nu(x) P_\nu(y) = \frac{1}{h_n} \frac{k_n}{k_{n+1}} \frac{P_{n+1}(x) P_n(y) - P_n(x) P_{n+1}(y)}{x - y}.$$

Zum Beweis dieser Gleichung benutzen wir die zuvor hergeleitete Rekursionsformel. Danach ist

$$P_{\nu+1}(x) P_\nu(y) - P_\nu(x) P_{\nu+1}(y) = [(A_\nu x + B_\nu) P_\nu(x) - C_\nu P_{\nu-1}(x)] P_\nu(y) -$$
$$- [(A_\nu y + B_\nu) P_\nu(y) - C_\nu P_{\nu-1}(y)] P_\nu(x)$$
$$= (x - y) A_\nu P_\nu(x) P_\nu(y) + C_\nu [P_\nu(x) P_{\nu-1}(y) - P_{\nu-1}(x) P_\nu(y)].$$

---

[1] Man beachte dabei, daß für $\nu \leq n - 2$ der Grad des Polynoms $x P_\nu(x) \leq n - 1$ ist und daher $x P_\nu(x)$ zu $P_n(x)$ orthogonal ist.

Auf Grund von (2.2) folgt hieraus

$$(x - y)\frac{1}{h_\nu} P_\nu(x) P_\nu(y) = \frac{1}{h_\nu A_\nu}\left[P_{\nu+1}(x) P_\nu(y) - P_\nu(x) P_{\nu+1}(y)\right] -$$
$$- \frac{1}{h_{\nu-1} A_{\nu-1}}\left[P_\nu(x) P_{\nu-1}(y) - P_{\nu-1}(x) P_\nu(y)\right],$$

und diese Beziehung lautet für $\nu = 0$:

$$(x - y)\frac{1}{h_0} P_0(x) P_0(y) = \frac{1}{h_0 A_0}\left[P_1(x) P_0(y) - P_0(x) P_1(y)\right].$$

Durch Summation dieser Gleichungen erhält man

$$(x - y)\sum_{\nu=0}^{n} \frac{1}{h_\nu} P_\nu(x) P_\nu(y) = \frac{1}{h_n A_n}\left[P_{n+1}(x) P_n(y) - P_n(x) P_{n+1}(y)\right],$$

und daraus folgt sofort die behauptete Gl. (2.3). Setzt man $x - y = z$, so geht diese Gleichung in

$$\sum_{\nu=0}^{n} \frac{1}{h_\nu} P_\nu(x) P_\nu(x - z) = \frac{1}{h_0 A_0}\frac{P_{n+1}(x) P_n(x - z) - P_n(x) P_{n+1}(x - z)}{z}$$

über. Führt man auf beiden Seiten den Grenzübergang $z \to 0$ aus, was auf der rechten Seite nach der Regel von L'HOSPITAL zu erfolgen hat, so erhält man:

$$(2.4) \qquad \sum_{\nu=0}^{n} \frac{1}{h_\nu} P_\nu^2(x) = \frac{1}{h_n}\frac{k_n}{k_{n+1}}\left[P'_{n+1}(x) P_n(x) - P'_n(x) P_{n+1}(x)\right].$$

Aus dieser Gleichung folgt die wichtige Ungleichung

$$(2.5) \qquad \frac{k_n}{k_{n+1}}\left[P'_{n+1}(x) P_n(x) - P'_n(x) P_{n+1}(x)\right] > 0.$$

Ferner gibt (2.3) die Möglichkeit, eine neue Beziehung für die CHRISTOFFEL-schen Konstanten $H_{n,\nu}$ aus dem vorhergehenden Paragraphen herzuleiten. Setzt man in (2.3) für y die ν-te Nullstelle x_ν von $P_n(x)$ ein, so folgt

$$-\frac{1}{h}\frac{k_n}{k_{n+1}} P_{n+1}(x_\nu)\frac{P_n(x)}{x - x_\nu} = \sum_{\mu=0}^{n} \frac{1}{h_\mu} P_\mu(x) P_\mu(x_\nu).$$

Durch Multiplikation mit $p(x)$ und Integration von a bis b ergibt sich hieraus

$$-\frac{1}{h_n}\frac{k_n}{k_{n+1}} P_{n+1}(x_\nu) P'_n(x_\nu) H_{n,\nu} = \sum_{\mu=0}^{n} \frac{P_\mu(x_\nu)}{h_\mu} \int_a^b p(x) P_\mu(x)\, d x$$

$$= \frac{P_0(x_\nu)}{h_0} \int_a^b p(x) P_0(x)\, d x = \frac{1}{h_0} \int_a^b p(x)\left[P_0(x)\right]^2 d x = 1.$$

Aus (2.4) folgt für $x = x_\nu$ andererseits

$$-\frac{1}{h_n}\frac{k_n}{k_{n+1}}\,P_{n+1}(x_\nu)\,P_n'(x_\nu) = \sum_{\mu=0}^{n-1}\frac{1}{h_\mu}\,[P_\mu(x_\nu)]^2,$$

und beide Gleichungen zusammen liefern die Beziehung

$$H_{n,\nu}^{-1} = \sum_{\mu=0}^{n-1}\frac{1}{h_\mu}\,[P_\mu(x_\nu)]^2,$$

die insbesondere zeigt, *daß die* CHRISTOFFEL*schen Konstanten alle positiv sind.*

§3. Die Formel von RODRIGUEZ.

Wir betrachten die Funktion

(3.1) $$F_n(x) = \frac{1}{p(x)}\,D^n[p(x)\,X^n] \qquad (n = 0, 1, 2, \ldots),$$

wobei D^n die n-te Ableitung des in der Klammer stehenden Ausdrucks angibt und X ein Polynom von höchstens zweitem Grade sei, das im Falle eines endlichen Grundintervalls (a, b) durch den folgenden Ausdruck gegeben wird:

$$X = (b - x)(x - a) \qquad (a, b \text{ reell, } a < b).$$

Im allgemeinen, d.h. bei beliebiger Funktion $p(x)$, ist $F_n(x)$ offensichtlich kein Polynom. Ist dies aber der Fall, wie z.B. für $p(x) \equiv 1$, und ist $F_n(x)$ sogar ein Polynom n-ten Grades in x, so besteht die wichtige Tatsache, daß sich $F_n(x)$ von dem zu der Belegungsfunktion $p(x)$ und dem Intervall (a, b) gehörenden orthogonalen Polynom $P_n(x)$ nur um einen konstanten Faktor unterscheidet:

(3.2) $$P_n(x) = \frac{1}{K_n}F_n(x) = \frac{1}{K_n\,p(x)}\,D^n[p(x)\,X^n].$$

Dies ist (im weiteren Sinne) die *Formel von* RODRIGUEZ[1].

Daß $F_n(x)$ ein Polynom ist, trifft bei allen *klassischen* orthogonalen Polynomen, d.h. bei den nach JACOBI, LAGUERRE und HERMITE benannten Polynomen und ihren Sonderfällen zu.

Bevor wir die Gl. (3.2) beweisen, wollen wir feststellen, unter welchen Voraussetzungen über die Belegungsfunktion $p(x)$ die Funktion $F_n(x)$ ein Polynom ist und was an die Stelle von (3.1) tritt, wenn nicht beide Intervallgrenzen von (a, b) endlich sind. Sei insbesondere $F_1(x)$ ein lineares Polynom, d.h.

$$\frac{1}{p(x)}\,D[p(x)\,X] = \frac{1}{p(x)}\,p'(x)\,X + X' = A\,x + B,$$

---

[1] Unter der eigentlichen Formel von RODRIGUEZ versteht man den Spezialfall von (3.2) für die (im folgenden noch einzuführenden) LEGENDREschen Polynome; es ist jedoch zweckmäßig, die Bezeichnung in diesem erweiterten Sinne zu benutzen.

so folgt

$$(3.3) \qquad \frac{p'(x)}{p(x)} = \frac{A\,x + B - X'}{X} = \frac{A^*\,x + B^*}{(b - x)\,(x - a)} = -\frac{\alpha}{b - x} + \frac{\beta}{x - a}$$

und daraus durch Integration

$$\log p\,(x) = \alpha \log\,(b - x) + \beta \log\,(x - a) + \log C\,;$$

also ist

$$(3.4) \qquad\qquad p\,(x) = C\,(b - x)^{\alpha}\,(x - a)^{\beta},$$

wobei C, α, β reelle Konstanten sind. Da nach Voraussetzung $p(x)$ Belegungsfunktion sein sollte, muß das Integral

$$\int_a^b p\,(x)\,d\,x$$

existieren, und dies ist nur der Fall für

$$\alpha > -1\,, \qquad \beta > -1\,.$$

Ist umgekehrt eine Belegungsfunktion der Gestalt (3.4) mit $\alpha > -1$, $\beta > -1$ gegeben, so ist $F_n(x)$ stets ein Polynom vom Grad n. Dies folgt sofort mit Hilfe der Leibnizschen Formel:

$$F_n(x) = (b - x)^{-\alpha}\,(x - a)^{-\beta}\,D^n\,\big[(b - x)^{n+\alpha}\,(x - a)^{n+\beta}\big]$$

$$= (b - x)^{-\alpha}\,(x - a)^{-\beta}\sum_{k=0}^{n}\binom{n}{k}\,D^k\,\big[(b - x)^{n+\alpha}\big]D^{n-k}\,\big[(x - a)^{n+\beta}\big]$$

$$= (b-x)^{-\alpha}(x-a)^{-\beta}\sum_{k=0}^{n}(-1)^k\binom{n}{k}\,(n+\alpha)(n+\alpha-1)\dots(n+\alpha-k+1)\times$$

$$\times\,(b - x)^{n+\alpha-k}\,(n + \beta)\,(n + \beta - 1)\dots(\beta + k + 1)\,(x - a)^{\beta+k}$$

$$= \sum_{k=0}^{n}(-1)^k\binom{n}{k}(n+\alpha)\dots(n+\alpha-k+1)(n+\beta)\dots(\beta+k+1)(b-x)^{n-k}(x-a)^{k}.$$

Dies ist ein Polynom in x höchstens vom Grad n. Der Koeffizient von x^n hat bis auf das Vorzeichen die Gestalt

$$\sum_{k=0}^{n}\binom{n}{k}\,(n + \alpha)\dots(n + \alpha - k + 1)\,(n + \beta)\dots(\beta + k + 1)\,.$$

Für $n > 0$ ist in dieser Summe wegen $\alpha > -1$, $\beta > -1$ jedes Reihenglied positiv, also auch die Summe. Da nach Definition $F_0(x) \equiv 1$ ist, ist tatsächlich $F_n(x)$ $(n = 0, 1, 2, \dots)$ ein Polynom vom Grad n in x.

Es soll nun die Formel von Rodrigues (3.2) bewiesen werden. Dazu stützen wir uns auf die in Kap. I, §3 bewiesene Tatsache, daß die orthogonalen Polynome durch die Belegungsfunktion $p(x)$ und das Integrationsintervall (a, b) bis auf einen konstanten Faktor eindeutig bestimmt sind. Um die Richtigkeit von (3.2) zu beweisen, haben wir nur noch festzustellen, daß $F_n(x)$ der Orthogonalitätsbedingung (1.2) genügt, und das ist der Fall, wenn $F_n(x)$ zu allen Polynomen kleineren Grades orthogonal ist. Sei $\Pi_{n-1}(x)$ ein solches Polynom, so muß also gelten

$$(3.5) \quad \int_a^b p(x) F_n(x) \Pi_{n-1}(x) \, dx = \int_a^b \Pi_{n-1}(x) D^n [p(x) X^n] \, dx = 0.$$

Da alle Ableitungen bis zur $(n-1)$-ten Ordnung von $p(x) X^n$ für $x = a$ und $x = b$ verschwinden, erhält man durch mehrfache partielle Integrationen

$$\int_a^b \Pi_{n-1}(x) D^n [p(x) X^n] \, dx = (-1)^n \int_a^b \Pi_{n-1}^{(n)}(x) p(x) X^n \, dx.$$

Da ferner die n-te Ableitung eines Polynoms höchstens $(n-1)$-ten Grades identisch verschwindet, ist der rechts stehende Ausdruck gleich 0; daraus folgt bereits Gl. (3.5)[1].

Bisher haben wir den Fall eines endlichen Grundintervalls (a, b) betrachtet. Sei jetzt einer der Endpunkte gleich ∞, also etwa $b = \infty$. Dann setze man

$$X = x - a.$$

Jetzt gilt in Analogie zu (3.3)

$$\frac{p'(x)}{p(x)} = \frac{A^* x + B^*}{x - a} = A^* + \frac{\alpha}{x - a},$$

und man erhält durch Integration

$$\log p(x) = A^* x + \alpha \log(x - a) + \log C;$$

für $C = 1$ gilt also

$$p(x) = e^{A^* x} (x - a)^{\alpha},$$

wobei A^* und α reelle Konstanten sind und $\alpha > -1$ ist. Auf Grund einer einfachen Rechnung ist auch jetzt einzusehen, daß $F_n(x)$ tatsächlich ein Polynom n-ten Grades in x ist. Ohne Einschränkung kann man

---

[1] Übt man eine entsprechende n-fache partielle Integration auf das Integral

$$\int_a^b p(x) F(x) P_n(x) \, dx$$

aus, wobei jetzt $F(x)$ eine beliebige n-mal differenzierbare Funktion ist, so erhält man unter Berücksichtigung von (3.2) die Gleichung

$$\int_a^b p(x) F(x) P_n(x) \, dx = \frac{(-1)^n}{K_n} \int_a^b p(x) F^{(n)}(x) \, dx.$$

schließlich noch $|A^*| = 1$ annehmen, denn sonst kann man durch die Transformation

$$x \to \frac{x}{|A^*|},$$

die an der Gestalt von $p(x)$ nichts wesentliches ändert, dazu übergehen. Für positives A^* ist $p(x)$ offenbar keine Belegungsfunktion, denn dann existiert das Integral

$$\int_a^\infty p(x)\, dx$$

nicht.

Sei nun $A^* = -1$, also

$$p(x) = e^{-x}(x - a)^\alpha,$$

so gilt

$$\lim_{x \to \infty} x^n p^{(m)}(x) = 0$$

mit beliebigen nicht negativen ganzen Zahlen n und m. Diese Bedingung ist wichtig, da man mit ihrer Hilfe, ebenso wie für endliches b, auch im Falle $b = \infty$ die Gleichung

$$\left[\Pi_{n-1}^{(r-1)}(x)\, D^{n-r}\left[p(x)\, X^n \right] \right]_a^b = 0 \qquad (r = 1, 2, \ldots, n)$$

beweisen kann, auf die der Beweis von (3.5) gegründet war.

Es bleibt schließlich noch der Fall $a = -\infty$, $b = \infty$ zu untersuchen. Jetzt sei $X \equiv 1$ und folglich

$$\frac{p'(x)}{p(x)} = A x + B,$$

also

$$p(x) = e^{\frac{1}{2}A x^2 + B x + C}$$

mit einer beliebigen Konstanten C. Auch jetzt ist $p(x)$ nur dann Belegungsfunktion, wenn A negativ ist. Sei also $A = -h^2$, dann ist

$$\frac{1}{2}A x^2 + B x + C = -\frac{1}{2}h^2 x^2 + \frac{B}{h}h x - \frac{1}{2}\left(\frac{B}{h}\right)^2 + \frac{1}{2}\left(\frac{B}{h}\right)^2 + C$$

$$= -\frac{1}{2}\left(h x - \frac{B}{h}\right)^2 + \frac{1}{2}\left(\frac{B}{h}\right)^2 + C.$$

Durch die Substitution

$$\left(h x - \frac{B}{h}\right) \to x$$

folgt daraus

$$p(x) = C^* e^{-\frac{1}{2}x^2},$$

und ohne Einschränkung kann man noch $C^* = 1$ annehmen. Unmittelbar ist auch jetzt einzusehen, daß $F_n(x)$ ein Polynom vom Grad n in x ist. Aus

$$\lim_{x \to \pm \infty} x^n \, p^{(m)}(x) = 0$$

folgt in diesem Fall die Gültigkeit von (3.5).

Wir fassen die Ergebnisse dieses Paragraphen noch einmal zusammen:

Die Funktion

$$F_n(x) = \frac{1}{p(x)} \, D^n \big[p(x) \, X^n \big],$$

gebildet mit

$$X = \begin{cases} (b-x)(x-a) & \text{für} \quad |a| < \infty, \; |b| < \infty \\ x-a & \text{für} \quad |a| < \infty, \; b = \infty \\ 1 & \text{für} \quad -a = b = \infty \end{cases}$$

und einer Belegungsfunktion $p(x)$ im Intervall (a, b), ist dann und nur dann ein Polynom vom Grad n in X, wenn $p(x)$, abgesehen von multiplikativen Konstanten oder einfachen Abszissentransformationen, gegeben ist durch

$$p(x) = \begin{cases} (b-x)^\alpha (x-a)^\beta \; \text{mit} \; \alpha > -1, \, \beta > -1 \; \text{für} \; |a| < \infty, \, |b| < \infty \\ e^{-x}(x-a)^\alpha \quad \text{mit} \quad \alpha > -1 \qquad \text{für} \; |a| < \infty, \, b = \infty \\ e^{-\frac{1}{2}x^2} \qquad\qquad\qquad\qquad\qquad\quad \text{für} \; -a = b = \infty. \end{cases}$$

Ist dies der Fall, so sind die Polynome $F_n(x)$ bezüglich der Belegungsfunktion $p(x)$ orthogonal[1].

Diese Polynome werden als *klassische orthogonale Polynome* (im weiteren Sinne) bezeichnet[2].

§ 4. Die Differentialgleichung der klassischen orthogonalen Polynome.

Die Bedeutung der Formel von RODRIGUES beruht auf der Tatsache, daß es mit ihrer Hilfe möglich ist, einfache Differentialgleichungen zweiter Ordnung für die klassischen orthogonalen Polynome herzuleiten. Genau gilt:

Das $(n+1)$-te klassische orthogonale Polynom $P_n(x)$ genügt der homogenen linearen Differentialgleichung zweiter Ordnung

(4.1) $$X \, y'' + K_1 \, P_1 \, y' + \lambda_n \, y = 0,$$

---

[1] Bildet man die Funktion $F_n(x)$ zunächst mit einem beliebigen Polynom X und verlangt man, daß $F_n(x)$ ein Polynom n-ten Grades ist, so folgt daraus bereits, daß der Grad von X höchstens gleich 2 sein kann. Siehe M. WEBER und A. ERDÉLYI, *On the finite difference analogue of* RODRIGUES' *formula*, Amer. Math. Monthly **59**, 163—168 (1952). Ein entsprechender Satz wird dort auch für den Fall bewiesen, daß die n-te Ableitung durch die Bildung der n-ten Differenz ersetzt wird.

[2] Unter den klassischen orthogonalen Polynomen im engeren Sinne versteht man den Spezialfall, daß das Grundintervall $(-1, 1)$ oder $(0, \infty)$ ist.

wobei die Konstante λ_n durch

$$(4.2) \qquad \lambda_n = - n \left(K_1 k_1 + \frac{n-1}{2} X'' \right)$$

gegeben ist.

Zum Beweis benutzen wir zunächst, daß X ein Polynom höchstens zweiten Grades ist. Daher gilt auf Grund der LEIBNIZschen Regel:

$$D^{n+1}[XD(pX^n)]$$
$$= XD^{n+2}(pX^n) + (n+1)X'D^{n+1}(pX^n) + \binom{n+1}{2} X''D^n(pX^n)$$
$$= K_n \left[XD^2(pP_n) + (n+1)X'D(pP_n) + \frac{n(n+1)}{2} X'' p P_n \right];$$

andererseits ist

$$D^{n+1}[XD(pX^n)]$$
$$= D^{n+1}\{XD[(pX)X^{n-1}]\} = D^{n+1}[X^n D(pX) + (n-1)X^n p X']$$
$$= D^{n+1}[X^n K_1 p P_1 + (n-1)X' p X^n] = D^{n+1}\{[K_1 P_1 + (n-1)X'] p X^n\}$$
$$= [K_1 P_1 + (n-1)X']D^{n+1}(pX^n) + (n+1)[K_1 P_1' + (n-1)X'']D^n(pX^n)$$
$$= K_n \{[K_1 P_1 + (n-1)X']D(pP_n) + (n+1)[K_1 P_1' + (n-1)X''] p P_n\}.$$

Aus diesen beiden Gleichungen folgt

$$XD^2(pP_n) + (n+1)X'D(pP_n) + \frac{n(n+1)}{2} X'' p P_n$$
$$= [K_1 P_1 + (n-1)X'']D(pP_n) + (n+1)[K_1 P_1' + (n-1)X''] p P_n,$$

also auch

$$XD^2(pP_n) + (2X' - K_1 P_1)D(pP_n) - (n+1)\left(K_1 P_1' + \frac{n-2}{2} X''\right) p P_n = 0.$$

Setzt man y für P_n, so erhält man daraus durch eine einfache Rechnung

$$(4.3) \quad \left\{ \begin{aligned} & Xy'' + \left(2X\frac{p'}{p} + 2X' - K_1 P_1\right) y' + \\ & + \left[X\frac{p''}{p} + (2X' - K_1 P_1)\frac{p'}{p} - (n+1)\left(K_1 P_1 + \frac{n-2}{2} X''\right)\right] y = 0. \end{aligned} \right.$$

Nach (3.2) ist

$$\frac{p'}{p} X + X' = K_1 P_1$$

und folglich

$$(4.4) \qquad 2X\frac{p'}{p} + 2X' - K_1 P_1 = K_1 P_1.$$

Durch Differentiation der ebenfalls aus (3.2) folgenden Gleichung

$$(4.5) \qquad D(Xp) = K_1 p P_1$$

erhält man

$$X\,p'' + 2X'\,p' + X''\,p = K_1(p'\,P_1 + p\,P_1')$$

und daraus

$$X\,\frac{p''}{p} + (2X' - K_1 P_1)\,\frac{p'}{p} = K_1 P_1' - X''.$$

Auf Grund der Gln. (4.4) und (4.5) geht (4.3) in

$$X\,y'' + K_1 P_1\,y' + \left[K_1 P_1' - X'' - (n+1)\left(K_1 P_1' + \frac{n-2}{2}\,X''\right)\right] y = 0$$

über. Berücksichtigt man noch die Beziehung $P_1' = k_1$, so folgt daraus unmittelbar (4.1).

Multipliziert man (4.1) mit p, so geht (4.1) mit Hilfe von (4.5) in die selbstadjungierte Form über:

$$(4.7) \qquad\qquad D(p\,X\,y') + \lambda_n\,p\,y = 0.$$

Mit Hilfe dieser Differentialgleichung kann man wieder sehr leicht die Gültigkeit der Orthogonalitätsrelation (1.2) nachweisen, doch soll dies hier nicht ausgeführt werden[1].

Auf Grund von (4.7) kann man eine sehr wichtige Formel herleiten, die die *erste Ableitung der klassischen orthogonalen Polynome* liefert. Es gilt

$$(4.8) \qquad\qquad X P_n' = \left(\frac{n}{2}\,X''\,x + \alpha_n\right) P_n + \beta_n\,P_{n-1}$$

mit zwei Konstanten α_n und β_n, die folgendermaßen erklärt sind:

$$(4.9) \qquad \alpha_n = n\,X'(0) - \frac{1}{2}\,X''\,\frac{k_n'}{k_n}, \qquad \beta_n = -\frac{C_n}{A_n}\left(K_1\,k_1 + \frac{2n-1}{2}\,X''\right),$$

dabei mögen k_n, k_n', A_n und C_n dieselbe Bedeutung wie in § 2 besitzen.

Diese Beziehung soll nun bewiesen werden. Wir zeigen dazu zunächst, daß für ein beliebiges Polynom $\Pi_{n-2}(x)$ mit einem Grad $\leq n-2$, die Gleichung

$$\int_a^b p\,X\,P_n'\,\Pi_{n-2}\,dx = 0$$

besteht. In der Tat, sei Π_{n-1}^* das unbestimmte Integral von Π_{n-2}, so folgt durch partielle Integration unter Verwendung von (4.7)

$$(4.10) \quad \begin{cases} \displaystyle\int_a^b p\,X\,P_n'\,\Pi_{n-2}\,dx \\[2mm] = [p\,X\,P_n'\,\Pi_{n-1}^*]_a^b - \displaystyle\int_a^b \Pi_{n-1}^*\,D(p\,X\,P_n')\,dx = \lambda_n\int_a^b p\,P_n\,\Pi_{n-1}^*\,dx = 0. \end{cases}$$

Durch Koeffizientenvergleich stellt man fest, daß in dem Polynom

$$X P_n' - \frac{n}{2}\,X''\,x\,P_n$$

der Koeffizient von x^{n+1} verschwindet; es ist also ein Polynom höchstens n-ten Grades. Folglich existiert mit geeigneten Konstanten

$$\alpha_n, \ \beta_n, \ \gamma_{n-2}, \ \ldots, \ \gamma_0$$

eine Darstellung

$$X P_n' - \frac{n}{2} X'' x P_n = \alpha_n P_n + \beta_n P_{n-1} + \gamma_{n-2} P_{n-2} + \cdots + \gamma_0 P_0.$$

Kann man nun $\gamma_0 = \gamma_1 = \cdots = \gamma_{n-2} = 0$ beweisen, so folgt daraus sofort die behauptete Gl. (4.8). Um dies einzusehen, multipliziert man die letzte Gleichung mit $p P_\nu$ $(\nu = 0, \ldots, n-2)$ und integriert von a bis b; dann folgt auf Grund der Orthogonalität der Polynome

$$\gamma_\nu \int_a^b p P_\nu^2 dx = \int_a^b p X P_n' P_\nu \, dx - \frac{n}{2} X'' \int_a^b p P_n x P_\nu dx = 0.$$

Das zweite Integral auf der rechten Seite dieser Gleichung verschwindet, da $x P_\nu$ als Polynom höchstens $(n-1)$-ten Grades zu P_n orthogonal ist. Für das rechts stehende erste Integral erhält man durch partielle Integration und zufolge (4.7)

$$\int_a^b p X P_n' P_\nu \, dx = \left[p X P_n' P_{\nu+1}^* \right]_a^b - \int_a^b D \left(p X P_n' \right) P_{\nu+1}^* \, dx$$

$$= \left[p X P_n' P_{\nu+1}^* \right]_a^b + \lambda_n \int_a^b p P_n P_{\nu+1}^* \, dx,$$

wobei $P_{\nu+1}^*$ ein Polynom höchstens $(n-1)$-ten Grades ist. Da X für a und b verschwindet und P_n zu $P_{\nu+1}^*$ orthogonal ist, ist auch dieses Integral gleich Null. Insgesamt gilt also

$$\gamma_\nu \int_a^b p P_\nu^2 dx = 0 \qquad (\nu = 0, \ldots, n-2)$$

und folglich

$$\gamma_\nu = 0 \qquad (\nu = 0, \ldots, n-2).$$

Es sind jetzt nur noch die Konstanten α_n und β_n zu bestimmen. Durch Koeffizientenvergleich von x^n in (4.8) erhält man

$$n k_n X'(0) + (n-1) k_n' \frac{1}{2} X'' = k_n' \frac{n}{2} X'' + k_n \alpha_n,$$

und daraus folgt sofort der behauptete Ausdruck für α_n. Multiplikation von (4.8) mit P_{n-1} und Integration liefert

$$(4.11) \quad \beta_n \int_a^b p P_{n-1}^2 \, dx = \int_a^b p X P_n' P_{n-1} \, dx - \frac{n}{2} X'' \int_a^b p P_n x P_{n-1} \, dx.$$

Wegen

$$x P_{n-1} = k_{n-1} x^n + k_{n-1}' x^{n-1} + \cdots = \frac{k_{n-1}}{k_n} \left(P_n + \mu_{n-1} P_{n-1} + \cdots + \mu_0 P_0 \right)$$

ist ferner

$$\int\limits_a^b p\,P_n\,x\,P_{n-1}\,d\,x = \frac{k_{n-1}}{k_n}\int\limits_a^b p\,P_n^2\,d\,x = \frac{k_{n-1}}{k_n}\,h_n\,.$$

Andererseits erhält man auf Grund von (4.7) und eine analoge Betrachtung

$$\int\limits_a^b p\,X\,P_n'\,P_{n-1}\,d\,x = [p\,X\,P_n'\,P_n^*]_b^a - \int\limits_a^b P_n^*\,D\,(p\,X\,P_n')\,d\,x = -\int\limits_a^b P_n^*\,D\,(p\,X\,P_n')\,d\,x$$

$$= \lambda_n\int\limits_a^b p\,P_n\,P_n^*\,d\,x = \lambda_n\int\limits_a^b p\,P_n\Big(\frac{k_{n-1}}{n}x^n + \cdots\Big)d\,x = \lambda_n\frac{k_{n-1}}{n\,k_n}\int\limits_a^b p\,P_n^2\,d\,x = \lambda_n\frac{k_{n-1}}{n\,k_n}h_n\,.$$

Damit ergibt sich aus (4.10)

$$\beta_n\,h_{n-1} = \Big(\frac{\lambda_n}{n} - \frac{n}{2}\,X''\Big)\frac{k_{n-1}}{k}\,h_n\,.$$

Zufolge (4.2) und (2.2) erhält man daraus den behaupteten Ausdruck für β_n.

Wir bemerken noch, daß man mit Hilfe der Rekursionsformel (2.1) die rechte Seite der Gl. (4.8) auch in einen Ausdruck überführen kann, in dem statt P_n und P_{n-1} die Polynome P_{n+1} und P_n vorkommen.

Schließlich wollen wir einen einfachen Ausdruck für den *Normierungsfaktor* h_n von $P_n(x)$ angeben, ebenfalls unter der Voraussetzug, daß $P_n(x)$ ein in unserem erweiterten Sinne klassisches Orthogonalpolynom ist. Nach (3.2) gilt

$$K_n\,h_n = K_n\int\limits_a^b p\,P_n^2\,d\,x = \int\limits_a^b D\,[p\,X^n]\,P_n\,d\,x\,,$$

und daraus folgt durch n-malige partielle Integration

$$K_n\,h_n = (-1)^n\int\limits_a^b p\,X^n\,P_n^{(n)}\,d\,x\,;$$

wegen

$$P_n^{(n)} = n!\,k_n$$

erhält man dann

(4.12) $$h_n = (-1)^n\,\frac{n!\,k_n}{K_n}\int\limits_a^b p\,X^n\,d\,x\,.$$

§ 5. Änderung der Belegungsfunktion.

Die Formel von RODRIGUES und alle daraus folgenden Ergebnisse hatten wir unter der Voraussetzung hergeleitet, daß es sich um klassische orthogonale Polynome handle, d.h., daß die Belegungsfunktion $p(x)$ die im vorhergehenden Paragraphen angegebene Gestalt besitze.

Doch können einige dieser Ergebnisse auch für gewisse andere Belegungsfunktionen benutzt werden. Die Grundlage hierfür bildet eine Formel von CHRISTOFFEL, die es erlaubt, die bezüglich einer Belegungsfunktion $q(x)$ orthogonalen Polynome $Q_n(x)$ durch die zu einer Belegungsfunktion $p(x)$ gehörenden orthogonalen Polynome $P_n(x)$ auszudrücken, falls $q(x)$ aus $p(x)$ nur durch Multiplikation mit einem in (a, b) nicht negativen Polynom $r(x)$ hervorgeht[1].

Sei also

$$q(x) = p(x)\, r(x), \qquad r(x) = a(x - \alpha_1) \ldots (x - \alpha_l),$$

und setzen wir zunächst voraus, daß die Nullstellen $\alpha_1, \ldots, \alpha_l$ von $r(x)$ alle voneinander verschieden seien, dann besteht die Beziehung

$$(5.1) \qquad B_n\, r(x)\, Q_n(x) = \begin{vmatrix} P_n(x) & P_{n+1}(x) & \ldots & P_{n+l}(x) \\ P_n(\alpha_1) & P_{n+1}(\alpha_1) & \ldots & P_{n+l}(\alpha_1) \\ \cdots & \cdots & \cdots & \cdots \\ P_n(\alpha_l) & P_{n+1}(\alpha_l) & \ldots & P_{n+l}(\alpha_l) \end{vmatrix}$$

$$= C_0 P_n(x) + C_1 P_{n+1}(x) + \cdots + C_l P_{n+l}(x),$$

wobei B_n eine Konstante ist [die nur von der Standardisierung der Polynome $Q_n(x)$ und $P_n(x)$ abhängt] und C_i $(i = 0, \ldots, l)$ die $(i + 1)$-te Nebendeterminante der ersten Zeile der Determinante bezeichnet.

Um dies einzusehen, bemerken wir zunächst, daß diese Determinante, die mit $\Delta(x)$ bezeichnet werden soll, ein Polynom in x ist, das für $x = \alpha_i$ $(i = 1, \ldots, l)$ verschwindet und daher durch $r(x)$ teilbar ist:

$$(5.2) \qquad\qquad \Delta(x) = r(x)\, R_n(x).$$

Dabei ist $R_n(x)$ ein gewisses Polynom, das im Falle $C_l \neq 0$ den Grad n besitzt. Sei $\Pi_{n-1}(x)$ ein beliebiges Polynom von einem Grad $\leq n - 1$, dann gilt

$$(5.3) \quad \begin{cases} \int\limits_a^b q(x)\, R_n(x)\, \Pi_{n-1}(x)\, dx = \int\limits_a^b p(x)\, \Delta(x)\, \Pi_{n-1}(x)\, dx \\[2mm] \qquad\qquad = \sum\limits_{i=0}^l C_i \int\limits_a^b p(x)\, P_{n+i}(x)\, \Pi_{n-1}(x)\, dx = 0. \end{cases}$$

Daraus folgt aber bereits, daß die Polynome $R_n(x)$ $(n = 0, 1, 2, \ldots)$ ein orthogonales System in bezug auf die Belegungsfunktion $q(x)$ bilden. Ist $C_l \neq 0$, also der Grad von $R_n(x)$ gleich n, so stimmen nach dem Eindeutigkeitssatz $R_n(x)$ und $Q_n(x)$ bis auf einen konstanten Faktor überein:

$$R_n(x) = B_n\, Q_n(x).$$

---

[1] Wenn $r(x)$ in (a, b) nicht negativ sein soll, so muß jede im Inneren des Intervalls (a, b) gelegene Nullstelle eine gerade Vielfachheit besitzen.

Zum Beweis von (5.1) bleibt also nur noch $C_l \neq 0$ zu zeigen. Nimmt man $C_l = 0$ an, d.h.

$$
\begin{vmatrix}
P_n(\alpha_1) \; P_{n+1}(\alpha_1) \dots P_{n+l-1}(\alpha_1) \\
P_n(\alpha_2) \; P_{n+1}(\alpha_2) \dots P_{n+l-1}(\alpha_2) \\
\cdots \cdots \cdots \cdots \cdots \cdots \cdots \\
P_n(\alpha_l) \; P_{n+1}(\alpha_l) \dots P_{n+l-1}(\alpha_l)
\end{vmatrix} = 0,
$$

dann gibt es l Konstanten $\gamma_0, \dots, \gamma_{l-1}$, die nicht alle verschwinden, so daß das Polynom

$$
\gamma_0 P_n(x) + \gamma_1 P_{n+1}(x) + \cdots + \gamma_{l-1} P_{n+l-1}(x) = \Pi(x)
$$

durch $r(x)$ teilbar ist:

$$
\Pi(x) = r(x) \, G_{n-1}(x).
$$

Aus der Beziehung

$$
\int_a^b q \, G_{n-1}^2 \, dx = \int_a^b p \, \Pi \, G_{n-1} \, dx = \sum_{i=0}^{l-1} \gamma_i \int_a^b p \, P_{n+i} \, dx = 0
$$

folgt andererseits $G_{n-1}(x) \equiv 0$ im Widerspruch zu der Voraussetzung, daß $\Pi(x)$ nicht identisch verschwindet. Also gilt stets $C_l \neq 0$, womit (5.1) vollständig bewiesen ist.

Bisher hatten wir vorausgesetzt, daß $r(x)$ nur einfache Nullstellen besitzt. Ist dies nicht der Fall und sei z.B. $\alpha_1 = \alpha_2$, aber $\alpha_i \neq \alpha_j$ für $i > 2$, $i \neq j$, so tritt an Stelle von $\Delta(x)$

$$
\Delta_1(x) =
\begin{vmatrix}
P_n(x) \; P_{n+1}(x) \; \dots \; P_{n+l}(x) \\
P_n(\alpha_1) \; P_{n+1}(\alpha_1) \dots P_{n+l}(\alpha_1) \\
P'_n(\alpha_1) \; P'_{n+1}(\alpha_1) \dots P'_{n+l}(\alpha_1) \\
P_n(\alpha_3) \; P_{n+1}(\alpha_3) \dots P_{n+l}(\alpha_3) \\
\cdots \cdots \cdots \cdots \cdots \cdots \cdots \\
P_n(\alpha_l) \; P_{n+1}(\alpha_l) \dots P_{n+l}(\alpha_l)
\end{vmatrix}
$$

und eine entsprechende Determinante bei höherer Vielfachheit der Nullstellen. Auch die Determinante $\Delta_1(x)$ ist ein Polynom vom Grad $n+l$ in x, das durch $r(x)$ teilbar ist. Man erhält dann eine (5.1) entsprechende Gleichung:

$$
B_n \, r(x) \, Q_n(x) = \Delta_1(x) = C'_0 P_n(x) + C'_1 P_{n+1}(x) + \cdots + C'_l P_{n+l}(x).
$$

§ 6. Über die Lage der Nullstellen eines orthogonalen Polynoms.

Wir haben bereits in § 1 einige Eigenschaften der Nullstellen eines beliebigen orthogonalen Polynoms kennengelernt: Sie sind alle reell, einfach und im Grundintervall (a, b) enthalten.

Eine weitere, sehr wichtige Eigenschaft besteht darin, *daß sich die Nullstellen zweier aufeinanderfolgender orthogonaler Polynome $P_n(x)$ und $P_{n+1}(x)$ gegenseitig trennen.* Sind also x_r und x_{r+1} zwei aufeinanderfolgende Nullstellen von $P_n(x)$, so gibt es dazwischen genau eine Nullstelle von $P_{n+1}(x)$ und (für $n \geq 2$) von $P_{n-1}(x)$.

Zum Beweis dieser Behauptung ziehen wir die Formel (2.5) heran. Danach besteht für jede Nullstelle x_i $(i = 1, \ldots, n)$ von $P_n(x)$ die Ungleichung

$$\frac{k_n}{k_{n+1}} \, P_n'(x_i) \, P_{n+1}(x_i) < 0.$$

Sind nun x_r und x_{r+1} zwei aufeinanderfolgende Nullstellen von $P_n(x)$, so haben $P_n'(x_r)$ und $P_n'(x_{r+1})$ verschiedene Vorzeichen und auf Grund dieser Ungleichung dann auch $P_{n+1}(x_r)$ und $P_{n+1}(x_{r+1})$. Folglich muß zwischen x_r und x_{r+1} eine Nullstelle von $P_{n+1}(x)$ liegen. Ganz entsprechend zeigt man auch mit (2.5), daß zwischen zwei Nullstellen von $P_{n+1}(x)$ eine Nullstelle von $P_n(x)$ liegt. Damit ist bereits die Behauptung bewiesen.

Eine weitere sehr wichtige Eigenschaft ähnlicher Art gründet sich auf eine spezielle Folge von Punkten $y_0, \ldots, y_n$ aus dem Intervall (a, b), die mit den in den §§ 1 und 2 angegebenen CHRISTOFFELschen Konstanten zusammenhängen. Wie dort festgestellt, sind die CHRISTOFFELschen Konstanten $H_{n,\nu}$ alle positiv, und es gilt

$$H_{n,1} + H_{n,2} + \cdots + H_{n,n} = \int_a^b p(x)\, dx.$$

Da $p(x)$ eine nicht negative Funktion in (a, b) ist und demzufolge

$$\Phi(\xi) = \int_a^\xi p(x)\, dx$$

eine im Intervall (a, b) monoton wachsende, stetige Funktion, gibt es Konstanten y_ν mit

(6.1) $$H_{n,1} + \cdots + H_{n,\nu} = \int_a^{y_\nu} p(x)\, dx \qquad (\nu = 1, \ldots, n)$$

bzw.

$$H_{n,\nu} = \int_{y_{\nu-1}}^{y_\nu} p(x)\, dx \qquad (\nu = 1, \ldots, n).$$

Die Konstanten

$$a = y_0, y_1, \ldots, y_{n-1}, y_n = b$$

bezeichnet man als CHRISTOFFELsche Abszissen.

Zwischen diesen CHRISTOFFELschen Abszissen und den Nullstellen von $P_n(x)$ besteht ein wichtiger Zusammenhang.

Separationssatz. *Die Nullstellen $x_1, \ldots, x_n$ des n-ten orthogonalen Polynoms $P_n(x)$ werden durch die durch (6.1) gegebenen* CHRISTOFFEL*schen Abszissen $y_1, \ldots, y_{n-1}$ getrennt, d.h. es ist*

$$a = y_0 < x_1 < y_1 < x_2 < \cdots < y_{n-1} < x_n < y_n = b.$$

Zum Beweis sei $\varrho(x)$ ein Polynom, welches den folgenden $2n-1$ Bedingungen genügte:

$$\varrho(x_1) = \cdots = \varrho(x_\nu) = 1, \qquad \varrho(x_{\nu+1}) = \cdots = \varrho(x_n) = 0,$$

$$\varrho'(x_1) = \cdots = \varrho'(x_{\nu-1}) = \varrho'(x_{\nu+1}) = \cdots = \varrho'(x_n) = 0.$$

Bekanntlich existiert ein derartiges Polynom $\varrho(x)$ mit einem Grad höchstens gleich $2n-2$. Auf Grund von (1.5) besteht dann die Gleichung

$$(6.2) \qquad \int_a^b p(x)\,\varrho(x)\,dx = H_{n,1} + H_{n,2} + \cdots + H_{n,\nu}.$$

Nach dem Satz von ROLLE gibt es im Inneren jedes Intervalls

$$(x_i, x_{i+1}) \qquad \text{mit} \qquad i \neq \nu$$

eine Nullstelle ξ_i von $\varrho'(x)$. Das Intervall $(x_\nu, x_{\nu+1})$ ist ausgenommen, da hier *nicht* $\varrho(x_\nu) = \varrho(x_{\nu+1})$ gilt. Dies sind $n-2$ neue Nullstellen von $\varrho'(x)$, die zu den vorgegebenen $n-1$ Nullstellen noch hinzukommen. Da $\varrho'(x)$ höchstens den Grad $2n-3$ besitzt, sind dies genau alle Nullstellen von $\varrho'(x)$, diese sind alle einfach, und $\varrho'(x)$ hat den genauen Grad $2n-3$.

Im nächsten Schritt beweisen wir die Ungleichungen

$$(6.3) \qquad \varrho(x) \geq 1 \qquad (a \leq x \leq x_\nu), \qquad \varrho(x) \geq 0 \qquad (x_\nu \leq x \leq b),$$

so daß $\varrho(x)$ die in Abb. 9 angegebene Gestalt besitzt[1].

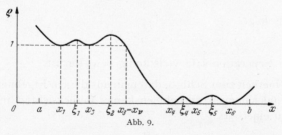

Abb. 9.

Wie wir schon wissen, besitzt $\varrho'(x)$ im Inneren jedes Intervalls (x_i, x_{i+1}) mit $i \neq \nu$ genau eine Nullstelle ξ_i mit Zeichenwechsel, und daher weist $\varrho(x)$ dort genau ein relatives Extremum auf. Da $\varrho'(x)$ im Intervall $(x_\nu, x_{\nu+1})$ nicht verschwindet und auch nicht für $x = x_\nu$, wo $\varrho'(x)$ sicher negativ ist, gilt folglich

$$\varrho(x) \geq 1 \qquad (x_{\nu-1} \leq x \leq x_\nu),$$

---

[1] In der Abbildung ist als Beispiel der Fall $n = 6$, $\nu = 3$ angegeben.

weil das Extremum in $(x_{\nu-1}, x_\nu)$ ein *Maximum* sein muß. In ähnlicher Weise hat man

$$\varrho(x) \geq 0 \qquad (x_{\nu+1} \leq x \leq x_{\nu+2}).$$

Da im Inneren eines jeden links bzw. rechts anschließenden Nachbarintervalls ebenfalls jeweils nur ein relatives Maximum vorhanden ist, setzten sich diese Eigenschaften fort, und die Ungleichungen (6.3) sind als richtig erkannt.

Auf Grund von (6.2) und (6.3) besteht die Abschätzung

$$\int_a^{y_\nu} p(x)\,dx = H_{n,1} + \cdots + H_{n,\nu} = \int_a^b p(x)\,\varrho(x)\,dx > \int_a^{x_\nu} p(x)\,\varrho(x)\,dx > \int_a^x p(x)\,dx,$$

und daraus folgt bereits

$$x_\nu < y_\nu.$$

Um auch die Ungleichung $y_{\nu-1} < x_\nu$ zu beweisen, schließt man analog. Statt $\varrho(x)$ benutzt man jetzt ein Polynom $\varrho_1(x)$ vom Grad $2n-2$, das den Bedingungen

$$\varrho_1(x_1) = \cdots = \varrho_1(x_{\nu-1}) = 0, \qquad \varrho_1(x_\nu) = \cdots = \varrho_1(x_n) = 1$$

$$\varrho_1'(x_1) = \cdots = \varrho_1'(x_{\nu-1}) = \varrho_1'(x_{\nu+1}) = \cdots = \varrho_1'(x_n) = 0$$

genügt. Damit erhält man

$$\int_{y_{\nu-1}}^b p(x)\,dx = H_{n,\nu} + H_{n,\nu+1} + \cdots + H_{n,n}$$
$$= \int_a^b p(x)\,\varrho_1(x)\,dx > \int_{x_\nu}^b p(x)\,\varrho_1(x)\,dx > \int_{x_\nu}^b p(x)\,dx,$$

und daraus folgt

$$y_{\nu-1} < x_\nu,$$

womit der Separationssatz vollständig bewiesen ist.

Wir bemerken zum Schluß, daß man aus diesem Ergebnis zwei interessante Ungleichungen entnehmen kann. Berücksichtigt man (6.1), so erhält man einerseits

$$H_{n,1} + H_{n,2} + \cdots + H_{n,\nu-1} < \int_a^{x_\nu} p(x)\,dx < H_{n,1} + H_{n,2} + \cdots + H_{n,\nu}$$

und andererseits

$$\int_a^{x_\nu} p(x)\,dx < H_{n,1} + H_{n,2} + \cdots + H_{n,\nu} < \int_a^{x_{\nu+1}} p(x)\,dx.$$

Kapitel V.

Orthogonale Polynome
mit endlichem Grundintervall.

§ 1. Eigenschaften der EULERschen Funktionen.

In diesem Paragraphen sollen einige Hilfsmittel für die weiteren Überlegungen hergeleitet werden. Es handelt sich dabei um gewisse grundlegende Eigenschaften der EULER*schen Beta- und Gammafunktion.*

Diese Funktionen können durch die beiden Integrale

$$(1.1) \qquad B(z, u) = \int_0^1 t^{z-1} (1-t)^{u-1} \, dt,$$

$$(1.2) \qquad \Gamma(z) = \int_0^\infty e^{-t} t^{z-1} \, dt$$

definiert werden, wobei z und u positiv reelle Veränderliche seien. Entsprechend können die B- und Γ-Funktion auch für komplexe Veränderliche z und u mit positivem Realteil eingeführt werden und stellen dann analytische Funktionen dar. Wenn nicht ausdrücklich anderes angegeben, setzen wir hier reelle Veränderliche voraus[1].

Von diesen beiden Funktionen ist die Γ-Funktion die wichtigere, denn die B-Funktion läßt sich auf die Γ-Funktion zurückführen, wie im folgenden noch gezeigt wird. Die Bedeutung der Γ-Funktion beruht vor allem auf der einfachen Funktionalgleichung

$$(1.3) \qquad \Gamma(z+1) = z\,\Gamma(z),$$

deren Richtigkeit man sofort durch partielle Integration nachprüfen kann. Wegen $\Gamma(1) = 1$ folgt aus dieser Funktionalgleichung, daß sich die Γ-Funktion für natürliche Zahlen als Argumente auf die Fakultät reduziert:

$$(1.4) \qquad \Gamma(n) = (n-1)!$$

Ferner ist es auf Grund von (1.3) möglich, die Γ-Funktion auch für Argumente mit negativem Realteil zu erklären, indem man

$$\Gamma(z-1) = \frac{\Gamma(z)}{z-1}$$

setzt. Man erhält so eine Funktion mit einfachen Polen an den Stellen $z = 0, -1, -2, \ldots$, welche abwechselnd negative und positive Werte in der Folge der Intervalle $(-1, 0)$, $(-2, -1)$, $(-3, -2)$, $\ldots$ annimmt. Abgesehen von diesen Polen und einer wesentlichen Singularität im Unendlichen ist die Γ-Funktion überall regulär. Die Beziehung

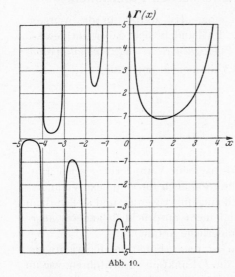

$$\lim_{z \to 0} z\, \Gamma(z) = \lim_{z \to 0} \Gamma(z + 1) = 1$$

zeigt, daß das Residuum des Pols an der Stelle $z = 0$ gleich 1 ist. Das Kurvenbild der Γ-Funktion ist in der nebenstehenden Abbildung angegeben.

Auf Grund von (1.3) kann man sofort die beiden folgenden, für die Anwendung der Γ-Funktion wichtigen Formeln beweisen:

$$(1.5) \quad \begin{cases} \Gamma(z + n) = z(z + 1) \ldots \\ \qquad (z + n - 1)\, \Gamma(z), \end{cases}$$

$$(1.6) \quad \binom{\alpha}{n} = \frac{\Gamma(\alpha + 1)}{n!\, \Gamma(\alpha - n + 1)}.$$

Abb. 10.

Um nun die angekündigte Beziehung zwischen der B- und Γ-Funktion herzuleiten, setzen wir in (1.2) $t = x^2$ und erhalten dann

$$(1.7) \qquad \Gamma(z) = 2 \int\limits_0^\infty e^{-x^2} x^{2z-1}\, dx$$

und entsprechend

$$\Gamma(u) = 2 \int\limits_0^\infty e^{-y^2} y^{2u-1}\, dy.$$

Damit gilt

$$\Gamma(z)\, \Gamma(u) = 4 \int\limits_0^\infty e^{-x^2} x^{2z-1}\, dx \int\limits_0^\infty e^{-y^2} y^{2u-1}\, dy$$

$$= 4 \int\limits_0^\infty \int\limits_0^\infty e^{-(x^2+y^2)} x^{2z-1} y^{2u-1}\, dx\, dy;$$

geht man in diesem Doppelintegral zu Polarkoordinaten über, d.h. setzt man

$$x = \varrho \cos \varphi, \quad y = \varrho \sin \varphi, \quad dx\, dy = \varrho\, d\varrho\, d\varphi,$$

so folgt

$$\Gamma(z)\, \Gamma(u) = 4 \int\limits_0^{\pi/2} (\cos \varphi)^{2z-1} (\sin \varphi)^{2u-1}\, d\varphi \int\limits_0^\infty e^{-\varrho^2} \varrho^{2(z+u)-1}\, d\varrho$$

und wegen (1.7) gilt schließlich

$$(1.8) \qquad \Gamma(z)\,\Gamma(u) = 2\,\Gamma(z+u) \int_0^{\pi/2} (\cos\varphi)^{2z-1}\,(\sin\varphi)^{2u-1}\,d\varphi.$$

Wir betrachten nun das rechts stehende Integral. Es ist

$$(1.9) \qquad \left\{ \begin{aligned} & 2\int_0^{\pi/2} (\cos\varphi)^{2z-1}\,(\sin\varphi)^{2u-1}\,d\varphi \\ & \qquad = \int_0^{\pi/2} (\cos\varphi)^{2(z-1)} \big[1-(\cos\varphi)^2\big]^{u-1}\,(2\cos\varphi\sin\varphi)\,d\varphi \\ & \qquad = \int_0^1 t^{z-1}(1-t)^{u-1}\,dt = B(z,u), \end{aligned} \right.$$

wobei die zweite Gleichung auf der Substitution $(\cos\varphi)^2 = t$ beruht. Insgesamt haben wir damit die folgende grundlegende Formel hergeleitet:

$$(1.10) \qquad B(z,u) = \frac{\Gamma(z)\,\Gamma(u)}{\Gamma(z+u)}, \qquad z > 0,\ u > 0.$$

Setzt man in (1.10) $u = 1-z$, so folgt wegen $\Gamma(1) = 1$

$$\Gamma(z)\,\Gamma(1-z) = B(z, 1-z) = \int_0^1 t^{z-1}(1-t)^{-z}\,dt.$$

Das rechts stehende Integral geht durch die Substitution $t = x(1+x)^{-1}$ in

$$\int_0^{\infty} \frac{x^{z-1}}{1+x}\,dx$$

über, und dieses Integral läßt sich unschwer berechnen, z.B. mit der Residuenmethode. Es besitzt den Wert $\pi/\sin\pi z$, und folglich ist

$$(1.11) \qquad \Gamma(z)\,\Gamma(1-z) = \frac{\pi}{\sin\pi z}.$$

Diese Beziehung wird als *Ergänzungssatz der Fakultät* bezeichnet. Für $z = 1/2$ folgt insbesondere

$$(1.12) \qquad \Gamma(1/2) = \sqrt{\pi},$$

eine Gleichung, die sich auch unmittelbar aus (1.8) ergibt.

Eine andere wichtige Formel, die hier nur erwähnt werden soll, ist die sog. *Verdopplungsformel der Γ-Funktion*:

$$(1.13) \qquad \Gamma(2z) = \frac{2^{2z-1}}{\sqrt{\pi}}\,\Gamma(z)\,\Gamma\!\left(z+\frac{1}{2}\right).$$

Dies ist der Spezialfall einer allgemeinen Formel, die $\Gamma(nz)$ mit dem Produkt

$$\Gamma(z)\,\Gamma\!\left(z+\frac{1}{n}\right)\cdots\Gamma\!\left(z+\frac{n-1}{n}\right)$$

verknüpft.

Die Formeln (1.7) und (1.12) gestatten unmittelbar, den Wert des „Integrals der Wahrscheinlichkeitsrechnung" anzugeben:

$$(1.14) \qquad \int_0^\infty e^{-x^2}\, dx = \frac{\sqrt{\pi}}{2}.$$

Diese Gleichung hatten wir schon am Ende des II. Kapitels hergeleitet.

Aus (1.9) und (1.10) folgt für $2z - 1 = \mu$ und $2u - 1 = \nu$

$$(1.15) \qquad \int_0^{\pi/2} (\cos\varphi)^\mu (\sin\varphi)^\nu\, d\varphi = \frac{\Gamma\left(\dfrac{1+\mu}{2}\right)\Gamma\left(\dfrac{1+\nu}{2}\right)}{2\,\Gamma\left(\dfrac{\mu+\nu}{2}+1\right)}.$$

Für $\mu = 0$ und eine natürliche Zahl $\nu = n$ entnimmt man daraus die bekannte Formel

$$(1.16)\quad I_n = \int_0^{\pi/2} (\sin\varphi)^n\, d\varphi = \frac{\sqrt{\pi}}{2}\,\frac{\Gamma\left(\dfrac{1+n}{2}\right)}{\Gamma\left(\dfrac{n}{2}+1\right)} = \begin{cases} \dfrac{\pi}{2}\, g_m & \text{für } n = 2m \\[2ex] \dfrac{1}{(2m+1)\, g_m} & \text{für } n = 2m+1, \end{cases}$$

wobei zur Abkürzung

$$(1.17) \qquad g_m = \frac{1\cdot 3 \ldots (2m-1)}{2\cdot 4 \ldots (2m)} = \frac{(2m)!}{2^{2m}(m!)^2}, \qquad g_0 = 1$$

gesetzt ist.

Dieses Ergebnis ermöglicht eine asymptotische Darstellung von g_m für $m \to \infty$, die wir später benutzen werden. Offensichtlich ist I_n eine echt abnehmende Funktion von n und daraus folgt

$$\frac{1}{(2m+1)\, g_m} < \frac{\pi}{2}\, g_m < \frac{1}{(2m-1)\, g_{m-1}} = \frac{1}{2m\, g_m}.$$

Multiplikation dieser Ungleichung mit $2m\, g_m$ liefert

$$\frac{2m}{2m+1} = 1 - \frac{1}{2m+1} < \pi\, m\, g_m^2 < 1;$$

also gilt

$$\pi\, m\, g_m^2 = 1 - \frac{\vartheta}{2m+1}$$

und folglich

$$g_m = \frac{1}{\sqrt{\pi m}}\,\sqrt{1 - \frac{\vartheta}{2m+1}},$$

wobei ϑ eine geeignete Zahl mit $0 < \vartheta < 1$ ist. Es besitzt g_m daher die asymptotische Darstellung

$$(1.18) \qquad g_m = \frac{1}{\sqrt{\pi m}} + O\left(m^{-\frac{3}{2}}\right).$$

Eine weitere wichtige Eigenschaft der Γ-Funktion stellt die Tatsache dar, daß sie für $|z| \to \infty$ mit $|\arg z| < \pi$, d.h. für z aus der ganzen komplexen Ebene mit Ausnahme der negativen reellen Achse, die folgende asymptotische Entwicklung (im Sinne von POINCARÉ) besitzt[1]:

$$(1.19) \quad \log \Gamma(z) \approx z \log (z - 1) - \frac{1}{2} \log z + \log \sqrt{2\pi} + \sum_{n=1}^{\infty} \frac{B_{2n}}{2n(2n-1)} \frac{1}{z^{2n-1}}.$$

Dabei sind die B_{2n} die BERNOULLISchen Zahlen, die rekursiv durch die folgende Gleichung definiert werden:

$$\binom{2n+1}{2} B_2 + \binom{2n+1}{4} B_4 + \cdots + \binom{2n+1}{2n} B_{2n} = \frac{2n-1}{2}.$$

Für $n = 1$ erhält man den Anfangswert $B_2 = 1/6$.

Da (1.19) eine asymptotische Entwicklung darstellt, gilt (per Definition) für jede natürliche Zahl N:

$$\log \Gamma(z) = z \log (z - 1) - \frac{1}{2} \log z + \log \sqrt{2\pi} +$$

$$+ \sum_{n=1}^{N} \frac{B_{2n}}{2n(2n-1)} \frac{1}{z^{2n-1}} + o\left(\frac{1}{|z|^{2N-1}}\right).$$

Aus (1.19) entnimmt man sofort die Beziehung

$$(1.20) \qquad \Gamma(z) = \sqrt{2\pi}\, z^{z-\frac{1}{2}}\, e^{-z} \left[1 + O(|z|^{-1})\right],$$

also insbesondere

$$n! = n\,\Gamma(n) = \sqrt{2\pi}\, n^{n+\frac{1}{2}}\, e^{-n} \left[1 + O(n^{-1})\right].$$

Diese beiden asymptotischen Darstellungen werden als STIRLING*sche Formeln* bezeichnet und spielen in verschiedenen Zweigen der Mathematik eine wichtige Rolle. Aus (1.20) folgt die ebenfalls häufig gebrauchte Formel:

$$(1.21) \qquad \frac{\Gamma(z + \alpha)}{\Gamma(z + \beta)} = z^{\alpha - \beta} \left[1 + O(|z|^{-1})\right]^{\dagger}.$$

§ 2. Haupteigenschaften der hypergeometrischen Funktion.

Als weiteres Hilfsmittel für die Untersuchung der orthogonalen Polynome müssen wir einige Ergebnisse über die hypergeometrische Funktion bereitstellen.

---

[1] Zum Beweise s. z.B. F. TRICOMI, *Lezioni sulle funzioni ipergeometriche confluenti* (Kap. I) (Torino, Gheroni 1952) und in etwas anderer Fassung in dem in Fußnote 1, S. 143 erwähnten Lehrbuch. Zur allgemeinen Theorie der asymptotischen Entwicklungen s. [*21*].

[†] Über die asymptotische Entwicklung der Funktion $\Gamma(z + \alpha)/\Gamma(z + \beta)$ s. F. TRICOMI, Rend. Semin. Mat. Torino **9**, 343—351 (1949/50), und F. TRICOMI u. A. ERDÉLYI, Pacific J. of Math. **1**, 133—142 (1951). In der angegebenen Formel gilt genauer $O(|z|^{-1}) = (\alpha - \beta)(\alpha + \beta - 1)/2z + O(|z|^{-2})$.

Seien a, b, c drei beliebige Konstanten, von denen die letzte aber von Null und den negativen ganzen Zahlen verschieden sei. Nach GAUSS bezeichnet man dann die folgende Reihe als *hypergeometrische Reihe*:

$$(2.1) \quad \begin{cases} 1 + \dfrac{a\,b}{c}\, x + \dfrac{a\,(a+1)\,b\,(b+1)}{c\,(c+1)\,2!}\, x^2 + \cdots + \\[2mm] \qquad + \dfrac{a\,(a+1)\ldots(a+n-1)\,b\,(b+1)\ldots(b+n-1)}{c\,(c+1)\ldots(c+n-1)\,n!}\, x^n + \cdots. \end{cases}$$

Die Bezeichnung rührt daher, daß sich diese Reihe im Spezialfall $a=1$ und $b=c$ auf die geometrische Reihe reduziert. Mit der Untersuchung dieser Reihe sind die Namen zahlreicher bedeutender Mathematiker verbunden, vor allem EULER, GAUSS und RIEMANN.

Wir wollen zunächst feststellen, daß die hypergeometrische Reihe den Konvergenzradius 1 besitzt. Zur Abkürzung setzen wir

$$(z)_n = \frac{\Gamma(z+n)}{\Gamma(z)} = z\,(z+1)\ldots(z+n-1)$$

und bezeichnen mit A_n den n-ten Koeffizienten von (2.1). Damit gilt

$$(2.2) \quad \frac{A_n}{A_{n+1}} = \frac{(a)_n\,(b)_n\,(c)_{n+1}\,(n+1)!}{(a)_{n+1}\,(b)_{n+1}\,(c)_n\,n!} = \frac{(c+n)\,(n+1)}{(a+n)\,(b+n)},$$

woraus

$$\lim_{n\to\infty} \frac{A_n}{A_{n+1}} = 1$$

folgt; also ist der Konvergenzradius tatsächlich gleich 1.

Bezeichnet man mit y die Reihensumme von (2.1), so gelten die Gleichungen

$$y = \sum_{n=0}^{\infty} A_n\, x^n,$$

$$y' = \sum_{n=1}^{\infty} n\,A_n\, x^{n-1} = \sum_{n=0}^{\infty} (n+1)\,A_{n+1}\, x^n,$$

$$y'' = \sum_{n=2}^{\infty} n\,(n-1)\,A_n\, x^{n-2} = \sum_{n=1}^{\infty} n\,(n+1)\,A_{n+1}\, x^{n-1}.$$

Aus (2.2) erhält man

$$(a+n)\,(b+n)\,A_n = (c+n)\,(n+1)\,A_{n+1},$$

und daraus folgt durch Multiplikation mit x^n und entsprechende Zerlegung

$$a\,b\,A_n\, x^n + x\,(a+b+1)\,n\,A_n\, x^{n-1} + x^2\,n\,(n-1)\,A_n\, x^{n-2}$$
$$= c\,(n+1)\,A_{n+1}\, x^n + x\,n\,(n+1)\,A_{n+1}\, x^{n-1}.$$

Summiert man diese Gleichungen für $n = 0, 1, 2, \ldots$, so ergibt sich die Beziehung

$$a\,b\,y + x(a + b + 1)\,y' + x^2\,y'' = c\,y' + x\,y''.$$

Die hypergeometrische Reihe ist also ein Integral der linearen Differentialgleichung zweiter Ordnung

(2.3) $x(1 - x)\,y'' + [c - (a + b + 1)\,x]\,y' - a\,b\,y = 0,$

die als *hypergeometrische Differentialgleichung* bezeichnet wird.

Diese Differentialgleichung hat die wichtige Eigenschaft, daß sie durch die Substitution $y = x^{1-c}z$ in eine Differentialgleichung gleichen Typs überführt wird. Für $y = x^{1-c}z$ folgt aus (2.3) zunächst

$$x(1 - x)\left[z'' + 2(1 - c)\frac{z'}{x} - c(1 - c)\frac{z}{x^2}\right] +$$

$$+ \left[c - (a + b + 1)\,x\right]\left[z' + (1 - c)\frac{z}{x}\right] - a\,b\,z = 0,$$

also

$$x(1 - x)\,z'' + [2 - c - (a + b + 3 - 2c)\,x]\,z' - [(a + b + 1 - c)(1 - c) + a\,b]\,z = 0.$$

Setzt man noch

$$2 - c = c', \quad a - c + 1 = a', \quad b - c + 1 = b',$$

so erhält man

$$x(1 - x)\,z'' + [c' - (a' + b' + 1)\,x]\,z' - a'\,b'\,z = 0,$$

d.h. die Differentialgleichung, die aus (2.3) hervorgeht, wenn man darin a, b, c durch a', b', c' ersetzt.

Wir hatten bisher vorausgesetzt, daß c keine der Zahlen $0, -1, -2, \ldots$ sei. Verlangen wir nun noch zusätzlich, daß c auch keine natürliche Zahl sei, so ist auch c' von $0, -1, -2, \ldots$ verschieden, und die hypergeometrische Reihe, gebildet mit den Konstanten a', b', c', ist eine Lösung vorstehender Differentialgleichung.

Bezeichnet man die durch analytische Fortsetzung der Reihe (2.1) erhaltene hypergeometrische Funktion mit $F(a, b; c; x)$, so sind die Funktionen $F(a, b; c; x)$ und $x^{1-c}F(a', b'; c'; x)$ voneinander linear unabhängig, wie man sofort auf Grund ihres Verhaltens für $x \to 0$ einsieht. Da sie, wie eben festgestellt, beide Lösungen der Differentialgleichung (2.3) sind, bilden sie ein Fundamentalsystem von Lösungen. Die allgemeine Lösung besitzt dann die Gestalt

(2.4) $y = A\,F(a, b; c; x) + B\,x^{1-c}\,F(a - c + 1, b - c + 1; 2 - c; x)$

mit beliebigen Konstanten A und B.

Wir weisen darauf hin, daß zwar die Funktion $F(a, b; c; x)$ ihre Bedeutung verliert, wenn c eine der Zahlen $0, -1, -2, \ldots$ ist, jedoch nicht der Quotient

$$\frac{F(a, b; c; x)}{\Gamma(c)} \equiv F^*(a, b; c; x) \,.$$

Sei nämlich $c \neq 1 - m$ mit $m = 1, 2, 3, \ldots$, so ist

$$\lim_{c \to 1-m} \frac{F(a, b; c; x)}{\Gamma(c)} = \lim_{c \to 1-m} \sum_{n=0}^{\infty} \frac{(a)_n (b)_n}{\Gamma(c + n)} \frac{x^n}{n!} = \sum_{n=m}^{\infty} \frac{(a)_n (b)_n}{\Gamma(n - m + 1)} \frac{x^n}{n!} \,,$$

wobei wir in der letzten Summe wegen der Pole der Γ-Funktion an den Stellen $0, -1, -2, \ldots$ erst ab m zu summieren haben. Diese Summe S kann noch weiter umgeformt werden:

$$S = \frac{(a)_m (b)_m}{m!} x^m \sum_{r=0}^{\infty} \frac{(a + m)_r (b + m)_r}{(m + 1)_r} \frac{x^r}{r!}$$

$$= \frac{(a)_m (b)_m}{m!} x^m F(a + m, b + m; m + 1; x) \,.$$

Insgesamt gilt also die Gleichung

$$(2.5) \quad \left\{ \begin{array}{l} F^*(a, b; 1 - m; x) = \lim_{c \to 1-m} \dfrac{F(a, b; c; x)}{\Gamma(c)} \\[2mm] \qquad\qquad = \dfrac{(a)_m (b)_m}{m!} x^m F(a + m, b + m; m + 1; x) \,. \end{array} \right.$$

Trotzdem kann man die allgemeine Lösung (2.4) im Falle, daß c eine ganze Zahl ist, nicht damit „retten", daß man beide Funktionen F durch die entsprechenden Funktionen F^* ersetzt, da letztere nicht linear unabhängig ausfallen.

Die gleiche Eigenschaft wie die Substitution $y = x^{1-c}$ besitzt auch die Substitution

$$(2.6) \qquad\qquad y = (1 - x)^{c-a-b} z \,,$$

d.h. auch sie führt die hypergeometrische Differentialgleichung (2.3) in eine hypergeometrische Differentialgleichung mit anderen Konstanten a', b', c' über. Diese Konstanten sind jetzt

$$a' = c - a, \qquad b' = c - b, \qquad c' = c \,.$$

Auf Grund von (2.6) ist die Funktion

$$(1 - x)^{c-a-b} F(c - a, c - b; c; x)$$

eine Lösung von (2.3); ist c keine ganze Zahl, so läßt sie sich also nach (2.4) mit geeigneten Konstanten A_0 und B_0 in der Form

$$(1 - x)^{c-a-b} F(c - a, c - b; c; x)$$

$$= A_0 F(a, b; c; x) + B_0 x^{1-c} F(a - c + 1, b - c + 1; 2 - c; x)$$

darstellen. Da die in dieser Gleichung links stehende Funktion am Nullpunkt eine Entwicklung der Form

$$\left[1 - (c - a - b)\,x + \cdots\right]\left[1 + \frac{(c - a)\,(c - b)}{c}\,x + \cdots\right] = 1 + k_1 x + k_2 x^2 + \cdots$$

besitzt, während die rechts stehende Funktion eine Entwicklung der Form

$$A_0\left[1 + \frac{ab}{c}\,x + \cdots\right] + B_0\,x^{1-c}\left[1 + \frac{(a - c + 1)\,(b - c + 1)}{2 - c}\,x + \cdots\right]$$

aufweist, muß notwendig $A_0 = 1$ und $B_0 = 0$ sein. Wir haben damit die folgende bekannte *Selbsttransformationsformel der hypergeometrischen Funktion* erhalten:

$$(2.7) \qquad F(a, b;\, c;\, x) = (1 - x)^{c-a-b}\, F(c - a,\, c - b;\, c;\, x),$$

die aus Stetigkeitsgründen auch für natürliche Zahlen c richtig bleibt. Wenn c eine der Zahlen $0,\, -1,\, -2,\, \ldots$ ist, werden beide Seiten unendlich; die Formel bleibt aber richtig, falls die Funktionen F auf beiden Seiten durch die entsprechenden Funktionen F^* ersetzt werden.

Auch die Substitutionen

$$(2.8) \qquad x = 1 - \xi,\quad y = y \quad \text{bzw.} \quad x = \frac{1}{\xi},\quad y = x^{-a} z$$

führen die hypergeometrische Differentialgleichung in eine Differentialgleichung über, die man aus (2.3) erhält, wenn man darin x durch ξ und die Konstanten $a,\, b,\, c$ durch

$$a' = a,\quad b' = b,\quad c' = a + b - c + 1$$

bzw.

$$a' = a,\quad b' = a - c + 1,\quad c' = a - b + 1$$

ersetzt. Das gleiche gilt auch, wenn man die Substitutionen (2.8) mehrfach anwendet, womit die drei Substitutionen

$$x = \frac{1}{1 - \xi},\qquad x = \frac{\xi}{\xi - 1},\qquad x = \frac{\xi - 1}{\xi}$$

entstehen. Entsprechend der Beziehung (2.4) erhält man so fünf weitere Darstellungen der allgemeinen Lösung der hypergeometrischen Differentialgleichung (2.3). Die allgemeine Lösung besitzt z. B. im Falle der Substitution $x = 1 - \xi$ und unter der Voraussetzung, daß $c - a - b$ keine ganze Zahl ist, die Form

$$(2.9) \quad \begin{cases} y = A_1 F(a, b;\, a + b - c + 1;\, 1 - x) + \\ \quad + B_1 (1 - x)^{c-a-b} F(c - b,\, c - a;\, c - a - b + 1;\, 1 - x) \end{cases}$$

mit beliebigen Konstanten A_1 und B_1. Im Falle der zweiten Substitution von (2.8) und unter der Voraussetzung, daß $a - b$ keine ganze Zahl ist, nimmt sie die folgende Form an:

$$y = A_2\, x^{-a}\, F\!\left(a, a - c + 1; a - b + 1; \frac{1}{x}\right) +$$

$$+\, B_2\, x^{-b}\, F\!\left(b, b - c + 1; b - a + 1; \frac{1}{x}\right).$$

Wir haben mit diesen sechs Fundamentalsystemen von Lösungen bereits zwölf verschiedene partikuläre Lösungen der hypergeometrischen Differentialgleichung erhalten, die bis auf einen Faktor durch die hypergeometrische Reihe dargestellt werden. Die ersten sechs sind:

$$F(a, b; c; x), \quad x^{1-c} F(a - c + 1, b - c + 1; 2 - c; x),$$

$$F(a, b; a + b - c + 1; 1 - x), \quad (1 - x)^{c-a-b} F(c - b, c - a; c - a - b + 1; 1 - x),$$

$$x^{-a} F\!\left(a, a - c + 1; a - b + 1; \frac{1}{x}\right), \quad x^{-b} F\!\left(b, b - c + 1; b - a + 1; \frac{1}{x}\right).$$

Aus diesen zwölf Lösungen erhält man schließlich 24 durch Anwendung der Transformation (2.7).

Unter den zahlreichen Folgen aus diesen Überlegungen erwähnen wir die sog. *Formeln von* Bolza, von denen die erste behauptet, daß bei der Darstellung von $F(a, b; c; x)$ in der Form (2.9) die folgenden Koeffizienten auftreten:

$$(2.10) \qquad A_1 = \frac{\Gamma(c)\,\Gamma(c - a - b)}{\Gamma(c - a)\,\Gamma(c - b)}; \qquad B_1 = \frac{\Gamma(c)\,\Gamma(a + b - c)}{\Gamma(a)\,\Gamma(b)}.$$

Dies sieht man sofort ein, wenn man von der Gleichung

$$(2.11) \qquad F(a, b; c; 1) = \frac{\Gamma(c)\,\Gamma(c - a - b)}{\Gamma(c - a)\,\Gamma(c - b)}, \qquad \Re(c - a - b) > 0,$$

die alsbald bewiesen werden soll, Gebrauch macht. Damit erhält man nämlich die angegebenen Koeffizienten A_1 und B_1 unmittelbar aus der

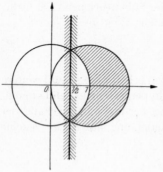

Abb. 11.

Gl. (2.9) mit $y = F(a, b; c; x)$, wenn man diese für $x = 1$ vor und nach Anwendung der Transformationsformel (2.7) betrachtet.

Die Bedeutung der Bolzaschen Formeln beruht unter anderem auf der Tatsache, daß man mit ihrer Hilfe in einfacher Weise die Reihe (2.1) über den Kreis $|x| < 1$ hinaus analytisch fortsetzen kann. So erlaubt z. B. die erste Formel von Bolza die Fortsetzung von $F(a, b; c; x)$ in den schraffierten Kreis in Abb. 11 (denn für die Werte aus diesem Kreis ist $|1 - x| < 1$). Stellt man entsprechend die

Funktion $F(a, b; c; x)$ mittels eines Fundamentalsystems von hypergeometrischen Reihen mit den Argumenten $x(x - 1)^{-1}$ oder $(x - 1)\,x^{-1}$

dar, so erhält man Fortsetzungen in das Gebiet $\Re x < 1/2$ oder $\Re x > 1/2$ (denn für $\Re x < 1/2$ ist $|x(x-1)^{-1}| < 1$ und für $\Re x > 1/2$ ist $|(x-1)x^{-1}| < 1$).

Man erhält damit eine mehrdeutige analytische (im allgemeinen sogar unendlich vieldeutige) Funktion mit Verzweigungspunkten an den Stellen $x = 0$, $x = 1$ und $x = \infty$.

Um eine weitere wichtige Eigenschaft der hypergeometrischen Funktion zu bestimmen, stellen wir neben das EULERsche Integral $B(z, u)$ das allgemeinere Integral

$$I = \int_0^1 t^{z-1}(1-t)^{u-1}(1-xt)^{-v}\,dt, \qquad z > 0,\ u > 0,$$

wobei x und v zwei neue reelle Veränderliche seien und $|x| < 1$ gelte. Auf Grund der Binomialentwicklung

$$(1-xt)^{-v} = \sum_{n=0}^{\infty} \binom{-v}{n}(-xt)^n = \sum_{n=0}^{\infty} \frac{v(v+1)\ldots(v+n-1)}{n!}\,x^n t^n$$

erhält man durch gliedweise Integration, die hier offenbar zulässig ist:

$$I = \sum_{n=0}^{\infty} \frac{(v)_n}{n!}\,x^n \int_0^1 t^{n+z-1}(1-t)^{u-1}\,dt.$$

Aber nach (1.10) ist

$$\int_0^1 t^{n+z-1}(1-t)^{u-1}\,dt = B(n+z,u) = \frac{\Gamma(n+z)\,\Gamma(u)}{\Gamma(n+z+u)} = \frac{\Gamma(z)\,\Gamma(u)}{\Gamma(z+u)}\,\frac{(z)_n}{(z+u)_n},$$

und folglich hat man insgesamt:

$$I = \frac{\Gamma(z)\,\Gamma(u)}{\Gamma(z+u)} \sum_{n=0}^{\infty} \frac{(z)_n (v)_n}{(z+u)_n\, n!}\,x^n = \frac{\Gamma(z)\,\Gamma(u)}{\Gamma(z+u)}\,F(z, v; z+u; x).$$

Damit ist festgestellt, daß die hypergeometrische Funktion die folgende grundlegende *Integraldarstellung* besitzt:

$$(2.12) \qquad F(a, b; c; x) = \frac{\Gamma(c)}{\Gamma(a)\,\Gamma(c-a)} \int_0^1 t^{a-1}(1-t)^{c-a-1}(1-xt)^{-b}\,dt.$$

Diese Gleichung, die wir unter den Voraussetzungen $|x| < 1$, $a > 0$, $c - a > 0$ hergeleitet hatten, gilt nach dem Permanenzprinzip für analytische Funktionen auch ohne diese Voraussetzungen und zwar auch für komplexe Größen x, a, $c - a$, wenn nur die Funktionen auf beiden Seiten existieren.

Im Spezialfall $x = 1$ folgt aus (2.12)

$$F(a, b; c; 1) = \frac{\Gamma(c)}{\Gamma(a)\,\Gamma(c-a)} \int_0^1 t^{a-1}(1-t)^{c-a-b-1}\,dt.$$

Ist $\Re(a) > 0$ und $\Re(c-a-b) > 0$, so ergibt sich hieraus unter Beachtung von (1.10) und (2.5)

$$F(a, b; c; 1) = \frac{\Gamma(c)}{\Gamma(a)\,\Gamma(c-a)}\,B(a, c-a-b) = \frac{\Gamma(c)\,\Gamma(c-a-b)}{\Gamma(c-a)\,\Gamma(c-b)},$$

und dies ist die bereits benutzte Formel (2.11). Da es sich auf beiden Seiten um analytische Funktionen in a handelt, kann die Voraussetzung $\Re(a) > 0$ fallen gelassen werden, jedoch nicht die Voraussetzung $\Re(c-a-b) > 0$, denn sonst könnte $F(a, b; c; 1)$ unendlich sein[1].

Im Falle $a = b = 1/2$, $c = 3/2$ folgt aus (2.12)

$$F\left(\frac{1}{2}, \frac{1}{2}; \frac{3}{2}; x^2\right) = \frac{1}{2} \int_0^1 \frac{1}{\sqrt{t(1 - x^2 t)}}\,dt,$$

und daraus ergibt sich durch die Substitution $x^2 t = (\sin\varphi)^2$

$$F\left(\frac{1}{2}, \frac{1}{2}; \frac{3}{2}; x^2\right) = \frac{1}{x}\,\text{arc sin}\,x.$$

Andere wichtige Fälle, in denen die hypergeometrische Funktion in elementare Funktionen übergeht, sind die folgenden:

$$F(a, b; b; x) = (1 - x)^{-a}; \qquad F(1, 1; 2; x) = -\frac{1}{x}\,\log(1 - x).$$

Die BOLZASchen Formeln stellen einfache Beziehungen zwischen $F(a, b; c; x)$ und anderen hypergeometrischen Funktionen dar, bei denen an Stelle von x gewisse *lineare Funktionen* von x (wie z.B. $1 - x$, $1/x$, ...) auftreten. Darum spricht man auch von *linearen Transformationen* der hypergeometrischen Funktion. Sind die drei Parameter a, b, c gewissen Einschränkungen unterworfen, dann gibt es auch ähnliche Formeln für *quadratische Transformationen*. Gilt z.B.

$$(2.13) \qquad c = \frac{a + b + 1}{2},$$

dann besteht die wichtige Formel

$$(2.14) \quad \begin{cases} F(a, b; c; x) = A^* F\left(\dfrac{a}{2}, \dfrac{b}{2}; \dfrac{1}{2}; (2x-1)^2\right) + \\ \qquad + B^* (2x-1) F\left(\dfrac{a+1}{2}, \dfrac{b+1}{2}; \dfrac{3}{2}; (2x-1)^2\right) \end{cases}$$

---

[1] Auf Grund der Formel (2.7) läßt sich jedoch der Fall $\Re(c-a-b) < 0$ auf den vorhergehenden zurückführen.

mit den folgenden Werten der Konstanten:

$$(2.15) \quad A^* = \sqrt{\pi}\, \frac{\Gamma\!\left(\dfrac{1+a+b}{2}\right)}{\Gamma\!\left(\dfrac{1+a}{2}\right)\Gamma\!\left(\dfrac{1+b}{2}\right)}, \qquad B^* = 2\sqrt{\pi}\, \frac{\Gamma\!\left(\dfrac{1+a+b}{2}\right)}{\Gamma\!\left(\dfrac{a}{2}\right)\Gamma\!\left(\dfrac{b}{2}\right)}.$$

Zum Beweis gehen wir von der Substitution

$$\xi = (2x - 1)^2$$

aus, die die Gleichungen

$$4x(1-x) = 1 - \xi, \qquad \frac{dy}{dx} = 4(2x-1)\frac{dy}{d\xi}, \qquad \frac{d^2y}{dx^2} = 16\xi\frac{d^2y}{d\xi^2} + 8\frac{dy}{d\xi}$$

zur Folge hat und die — mit Rücksicht auf (2.13) — die hypergeometrische Differentialgleichung (2.3) in eine entsprechende mit den Parametern

$$a' = \frac{a}{2}, \qquad b' = \frac{b}{2}, \qquad c' = \frac{1}{2}$$

überführt. Die Gl. (2.14) muß also mit passenden Werten der Konstanten A^*, B^* gültig sein, und wir haben nun noch diese Konstanten zu bestimmen. Für $x = 0$ bzw. $x = 1$ geht die Gl. (2.14) unter Berücksichtigung von (2.11) in die folgenden Gleichungen über:

$$\frac{\Gamma\!\left(\dfrac{1}{2}\right)\Gamma\!\left(\dfrac{1-a-b}{2}\right)}{\Gamma\!\left(\dfrac{1-a}{2}\right)\Gamma\!\left(\dfrac{1-b}{2}\right)} A^* - \frac{\Gamma\!\left(\dfrac{3}{2}\right)\Gamma\!\left(\dfrac{1-a-b}{2}\right)}{\Gamma\!\left(1-\dfrac{a}{2}\right)\Gamma\!\left(1-\dfrac{b}{2}\right)} B^* = 1,$$

$$\frac{\Gamma\!\left(\dfrac{1}{2}\right)\Gamma\!\left(\dfrac{1-a-b}{2}\right)}{\Gamma\!\left(\dfrac{1-a}{2}\right)\Gamma\!\left(\dfrac{1-b}{2}\right)} A^* + \frac{\Gamma\!\left(\dfrac{3}{2}\right)\Gamma\!\left(\dfrac{1-a-b}{2}\right)}{\Gamma\!\left(1-\dfrac{a}{2}\right)\Gamma\!\left(1-\dfrac{b}{2}\right)} B^* = \frac{\Gamma\!\left(\dfrac{1+a+b}{2}\right)\Gamma\!\left(\dfrac{1-a-b}{2}\right)}{\Gamma\!\left(\dfrac{1-a+b}{2}\right)\Gamma\!\left(\dfrac{1+a-b}{2}\right)}.$$

Da in (2.11) $\Re(c-a-b) > 0$ vorausgesetzt wird, hat man jetzt die Bedingung

$$\Re\!\left(\frac{1-a-b}{2}\right) > 1, \quad \text{d.h.} \quad \Re(a+b) < 1,$$

aus der $\Gamma\!\left(\dfrac{1-a-b}{2}\right) \neq 0$ folgt. Man erhält dann aus dem vorstehenden Gleichungssystem

$$A^* = \frac{\Gamma\!\left(\dfrac{1-a}{2}\right)\Gamma\!\left(\dfrac{1-b}{2}\right)}{2\sqrt{\pi}\,\Gamma\!\left(\dfrac{1-a-b}{2}\right)} \left[\frac{\Gamma\!\left(\dfrac{1+a+b}{2}\right)\Gamma\!\left(\dfrac{1-a-b}{2}\right)}{\Gamma\!\left(\dfrac{1-a+b}{2}\right)\Gamma\!\left(\dfrac{1+a-b}{2}\right)} + 1 \right],$$

$$B^* = \frac{\Gamma\!\left(1-\dfrac{a}{2}\right)\Gamma\!\left(1-\dfrac{b}{2}\right)}{\sqrt{\pi}\,\Gamma\!\left(\dfrac{1-a-b}{2}\right)} \left[\frac{\Gamma\!\left(\dfrac{1+a+b}{2}\right)\Gamma\!\left(\dfrac{1-a-b}{2}\right)}{\Gamma\!\left(\dfrac{1-a+b}{2}\right)\Gamma\!\left(\dfrac{1+a-b}{2}\right)} - 1 \right].$$

Diese beiden Ausdrücke können noch vereinfacht werden. Die elementare Funktion

$$f(x) = \frac{\sin \pi x}{\pi}$$

genügt den Gleichungen

$$f(x) + f(y) = 2\pi f\left(\frac{x+y}{2}\right) f\left(\frac{1-x+y}{2}\right),$$

$$f(x) - f(y) = 2\pi f\left(\frac{x+y-1}{2}\right) f\left(\frac{y-x}{2}\right);$$

nach (1.11) hat man andererseits

$$\frac{1}{\Gamma(x)\,\Gamma(1-x)} = \frac{\sin \pi x}{\pi}.$$

Damit bestätigt man unmittelbar die Gleichungen

$$\frac{\Gamma\left(\frac{1+a+b}{2}\right)\Gamma\left(\frac{1-a-b}{2}\right)}{\Gamma\left(\frac{1-a+b}{2}\right)\Gamma\left(\frac{1+a-b}{2}\right)} + 1 = \frac{2\pi\,\Gamma\left(\frac{1+a+b}{2}\right)\Gamma\left(\frac{1-a-b}{2}\right)}{\Gamma\left(\frac{1+b}{2}\right)\Gamma\left(\frac{1-b}{2}\right)\Gamma\left(\frac{1+a}{2}\right)\Gamma\left(\frac{1-a}{2}\right)},$$

$$\frac{\Gamma\left(\frac{1+a+b}{2}\right)\Gamma\left(\frac{1-a-b}{2}\right)}{\Gamma\left(\frac{1-a+b}{2}\right)\Gamma\left(\frac{1+a-b}{2}\right)} - 1 = \frac{2\pi\,\Gamma\left(\frac{1+a+b}{2}\right)\Gamma\left(\frac{1-a-b}{2}\right)}{\Gamma\left(\frac{b}{2}\right)\Gamma\left(1-\frac{b}{2}\right)\Gamma\left(\frac{a}{2}\right)\Gamma\left(1-\frac{a}{2}\right)}.$$

Setzt man diese in die vorstehende Darstellung für A^* und B^* ein, so folgt sofort (2.15).

Die Einschränkung $\Re(a+b) < 1$ kann man schließlich auf Grund des Permanenzprinzips für analytische Funktionen noch fallen lassen.

Wir bemerken ferner, daß die hypergeometrische Differentialgleichung im Falle (2.13) auf Grund der in (2.14) angegebenen linear unabhängigen Lösungen

$$(2.16) \quad F\left(\frac{a}{2}, \frac{b}{2}; \frac{1}{2}; (2x-1)^2\right), \quad (2x-1) F\left(\frac{a+1}{2}, \frac{b+1}{2}; \frac{3}{2}; (2x-1)^2\right)$$

und zufolge der zweiten Substitution von (2.8) auch die linear unabhängigen Lösungen

$$(2.17) \quad \begin{cases} (2x-1)^{-a} F\left(\frac{a}{2}, \frac{a+1}{2}; \frac{a-b}{2}+1; \frac{1}{(2x-1)^2}\right), \\[2mm] (2x-1)^{-b} F\left(\frac{b}{2}, \frac{b+1}{2}; \frac{b-a}{2}+1; \frac{1}{(2x-1)^2}\right) \end{cases}$$

besitzt.

Die angegebenen Substitutionen führen selbstverständlich zu weiteren Fundamentallösungen, die wir aber im folgenden nicht benutzen werden.

Schließlich erwähnen wir noch, daß man durch Differentiation der Reihe (2.1) zu der Formel

$$(2.18) \qquad F'(a, b; c; x) = \frac{a\,b}{c} F(a + 1, b + 1; c + 1; x)$$

gelangt.

§ 3. Haupteigenschaften der konfluenten hypergeometrischen Funktion.

Die hypergeometrische Funktion

$$F\left(a, b; c; \frac{x}{b}\right)$$

besitzt in den Punkten 0, b, ∞ Singularitäten. Existiert ihr Grenzwert für $b \to \infty$, so stellt dieser Grenzwert eine analytische Funktion dar, die nur noch die beiden Singularitäten 0 und ∞ besitzt; zwei Singularitäten der Ausgangsfunktion sind beim Grenzübergang „zusammengeflossen". Diese Grenzfunktion wird daher als *konfluente hypergeometrische Funktion* bezeichnet.

Um nun gewisse Eigenschaften der konfluenten hypergeometrischen Funktion, die in enger Beziehung zu einer wichtigen Klasse von orthogonalen Polynomen steht, zu untersuchen, gehen wir von der Differentialgleichung (2.3) aus. Ersetzt man darin x durch x/b und entsprechend dx durch dx/b, so folgt

$$b^2 \frac{x}{b}\left(1 - \frac{x}{b}\right)\frac{d^2 y}{d x^2} + b\left[c - (a + b + 1)\,\frac{x}{b}\right]\frac{d y}{d x} - a\,b\,y = 0;$$

daraus ergibt sich durch Division durch b und den Grenzübergang $b \to \infty$

$$(3.1) \qquad x\,y'' + (c - x)\,y' - a\,y = 0.$$

Wir wollen versuchen, diese sog. *konfluente Differentialgleichung*[1] durch eine Potenzreihe

$$y = \sum_{n=0}^{\infty} a_n\,x^n$$

zu befriedigen. Unter der Voraussetzung, daß c keine negative ganze Zahl oder Null sei, liefert eine einfache Rechnung die folgende Rekursionsformel

$$a_n = \frac{a + n - 1}{n\,(c + n - 1)}\,a_{n-1} \qquad (n = 1, 2, \ldots).$$

Setzt man noch $a_0 = 1$, was keine Einschränkung bedeutet, so wird

$$a_n = \frac{(a)_n}{(c)_n\,n!},$$

---

[1] Diese Bezeichnung ist als Abkürzung der genauen Bezeichnung „Differentialgleichung der konfluenten hypergeometrischen Funktion" zu verstehen.

und daher hat die konfluente Differentialgleichung (3.1) die Lösung

$$(3.2) \quad \Phi(a, c; x) = 1 + \frac{a}{c} \frac{x}{1!} + \frac{a(a+1)}{c(c+1)} \frac{x^2}{2!} + \cdots + \frac{(a)_n}{(c)_n} \frac{x^n}{n!} + \cdots,$$

die, wie sofort einzusehen, einen unendlichen Konvergenzradius besitzt[1]. Insbesondere folgt für $a = c$

$$\Phi(a, a; x) = e^x.$$

Ferner gilt

$$\Phi(a, c; x) = \lim_{b \to \infty} F\left(a, b; c; \frac{x}{b}\right),$$

wie man auf Grund von (2.1) unmittelbar bestätigt.

Berücksichtigt man, daß (3.1) ein Grenzfall von (2.3) ist, so liegt es nahe, daß auch (3.1) bei der Substitution $y = x^{1-c} z$ in eine Differentialgleichung desselben Typs übergeht. Man rechnet sofort nach, daß man analog zum hypergeometrischen Fall die Differentialgleichung

$$x y'' + (c' - x) y' - a' y = 0$$

mit

$$a' = a - c + 1, \qquad c' = 2 - c$$

erhält. Unter der Voraussetzung, daß c keine ganze Zahl ist, ist daher jetzt in Analogie zu (2.4)

$$(3.3) \qquad y = A \Phi(a, c; x) + B x^{1-c} \Phi(a - c + 1, 2 - c; x)$$

eine allgemeine Lösung von (3.1). Dabei sind die rechts stehenden Reihen überall konvergent[2].

Setzt man nun $y = e^x z$, so ist

$$y' = e^x (z' + z), \qquad y'' = e^x (z'' + 2z' + z),$$

und damit geht (3.1) in die folgende Differentialgleichung über:

$$x z'' + (c + x) z' + (c - a) z = 0.$$

Ist c nicht ganz, so ist also auch

$$e^x \Phi(c - a, c; - x)$$

---

[1] Die Funktion $\Phi(a, c; x)$ wird häufig mit $_1F_1(a; c; x)$ bezeichnet und „Funktion von KUMMER-POCHHAMMER" genannt. Die einfache Bezeichnung $\Phi(a, c; x)$ wurde von O. PERRON eingeführt und wird auch vom Verf. in „*Lezioni sulle funzioni ipergeometriche confluenti*" (Torino, Gheroni 1952) und „*Funzioni ipergeometriche confluenti*" (Roma, Cremonese, 1954) benutzt.

[2] Im Falle, daß c eine ganze Zahl ist, kann das allgemeine Integral in mehrfacher Weise durch Φ und eine zweite Lösung $\Psi(a, c; x)$ der konfluenten Gleichung, die durch ein unbestimmtes Integral gegeben wird, dargestellt werden. Trotz der interessanten Eigenschaften dieser zweiten Lösung (vor allem ihr einfaches Verhalten für $|x| \to \infty$), soll hier nicht darauf eingegangen werden, da dies für das folgende nicht notwendig ist. Siehe dazu die oben angegebenen Bücher des Verfassers.

eine partikuläre Lösung von (3.1), und entsprechend zu (3.3) stellt dann

$$y = e^x \left[A \, \Phi(c - a, c; -x) + B(-x)^{1-c} \, \Phi(1 - a, 2 - c; -x) \right]$$

eine allgemeine Lösung dar. Folglich gilt mit geeigneten Konstanten A_0 und B_0

$$\Phi(a, c; x) = e^x \left[A_0 \, \Phi(c - a, c; -x) + B_0(-x)^{1-c} \, \Phi(1 - a, 2 - c; -x) \right].$$

Während die linke Seite durch (3.2) gegeben ist, besitzt die rechte Seite die Entwicklung

$$\left(1 + \frac{x}{1!} + \cdots \right) \left[A_0 \left(1 - \frac{c - a}{c} \, x + \cdots \right) + B_0(-x)^{1-c} \left(1 - \frac{1 - a}{2 - c} \, x + \cdots \right) \right].$$

Da nach Voraussetzung c nicht ganz ist, folgt daraus $A_0 = 1$, $B_0 = 0$. Damit haben wir die KUMMER*sche Formel*

(3.4) $$\Phi(a, c; x) = e^x \, \Phi(c - a, c; -x)$$

erhalten, die nach dem Permanenzprinzip auch für natürliche Zahlen c richtig bleibt.

Um eine Integraldarstellung der Φ-Funktion zu gewinnen, ersetzen wir in (2.13) x durch x/b:

$$F\left(a, b; c; \frac{x}{b} \right) = \frac{\Gamma(c)}{\Gamma(a)\,\Gamma(c - a)} \int_0^1 t^{a-1} (1 - t)^{c-a-1} \left(1 + \frac{x\,t}{-b} \right)^{-b} dt.$$

Unter der Annahme der Zulässigkeit liefert der Grenzübergang $b \to \infty$ unter dem Integral

(3.5) $$\Phi(a, c; x) = \frac{\Gamma(c)}{\Gamma(a)\,\Gamma(c - a)} \int_0^1 e^{xt} t^{a-1} (1 - t)^{c-a-1} dt.$$

Die Gültigkeit dieser Gleichung erweist sich sofort, wenn man die Funktion e^{xt} durch ihre Reihenentwicklung ersetzt und dann gliedweise integriert, was hier zulässig ist; man erhält dann nämlich unmittelbar (3.2).

Durch Differentiation folgt aus (3.2) die in Analogie zu (2.18) stehende Gleichung:

(3.6) $$\Phi'(a, c; x) = \frac{a}{c} \, \Phi(a + 1, c + 1; x).$$

Im Falle $c = \frac{1}{2}$ und $c = \frac{3}{2}$ reduziert sich die konfluente hypergeometrische Funktion auf die sog. *parabolische Zylinderfunktion*, die der folgenden Differentialgleichung genügt:

(3.7) $$\frac{d^2 u}{d x^2} + \left(v + \frac{1}{2} - \frac{1}{4} \, x^2 \right) u = 0,$$

wobei v ein Parameter ist. Setzt man

$$u = e^{-x^2/4}\,v \qquad \text{bzw.} \qquad u = e^{x^2/4}\,w,$$

so geht diese Differentialgleichung in

$$(3.8) \qquad \frac{d^2 v}{d x^2} - x \frac{d v}{d x} + \nu v = 0$$

bzw.

$$(3.9) \qquad \frac{d^2 w}{d x^2} + x \frac{d w}{d x} + (\nu + 1) w = 0$$

über. Schreibt man zur Abkürzung

$$(3.10) \quad \begin{cases} D_\nu(x) = \sqrt{\pi}\, 2^{\nu/2}\, e^{-x^2/4} \times \\ \qquad \times \left[\frac{1}{\Gamma\left(\frac{1-\nu}{2}\right)} \Phi\left(-\frac{\nu}{2}, \frac{1}{2}; \frac{x^2}{2}\right) - \frac{\sqrt{2}}{\Gamma\left(-\frac{\nu}{2}\right)} x \, \Phi\left(\frac{1-\nu}{2}, \frac{3}{2}; \frac{x^2}{2}\right) \right], \end{cases}$$

so besitzt (3.7) die beiden folgenden linear unabhängigen Lösungen:

$$D_\nu(x) \quad \text{und} \quad D_\nu(-x).$$

Aus (3.10) und der entsprechenden Gleichung für $D_\nu(-x)$ erhält man

$$\Phi\left(a, \frac{1}{2}; \frac{x^2}{2}\right) = \frac{2^{a-1}}{\sqrt{\pi}} \Gamma\left(a + \frac{1}{2}\right) e^{x^2/4} \left[D_{-2a}(x) + D_{-2a}(-x)\right],$$

$$x \, \Phi\left(a, \frac{3}{2}; \frac{x^2}{2}\right) = - \frac{2^{a-2}}{\sqrt{\pi}} \Gamma\left(a - \frac{1}{2}\right) e^{x^2/4} \left[D_{1-2a}(x) + D_{1-2a}(-x)\right];$$

folglich sind diese Funktionen partikuläre Lösungen der Differentialgleichung (3.8) im Falle $\nu = -2a$ bzw. $\nu = 2a - 1$. Setzt man noch

$$(3.11) \quad \Phi\left(a, \frac{1}{2}; \frac{x^2}{2}\right) = V_1(-2a, x), \qquad x \, \Phi\left(a, \frac{3}{2}; \frac{x^2}{2}\right) = V_2(2a - 1, x),$$

so stellen offenbar $V_1(\nu, x)$ bzw. $V_2(\nu, x)$ diejenigen Lösungen von (3.8) dar, die die folgenden Anfangsbedingungen befriedigen:

$$v(0) = 1, \quad v'(0) = 0 \quad \text{bzw.} \quad v(0) = 0, \quad v'(0) = 1.$$

Von diesen Eigenschaften wird im folgenden noch Gebrauch gemacht.

§ 4. Jacobische Polynome.

Wir wollen uns nun einer eingehenden Untersuchung der klassischen Orthogonalpolynome zuwenden, die, wie wir früher festgestellt haben (Kap. IV, § 3), den drei folgenden Typen von Belegungsfunktionen entsprechen:

1. Endliches Grundintervall (a, b): $p(x) = (b - x)^\alpha (x - a)^\beta$, $\alpha > -1$, $\beta > -1$;

2. Grundintervall (a, ∞): $\qquad p(x) = e^{-x} (x - a)^\alpha$, $\qquad \alpha > -1$;

3. Grundintervall $(-\infty, \infty)$: $\qquad p(x) = e^{-x^2/2}$.

Da sich die Polynome des dritten Typs auf die des zweiten zurückführen lassen, hat man im wesentlichen nur zwei verschiedene Typen. Durch eine lineare Variablensubstitution kann man im ersten Fall das Intervall (a, b) auf das Intervall $(-1, 1)$ und im zweiten Fall (a, ∞) auf $(0, \infty)$ zurückführen, so daß man sich auf die Untersuchung der zugehörigen Orthogonalpolynome beschränken kann, die Jacobi*sche bzw.* Laguerre*sche Polynome* genannt werden. Die zum Intervall $(-\infty, \infty)$ gehörenden Orthogonalpolynome werden nach Hermite bezeichnet.

Wir beginnen mit der Untersuchung der Jacobischen Polynome, die zur Belegungsfunktion

$$p(x) = (1 - x)^\alpha (1 + x)^\beta$$

gehören. Sie sollen mit $P_n^{(\alpha, \beta)}(x)$ $(n = 0, 1, 2, \ldots)$ bezeichnet und durch die Forderung

(4.1) $$P_n^{(\alpha, \beta)}(1) = \binom{n + \alpha}{n}$$

standardisiert werden.

Um zu einem expliziten Ausdruck für diese Polynome zu gelangen, benutzen wir die Formel von Rodriguez (IV. 3.2). Danach gilt

$$K_n P_n^{(\alpha, \beta)}(x) = (1 - x)^{-\alpha} (1 + x)^{-\beta} D^n \left[(1 - x)^{\alpha + n} (1 + x)^{\beta + n} \right]$$

$$= \sum_{k=0}^{n} (-1)^k \binom{n}{k} (n + \alpha)(n + \alpha - 1) \ldots (n + \alpha - k + 1) \times$$
$$\times (n + \beta)(n + \beta - 1) \ldots (k + \beta + 1)(1 - x)^{n-k}(1 + x)^k$$

$$= (-1)^n n! \sum_{k=0}^{n} \binom{n + \alpha}{k} \binom{n + \beta}{n - k} (x - 1)^{n-k} (x + 1)^k.$$

Aus (4.1) folgt dann

$$K_n \binom{n + \alpha}{n} = (-1)^n n! \binom{n + \alpha}{n} 2^n,$$

also ist

(4.2) $$K_n = (-2)^n n!.$$

Damit haben wir die folgende explizite Darstellung von $P_n^{(\alpha, \beta)}(x)$ erhalten:

(4.3) $$P_n^{(\alpha, \beta)}(x) = \frac{1}{2^n} \sum_{k=0}^{n} \binom{n + \alpha}{k} \binom{n + \beta}{n - k} (x - 1)^{n-k} (x + 1)^k.$$

Für die ersten Werte von n liefert sie:

$P_0^{(\alpha, \beta)}(x) = 1,$

$P_1^{(\alpha, \beta)}(x) = \frac{1}{2}[(\alpha + \beta + 2) x + (\alpha - \beta)],$

$P_2^{(\alpha, \beta)}(x) = \frac{1}{8}\{[(\alpha + \beta)^2 + 7(\alpha + \beta) + 12] x^2 + 2(\alpha - \beta)(\alpha + \beta + 3) x + (\alpha - \beta)^2 - (\alpha + \beta) - 4\}.$

Ersetzt man in (4.3) x durch $-x$ und k durch $n-k'$, so folgt

$$P_n^{(\alpha,\beta)}(-x) = \frac{1}{2^n}\sum_{k'=0}^{n}\binom{n+\beta}{k'}\binom{n+\alpha}{n-k'}(x+1)^{k'}(x-1)^{n-k'}(-1)^{k'+n-k'}$$

und daher gilt:

(4.4) $$P_n^{(\alpha,\beta)}(-x) = (-1)^n P_n^{(\beta,\alpha)}(x).$$

Auf Grund von (4.3) kann man die Polynome $P_n^{(\alpha,\beta)}(x)$, die bisher der Bedingung $\alpha > -1$ und $\beta > -1$ unterworfen waren, nun auch für ganz beliebige Werte von α und β erklären; allerdings geht dann die Orthogonalitätseigenschaft (IV. 1.2) verloren. Im Rahmen unserer Überlegungen wird es genügen, $\alpha > -1$ und $\beta > -1$ vorauszusetzen, obwohl mehrere der folgenden Ergebnisse auch unter allgemeineren Voraussetzungen über α und β gültig sind.

Bei den Untersuchungen des IV. Kapitels über allgemeine Eigenschaften der Orthogonalpolynome traten die beiden höchsten Koeffizienten eines Orthogonalpolynoms k_n und k_n' in verschiedenen Formeln auf. Sie sollen daher hier für $P_n^{(\alpha,\beta)}(x)$ explizit berechnet werden.

Dazu haben wir zunächst zwei Gleichungen zwischen Binomialkoeffizienten herzuleiten. Multiplikation der beiden Entwicklungen

$$(1+x)^\lambda = \sum_{h=0}^{\infty}\binom{\lambda}{h}x^h; \quad (1+x)^\mu = \sum_{k=0}^{\infty}\binom{\mu}{k}x^k$$

liefert die Identität

$$(1+x)^{\lambda+\mu} = \sum_{n=0}^{\infty}x^n\sum_{h=0}^{n}\binom{\lambda}{h}\binom{\mu}{n-h},$$

und daraus folgt durch n-malige Differentiation für $x=0$ die Gleichung:

$$\sum_{h=0}^{n}\binom{\lambda}{h}\binom{\mu}{n-h} = \binom{\lambda+\mu}{n}.$$

Multipliziert man die Ableitung der ersten Entwicklung, nämlich

$$\lambda(x+1)^{\lambda-1} = \sum_{h=1}^{\infty}h\binom{\lambda}{h}x^{h-1} = \frac{1}{x}\sum_{h=1}^{\infty}h\binom{\lambda}{h}x^h$$

mit der zweiten, so ergibt sich

$$\lambda x(1+x)^{\lambda+\mu-1} = \sum_{n=0}^{\infty}x^n\sum_{h=1}^{n}h\binom{\lambda}{h}\binom{\mu}{n-h},$$

und daraus folgt nach n-malige Differentiation für $x=0$ die Gleichung:

$$\sum_{h=1}^{n}h\binom{\lambda}{h}\binom{\mu}{n-h} = \lambda\binom{\lambda+\mu-1}{n-1}.$$

Mit Hilfe dieser beiden Gleichungen erhält man aus (4.3) wegen

$$(x-1)^{n-k}(x+1)^k = [x^{n-k}-(n-k)x^{n-k-1}+\cdots][x^k+kx^{k-1}+\cdots]$$
$$= x^n + (2k-n)x^{n-1}+\cdots$$

die folgenden expliziten Darstellungen für die beiden höchsten Koeffizienten:

$$(4.5)\quad\begin{cases} k_n = \dfrac{1}{2^n}\displaystyle\sum_{k=0}^{n}\binom{n+\alpha}{k}\binom{n+\beta}{n-k} = \dfrac{1}{2^n}\binom{2n+\alpha+\beta}{n}, \\[3mm] k_n' = \dfrac{1}{2^n}\displaystyle\sum_{k=0}^{n}\binom{n+\alpha}{k}\binom{n+\beta}{n-k}(2k-n) \\[3mm] \qquad = \dfrac{1}{2^n}\left[2(n+\alpha)\binom{2n+\alpha+\beta-1}{n-1}-n\binom{2n+\alpha+\beta}{n}\right] \\[3mm] \qquad = \dfrac{\alpha-\beta}{2^n}\binom{2n+\alpha+\beta-1}{n-1}. \end{cases}$$

Eine andere wichtige Konstante ist der Normierungsfaktor

$$h_n = \int_{-1}^{1}(1-x)^\alpha(1+x)^\beta\left[P_n^{(\alpha,\beta)}(x)\right]^2 dx,$$

der nach (IV. 4.11) der Gleichung

$$K_n h_n = (-1)^n n! \, k_n \int_{-1}^{1}(1-x)^{\alpha+n}(1+x)^{\beta+n} dx$$

genügt. Setzt man $x=2\xi-1$, so gilt auf Grund von (1.10)

$$\int_{-1}^{1}(1-x)^{\alpha+n}(1+x)^{\beta+n} dx = 2^{2n+\alpha+\beta+1}\int_{0}^{1}\xi^{\beta+n}(1-\xi)^{\alpha+n} d\xi$$
$$= 2^{2n+\alpha+\beta+1}\frac{\Gamma(\alpha+n+1)\,\Gamma(\beta+n+1)}{\Gamma(\alpha+\beta+2n+2)},$$

und damit folgt aus der vorhergehenden Gleichung

$$(4.6)\qquad h_n = \frac{2^{\alpha+\beta+1}}{2n+\alpha+\beta+1}\,\frac{\Gamma(n+\alpha+1)\,\Gamma(n+\beta+1)}{n!\,\Gamma(n+\alpha+\beta+1)}.$$

Die explizite Darstellung von k_n, k_n' und h_n durch (4.5) und (4.6) kann benutzt werden, um auch die Konstanten A_n, B_n, C_n in der Rekursionsformel (IV. 2.1) explizit anzugeben:

$$A_n = \frac{(2n+\alpha+\beta+1)(2n+\alpha+\beta+2)}{2(n+1)(n+\alpha+\beta+1)},$$

$$B_n = \frac{(\alpha^2-\beta^2)(2n+\alpha+\beta+1)}{2(n+1)(n+\alpha+\beta+1)(2n+\alpha+\beta)},$$

$$C_n = \frac{(n+\alpha)(n+\beta)(2n+\alpha+\beta+2)}{(n+1)(n+\alpha+\beta+1)(2n+\alpha+\beta)}.$$

Damit nimmt die Rekursionsformel die folgende Gestalt an:

$$2(n+1)(n+\alpha+\beta+1)(2n+\alpha+\beta) P_{n+1}^{(\alpha,\beta)}(x)$$
$$= (2n+\alpha+\beta+1) \left[(2n+\alpha+\beta+2)(2n+\alpha+\beta) x + \alpha^2 - \beta^2 \right] P_n^{(\alpha,\beta)}(x) -$$
$$- 2(n+\alpha)(n+\beta)(2n+\alpha+\beta+2) P_{n-1}^{(\alpha,\beta)}(x).$$

Auch die Konstante λ_n in der Differentialgleichung (IV. 4.1) läßt sich explizit angeben. Aus (IV. 4.2) folgt unter Berücksichtigung von (4.2), (4.5) und der Tatsache, daß jetzt

$$X = 1 - x^2, \qquad X' = -2x, \qquad X'' = -2$$

gilt:

(4.7) $$\lambda_n = n(n + \alpha + \beta + 1).$$

Folglich befriedigen die JACOBIschen Polynome die Differentialgleichung

(4.8) $$(1 - x^2) y'' + \left[(\beta - \alpha) - (\alpha+\beta+2) x \right] y' + n(n+\alpha+\beta+1) y = 0.$$

Dieses Ergebnis ist sehr bedeutungsvoll, denn durch die Substitution

$$x = 1 - 2\xi$$

erhält man aus (4.8) die *hypergeometrische Differentialgleichung*

(4.9) $$\begin{cases} \xi(1-\xi) \dfrac{d^2 y}{d\xi^2} + \left[(\alpha+1) - (\alpha+\beta+2)\xi \right] \dfrac{dy}{d\xi} + \\ \qquad\qquad + n(n+\alpha+\beta+1) y = 0, \end{cases}$$

die für

$$a = -n, \qquad b = n+\alpha+\beta+1, \qquad c = \alpha+1$$

mit (2.3) übereinstimmt. Daher muß mit einer geeigneten Konstanten A

$$P_n^{(\alpha,\beta)}(x) = A\, F\left(-n, n+\alpha+\beta+1; \alpha+1; \frac{1-x}{2} \right)$$

gelten. Um A zu bestimmen, setze man $x = 1$; wegen (4.1) hat man dann

$$A = P_n^{(\alpha,\beta)}(1) = \binom{n+\alpha}{n},$$

und damit folgt die grundlegende Formel

(4.10) $$P_n^{(\alpha,\beta)}(x) = \binom{n+\alpha}{n} F\left(-n, n+\alpha+\beta+1; \alpha+1; \frac{1-x}{2} \right).$$

Sie zeigt, daß die JACOBIschen Polynome hypergeometrische Funktionen sind. Abgesehen von einem konstanten Faktor und der linearen Substitution $x = 1 - 2\xi$ besitzen sie also die Darstellung (2.1), wobei die Koeffizienten der höheren Potenzen von x als der n-ten alle verschwinden.

In entsprechender Weise führt die Substitution

$$x = 2\xi - 1$$

zu der Gleichung

$$(4.11) \qquad P_n^{(\alpha, \beta)}(x) = (-1)^n \binom{n + \beta}{n} F\left(-n, n + \alpha + \beta + 1; \beta + 1; \frac{1 + x}{2}\right).$$

Diese kann auch auf Grund von (4.4) hergeleitet werden oder aber aus (4.10) unter Verwendung der ersten Bolzaschen Formel (2.10).

Wir wollen sogleich eine interessante Folgerung aus dem eben erhaltenen Ergebnis ziehen und betrachten den Fall $\alpha = \beta$ (dies ist der Fall der *ultrasphärischen Polynome*, mit denen wir uns im folgenden noch beschäftigen werden). Ist $\alpha = \beta$, so ist für die hypergeometrische Funktion in (4.10) die Voraussetzung der Gl. (2.14) erfüllt, nämlich

$$\frac{a + b + 1}{2} = \frac{-n + (n + 2\alpha + 1) + 1}{2} = \alpha + 1 = c;$$

sie genügt also (2.14). Ist n gerade, d.h. $n = 2m$, so nimmt (2.14) eine besonders einfache Gestalt an, denn dann ist in (2.15)

$$B^* = 2\sqrt{\pi}\, \frac{\Gamma(\alpha + 1)}{\Gamma(-m)\,\Gamma(m + \alpha + \frac{1}{2})} = 0,$$

da die Γ-Funktion für die negativen ganzen Zahlen Pole aufweist. Es ist folglich nach (2.14)

$$P_{2m}^{(\alpha, \alpha)}(x) = \binom{2m + \alpha}{2m} \sqrt{\pi}\, \frac{\Gamma(\alpha + 1)}{\Gamma(\frac{1}{2} - m)\,\Gamma(\alpha + 1 + m)} F\left(-m, m + \alpha + \frac{1}{2}; \frac{1}{2}; x^2\right)$$

$$= \binom{2m + \alpha}{2m} \sqrt{\pi}\, \frac{\Gamma(\alpha + 1)}{\Gamma(\frac{1}{2} - m)\,\Gamma(\alpha + 1 + m)} \binom{m - \frac{1}{2}}{m}^{-1} P_m^{(-\frac{1}{2}, \alpha)}(1 - 2x^2).$$

Diese Gleichung läßt sich mit Hilfe der Beziehung

$$\Gamma(\tfrac{1}{2} - m) = \frac{\pi}{\cos m\pi}\, \frac{1}{\Gamma(\frac{1}{2} + m)} = (-1)^m\, \frac{\pi}{\Gamma(\frac{1}{2} + m)}$$

noch vereinfachen:

$$P_{2m}^{(\alpha, \alpha)}(x) = (-1)^m\, \frac{(m!)^2}{(2m)!} \binom{2m + \alpha}{m} P_m^{(-\frac{1}{2}, \alpha)}(1 - 2x^2).$$

Schließlich erhält man daraus unter Verwendung von (4.4)

$$(4.12) \qquad P_{2m}^{(\alpha, \alpha)}(x) = \frac{(m!)^2}{(2m)!} \binom{2m + \alpha}{m} P_m^{(\alpha, -\frac{1}{2})}(2x^2 - 1).$$

In ganz analoger Weise ergibt sich für $n = 2m + 1$ (wobei $A^* = 0$, $B^* \neq 0$ ist)

$$(4.13) \qquad P_{2m+1}^{(\alpha, \alpha)}(x) = \frac{m!\,(m + 1)!}{(2m + 1)!} \binom{2m + \alpha + 1}{m + 1} x\, P_m^{(\alpha, \frac{1}{2})}(2x^2 - 1).$$

Auf Grund des Zusammenhangs mit den hypergeometrischen Funktionen läßt sich auch sofort die Ableitung der JACOBIschen Polynome angeben. Aus (4.10) und (2.18) folgt

$$(4.14) \qquad D\left[P_n^{(\alpha,\beta)}(x)\right] = \tfrac{1}{2}\,(n+\alpha+\beta+1)\,P_{n-1}^{(\alpha+1,\beta+1)}(x)$$

und aus (IV. 4.8)

$$(4.15) \quad \begin{cases} (2n+\alpha+\beta)\,(1-x^2)\,D\left[P_n^{(\alpha,\beta)}(x)\right] \\ = n\left[\alpha-\beta-(2n+\alpha+\beta)\,x\right]P_n^{(\alpha,\beta)}(x) + 2\,(n+\alpha)\,(n+\beta)\,P_{n-1}^{(\alpha,\beta)}(x). \end{cases}$$

Die letzte Gleichung kann man auch aus der vorhergehenden gewinnen; dazu hat man die Überlegungen aus Kap. IV, §5 heranzuziehen, nach denen es möglich ist, die Funktion

$$(1-x)^h\,(1+x)^k\,P_n^{(\alpha+h,\beta+k)}(x)$$

mit nicht negativen ganzen Zahlen h und k als Linearkombination von

$$P_n^{(\alpha,\beta)}(x), \quad P_{n+1}^{(\alpha,\beta)}(x), \quad \ldots, \quad P_{n+h+k}^{(\alpha,\beta)}(x)$$

darzustellen oder, wenn man noch die Rekursionsformel berücksichtigt, bereits als Linearkombination der beiden ersten dieser Funktionen.

Unter den Beziehungen, die man aus dem obigen Zusammenhang ferner entnehmen kann, merken wir noch an

$$(4.16) \quad \begin{cases} \tfrac{1}{2}\,(1-x)\,(2n+\alpha+\beta+2)\,P_n^{(\alpha+1,\beta)}(x) \\ \qquad = (n+\alpha+1)\,P_n^{(\alpha,\beta)}(x) - (n+1)\,P_{n+1}^{(\alpha,\beta)}(x) \\ \tfrac{1}{2}\,(1+x)\,(2n+\alpha+\beta+2)\,P_n^{(\alpha,\beta+1)}(x) \\ \qquad = (n+\beta+1)\,P_n^{(\alpha,\beta)}(x) + (n+1)\,P_{n+1}^{(\alpha,\beta)}(x) \\ (1-x)\,P_n^{(\alpha+1,\beta)}(x) + (1+x)\,P_n^{(\alpha,\beta+1)}(x) = 2\,P_n^{(\alpha,\beta)}(x) \\ (\alpha+\beta+2n)\,P_n^{(\alpha-1,\beta)}(x) = (\alpha+\beta+n)\,P_n^{(\alpha,\beta)}(x) - (\beta+n)\,P_{n-1}^{(\alpha,\beta)}(x) \\ (\alpha+\beta+2n)\,P_n^{(\alpha,\beta-1)}(x) = (\alpha+\beta+n)\,P_n^{(\alpha,\beta)}(x) + (\alpha+n)\,P_{n-1}^{(\alpha,\beta)}(x) \\ P_n^{(\alpha,\beta-1)}(x) - P_n^{(\alpha-1,\beta)}(x) = P_{n-1}^{(\alpha,\beta)}(x). \end{cases}$$

§5. Weitere Eigenschaften der JACOBIschen Polynome.

Die Integraldarstellung der hypergeometrischen Funktion, mit der wir uns in §2 kurz beschäftigt hatten, führt im Falle der JACOBIschen Polynome nicht zu besonders interessanten Ergebnissen. Eine sehr brauchbare Integraldarstellung erhält man hingegen, wenn man auf die Formel von RODRIGUEZ (IV. 3.2) die CAUCHYsche Integralformel für die n-te Ableitung einer analytischen Funktion anwendet. Ist $f(x)$ eine in einem Gebiet reguläre analytische Funktion und C eine geschlossene

Kurve aus diesem Gebiet, die den Punkt x im Inneren enthält, so lautet die Cauchysche Integralformel

$$f^{(n)}(x) = \frac{n!}{2\pi i} \oint_C \frac{f(t)}{(t-x)^{n+1}} \, dt,$$

und daraus ergibt sich für die klassischen Orthogonalpolynome die *allgemeine Integraldarstellung*

$$(5.1) \qquad P_n(x) = \frac{n!}{2\pi i \, K_n \, p(x)} \oint_C \frac{p(t) \, [X(t)]^n}{(t-x)^{n+1}} \, dt.$$

Im Spezialfall der Jacobischen Polynome nimmt diese Formel die folgende Gestalt an:

$$(5.2) \qquad P_n^{(\alpha,\beta)}(x) = \frac{1}{2\pi i} \oint_C \left[\frac{t^2-1}{2(t-x)} \right]^n \left(\frac{1-t}{1-x} \right)^\alpha \left(\frac{1+t}{1+x} \right)^\beta \frac{dt}{t-x},$$

wobei C eine (im positiven Sinn zu durchlaufende) geschlossene Kurve der komplexen Ebene ist, die in ihrem Inneren den Punkt x, aber nicht die Punkte ± 1 enthält. Es ist also insbesondere $x \neq \pm 1$.

Aus dieser Darstellung entnimmt man unter anderem, daß die Jacobischen Polynome eine sehr einfache *erzeugende Funktion* besitzen, d.h. eine in der Umgebung von $z = 0$ regulär-analytische Funktion $F(z)$ mit der Eigenschaft

$$F(z) = \sum_{n=0}^{\infty} P_n^{(\alpha,\beta)} z^n.$$

Um diese Funktion zu gewinnen, setze man in (5.2)

$$\frac{t^2-1}{2(t-x)} = \frac{1}{z};$$

dann ist

$$z \, t^2 - 2t + 2x - z = 0,$$

also

$$t = \frac{1}{z} \left(1 \pm \sqrt{1 - 2xz + z^2} \right);$$

wählt man noch das negative Vorzeichen der Wurzel, so ist

$$(5.3) \qquad t = \frac{1-R}{z} \quad \text{mit} \quad R = \sqrt{1 - 2xz + z^2}.$$

Eine einfache Rechnung liefert

$$\frac{dt}{t-x} = \frac{dz}{zR}, \qquad \frac{1-t}{1-x} = \frac{2}{1-z+R}, \qquad \frac{1+t}{1+x} = \frac{2}{1+z+R},$$

und damit folgt aus (5.2)

$$P_n^{(\alpha,\beta)}(x) = \frac{1}{2\pi i} \oint_{C^*} \frac{2^{\alpha+\beta}}{R \, (1-z+R)^\alpha \, (1+z+R)^\beta} \frac{dz}{z^{n+1}},$$

wobei jetzt C^* die C entsprechende Kurve nach der Transformation ist, die offenbar wieder eine geschlossene, den Ursprung enthaltende Kurve darstellt. Nach der CAUCHYSCHEN Integralformel ist dieses Integral aber andererseits gleich dem n-ten Koeffizienten (n-te Ableitung durch $n!$) in der Reihenentwicklung der Funktion

$$F(z) = \frac{2^{\alpha+\beta}}{R(1 - z + R)^{\alpha}(1 + z + R)^{\beta}}$$

nach Potenzen von z $\left(\text{für } |z| < 1\right)$. Es gilt also

(5.4) $$F(z) = \frac{2^{\alpha+\beta}}{R(1 - z + R)^{\alpha}(1 + z + R)^{\beta}} = \sum_{n=0}^{\infty} P_n^{(\alpha,\beta)} z^n \qquad (|z| > 1)$$

mit

$$R = + \sqrt{1 - 2xz + z^2},$$

d.h. $F(z)$ ist die gesuchte *erzeugende Funktion*.

Als wichtige Folgerung aus diesem Ergebnis kann nach der Methode von DARBOUX ein *asymptotischer Ausdruck* für die JACOBIschen Polynome hergeleitet werden, der für große n eine gute Vorstellung vom Verlauf der JACOBIschen Polynome $P_n^{(\alpha,\beta)}(x)$ im Intervall $(-1, 1)$ vermittelt. Es besteht der folgende Satz:

In jedem Intervall $0 < \varepsilon < \vartheta < \pi - \varepsilon$ mit beliebigem $\varepsilon > 0$ gilt

(5.5) $$\begin{cases} P_n^{(\alpha,\beta)}(\cos\vartheta) \\ = \frac{1}{\sqrt{\pi n}} \left(\sin\frac{\vartheta}{2}\right)^{-\alpha-\frac{1}{2}} \left(\cos\frac{\vartheta}{2}\right)^{-\beta-\frac{1}{2}} \cos\left(N\vartheta - \frac{2\alpha + 1}{4}\pi\right) + O(n^{-\frac{3}{2}}), \\ \textit{mit} \\ \qquad\qquad N = n + \frac{\alpha + \beta + 1}{2}. \end{cases}$$

Zum Beweis dieses grundlegenden Satzes ist es erforderlich, genauer auf die erzeugende Funktion $F(z)$ einzugehen und deren Verhalten auf dem Einheitskreis zu untersuchen, auf dem sie zwei singuläre Punkte aufweist.

Wir führen folgende Bezeichnungen ein:

$$1 - z e^{-i\vartheta} = z_1, \qquad 1 - z e^{i\vartheta} = z_2, \qquad \frac{2^{\alpha+\beta}}{(1 - z + R)^{\alpha}(1 + z + R)^{\beta}} = \Phi(z);$$

dann ergibt sich unter Beachtung der Beziehung

$$(1 - z e^{-i\vartheta})(1 - z e^{i\vartheta}) = 1 - 2z\cos\vartheta + z^2 = R^2$$

aus (5.4):

$$F(z) = \Phi(z)(z_1 z_2)^{-\frac{1}{2}}.$$

Um darin zunächst den zweiten Faktor zu untersuchen, gehen wir von der Gleichung aus:

$$(5.6) \quad \begin{cases} z_2 = 1 - e^{i\vartheta}\left(1 - z_1\right) e^{i\vartheta} = 1 - e^{2i\vartheta} + e^{2i\vartheta} z_1 \\ \quad = \left(1 - e^{2i\vartheta}\right)\left(1 + \dfrac{e^{2i\vartheta}}{1 - e^{2i\vartheta}} z_1\right) = \left(1 - e^{2i\vartheta}\right)\left(1 - \dfrac{z_1}{1 - e^{-2i\vartheta}}\right). \end{cases}$$

In der Umgebung des Punktes $z_1 = 0$ (d.h. $z = e^{i\vartheta}$), die durch

$$\left| \frac{z_1}{1 - e^{-2i\vartheta}} \right| < 1$$

gegeben wird, also im Kreise

$$|z_1| < |1 - e^{-2i\vartheta}| = \sqrt{2(1 - \cos 2\vartheta)} = 2|\sin\vartheta|^{\,\dagger},$$

besteht dann auf Grund der vorhergehenden Gleichung die einfache Reihenentwicklung

$$(z_1 z_2)^{-\frac{1}{2}} = z_1^{-\frac{1}{2}} \left(1 - e^{2i\vartheta}\right)^{-\frac{1}{2}} \sum_{n=0}^{\infty} (-1)^n \binom{-\frac{1}{2}}{n} \left(\frac{z_1}{1 - e^{-2i\vartheta}}\right)^n.$$

Benutzt man die Abkürzung (1.17), so nimmt diese Formel die folgende Gestalt an:

$$(5.7) \qquad (z_1 z_2)^{-\frac{1}{2}} = z_1^{-\frac{1}{2}} \left(1 - e^{2i\vartheta}\right)^{-\frac{1}{2}} \sum_{n=0}^{\infty} \frac{g_n}{(1 - e^{-2i\vartheta})^n} z_1^n.$$

Auf Grund der analogen Überlegung für den Punkt z_2 erhält man andererseits

$$(5.8) \qquad (z_1 z_2)^{-\frac{1}{2}} = z_2^{-\frac{1}{2}} \left(1 - e^{-2i\vartheta}\right)^{-\frac{1}{2}} \sum_{n=0}^{\infty} \frac{g_n}{(1 - e^{2i\vartheta})^n} z_2^n.$$

Wir untersuchen nun die Funktion $\Phi(z)$, die im Endlichen die einzigen Singularitäten $z = e^{\pm i\vartheta}$ besitzt (diese sind Verzweigungspunkte von R). Nimmt man nämlich an, daß noch weitere Singularitäten vorliegen, so müßten diese von Nullstellen einer der Funktionen $1 + z + R$ oder $1 - z + R$ stammen. Aus

$$- R = 1 \pm z$$

folgt aber

$$1 - 2z\cos\vartheta + z^2 = 1 \pm 2z + z^2,$$

d.h.

$$z(\cos\vartheta \pm 1) = 0.$$

---

† Es handelt sich um den Kreis in der z-Ebene mit dem Mittelpunkt $z = e^{i\vartheta}$, der durch den Punkt $z = e^{-i\vartheta}$ verläuft; der Abstand dieser beiden Punkte beträgt $2|\sin\vartheta|$.

Da nach Voraussetzung $\cos\vartheta \neq \pm 1$ ist, müßte $z=0$ sein. Aus $z=0$ folgt aber $1 \pm z + R = 2$ im Widerspruch zu der eben gemachten Annahme. Daraus folgt, daß die Funktion $\Phi(z)$ (bei der Festsetzung $R = +1$ für $z=0$) mit Ausnahme der Punkte $z = e^{\pm i\vartheta}$ eine im Kreis $|z| \leq 1$ reguläre analytische Funktion ist.

Wir wollen jetzt überlegen, daß $\Phi(z)$ an den beiden singulären Punkten $z = e^{\pm i\vartheta}$ Potenzreihenentwicklungen nach ganzen, positiven Potenzen von $z_1^{1/2}$ oder $z_2^{1/2}$ besitzt. Dazu gehen wir von den folgenden Identitäten aus:

$$(1 - z + R)^{-\alpha} = \left[1 - e^{i\vartheta}(1 - z_1) + (z_1 z_2)^{\frac{1}{2}}\right]^{-\alpha}$$
$$= (1 - e^{i\vartheta})^{-\alpha}\left[1 + (1 - e^{i\vartheta})^{-1}(z_2^{\frac{1}{2}} + e^{i\vartheta} z_1^{\frac{1}{2}}) z_1^{\frac{1}{2}}\right]^{-\alpha},$$

$$(1 + z + R)^{-\beta} = \left[1 + e^{i\vartheta}(1 - z_1) + (z_1 z_2)^{\frac{1}{2}}\right]^{-\beta}$$
$$= (1 + e^{i\vartheta})^{-\beta}\left[1 + (1 + e^{i\vartheta})^{-1}(z_2^{\frac{1}{2}} - e^{i\vartheta} z_1^{\frac{1}{2}}) z_1^{\frac{1}{2}}\right]^{-\beta},$$

aus denen man entnimmt, daß in der Umgebung des Punktes $z_1 = 0$ (d. h. $z = e^{i\vartheta}$) die beiden Reihenentwicklungen

$$(1 - z + R)^{-\alpha} = (1 - e^{i\vartheta})^{-\alpha}\left[1 - \alpha(1 - e^{-i\vartheta})^{-1}(z_2^{\frac{1}{2}} + e^{i\vartheta} z_1^{\frac{1}{2}}) z_1^{\frac{1}{2}} + \cdots\right]$$
$$= (1 - e^{i\vartheta})^{-\alpha}\left[1 - \alpha(1 - e^{-i\vartheta})^{-1} z_2^{\frac{1}{2}} z_1^{\frac{1}{2}} + \cdots\right],$$

$$(1 + z + R)^{-\beta} = (1 + e^{i\vartheta})^{-\beta}\left[1 - \beta(1 + e^{-i\vartheta})^{-1} z_2^{\frac{1}{2}} z_1^{\frac{1}{2}} + \cdots\right]$$

bestehen, wobei die Punkte Glieder in z_1, $z_1^{\frac{3}{2}}$, z_1^2 usw. andeuten. Folglich besteht in der Umgebung des Punktes $z = e^{i\vartheta}$ die Entwicklung

$$\Phi(z) = 2^{\alpha+\beta}(1 - e^{i\vartheta})^{-\alpha}(1 + e^{i\vartheta})^{-\beta}\left[1 + \cdots\right],$$

also

$$\Phi(z) = \Phi(e^{i\vartheta})\left[1 + \cdots\right],$$

wobei jetzt die Punkte Glieder in Potenzen von $z_1^{\frac{1}{2}}$ andeuten. Entsprechend besteht in einer Umgebung von $z = e^{-i\vartheta}$ eine Entwicklung nach Potenzen von $z_2^{\frac{1}{2}}$ der Gestalt

$$\Phi(z) = \Phi(e^{-i\vartheta})\left[1 + \cdots\right].$$

Damit haben wir den ersten Faktor der erzeugenden Funktion $F(z) = \Phi(z)(z_1 z_2)^{-\frac{1}{2}}$ in der Umgebung von $z_1 = 0$ und $z_2 = 0$, d. h. von $z = e^{\pm i\vartheta}$ entwickelt und können nun die entsprechenden Entwicklungen von $F(z)$ nach Potenzen von $z_1^{\frac{1}{2}}$ bzw. $z_2^{\frac{1}{2}}$ angeben. Für $z = e^{i\vartheta}$ gilt unter Beachtung von (5.7):

$$F(z) = (1 - e^{2i\vartheta})^{-\frac{1}{2}}\Phi(e^{i\vartheta})(1 + \cdots)\left(z_1^{-\frac{1}{2}} + \frac{g_1}{1 - e^{-2i\vartheta}} z_1^{\frac{1}{2}} + \cdots\right),$$

also

$$F(z) = \Theta_1 z_1^{-\frac{1}{2}} + A_1 + B_1 z_1^{\frac{1}{2}} + C_1 z_1 + D_1 z_1^{\frac{3}{2}} + \cdots,$$

wobei

$$(1 - e^{2i\vartheta})^{-\frac{1}{2}} \Phi(e^{i\vartheta}) = \Theta_1$$

gesetzt ist und A_1, B_1, ... die weiteren Koeffizienten bezeichnen. In der Umgebung von $z = e^{-i\vartheta}$ hat man entsprechend

$$F(z) = \Theta_2 z_2^{-\frac{1}{2}} + A_2 + B_2 z_2^{\frac{1}{2}} + C_2 z_2 + D_2 z_2^{\frac{3}{2}} + \cdots$$

mit

$$(1 - e^{-2i\vartheta})^{-\frac{1}{2}} \Phi(e^{-i\vartheta}) = \Theta_2.$$

Aus diesen Entwicklungen folgt, daß die Funktion

$$F(z) - \Theta_1 z_1^{-\frac{1}{2}} - \Theta_2 z_2^{-\frac{1}{2}}$$

im Gegensatz zur Funktion $F(z)$ auch auf dem Rand des Kreises $|z| \leq 1$ beschränkt ist; subtrahiert man von dieser Funktion auch noch die Glieder $B_1 z_1^{\frac{1}{2}}$ und $B_2 z_2^{\frac{1}{2}}$, so entsteht eine Funktion deren Ableitung ebenfalls für $|z| \leq 1$ beschränkt bleibt. Mit anderen Worten:

Die erzeugende Funktion $F(z)$ kann in der Form

$$(5.9) \qquad F(z) = \Theta_1 z_1^{-\frac{1}{2}} + \Theta z_2^{-\frac{1}{2}} + B_1 z_1^{\frac{1}{2}} + B_2 z_2^{\frac{1}{2}} + F^*(z)$$

dargestellt werden, wobei $F^*(z)$ eine für $|z| < 1$ analytische Funktion ist, die zusammen mit ihrer ersten Ableitung im ganzen Kreis $|z| \leq 1$ stetig ist.
Benutzt man die Abkürzung (1.17), so gilt:

$$z_1^{-\frac{1}{2}} = (1 - z e^{-i\vartheta})^{-\frac{1}{2}} = \sum_{n=0}^{\infty} g_n e^{-ni\vartheta} z^n,$$

$$z_2^{-\frac{1}{2}} = (1 - z e^{i\vartheta})^{-\frac{1}{2}} = \sum_{n=0}^{\infty} g_n e^{ni\vartheta} z^n;$$

andererseits bestehen auf Grund der Beziehung

$$\binom{\frac{1}{2}}{n} = \binom{1 - \frac{1}{2}}{1 + n - 1} = \frac{1}{2n} \binom{-\frac{1}{2}}{n - 1} = (-1)^{n-1} \frac{g_{n-1}}{2n}$$

die Entwicklungen

$$z_1^{\frac{1}{2}} = 1 - \sum_{n=1}^{\infty} \frac{g_{n-1}}{2n} e^{-ni\vartheta} z^n, \qquad z_2^{\frac{1}{2}} = 1 - \sum_{n=1}^{\infty} \frac{g_{n-1}}{2n} e^{ni\vartheta} z^n.$$

Setzt man noch

$$F^*(z) = \sum_{n=0}^{\infty} \alpha_n z^n,$$

so erhält man aus (5.4) und (5.9)

$$P_n^{(\alpha,\beta)}(\cos\vartheta) = g_n (\Theta_1 e^{-ni\vartheta} + \Theta_2 e^{ni\vartheta}) - \frac{g_{n-1}}{2n} (B_1 e^{-ni\vartheta} + B_2 e^{ni\vartheta}) + \alpha_n.$$

Kann schließlich gezeigt werden, daß $\alpha_n = O(n^{-2})$ ist, so folgt

$$(5.10) \quad \begin{cases} P_n^{(\alpha,\beta)}(\cos\vartheta) = g_n(\Theta_1 e^{-ni\vartheta} + \Theta_2 e^{ni\vartheta}) - \\ \qquad\qquad - \frac{g_{n-1}}{2n}(B_1 e^{-ni\vartheta} + B_2 e^{ni\vartheta}) + O(n^{-2}), \end{cases}$$

womit ein erster asymptotischer Ausdruck für $P_n^{(\alpha,\beta)}(\cos\vartheta)$ gefunden ist.

Um $\alpha_n = O(n^{-2})$ zu beweisen, betrachten wir $F^*(z)$ nur auf dem Kreis $|z| = 1$:

$$F^*(e^{i\varphi}) = \sum_{n=0}^{\infty} \alpha_n e^{ni\varphi}.$$

Nach (II. 1.8) ist dann

$$\alpha_n = \frac{1}{2\pi} \int_{-\pi}^{\pi} F^*(e^{i\varphi}) e^{-ni\varphi} d\varphi,$$

und daraus folgt, wenn man noch

$$F^*(e^{i\varphi}) = \psi_1(\varphi) + i\,\psi_2(\varphi)$$

setzt:

$$2\pi\alpha_n = \int_{-\pi}^{\pi} \psi_1(\varphi) \cos n\varphi\, d\varphi + i \int_{-\pi}^{\pi} \psi_1(\varphi) \sin n\varphi\, d\varphi +$$
$$+ i \int_{-\pi}^{\pi} \psi_2(\varphi) \cos n\varphi\, d\varphi - \int_{-\pi}^{\pi} \psi_2(\varphi) \sin n\varphi\, d\varphi.$$

Auf jede der Funktion ψ_1 und ψ_2 wollen wir den letzten Satz von Kap. II, § 6 anwenden und haben uns daher zu überzeugen, daß die dort gemachten Voraussetzungen erfüllt sind. Da die erste Ableitung von $F^*(z)$ für $|z| \leq 1$ stetig ist, trifft dies auch für die ersten Ableitungen der Funktionen $\psi_1(\varphi)$ und $\psi_2(\varphi)$ im Intervall $-\pi \leq \varphi \leq \pi$ zu, und daher sind die Funktionen selbst total stetig; die Gleichung $\psi_i(-\pi) = \psi_i(\pi)$ $(i = 1, 2)$ folgt aus der Stetigkeit von $F^*(z)$; die Tatsache, daß die $\psi_i'(\varphi)$ $(i = 1, 2)$ im Intervall von beschränkter Schwankung sind, entnimmt man unmittelbar aus der expliziten Darstellung von $F^*(z)$ durch (5.9). Es sind also alle Voraussetzungen des Satzes erfüllt und folglich gilt tatsächlich $\alpha_n = O(n^{-2})$.

Nun soll (5.10) in die behauptete Form (5.5) überführt werden. Nach (1.18) gilt

$$g_n = \frac{1}{\sqrt{\pi n}} + O(n^{-\frac{3}{2}}) = O(n^{-\frac{1}{2}})$$

und folglich

$$\frac{g_{n-1}}{2n}(B_1 e^{-ni\vartheta} + B_2 e^{ni\vartheta}) = O(n^{-\frac{3}{2}}).$$

Damit ergibt sich aus (5.10)

$$(5.11) \quad \begin{cases} P_n^{(\alpha,\beta)}(\cos\vartheta) = g_n(\Theta_1 e^{-ni\vartheta} + \Theta_2 e^{ni\vartheta}) + O(n^{-\frac{3}{2}}) \\ \qquad = \frac{1}{\sqrt{\pi n}}(\Theta_1 e^{-ni\vartheta} + \Theta_2 e^{ni\vartheta}) + O(n^{-\frac{3}{2}}). \end{cases}$$

Nach Definition gilt

$$\Theta_1 = (1 - e^{2i\vartheta})^{-\frac{1}{2}} \Phi(e^{i\vartheta}) = (1 - e^{2i\vartheta})^{-\frac{1}{2}} 2^{\alpha+\beta} (1 - e^{i\vartheta})^{-\alpha} (1 + e^{i\vartheta})^{-\beta}$$
$$= 2^{\alpha+\beta} (1 - e^{i\vartheta})^{-\alpha-\frac{1}{2}} (1 + e^{i\vartheta})^{-\beta-\frac{1}{2}},$$

und daher folgt auf Grund der Gleichungen

$$1 + e^{i\vartheta} = e^{i\frac{\vartheta}{2}} \left(e^{i\frac{\vartheta}{2}} + e^{-i\frac{\vartheta}{2}} \right) = 2 e^{i\frac{\vartheta}{2}} \cos \vartheta/2,$$

$$1 - e^{i\vartheta} = e^{i\frac{\vartheta}{2}} \left(e^{-i\frac{\vartheta}{2}} - e^{i\frac{\vartheta}{2}} \right) = -2i e^{i\frac{\vartheta}{2}} \sin \vartheta/2 = 2 e^{i\frac{\vartheta-\pi}{2}} \sin \vartheta/2$$

die Beziehung

$$\Theta_1 = \frac{2^{\alpha+\beta}}{2^{\alpha+\beta+1}} (\sin \vartheta/2)^{-\alpha-\frac{1}{2}} (\cos \vartheta/2)^{-\beta-\frac{1}{2}} e^{-\frac{i}{2}[(\vartheta-\pi)(\alpha+\frac{1}{2})+\vartheta(\beta+\frac{1}{2})]},$$

also

$$\Theta_1 e^{-ni\vartheta} = \frac{1}{2} (\sin \vartheta/2)^{-\alpha-\frac{1}{2}} (\cos \vartheta/2)^{-\beta-\frac{1}{2}} e^{-i\left(N\vartheta - \frac{2\alpha+1}{4}\pi\right)}$$

mit

$$N = n + \frac{\alpha + \beta + 1}{2}.$$

Unter Verwendung der Gleichungen

$$1 + e^{-i\vartheta} = 2 e^{-i\frac{\vartheta}{2}} \cos \vartheta/2, \qquad 1 - e^{-i\vartheta} = 2i e^{-i\frac{\vartheta}{2}} \sin \vartheta/2 = 2 e^{i\frac{\pi-\vartheta}{2}} \sin \vartheta/2$$

erhält man in völlig analoger Weise

$$\Theta_2 e^{ni\vartheta} = \tfrac{1}{2} (\sin \vartheta/2)^{-\alpha-\frac{1}{2}} (\cos \vartheta/2)^{-\beta-\frac{1}{2}} e^{i\left(N\vartheta - \frac{2\alpha+1}{4}\pi\right)}.$$

Aus beiden Beziehungen zusammen folgt:

$$\Theta_1 e^{-ni\vartheta} + \Theta_2 e^{ni\vartheta} = (\sin \vartheta/2)^{-\alpha-\frac{1}{2}} (\cos \vartheta/2)^{-\beta-\frac{1}{2}} \cos\left(N\vartheta - \frac{2\alpha+1}{4}\pi\right).$$

Setzt man diese Gleichung in (5.11) ein, so geht (5.11) unmittelbar in die behauptete Formel (5.5) über. Diese ist zunächst für jeden Wert $0 < \vartheta < \pi$ gültig, doch gilt sie auch gleichmäßig in jedem Intervall $0 < \varepsilon \leqq \vartheta \leqq \pi - \varepsilon$, wie man sofort an Hand des Beweises nachprüft. Es gibt dann also eine von α, β und ε, nicht aber von ϑ und n abhängige Konstante A, so daß für alle $n > n_0$ und $\varepsilon \leqq \vartheta \leqq \pi - \varepsilon$ gilt:

$$\left| P_n^{(\alpha,\beta)} (\cos \vartheta) - \frac{1}{\sqrt{\pi n}} (\sin\vartheta/2)^{-\alpha-\frac{1}{2}} (\cos\vartheta/2)^{-\beta-\frac{1}{2}} \cos\left(N\vartheta - \frac{2\alpha+1}{4}\pi\right) \right| < \frac{A}{n^{\frac{3}{2}}}.$$

Die Formel (5.5) liefert auch bereits für kleine n (z.B. $n = 10$) eine gute Annäherung von $P_n^{(\alpha,\beta)}(\cos \vartheta)$, sofern man sich nicht in der Nähe der Randpunkte des Grundintervalls befindet.

In der unmittelbaren Umgebung dieser Punkte — z.B. des Punktes $+1$ — ist es zweckmäßig, statt (5.5) eine Entwicklung von $P^{(\alpha,\beta)}(\cos \vartheta)$

in eine Reihe konfluenter hypergeometrischer Funktionen zu benutzen, die man als Spezialfall einer entsprechenden Entwicklung beliebiger hypergeometrischer Funktionen erhält[1]. So gilt mit der Bezeichnung

$$k = n + \frac{\alpha+1}{2}, \quad n' = n + \alpha + \beta + 1, \quad x = 1 - \frac{4z}{-2k+z} \quad \left(\text{d. h. } z = 2k\,\frac{1-x}{3+x}\right)$$

für

$$|z| < 2k$$

die Entwicklung

$$(5.12) \quad \begin{cases} P_n^{(\alpha,\beta)}(x) = \frac{1}{n!}\left(\frac{1+x}{2}\right)^{-n'} e^{-z} \sum_{m=0}^{\infty} \frac{\Gamma(n'+m)\,\Gamma(\alpha+n+1)}{\Gamma(n')\,\Gamma(\alpha+m+1)} \times \\ \qquad\qquad \times A_m\left(k, \frac{\alpha+1}{2}\right)\left(\frac{z}{2k}\right)^m \Phi(-n-\beta,\ \alpha+m+1;\ z), \end{cases}$$

wobei die Konstanten $A_m(k, l)$ durch die Rekursionsformel

$$(5.13) \quad \begin{cases} (m+1)\,A_{m+1}(k,l) = (m+2l-1)\,A_{m-1}(k,l) - 2k\,A_{m-2}(k,l) \\ \qquad\qquad\qquad\qquad\qquad\qquad\qquad (m = 2, 3, \ldots) \end{cases}$$

mit den Anfangswerten

$$A_0 = 1, \quad A_1 = 0, \quad A_2 = l$$

bestimmt sind.

Betrachtet man diese Reihenentwicklung für feste α und β, aber für $n \to \infty$ und unter der Voraussetzung, daß z von der Ordnung n^{-1} sei (d. h. nz beschränkt), so folgt durch eine einfache Überlegung die aus dem ersten Glied der Reihenentwicklung bestehende asymptotische Darstellung

$$(5.14) \quad P_n^{(\alpha,\beta)}(x) = \frac{\Gamma(\alpha+n+1)}{n!\,\Gamma(\alpha+1)}\left(\frac{1+x}{2}\right)^{-n'} e^{-z}\left[\Phi(-n-\beta,\alpha+1;z) + O(n^{-2})\right].$$

Diese Formel liefert in der Umgebung von $x = 1$ auch für kleine Werte von n eine verhältnismäßig gute Annäherung.

Schließlich kann die Φ-Funktion ihrerseits wieder durch Zylinderfunktionen angenähert werden[2].

§ 6. Die Nullstellen der JACOBIschen Polynome.

In der Theorie der orthogonalen Polynome spielt die Lage der Nullstellen eines orthogonalen Polynoms eine wichtige Rolle. So kann z. B. die Untersuchung der Extremwerte eines orthogonalen Polynoms durch Formeln des Typs (4.14) auf die der Nullstellen zurückgeführt werden.

---

[1] Siehe F. G. Tricomi, *Expansion of the hypergeometric function in series of confluent ones and application to the* Jacobi *polynomials.* Comm. Math. Helvetici **25**, 196 (1951).

[2] Siehe dazu die in Fußnote 1 zitierte Arbeit des Verfassers.

Bei der Untersuchung der Nullstellen hat man wesentlich zu unterscheiden, ob es sich um eigentliche oder *verallgemeinerte* orthogonale Polynome handelt. Unter letzteren versteht man (im Falle der Jacobischen Polynome) die durch (4.3) gegebenen Polynome *ohne* die Voraussetzung $\alpha > -1$, $\beta > -1$. Bei diesen gelten die bisher (Kap. IV, § 1) über die Nullstellen hergeleiteten Ergebnisse im allgemeinen nicht mehr; die Nullstellen müssen nicht einmal mehr alle reell sein. Wir werden uns daher hier auf die Untersuchung der Jacobischen Polynome im eigentlichen Sinne beschränken, bei denen die Voraussetzung $\alpha > -1$, $\beta > -1$ erfüllt ist.

Zur Untersuchung der Nullstellen der klassischen orthogonalen Polynome und insbesondere der der Jacobischen Polynome gibt es zahlreiche Methoden. Es lassen sich dazu selbstverständlich auch die allgemeinen Verfahren heranziehen, die auf beliebige algebraische Gleichungen anwendbar sind. Unter diesen spielt das Sturmsche *Verfahren* eine besondere Rolle; es stützt sich auf den folgenden Satz, dessen Beweis in zahlreichen Lehrbüchern über Differentialgleichungen zu finden ist:

Seien $y_1(\vartheta)$ bzw. $y_2(\vartheta)$ nichttriviale, stetige Lösungen der Differentialgleichungen

$$y_1'' + P_1(\vartheta) \, y_1 = 0 \quad bzw. \quad y_2'' + P_2(\vartheta) \, y_2 = 0$$

und $P_1(\vartheta)$, $P_2(\vartheta)$ im Intervall $\gamma < 0 < \eta$ stetige Funktionen mit

$$P_1(\vartheta) < P_2(\vartheta).$$

Sind dann ϑ' und ϑ'' zwei aufeinanderfolgende Nullstellen von $y_1(\vartheta)$ mit $\gamma < \vartheta' < \vartheta'' < \eta$, dann besitzt die Funktion $y_2(\vartheta)$ eine Nullstelle ϑ_0 mit

$$\vartheta' < \vartheta_0 < \vartheta''.$$

Die Behauptung gilt auch für $\vartheta' = \gamma$ (bzw. $\vartheta'' = \eta$), wenn die zusätzliche Voraussetzung

$$\lim_{\vartheta \to \gamma + 0} \left[y_1'(\vartheta) \, y_2(\vartheta) - y_1(\vartheta) \, y_2'(\vartheta) \right] = 0$$

(bzw. die entsprechende Voraussetzung für η) erfüllt ist.

Dieser Satz soll nun auf die Differentialgleichung

$$(6.1) \qquad\qquad y'' + Q(\vartheta) \, y = 0$$

angewendet werden, wobei $Q(\vartheta)$ der Ungleichung

$$m^2 < Q(\vartheta)$$

genüge. Ersetzt man in (6.1) $Q(\vartheta)$ durch m^2, so erhält man die Differentialgleichung

$$y'' + m^2 y = 0,$$

die die partikuläre Lösung

$$y_1(\vartheta) = \sin m(\vartheta - \vartheta_h)$$

mit beliebigem ϑ_h besitzt. Die äquidistanten Nullstellen von $y_1(\vartheta)$ haben voneinander den Abstand πm^{-1}, und $\vartheta = \vartheta_h$ ist Nullstelle von $y_1(\vartheta)$. Sind ϑ_h, ϑ_{h+1} zwei aufeinanderfolgende Nullstellen von $Q(\vartheta)$, so folgt auf Grund des obigen Satzes

$$\vartheta_{h+1} - \vartheta_h < \frac{\pi}{m}.$$

Um dieses Ergebnis für die JACOBIschen Polynome ausnutzen zu können, setze man in der Differentialgleichung der JACOBIschen Polynome (4.8)

$$x = \cos\vartheta, \quad y = (\sin\vartheta/2)^{-\alpha-\frac{1}{2}}(\cos\vartheta/2)^{-\beta-\frac{1}{2}} y_2.$$

Durch eine längere, aber ganz elementare Rechnung geht diese dann in die folgende über:

(6.2) $$\frac{d^2 y_2}{d\vartheta^2} + \left[\left(n + \frac{\alpha+\beta+1}{2}\right)^2 + \frac{\frac{1}{4}-\alpha^2}{4(\sin\vartheta/2)^2} + \frac{\frac{1}{4}-\beta^2}{4(\cos\vartheta/2)^2}\right] y_2 = 0$$

mit der Lösung

$$y_2 = (\sin\vartheta/2)^{\alpha+\frac{1}{2}}(\cos\vartheta/2)^{\beta+\frac{1}{2}} P_n^{(\alpha,\beta)}(\cos\vartheta).$$

Wird noch

(6.3) $$-\tfrac{1}{2} \leq \alpha \leq \tfrac{1}{2}, \quad -\tfrac{1}{2} \leq \beta \leq \tfrac{1}{2}$$

vorausgesetzt, so gilt offensichtlich

$$\left(n + \frac{\alpha+\beta+1}{2}\right)^2 + \frac{\frac{1}{4}-\alpha^2}{4(\sin\vartheta/2)^2} + \frac{\frac{1}{4}-\beta^2}{4(\cos\vartheta/2)^2} \geq \left(n + \frac{\alpha+\beta+1}{2}\right)^2$$

und zwar tritt das Gleichheitszeichen nur für $|\alpha| = |\beta| = \tfrac{1}{2}$ ein. Setzt man schließlich

$$n + \frac{\alpha+\beta+1}{2} + \frac{\frac{1}{4}-\alpha^2}{4(\sin\vartheta/2)^2} + \frac{\frac{1}{4}-\beta^2}{4(\cos\vartheta/2)^2} = Q(\vartheta),$$

$$n + \frac{\alpha+\beta+1}{2} = m, \quad \gamma = 0, \quad \eta = \pi,$$

so läßt sich die vorhergehende Überlegung unmittelbar anwenden, und man erhält den folgenden Satz, der für $|\alpha| = |\beta| = \tfrac{1}{2}$ trivialerweise gültig ist:

Seien $\vartheta_1, \ldots, \vartheta_n$ mit

$$0 < \vartheta_1 < \vartheta_2 \ldots < \vartheta_n < \pi$$

die trigonometrischen Nullstellen des JACOBIschen Polynoms $P_n^{(\alpha,\beta)}(\cos\vartheta)$ [†], d.h. die Nullstellen der Gleichung $P_n^{(\alpha,\beta)}(\cos\vartheta) = 0$ aus dem Intervall $(0, \pi)$, und setzt man noch $\vartheta_0 = 0$, $\vartheta_{n+1} = \pi$, so gilt:

(6.4) $$\vartheta_{h+1} - \vartheta_h \leq \frac{2\pi}{2n + \alpha + \beta + 1} \text{ [††]} \quad (h = 0, \ldots, n).$$

[†] Daß durch $x_i = \cos\vartheta_i$ $(i = 1, \ldots, n)$ genau alle Nullstellen von $P_n^{(\alpha,\beta)}(x)$ geliefert werden, folgt unmittelbar aus dem Nullstellensatz in Kap. IV, § 1.

[††] Das Gleichheitszeichen tritt nur für den trivialen Fall $|\alpha| = |\beta| = \tfrac{1}{2}$ ein.

Durch Summation der Ungleichung (6.4) von $h = 0$ bis $h = \nu - 1$ bzw. von $h = \nu$ bis $h = n$ folgt

$$\vartheta_\nu \leq \frac{2\pi\nu}{2n + \alpha + \beta + 1}, \qquad \pi - \vartheta_\nu \leq \frac{2\pi(n - \nu + 1)}{2n + \alpha + \beta + 1},$$

woraus sich die folgenden *Schranken* ergeben:

(6.5) $\qquad \dfrac{2\nu + \alpha + \beta - 1}{2n + \alpha + \beta + 1}\,\pi \leq \vartheta_\nu \leq \dfrac{2\nu}{2n + \alpha + \beta + 1}\,\pi\,^\dagger \qquad (\nu = 1, \ldots, n).$

Es ist also insbesondere

(6.6) $\qquad\qquad\qquad \vartheta_\nu = \dfrac{\nu}{n}\,\pi + O\left(n^{-2}\right).$

Falls nicht der triviale Fall

$$\alpha = \beta = -\tfrac{1}{2}$$

vorliegt, sind wegen

$$2\nu < 2(\nu + 1) + \alpha + \beta - 1$$

die durch (6.5) gegebenen Intervalle, in denen die Nullstellen liegen, alle voneinander getrennt. Darauf beruht vor allem die Bedeutung dieser Abschätzung, bei der allerdings wesentlich die einschränkende Voraussetzung (6.3) benutzt wurde.

In bemerkenswerten Spezialfällen für α und β werden wir im folgenden noch genauere Ergebnisse erhalten.

Wir weisen schließlich darauf hin, daß unter der Voraussetzung

$$\alpha^2 = \beta^2 = \tfrac{1}{4}$$

die Differentialgleichung (6.2) die elementaren Lösungen

(6.7) $\qquad\qquad \cos\left(n + \dfrac{\alpha + \beta + 1}{2}\right)\vartheta, \qquad \sin\left(n + \dfrac{\alpha + \beta + 1}{2}\right)\vartheta$

besitzt. In jedem der vier Fälle $\alpha = \pm\frac{1}{2}$, $\beta = \pm\frac{1}{2}$ kann daher

$$y_2(\vartheta) = (\sin\vartheta/2)^{\alpha + \frac{1}{2}}(\cos\vartheta/2)^{\beta + \frac{1}{2}} P_n^{(\alpha,\beta)}(\cos\vartheta)$$

linear durch die Funktionen (6.7) dargestellt werden. Diese Tatsache werden wir später noch einmal auf anderem Wege herleiten.

§ 7. Ultrasphärische Polynome (GEGENBAUERsche Polynome).

Ein besonders wichtiger Spezialfall der JACOBIschen Polynome liegt für $\alpha = \beta$ vor. Man bezeichnet sie dann als *ultrasphärische* oder GEGEN-BAUERsche *Polynome*. Aus formalen Gründen werden wir hier die ultrasphärischen Polynome $P_n^{(\alpha,\alpha)}(x)$ nicht unmittelbar betrachten, sondern Polynome, die daraus durch Multiplikation mit einer Konstanten entstehen.

---

† Das Gleichheitszeichen tritt nur für den trivalen Fall $|\alpha| = |\beta| = \frac{1}{2}$ ein.

Sei $\lambda > -\frac{1}{2}$ und setzt man

$$(7.1) \quad \begin{cases} C_n^\lambda(x) = \dfrac{(2\lambda)_n}{n!} F\left(-n, n+2\lambda; \lambda + \dfrac{1}{2}; \dfrac{1-x}{2}\right) \\[2mm] \quad = (-1)^n \dfrac{(2\lambda)_n}{n!} F\left(-n, n+2\lambda; \lambda + \dfrac{1}{2}; \dfrac{1+x}{2}\right), \end{cases}$$

so folgt auf Grund von (4.10) bzw. (4.11)

$$(7.2) \qquad C_n^\lambda(x) = \frac{(2\lambda)_n}{(\lambda + \frac{1}{2})_n} P_n^{(\lambda - \frac{1}{2}, \lambda - \frac{1}{2})}(x) \qquad (n = 0, 1, 2, \ldots).$$

Für $\lambda = 0$ und $n > 0$ ist die rechte Seite von (7.2) wegen

$$(2\lambda)_n = 2\lambda(2\lambda + 1) \ldots (2\lambda + n - 1) = 0$$

identisch Null. Dann setze man

$$C_n^0(x) = \lim_{\lambda \to 0} \frac{C_n^\lambda(x)}{\lambda} = \lim_{\lambda \to 0} \frac{2(2\lambda + 1) \ldots (2\lambda + n - 1)}{(\lambda + \frac{1}{2})(\lambda + \frac{3}{2}) \ldots (\lambda + n - \frac{1}{2})} P_n^{(\lambda - \frac{1}{2}, \lambda - \frac{1}{2})}(x)$$

$$= \frac{2(n-1)!}{\frac{1}{2} \cdot \frac{3}{2} \ldots \frac{2n-1}{2}} P_n^{(-\frac{1}{2}, -\frac{1}{2})}(x) = \frac{2}{n g_n} P_n^{(-\frac{1}{2}, -\frac{1}{2})}(x)$$

mit der durch (1.17) gegebenen Bedeutung von g_n. Abgesehen von dem konstanten Faktor $2/n$ stimmt das Polynom $C_n^0(x)$ mit dem TSCHEBYSCHEFF-schen Polynom $T_n(x)$, von dem in § 9 die Rede sein wird, überein.

Bei dieser Bestimmung von $C_n^\lambda(x)$ folgt aus (4.4)

$$(7.3) \qquad\qquad C_n^\lambda(-x) = (-1)^n C_n^\lambda(x);$$

$C_n^\lambda(x)$ ist also eine gerade oder ungerade Funktion von x, je nachdem, ob n gerade oder ungerade ist. Folglich enthält $C_{2m}^\lambda(x)$ nur gerade und $C_{2m+1}^\lambda(x)$ nur ungerade Potenzen von x. Dies kann man auch aus den Formeln (4.12) und (4.13) entnehmen, welche im vorliegenden Fall die folgende Gestalt annehmen[1]:

$$(7.4) \quad \begin{cases} C_{2m}^\lambda(x) = \dfrac{(\lambda)_m}{m! \, g_m} P_m^{(\lambda - \frac{1}{2}, -\frac{1}{2})}(2x^2 - 1), \\[2mm] C_{2m+1}^\lambda(x) = \dfrac{2m + 2\lambda}{2m + 1} \dfrac{(\lambda)_m}{m! \, g_m} x \, P_m^{(\lambda - \frac{1}{2}, \frac{1}{2})}(2x^2 - 1). \end{cases}$$

Aus (4.1) und (7.3) folgt

$$(7.5) \qquad\qquad C_n^\lambda(1) = (-1)^n C_n^\lambda(-1) = \frac{(2\lambda)_n}{n!}$$

und aus (4.1) und (7.4)

$$(7.6) \qquad\qquad C_{2m}^\lambda(0) = (-1)^m \frac{(\lambda)_m}{m!}.$$

---

[1] Hier und im folgenden wird $\lambda \neq 0$ vorausgesetzt. Für $\lambda = 0$ gelten entsprechende Formeln, die man auf Grund der Definition von $C_n^0(x)$ auch sofort aufstellen kann.

Ferner merken wir an

$$C_0^\lambda(x) = 1, \quad C_1^\lambda(x) = 2\lambda\,x, \quad C_2^\lambda(x) = 2\lambda(\lambda + 1)\,x^2 - \lambda.$$

Die *Rekursionsformel* der JACOBIschen Polynome nimmt jetzt die besonders einfache Form an:

$$(7.7) \quad (n + 1)\,C_{n+1}^\lambda(x) = 2(n + \lambda)\,x\,C_n^\lambda(x) - (n + 2\lambda - 1)\,C_{n-1}^\lambda(x).$$

Diese Formel gilt auch für $\lambda = 0$, falls $n \geq 2$ ist.

Die *Orthogonalitätsrelation* kann unter Berücksichtigung von (4.6) ebenfalls sofort angegeben werden:

$$(7.8) \quad \int_{-1}^{1} (1 - x^2)^{\lambda - \frac{1}{2}}\,C_m^\lambda(x)\,C_n^\lambda(x)\,d\,x = \begin{cases} 0 & \text{für} \quad m \neq n \\ \dfrac{\pi\,2^{1-2\lambda}\,\Gamma(n + 2\lambda)}{n!\,(n + \lambda)\,[\Gamma(\lambda)]^2} & \text{für} \quad m = n. \end{cases}$$

Die *Summationsformel von* CHRISTOFFEL-DARBOUX (IV. 2.3) interessiert hier hauptsächlich in dem Spezialfall $y = 1$. Auf Grund von (4.6) und (1.13) erhält man jetzt

$$(7.9) \quad \sum_{\nu=1}^{n} (\nu + \lambda)\,C_\nu^\lambda(x) = \frac{(n + 2\lambda)\,C_n^\lambda(x) - (n + 1)\,C_{n+1}^\lambda(x)}{2(1 - x)}.$$

Die *Differentialgleichung* (4.9) und die *Formeln für die Ableitung* (4.14) und (4.15) nehmen mit Hilfe der Formel (IV. 4.9) die folgende Gestalt an:

$$(7.10) \qquad (1 - x^2)\,y'' - (2\lambda + 1)\,x\,y' + n(n + 2\lambda)\,y = 0,$$

$$(7.11) \qquad D\left[C_n^\lambda(x)\right] = 2\lambda\,C_{n-1}^{\lambda+1}(x),$$

$$(7.12) \quad \begin{cases} (1 - x^2)\,D\left[C_n^\lambda(x)\right] = -nx\,C_n^\lambda(x) + (n + 2\lambda - 1)\,C_{n-1}^\lambda(x) \\ \qquad\qquad = (n + 2\lambda)\,x\,C_n^\lambda(x) - (n + 1)\,C_{n+1}^\lambda(x). \end{cases}$$

Aus der letzten Formel und der Rekursionsformel (7.7) lassen sich in mannigfacher Weise neue Beziehungen für C_n^λ und dessen Ableitungen herleiten, von denen einige hier von Interesse sind. Ersetzt man in (7.7) λ durch $\lambda + 1$ und n durch $n - 1$ und multipliziert mit 2λ, so folgt

$$n\,2\lambda\,C_n^{\lambda+1} = 2(n + \lambda)\,x\,2\lambda\,C_{n-1}^{\lambda+1} - (n + 2\lambda)\,2\lambda\,C_{n-2}^{\lambda+1},$$

und daraus ergibt sich mit Hilfe von (7.11)

$$n\,D\left[C_{n+1}^\lambda\right] = 2(n + \lambda)\,x\,D\left[C_n^\lambda\right] - (n + 2\lambda)\,D\left[C_{n-1}^\lambda\right].$$

Differenziert man (7.7), so folgt andererseits

$$(7.13) \quad (n+1)\,D\left[C_{n+1}^\lambda\right] = 2(n+\lambda)\left(x\,D\left[C_n^\lambda\right] + C_n^\lambda\right) - (n + 2\lambda - 1)\,D\left[C_{n-1}^\lambda\right].$$

Aus den beiden letzten Gleichungen zusammen erhält man durch Elimination

$$(7.14) \quad \begin{cases} D\left[C_{n-1}^\lambda\right] = x\,D\left[C_n^\lambda\right] - n\,C_n^\lambda, \\ D\left[C_{n+1}^\lambda\right] = x\,D\left[C_n^\lambda\right] + (n + 2\lambda)\,C_n^\lambda. \end{cases}$$

Die Differenz beider Gleichungen ergibt

$$(7.15) \qquad D\left[C_{n+1}^{\lambda} - C_{n-1}^{\lambda}\right] = 2\,(n+\lambda)\,C_n^{\lambda},$$

und daraus folgt schließlich unter Verwendung von (7.11)

$$(7.16) \qquad C_n^{\lambda+1} - C_{n-2}^{\lambda+1} = \frac{n+\lambda}{\lambda}\,C_n^{\lambda}.$$

Auf ähnliche Weise findet man auch

$$(7.17) \quad (2\lambda+n-2)\,C_n^{\lambda-1} - (n+1)\,x\,C_{n+1}^{\lambda-1} = 2\,(\lambda-1)\,(1-x^2)\,C_n^{\lambda}.$$

Die Herleitung von Formeln dieser Art läßt sich dem allgemeinen Prinzip einordnen, auf das wir im Anschluß an (4.15) hingewiesen haben. *Es besagt, daß das Polynom*

$$(1-x^2)^m\,C_n^{\lambda+m}(x) \qquad (m = \text{nat. Zahl})$$

linear durch die Polynome $C_n^{\lambda}, C_{n+1}^{\lambda}, \ldots, C_{n+2m}^{\lambda}$ *dargestellt werden kann.*

Für die ultrasphärischen Polynome nimmt die erzeugende Funktion (5.4) die Form an:

$$\frac{2^{\lambda-\frac{1}{2}}}{R}\,(1-xz+R)^{\frac{1}{2}-\lambda} = \sum_{n=0}^{\infty} \frac{(\lambda+\frac{1}{2})_n}{(2\lambda)_n}\,C_n^{\lambda}(x)\,z^n \quad \text{mit} \quad R = +\sqrt{1-2\,x\,z+z^2}.$$

Für unsere Überlegungen ist es freilich von größerem Interesse, eine andere *erzeugende Funktion* zu besitzen. Diese hat man in

$$(7.18) \qquad G_\lambda(z) = \sum_{n=0}^{\infty} C_n^{\lambda}(x)\,z^n = (1-2\,x\,z+z^2)^{-\lambda} \quad \text{für} \quad \lambda \neq 0$$

und

$$(7.19) \qquad G_0(z) = \sum_{n=1}^{\infty} C_n^{0}(x)\,z^n = -\log(1-2\,x\,z+z^2).$$

Zum Beweis sei zuerst $\lambda \neq 0$. Dann gilt auf Grund der Rekursionsformel (7.7)

$$(7.20) \quad \begin{cases} G_\lambda'(z) = \displaystyle\sum_{n=0}^{\infty} (n+1)\,C_{n+1}^{\lambda}\,z^n \\[2mm] \qquad = 2x\displaystyle\sum_{n=0}^{\infty} (n+\lambda)\,C_n^{\lambda}\,z^n - \sum_{n=1}^{\infty} (n+2\lambda-1)\,C_{n-1}^{\lambda}\,z^n \\[2mm] \qquad = 2x\displaystyle\sum_{n=0}^{\infty} (n+\lambda)\,C_n^{\lambda}\,z^n - \sum_{n=0}^{\infty} (n+2\lambda)\,C_n^{\lambda}\,z^{n+1} \\[2mm] \qquad = 2xz\displaystyle\sum_{n=0}^{\infty} n\,C_n^{\lambda}z^{n-1} + 2\lambda x\sum_{n=0}^{\infty} C_n^{\lambda}z^n - z^2\sum_{n=0}^{\infty} n\,C_n^{\lambda}z^{n-1} - 2\lambda z\sum_{n=0}^{\infty} C_n^{\lambda}z^n. \end{cases}$$

Folglich ist

$$G_\lambda'(z) = (2\,x\,z - z^2)\,G_\lambda'(z) + 2\lambda\,(x-z)\,G_\lambda(z),$$

also

$$\frac{G_\lambda'(z)}{G_\lambda(z)} = \frac{2\lambda(x-z)}{1-2xz+z^2},$$

woraus sich durch Integration

$$\log G_\lambda(z) = -\lambda \log(1-2xz+z^2) + \log\gamma$$

bzw.

$$G_\lambda(z) = \gamma(1-2xz+z^2)^{-\lambda}$$

ergibt. Beachtet man noch, daß $G_\lambda(0)=1$ sein muß, so folgt $\gamma=1$ und damit auch (7.18).

Ist $\lambda=0$, so kann für $n\geq2$ ebenfalls die Rekursionsformel (7.7) herangezogen werden. Für $n=1$ folgt unmittelbar aus der Definition

$$C_2^0 = x C_1^0 - 1.$$

Damit gilt

$$G_0'(z) = C_1^0 + \sum_{n=1}^{\infty}(n+1)C_{n+1}^0 z^n = C_1^0 + \sum_{n=1}^{\infty}\left[2xnC_n^0 - (n-1)C_{n-1}^0\right]z^n - 2z$$

$$= 2(x-z) + 2xz\sum_{n=1}^{\infty}nC_n^0 z^{n-1} - z^2\sum_{n=1}^{\infty}nC_n^0 z^{n-1}$$

$$= 2(x-z) + (2xz-z^2)G_0'(z)$$

und folglich ist

$$G_0'(z) = \frac{2(x-z)}{1-2xz+z^2},$$

also

$$G_0(z) = -\log(1-2xz+z^2) + \gamma,$$

und wegen $G_0(0)=0$ erhält man dann (7.19).

Die *Integraldarstellung* (5.2) ergibt im vorliegenden Fall

$$(7.21)\qquad C_n^\lambda(x) = \frac{(-1)^n}{2^n}\frac{(2\lambda)_n}{(\lambda+\frac{1}{2})_n}\frac{(1-x^2)^{\frac{1}{2}-\lambda}}{2\pi i}\oint_{\mathfrak{C}}\frac{(1-t^2)^{n+\lambda-\frac{1}{2}}}{(t-x)^{n+1}}\,dt.$$

Mit Hilfe der erzeugenden Funktion $G_\lambda(z)$ und der CAUCHYschen Integralformel für die Ableitungen einer analytischen Funktion kann man noch eine andere Integraldarstellung für die ultrasphärischen Polynome herleiten, die gegenüber (7.21) gewisse Vorteile besitzt. Nimmt man der Einfachheit halber wieder $\lambda\neq0$ an, so gilt offenbar

$$(7.22)\qquad C_n^\lambda(x) = \frac{1}{2\pi i}\oint_{\mathfrak{C}}(1-2xz+z^2)^{-\lambda}z^{-n-1}\,dz,$$

wobei die Integration über eine geschlossene Kurve $\mathfrak{C}$ der komplexen z-Ebene erstreckt wird, die den Ursprung, aber nicht die beiden Nullstellen von $1-2xz+z^2$ enthält.

Aus der erzeugenden Funktion $G_\lambda(z)$ kann ferner eine wichtige Formel gefolgert werden, durch die $C_n^\lambda(\cos\vartheta)$ in der Form eines trigonometrischen Polynoms dargestellt wird. Sei wieder $\lambda \neq 0$, dann entnimmt man aus (7.18)

$$\sum_{n=0}^\infty C_n^\lambda(\cos\vartheta)\, z^n = (1 - 2z\cos\vartheta + z^2)^{-\lambda} = (1 - e^{-i\vartheta})^{-\lambda} (1 - e^{i\vartheta})^{-\lambda}$$

$$= \sum_{h=0}^\infty (-1)^h \binom{-\lambda}{h} e^{-ih\vartheta} z^h \sum_{k=0}^\infty (-1)^k \binom{-\lambda}{k} e^{ik\vartheta} z^k,$$

und mit der Abkürzung

$$(7.23) \qquad (-1)^m \binom{-\lambda}{m} = \frac{(\lambda)_m}{m!} = \alpha_m \qquad (m = 0, 1, 2, \ldots)$$

folgt daraus durch (CAUCHYsche) Reihenmultiplikation und Koeffizientenvergleich

$$C_n^\lambda(\cos\vartheta) = \sum_{h+k=n} \alpha_h\,\alpha_k\, e^{i(k-h)\vartheta} = \sum_{h+k=n} \alpha_h\,\alpha_k \cos(k-h)\,\vartheta + i \sum_{h+k=n} \alpha_h\,\alpha_k \sin(k-h)\,\vartheta.$$

Da die linke Seite reell ist, gilt also

$$C_n^\lambda(\cos\vartheta) = \sum_{h=0}^n \alpha_h\,\alpha_{n-h} \cos(n - 2h)\,\vartheta.$$

Durch Division mit λ und den Grenzübergang $\lambda \to 0$ folgt aus dieser Gleichung

$$C_n^0(\cos\vartheta) = \frac{2}{n} \cos n\vartheta$$

im Einklang mit der später folgenden Gl. (9.1).

Die Bedeutung dieser Formeln beruht auf der Tatsache, daß nach (7.23) die Koeffizienten α_m für positives λ ebenfalls positiv sind. Man erhält daher nämlich die wichtige Ungleichung

$$|C_n^\lambda(\cos\vartheta)| \leq \sum_{h=0}^n \alpha_h\,\alpha_{n-h} = [C_n^\lambda(\cos\vartheta)]_{\vartheta=0},$$

die man zufolge (7.5) überführen kann in

$$(7.24) \qquad |C_n^\lambda(x)| \leq C_n^\lambda(1) = \frac{(2\lambda)_n}{n!} \qquad (-1 \leq x \leq 1,\ \lambda > 0).$$

Es soll nun die *asymptotische Darstellung* der JACOBIschen Polynome (5.5) im Spezialfall der ultrasphärischen Polynome formuliert werden. Mit Hilfe der aus der Verdopplungsformel (1.13) der Γ-Funktion und (1.21) folgenden Gleichung

$$\frac{(2\lambda)_n}{(\lambda + \frac{1}{2})_n} = \frac{\Gamma(n + 2\lambda)}{\Gamma(n + \lambda + \frac{1}{2})} \frac{\Gamma(\lambda + \frac{1}{2})}{\Gamma(2\lambda)} = n^{\lambda - \frac{1}{2}} \frac{\sqrt{\pi}}{\Gamma(\lambda)\, 2^{2\lambda - 1}} \left[1 + O(n^{-1})\right]$$

ergibt sich aus (5.5) durch eine kurze Rechnung

$$(7.25) \quad C_n^\lambda(\cos\vartheta) = \frac{(n/2)^{\lambda-1}}{\Gamma(\lambda)\,(\sin\vartheta)^\lambda}\left[\cos\left((n+\lambda)\,\vartheta - \lambda\,\frac{\pi}{2}\right) + O\left(n^{-1}\right)\right] \quad (0<\vartheta<\pi).$$

Darüber hinaus kann man eine asymptotische Entwicklung aufstellen, in der das in der vorhergehenden Formel auftretende Hauptglied gerade das erste Glied ist[1]. So gilt für $0<\lambda<1$ im Inneren des Intervalls $(0,\pi)$

$$(7.26) \quad C_n^\lambda(\cos\vartheta) \approx \frac{2\Gamma(n+2\lambda)}{[\Gamma(\lambda)]^2}\sum_{m=0}^{\infty}\frac{(1-\lambda)_m}{(\lambda+m)_{n+1}\,m!}\,\frac{\cos\left((n+m+\lambda)\,\vartheta - (m+\lambda)\,\pi/2\right)}{(2\sin\vartheta)^{m+\lambda}}.$$

Bricht man diese Reihe an einer endlichen Stelle ab, so kann man für den Rest eine explizite Schranke angeben. Es stellt sich dann heraus, daß diese Reihe in gewissen Spezialfällen sogar im gewöhnlichen Sinne gegen die Funktion $C_n^\lambda(\cos\vartheta)$ konvergiert.

Diese und die vorhergehende Formel liefern auch für kleine Werte von n im allgemeinen sehr gute numerische Resultate, wenn nur vorausgesetzt wird, daß es sich nicht um Argumente in der Nähe der Grenzen des Intervalls $(0,\pi)$ handelt. In der Umgebung von 0 oder π kann man auf die asymptotische Darstellung (5.14) zurückgreifen, die jetzt die folgende Gestalt annimmt:

$$(7.27) \quad C_n^\lambda(x) = \frac{\Gamma(n+2\lambda)}{\Gamma(2\lambda)\,n!}\left(\frac{1+x}{2}\right)^{-n-2\lambda} e^{-z}\left[\Phi\left(-n-\lambda+\frac{1}{2},\,\lambda+\frac{1}{2};\,z\right) + O\left(n^{-2}\right)\right],$$

wobei

$$z = \left(2n+\lambda+\frac{1}{2}\right)\frac{1-x}{3+x}$$

gesetzt ist. Die auch hier geltende Voraussetzung von (5.14), daß nz für $n\to\infty$ beschränkt sei, kann auch in der Form

$$1-x = O\left(n^{-2}\right)$$

ausgesprochen werden; x hängt also von n ab.

§ 8. Die Nullstellen der ultrasphärischen Polynome.

Im Fall der ultrasphärischen Polynome kann zur Untersuchung der trigonometrischen Nullstellen zunächst die Formel (6.5) herangezogen werden, wobei jetzt $0\leq\lambda\leq 1$ vorausgesetzt werden muß. Daraus ergibt sich, daß die trigonometrischen Nullstellen $\vartheta_1,\ldots,\vartheta_n$ von $C_n^\lambda(\cos\vartheta)$, d.h. die Lösungen der Gleichung $C_n^\lambda(\cos\vartheta)=0$ aus dem Intervall $(0,\pi)$, der folgenden Abschätzung genügen:

$$(8.1) \qquad \frac{(v+\lambda-1)\,\pi}{n+\lambda} \leq \vartheta_v \leq \frac{v\,\pi}{n+\lambda} \qquad (v=1,\ldots,n).$$

---

[1] Vgl. dazu G. Szegö [24], S. 191.

Auf Grund der asymptotischen Entwicklung (7.26) ist es jetzt möglich noch genauere Aussagen über die Lage der trigonometrischen Nullstellen zu machen. Als Hilfsmittel wird dabei der folgende allgemeine Satz verwendet[1]:

Wenn die stetige Funktion $f(x)$ die asymptotische Darstellung (gleichmäßig in x)

$$(8.2) \qquad f(x) = \sum_{k=0}^{m} g_k(x)\, \mu^k + O(\mu^{m+1}) \qquad (\mu \to 0)$$

besitzt und $g_k(x)$ eine für $x = x_0$ mindestens $(m - k + 1)$-mal differenzierbare Funktion ist, wobei x_0 eine einfache Nullstelle von $g_0(x)$ bezeichnet, d.h.

$$g_0(x_0) = 0, \qquad g_0'(x_0) \neq 0,$$

und wenn die erste Ableitung von $g_m(x)$ stetig ist, dann gibt es zu vorgegebenem $\varepsilon > 0$ ein $\delta > 0$, so daß für $|\mu| < \delta$ die Gleichung $f(x) = 0$ eine Lösung x_0^* mit $x_0 - \varepsilon \leq x_0^* \leq x_0 + \varepsilon$ besitzt. Ferner gilt

$$(8.3) \qquad x_0^* = x_0 + \sum_{k=1}^{m} w_{k-1}\, \mu^k + O(\mu^{m+1}),$$

wobei $w_0, w_1, w_2, \ldots$ gewisse rationale Ausdrücke in den Größen

$$G_{kp} = \frac{1}{p!}\, g_k^{(p)}(x_0) \qquad (0 \leq p + k \leq m + 1)$$

sind, von denen die beiden ersten die Form

$$w_0 = \frac{G_{10}}{G_{01}}, \qquad w_1 = \frac{G_{10}^2 G_{02} - G_{10} G_{01} G_{11} + G_{01}^2 G_{20}}{G_{01}^3}$$

besitzen.

Es wird bei diesem Satz sogar zugelassen, daß die Funktionen $g_k(x)$ in geeigneter Weise von μ abhängen und daß andererseits μ von x abhängt. Im letzten Fall ist in (8.3) $\mu = \mu(x_0^*)$ zu setzen, und dann hat man die Abhängigkeit von x_0^* auf der rechten Seite von (8.3) noch zu eliminieren.

Dieser Satz soll nun auf die asymptotische Entwicklung von $C_n^\lambda(\cos\vartheta)$, d.h. auf die rechte Seite von (7.26) angewandt werden, wobei wir uns darauf beschränken, nur die beiden ersten Glieder zu berücksichtigen. Wir wollen also die Nullstellen der folgenden Funktion $f(\vartheta)$ und damit auch die von $C_n^\lambda(\cos\vartheta)$ asymptotisch bestimmen; dabei sei

$$f(\vartheta) = \cos\left((n+\lambda)\vartheta - \lambda\frac{\pi}{2}\right) + \frac{\lambda(1-\lambda)}{n+\lambda+1} \frac{\cos\left((n+\lambda+1)\vartheta - (\lambda+1)\frac{\pi}{2}\right)}{2\sin\vartheta} + O(n^{-2})$$

$$= \cos\left((n+\lambda)\vartheta - \lambda\frac{\pi}{2}\right) + \lambda(1-\lambda) \frac{\cos\left((n+\lambda+1)\vartheta - (\lambda+1)\frac{\pi}{2}\right)}{2\sin\vartheta} \mu + O(\mu^2),$$

---

[1] Siehe F. Tricomi, Ann. di Mat. (4) **26**, 283—300 (1947).

wobei $\mu = n^{-1}$ gesetzt und berücksichtigt ist, daß sich n^{-1} von $(n+\lambda+1)^{-1}$ nur um ein Glied der Ordnung n^{-2} unterscheidet. Im Sinne des vorstehenden Satzes für $m=1$ gilt dann

$$g_0(\vartheta) = \cos\left((n+\lambda)\vartheta - \lambda\frac{\pi}{2}\right), \qquad g_1(\vartheta) = \frac{\lambda(1-\lambda)}{2}\,\frac{\cos\left((n+\lambda+1)\vartheta - (\lambda+1)\frac{\pi}{2}\right)}{\sin\vartheta},$$

$$G_{01} = -(n+\lambda)\sin\left((n+\lambda)\vartheta - \lambda\frac{\pi}{2}\right), \qquad G_{10} = g_1(\vartheta).$$

Die im Satz angegebene Gleichung $g_0(\vartheta) = 0$ ist jetzt äquivalent mit

$$(n+\lambda)\vartheta - \lambda\frac{\pi}{2} = \left(r - \frac{1}{2}\right)\pi \qquad (r = 0, \pm 1, \pm 2, \ldots)$$

und besitzt daher die Lösungen

$$\vartheta_r^{(0)} = \frac{2r + \lambda - 1}{2(n+\lambda)}\,\pi \qquad (r = 0, \pm 1, \pm 2, \ldots).$$

Damit erhält man

$$G_{01} = (-1)^r (n+\lambda), \qquad G_{10} = -(-1)^r \frac{\lambda(1-\lambda)}{2}\,\mathrm{ctg}\,\vartheta_r^{(0)},$$

$$w_0 = \frac{\lambda(1-\lambda)}{2(n+\lambda)}\,\mathrm{ctg}\,\vartheta_r^{(0)} = \frac{\lambda(1-\lambda)}{2n}\,\mathrm{ctg}\,\vartheta_r^{(0)} + O(n^{-2}),$$

und nach dem angegebenen Satz gibt es dann zu geeigneten Werten von r trigonometrische Nullstellen ϑ_r von $C_n^\lambda(\cos\vartheta)$ mit

$$(8.4) \qquad \vartheta_r = \vartheta_r^{(0)} + \frac{\lambda(1-\lambda)}{2n^2}\,\mathrm{ctg}\,\vartheta_r^{(0)} + O(n^{-3})^{\dagger}.$$

Da die asymptotische Darstellung (7.26) nur im Inneren des Intervalls $(0, \pi)$ gültig war, besteht (8.4) nicht für beliebige Werte von r, insbesondere nicht für feste Werte von r, denn dann würde ϑ_r mit $n \to \infty$ gegen 0 streben. Man hat daher zu fordern, daß ϑ_r und folglich auch $\vartheta_r^{(0)}$ für $n \to \infty$ weder gegen 0 noch π strebt, was z. B. unter der Voraussetzung

$$(8.5) \qquad r - \frac{n}{2} = o(n)$$

der Fall ist.

Der zuvor angegebene allgemeine Satz liefert aber auch eine Aussage über die Nullstellen von $C_n^\lambda(x)$ in der Umgebung der Randpunkte des Grundintervalls. Wendet man ihn (im Fall $m=0$) auf die asymptotische Darstellung (7.27) an, so folgt für die Nullstellen in der

---

† Es gilt sogar

$$\vartheta_r = \vartheta_r^{(0)} + \frac{\lambda(1-\lambda)}{2n^2}\left(1 - \frac{2\lambda}{n}\right)\mathrm{ctg}\,\vartheta_r^{(0)} + O(n^{-4});$$

zum Beweis s. F. Tricomi, Ann. di Mat. (4) **31**, 93—97 (1950).

Umgebung von $x = +1$ [†]:

$$x_r = 1 - \frac{4\,z_r^*}{2n + \lambda + \frac{1}{2} + z_r^*}, \qquad z_r^* = z_r^{'(0)} + O\left(n^{-2}\right),$$

wobei vorausgesetzt wird, daß die Nullstellen von $C_n^\lambda(x)$ in rückläufiger Anordnung von $x = +1$ ab numeriert seien und daß $z_r^{(0)}$ die r-te reelle, positive Nullstelle der konfluenten hypergeometrischen Funktion

$$\Phi\left(-n - \lambda - \tfrac{1}{2}, \lambda + \tfrac{1}{2}; z\right)$$

bezeichne. Mit der gleichen Methode zeigt man dann schließlich noch, daß

$$z_r^{(0)} = \frac{j_r^2}{4n + 6\lambda - 1} + O\left(n^{-3}\right)$$

gilt, wobei j_r die r-te positive Nullstelle der BESSEL-Funktion $J_{\lambda - \frac{1}{2}}(x)$ ist [1]. Auf Grund der Gleichung

$$\frac{1}{2n + \lambda + \frac{1}{2} + O(n^{-1})} \frac{1}{4n + 6\lambda - 1} = \frac{1}{8n^2}\left[1 - \frac{2\lambda}{n} + O\left(n^{-2}\right)\right]$$

hat man dann insgesamt

(8.6) $$x_r = 1 - \frac{j_r^2}{2n^2}\left[1 - \frac{2\lambda}{n} + O\left(n^{-2}\right)\right].$$

Damit ist auch gleichzeitig gesichert, daß die Bedingung

$$1 - x_r = O\left(n^{-2}\right)$$

erfüllt ist [2].

§ 9. TSCHEBYSCHEFFsche Polynome.

Bei den ultrasphärischen Polynomen sind zwei Spezialfälle von besonderer Bedeutung: Einmal die LEGENDREschen *Polynome*, die durch $\lambda = \frac{1}{2}$ gekennzeichnet werden (also die JACOBISchen Polynome mit $\alpha = \beta = 0$) und zum anderen die TSCHEBYSCHEFFschen *Polynome* (im strengen Sinne) mit $\lambda = 0$ oder $\lambda = 1$, also $\alpha = \beta = \pm\frac{1}{2}$ [††]. Wir wollen uns hier mit den letzteren beschäftigen.

Die TSCHEBYSCHEFFschen Polynome sind für uns im wesentlichen nicht neu. Das ist sofort klar, wenn man ihre erzeugenden Funktionen

---

[†] Den Fall $x = -1$ kann man zufolge (7.3) unmittelbar darauf zurückführen.

[1] Siehe dazu HERM. SCHMIDT, Math. Z. **43**, 533—552 (1938) [Formel (15) auf S. 541] sowie F. TRICOMI, Ann. di Mat. (4) **26**, 283—300 (1948).

[2] Genauere Abschätzungen findet man in der in Fußnote 1, S. 174 zitierten Arbeit.— Kürzlich hat L. GATTESCHI für die Nullstellen der ultrasphärischen Polynome Formeln vom Typ (8.4) mitgeteilt, in denen obere Schranken für die Fehler angegeben werden; s.: Rend. Mat. e Appl. Roma (5) **8**, 399—411 (1949); Boll. Unione Mat. Ital. (3) **4**, 240—250 (1949) und (3) **7**, 272—281 (1952); Riv. Mat. Univ. Parma **1** (1950); Ann. di Mat. (4) **36**, 143—158 (1954).

[††] Es ist zu beachten, daß einige Autoren alle orthogonalen Polynome als TSCHEBYSCHEFFsche Polynome bezeichnen.

$[(7.18)$ für $\lambda = 1$ und (7.19) für $\lambda = 0]$ mit zwei gewissen trigonometrischen Reihen aus Kap. II vergleicht. So folgen aus (II.1.5) und der zweiten Formel von (II.3.6) durch einfache Umformung die Entwicklungen

$$- \log (1 - 2z \cos \vartheta + z^2) = 2 \left(\cos \vartheta z + \frac{\cos 2 \vartheta}{2} z^2 + \frac{\cos 3 \vartheta}{3} z^3 + \cdots \right),$$

$$(1 - 2z \cos \vartheta + z^2)^{-1} = 1 + \frac{\sin 2 \vartheta}{\sin \vartheta} z + \frac{\sin 3 \vartheta}{\sin \vartheta} z^2 + \cdots .$$

Es ist also

$$(9.1) \qquad C_n^0 (\cos \vartheta) = \frac{2}{n} \cos n\vartheta, \qquad C_n^1 (\cos \vartheta) = \frac{\sin (n + 1) \vartheta}{\sin \vartheta},$$

mit anderen Worten:

Die Tschebyscheffschen Polynome sind diejenigen Polynome in $\cos \vartheta$, die

$$\cos n\vartheta \qquad und \qquad \frac{\sin (n + 1) \vartheta}{\sin \vartheta}$$

darstellen.

Setzt man wie üblich

$$\cos n\vartheta = T_n (\cos \vartheta), \qquad \sin (n + 1) \vartheta = \sin \vartheta \, U_n (\cos \vartheta),$$

so hat man

$$(9.2) \qquad C_n^0 (x) = \frac{2}{n} T_n (x), \qquad C_n^1 (x) = U_n (x).$$

Die Verbindung mit den Jacobischen Polynomen wird durch die folgenden Formeln gegeben:

$$(9.3) \qquad P_n^{(-\frac{1}{2}, -\frac{1}{2})} (x) = g_n T_n (x), \qquad P_n^{(\frac{1}{2}, \frac{1}{2})} (x) = 2 g_{n+1} U_n (x)$$

und die mit den hypergeometrischen Funktionen durch

$$T_n(x) = F \left(-n, n; \frac{1}{2}; \frac{1 - x}{2} \right), \qquad U_n(x) = (n + 1) F \left(-n, n+1; \frac{3}{2}; \frac{1 - x}{2} \right).$$

Schließlich hat man die folgenden Querverbindungen:

$$T_n = U_n - x U_{n-1}, \qquad (1 - x^2) U_{n-1} = x T_n - T_{n+1}.$$

Alle weiteren wünschenswerten Beziehungen erhält man aus denen für ultrasphärische Polynome durch die Spezialisierung $\lambda = 0$ oder $\lambda = 1$. Wir begnügen uns daher hier damit, die so zu gewinnenden Formeln anzugeben:

$$\int_{-1}^{1} (1 - x^2)^{-\frac{1}{2}} T_m T_n \, dx = \int_{-1}^{1} (1 - x^2)^{\frac{1}{2}} U_m U_n \, dx = \begin{cases} 0 & \text{für} \quad m \neq n \\ \dfrac{\pi}{2} & \text{für} \quad m = n \neq 0, \end{cases}$$

$$T_{n+1} = 2 x T_n - T_{n-1}, \quad U_{n+1} = 2 x U_n - U_{n-1},$$

$$\begin{cases} T_0 = 1, \ T_1 = x, \ T_2 = 2 x^2 - 1, \ T_3 = 4 x^3 - 3 x, \ T_4 = 8 x^4 - 8 x^2 + 1, \ldots, \\ U_0 = 1, \ U_1 = 2 x, \ U_2 = 4 x^2 - 1, \ U_3 = 8 x^3 - 4 x, \ U_4 = 16 x^4 - 12 x^2 + 1, \ldots, \end{cases}$$

$$\begin{cases} \dfrac{1}{2} + \sum_{\nu=1}^{n} T_\nu(x)\, T_\nu(y) = \dfrac{1}{x-y}\left[T_{n+1}(x)\, T_n(y) - T_n(x)\, T_{n+1}(y)\right], \\[2mm] \sum_{\nu=0}^{n} U_\nu(x)\, U_\nu(y) = \dfrac{1}{x-y}\left[U_{n+1}(x)\, U_n(y) - U_n(x)\, U_{n+1}(y)\right], \end{cases}$$

$$\begin{cases} T_n(x) = \dfrac{(-1)^n (1-x^2)^{\frac{1}{2}}}{1\,3\ldots(2n-1)}\, D^n\left[(1-x^2)^{n-\frac{1}{2}}\right], \\[2mm] U_n(x) = \dfrac{(-1)^n (n+1)(1-x^2)^{-\frac{1}{2}}}{1\,3\ldots(2n-1)(2n+1)}\, D^n\left[(1-x^2)^{n+\frac{1}{2}}\right], \end{cases}$$

$$(1-x^2)\, T_n'' - x\, T_n' + n^2\, T_n = 0, \quad (1-x^2)\, U'' - 3x\, U_n' + n(n+2)\, U_n = 0,$$

$$T_n^{(m)}(x) = 2^{m-1}(m-1)!\, n\, C_{n-m}^m(x), \quad U_n^{(m)}(x) = 2^m m!\, C_{n-m}^{m+1}(x), \quad T_n' = n\, U_{n-1},$$

$$(1-x^2)\, T_n' = n\,(T_{n-1} - x\, T_n), \quad (1-x^2)\, U_n' = (n+1)\, U_{n-1} - nx\, U_n,$$

$$\begin{cases} 1 + 2\sum_{n=1}^{\infty} T_n(x)\, z^n = \dfrac{1-z^2}{R^2}, \quad R^2 = 1 - 2xz + z^2, \\[2mm] \sum_{n=0}^{\infty} U_n(x)\, z^n = \dfrac{1}{R^2}, \end{cases}$$

$$T_n(x) = \dfrac{1}{4\pi i}\oint^{(0^+)} \dfrac{(1-z^2)\, dz}{R^2\, z^{n+1}}, \quad U_n(x) = \dfrac{1}{2\pi i}\oint^{(0^+)} \dfrac{dz}{R^2\, z^{n+1}},$$

$$1 + T_{2n} = 2T_n^2, \quad 1 - T_{2n} = 2(1-x^2)\, U_{n-1}^2, \quad 2T_n U_n = U_{2n} + 1.$$

Eine weitere wichtige Eigenschaft ist mit der *endlichen* HILBERT-*schen Transformation*, d. h. mit der linearen Funktionaltransformation

$$\mathfrak{T}_x\left[\varphi(y)\right] \equiv \frac{1}{\pi}\int_{-1}^{*1} \frac{\varphi(y)}{y-x}\, dy$$

verknüpft. Dabei deute der * an, daß es sich um den CAUCHYSCHEN Hauptwert des Integrals, also um

$$\int_{-1}^{*1} \frac{\varphi(y)}{y-x}\, dy = \lim_{\varepsilon \to 0}\int_{-1}^{x-\varepsilon} + \int_{x+\varepsilon}^{1} \frac{\varphi(y)}{y-x}\, dy$$

handeln soll. Man kann dann die folgenden Gleichungen herleiten[1]:

$$\mathfrak{T}_x\left[(1-y^2)^{-\frac{1}{2}} T_n(y)\right] = U_{n-1}(x), \quad \mathfrak{T}_x\left[(1-y^2)^{\frac{1}{2}} U_{n-1}(y)\right] = -T_n(x), \quad (n=1,2,\ldots).$$

Wir bemerken ferner, daß man mittels der TSCHEBYSCHEFFSCHEN Polynome nicht nur die JACOBISCHEN Polynome mit $\alpha = \beta = \pm\frac{1}{2}$ ausdrücken kann (9.3), sondern auch die mit $\alpha = -\beta = \pm\frac{1}{2}$, d. h. alle mit $\alpha^2 = \beta^2 = \frac{1}{4}$

---

[1] Siehe F. G. TRICOMI, *On the finite* HILBERT *transformation*, Quart. J. Math. Oxford (2) **2**, 199—211 (1951).

(vgl. § 6, Ende). So folgt aus (7.4) durch eine leichte Rechnung

$$P_n^{(\frac{1}{2},-\frac{1}{2})}(x) = g_n\, U_{2n}\left(\sqrt{\frac{1+x}{2}}\right), \qquad P_n^{(-\frac{1}{2},\frac{1}{2})}(x) = g_n\sqrt{\frac{2}{1+x}}\,T_{2n+1}\left(\sqrt{\frac{1+x}{2}}\right).$$

Mit Hilfe der Formeln der Trigonometrie, die es gestatten eine Potenz von sin oder cos als trigonometrisches Polynom darzustellen, erhält man

$$x^{2m} = 2^{-2m}\left[\binom{2m}{m} + 2\sum_{h=1}^{m}\binom{2m}{m-h}T_{2h}(x)\right], \quad x^{2m+1} = 2^{-2m}\sum_{h=0}^{m}\binom{2m+1}{m-h}T_{2h+1}(x),$$

$$(1-x^2)^m = 2^{-2m}\left[\binom{2m}{m} + 2\sum_{h=1}^{m}(-1)^h\binom{2m}{m-h}T_{2h}(x)\right]$$

$$= 2^{-2m}\sum_{h=0}^{m}(-1)^h\binom{2m+1}{m-h}U_{2h}(x).$$

Schließlich wollen wir noch eine charakteristische Minimaleigenschaft des Polynoms $T_n(x)$ erwähnen, ohne allerdings den Beweis, der hier zu weit führen würde, darzustellen[1]:

Unter allen Polynomen $\Pi_n(x)$ vom Grad n mit dem höchsten Koeffizienten 1 ist $2^{1-n}T_n(x)$ dasjenige, für das der Ausdruck

$$(9.4) \qquad\qquad \operatorname*{Max}_{-1\leq x \leq 1}|\Pi_n(x)|$$

sein Minimum annimmt.

Legt man in (9.4) statt des (punktweisen) Maximums den Mittelwert — bezüglich einer Belegungsfunktion $p(x)$ — des Quadrates von $\Pi_n(x)$ zugrunde, d.h. fragt man nach dem Minimum von

$$\int_a^b p(x)\,[\Pi_n(x)]^2\,dx$$

für alle zulässigen $\Pi_n(x)$, so ist dies ein elementareres Problem als das obige. Wie sofort aus der allgemeinen Theorie von Kap. I folgt, wird dieses Minimum von dem Polynom $k_n^{-1}P_n(x)$ angenommen, wobei $P_n(x)$ das zum Intervall (a, b) und der Belegungsfunktion $p(x)$ gehörende Orthogonalpolynom n-ten Grades und k_n der höchste Koeffizient von $P_n(x)$ ist. In der Tat, da sich $\Pi_n(x)$ mit geeigneten Koeffizienten $k_n^{-1} = \mu_n, \mu_{n-1}, \dots, \mu_0$ in der Form

$$\Pi_n(x) = \mu_n P_n(x) + \cdots + \mu_0 P_0(x)$$

darstellen läßt, nimmt der Ausdruck

$$\int_a^b p(x)\,[\Pi_n(x)]^2\,dx = \int_a^b p(x)\,[\mu_n P_n(x) + \cdots + \mu_0 P_0(x)]^2\,dx$$

$$= \mu_n^2\int_a^b p(x)\,[P_n(x)]^2\,dx + \cdots + \mu_0^2\int_a^b p(x)\,[P_0(x)]^2\,dx$$

offenbar für $\mu_{n-1} = \cdots = \mu_0 = 0$ sein Minimum an.

---

[1] Zum Beweis s. z.B. S. Bernstein, *Leçons sur les propriétés extremales* ... (Paris, Gauthier-Villars 1926) oder auch [*13*, Bd. II].

§ 10. LEGENDREsche Polynome.

Der wichtigste Spezialfall der ultrasphärischen Polynome ist der durch $\lambda = \frac{1}{2}$ ($\alpha = \beta = 0$) gekennzeichnete Fall der LEGENDREschen *Polynome* oder *Kugelpolynome*[1], bei denen die Belegungsfunktion $p(x) \equiv 1$ ist.

Aus den zuvor hergeleiteten Ergebnissen über JACOBIsche bzw. ultrasphärische Polynome erhält man dann mit der Bezeichnung

$$C_n^{\frac{1}{2}}(x) \equiv P_n^{(0,0)}(x) \equiv P_n(x)\text{ }^\dagger$$

durch Spezialisierung die folgenden Formeln:

(10.1) $\displaystyle \int_{-1}^{1} P_m(x) P_n(x)\, dx = \begin{cases} 0 & \text{für} \quad m \neq n \\ \dfrac{1}{n + \frac{1}{2}} & \text{für} \quad m = n, \end{cases}$

(10.2) $(n + 1) P_{n+1}(x) = (2n + 1)\, x\, P_n(x) - n\, P_{n-1}(x)$,

(10.3) $\displaystyle \sum_{\nu=0}^{n} (2\nu + 1) P_\nu(x) P_\nu(y) = \frac{n + 1}{x - y} \left[P_{n+1}(x) P_n(y) - P_n(x) P_{n+1}(y) \right]$,

(10.4) $P_n(x) = \dfrac{1}{(-2)^n\, n!}\, D^n \left[(1 - x^2)^n \right]$,

(10.5) $(1 - x^2)\, P_n''(x) - 2x\, P_n'(x) + n(n + 1) P_n(x) = 0$,

(10.6) $P_n(x) = F\!\left(-n,\, n+1;\, 1;\, \dfrac{1 - x}{2}\right) = 2^n g_n\, x^n F\!\left(-\dfrac{n}{2},\, \dfrac{1-n}{2},\, \dfrac{1}{2} - n;\, \dfrac{1}{x^2}\right)$,

(10.7) $P_n'(x) = C_{n-1}^{\frac{3}{2}}(x)$, $\quad D^m \left[P_n(x) \right] = 1\,3 \ldots (2m-1)\, C_{n-m}^{m+\frac{1}{2}}(x)$, $\quad (m \leq n)$,

(10.8) $(1 - x^2) P_n'(x) = n \left[P_{n-1}(x) - x P_n(x) \right] = (n+1) \left[x P_n(x) - P_{n+1}(x) \right]$,

(10.9) $x P_n'(x) - P_{n-1}'(x) = n P_n(x)$, $\quad P_{n+1}'(x) - x P_n'(x) = (n+1) P_n(x)$,

(10.10) $(2n + 1) P_n(x) = D \left[P_{n+1}(x) - P_{n-1}(x) \right]$,

(10.11) $\displaystyle \sum_{n=0}^{\infty} P_n(x)\, z^n = (1 - 2xz + z^2)^{-\frac{1}{2}}$,

(10.12) $P_n(-x) = (-1)^n P_n(x)$,

(10.13) $P_n(x) = \dfrac{(-1)^n}{2^n\, 2\pi i} \oint^{(x+)} \dfrac{(1 - t^2)^n}{(t - x)^{n+1}}\, dt\text{ }^{\dagger\dagger}$,

---

[1] Die Bezeichnung Kugelpolynome beruht auf der Tatsache, daß sie eng mit der Theorie der auf einer Kugeloberfläche betrachteten harmonischen Funktionen (von 3 Variablen) zusammenhängen.

† Es ist dabei zu beachten, daß wir früher die allgemeinen orthogonalen Polynome in dieser Weise bezeichnet hatten.

†† Es wird über eine (kleine) geschlossene Kurve im positiven Umlaufsinne integriert, die den Punkt $t = x$ im Innern enthält; entsprechend bei den folgenden Integralen.

$$(10.14) \quad P_n(x) = \frac{1}{2\pi i} \oint^{(0+)} (1 - 2xz + z^2)^{-\frac{1}{2}} z^{-n-1} \, dz,$$

$$(10.15) \quad P_n(\cos \vartheta) = \sum_{h=0}^{n} g_h \, g_{n-h} \cos(n - 2h)\vartheta, \quad \left(g_h = \frac{1 \cdot 3 \ldots (2h-1)}{2 \cdot 4 \ldots (2h)} \right).$$

Die ersten Legendreschen Polynome sind explizit:

$$P_0(x) = 1, \quad P_1(x) = x, \quad P_2(x) = \tfrac{1}{2}(3x^2 - 1), \quad P_3(x) = \tfrac{1}{2}(5x^3 - 3x).$$

Die wichtigste und charakteristische Eigenschaft der Legendreschen Polynome innerhalb der Klasse der ultrasphärischen Polynome ist die folgende Tatsache:

Sie sind die einzigen, bei denen das Maximum von $|C_n^\lambda(x)|$ *im Intervall* $(-1, 1)$, *nämlich* $C_n^\lambda(1)$, *für alle* n *konstant ist.*

Zunächst ist nach (7.24)

$$P_n(1) = C_n^{\frac{1}{2}}(1) = 1$$

das fragliche Maximum. Für beliebige λ gilt auf Grund von (1.21)

$$C_n^\lambda(1) = \binom{n + 2\lambda - 1}{n} = [\Gamma(2\lambda)]^{-1} \frac{\Gamma(n + 2\lambda)}{\Gamma(n + 1)}$$

$$= [\Gamma(2\lambda)]^{-1} n^{2\lambda - 1} [1 + O(n^{-1})];$$

je nachdem, ob $\lambda < \tfrac{1}{2}$ oder $\lambda > \tfrac{1}{2}$ ist, folgt daraus

$$\lim_{n \to \infty} C_n^\lambda(1) = 0 \quad \text{oder} \quad \lim_{n \to \infty} C_n^\lambda(1) = \infty.$$

Damit ist unsere Aussage bereits bewiesen.

Aus der expliziten Darstellung (4.3) des Polynoms $P_n^{(\alpha, \beta)}(x)$ folgt für $\alpha = \beta = 0$ eine solche für das Legendresche Polynom $P_n(x)$, die jedoch nicht nach Potenzen von x geordnet ist. Eine Darstellung nach Potenzen von x läßt sich selbstverständlich daraus auch gewinnen, doch erfordert dies eine zwar ganz elementare aber längere Rechnung.

Man geht zu diesem Zweck besser von der Integraldarstellung (10.13) aus und gewinnt durch die Transformation

$$t = (1 + z)x$$

zunächst die Beziehung

$$(-2)^n P_n(x) = \frac{x^{-n}}{2\pi i} \oint^{(0+)} \frac{[1 - x^2(1 + z)^2]^n}{z^{n+1}} \, dz$$

$$= \frac{x^{-n}}{2\pi i} \sum_{k=0}^{n} \binom{n}{k} (-x^2)^k \oint^{(0+)} \frac{(1 + z)^{2k}}{z^{n+1}} \, dz.$$

Nach der Cauchyschen Integralformel ist aber

$$\frac{1}{2\pi i} \oint^{(0+)} \frac{(1 + z)^{2k}}{z^{n+1}} \, dz = \frac{1}{n!} D^n [(1 + z)^{2k}]_{z=0} = \binom{2k}{n}$$

(wobei der Fall $2k < n$, in dem der Binomialkoeffizient gleich Null ist, nicht ausgeschlossen ist), also gilt:

$$(-2)^n P_n(x) = x^{-n} \sum_{k=0}^{n} (-1)^k \binom{n}{k}\binom{2k}{n} x^{2k},$$

und daraus folgt schließlich durch die Substitution $k = n - h$

(10.16) $$P_n(x) = \frac{1}{2^n} \sum_{h=0}^{[n/2]} (-1)^h \binom{n}{h}\binom{2n-2h}{n} x^{n-2h}.$$

Dabei ist berücksichtigt, daß die Summe nur bis $[n/2]$ (größte ganze Zahl $\leq n/2$) zu erstrecken ist, da für alle weiteren Glieder der zweite Binomialkoeffizient verschwindet.

Die Darstellung (10.16) kann zur Bestimmung von $P_n(0)$ benutzt werden. Da $P_{2m+1}(x)$ eine ungerade Funktion ist, erhält man sofort $P_{2m+1}(0) = 0$. Für $n = 2m$ folgt aus (10.16)

(10.17) $$P_{2m}(0) = \frac{(-1)^m}{2^{2m}}\binom{2m}{m}\binom{2m}{2m} = \frac{(-1)^m (2m)!}{2^{2m}(m!)^2} = (-1)^m \frac{1 \cdot 3 \ldots (2m-1)}{2 \cdot 4 \ldots (2m)} = (-1)^m g_m.$$

Wir betrachten jetzt die LEGENDREschen Polynome in Abhängigkeit von $x = \cos\vartheta$ und wollen sie in einfacher Form darstellen. Setzt man

$$t = \cos\vartheta + \sin\vartheta\, e^{i\varphi},$$

so folgen mit $x = \cos\vartheta$ die Gleichungen

$$t - x = \sin\vartheta\, e^{i\varphi}, \qquad dt = i\sin\vartheta\, e^{i\varphi}\, d\varphi$$

und ferner

$1 - t = 2\sin\vartheta/2\,(\sin\vartheta/2 - \cos\vartheta/2\, e^{i\varphi}),$

$1 + t = 2\cos\vartheta/2\,(\cos\vartheta/2 + \sin\vartheta/2\, e^{i\varphi}),$

$1 - t^2 = 2\sin\vartheta\,\{\sin\vartheta/2 \cos\vartheta/2 + [(\sin\vartheta/2)^2 - (\cos\vartheta/2)^2]\, e^{i\varphi} -$
$\qquad - \sin\vartheta/2\, \cos\vartheta/2\, e^{2i\varphi}\} = 2\sin\vartheta\,(\tfrac{1}{2}\sin\vartheta - \cos\vartheta\, e^{i\varphi} - \tfrac{1}{2}\sin\vartheta\, e^{2i\varphi})$

$\qquad = -2\sin\vartheta\, e^{i\varphi}\left(\cos\vartheta + \sin\vartheta\, \frac{e^{i\varphi} - e^{-i\varphi}}{2}\right) = -2\sin\vartheta(\cos\vartheta + i\sin\vartheta\, \sin\varphi)\, e^{i\varphi}.$

Auf Grund dieser Gleichungen erhält man aus (10.13)

$$P_n(\cos\vartheta) = \frac{1}{2\pi i}\int_0^{2\pi} \frac{[\sin\vartheta\,(\cos\vartheta + i\sin\vartheta\, \sin\varphi)]^n\, e^{ni\varphi}}{(\sin\vartheta)^{n+1}\, e^{(n+1)i\varphi}}\, i\sin\vartheta\, e^{i\varphi}\, d\varphi$$

$$= \frac{1}{2\pi}\int_0^{2\pi} (\cos\vartheta + i\sin\vartheta\, \sin\varphi)^n\, d\varphi.$$

Setzt man in diesem Integral $\varphi = \varphi' + \dfrac{\pi}{2}$, so ergibt sich

$$P_n(\cos\vartheta) = \frac{1}{2\pi}\int_{-\frac{1}{2}\pi}^{\frac{3}{2}\pi} (\cos\vartheta + i\sin\vartheta\, \cos\varphi')^n\, d\varphi' = \frac{1}{2\pi}\int_{-\pi}^{\pi} (\cos\vartheta + i\sin\vartheta\, \cos\varphi)^n\, d\varphi,$$

und daraus folgt unmittelbar die wichtige Laplace*sche Formel*:

$$(10.18) \qquad P_n(\cos\vartheta) = \frac{1}{\pi} \int\limits_0^\pi (\cos\vartheta + i\sin\vartheta\cos\varphi)^n \, d\varphi .$$

Hieraus können wir eine weitere interessante Integraldarstellung von $P_n(\cos\vartheta)$ gewinnen. Mit der Festsetzung

$$(10.19) \qquad \cos\vartheta + i\sin\vartheta\cos\varphi = z$$

gilt für $0 < \vartheta < \pi$, $0 < \varphi < \pi$

$$dz = -i\sin\vartheta\sin\varphi \, d\varphi ,$$

$$\sin\vartheta\sin\varphi = +\sqrt{\sin^2\vartheta - \sin^2\vartheta\cos^2\varphi}$$

$$= \sqrt{\sin^2\vartheta + (z - \cos\vartheta)^2} = \sqrt{1 - 2z\cos\vartheta + z^2} ,$$

und damit folgt aus (10.18)

$$P_n(\cos\vartheta) = \frac{i}{\pi} \int\limits_{e^{i\vartheta}}^{e^{-i\vartheta}} \frac{z^n}{\sqrt{1 - 2z\cos\vartheta + z^2}} \, dz ,$$

wobei in Übereinstimmung mit (10.19) der Integrationsweg die Verbindungsgerade der Punkte $e^{\pm i\vartheta} = \cos\vartheta \pm i\sin\vartheta$ sei. Nach dem Cauchyschen Integralsatz kann die Integration aber auch auf dem Kreisbogen des Einheitskreises zwischen den beiden Punkten ausgeführt werden, d.h. man kann

$$z = e^{i\psi}, \qquad -\vartheta \leq \psi \leq \vartheta$$

setzen, und dann folgt

$$P_n(\cos\vartheta) = \frac{1}{\pi} \int\limits_{-\vartheta}^{\vartheta} \frac{e^{(n+1)i\psi}}{\sqrt{1 - 2e^{i\psi}\cos\vartheta + e^{2i\psi}}} \, d\psi = \frac{1}{\pi} \int\limits_{-\vartheta}^{\vartheta} \frac{e^{(n+\frac{1}{2})i\psi}}{\sqrt{e^{-i\psi} - 2\cos\vartheta + e^{i\psi}}} \, d\psi .$$

Wegen

$$\sqrt{e^{-i\psi} - 2\cos\vartheta + e^{i\psi}} = \sqrt{2(\cos\psi - \cos\vartheta)}$$

erhält man schließlich

$$P_n(\cos\vartheta) = \frac{1}{\pi\sqrt{2}} \int\limits_{-\vartheta}^{\vartheta} \frac{e^{(n+\frac{1}{2})i\psi}}{\sqrt{\cos\psi - \cos\vartheta}} \, d\psi .$$

Die entsprechende Gleichung gilt auch für $-i$ statt i:

$$P_n(\cos\vartheta) = \frac{1}{\pi\sqrt{2}} \int\limits_{-\vartheta}^{\vartheta} \frac{e^{-(n+\frac{1}{2})i\psi}}{\sqrt{\cos\psi - \cos\vartheta}} \, d\psi .$$

Das arithmetische Mittel dieser beiden Gleichungen ergibt

$$(10.20) \qquad P_n(\cos\vartheta) = \frac{\sqrt{2}}{\pi} \int\limits_0^{\vartheta} \frac{\cos(n+\tfrac{1}{2})\,\psi}{\sqrt{\cos\psi - \cos\vartheta}}\, d\psi.$$

Ändert man gleichzeitig ϑ in $\pi - \vartheta$ und ψ in $\pi - \psi$, so folgt

$$(10.21) \qquad P_n(\cos\vartheta) = \frac{\sqrt{2}}{\pi} \int\limits_{\vartheta}^{\pi} \frac{\sin(n+\tfrac{1}{2})\,\psi}{\sqrt{\cos\vartheta - \cos\psi}}\, d\psi.$$

Die Darstellungen (10.20) und (10.21) von $P_n(\cos\vartheta)$ nennt man die MEHLERschen *Formeln*.

Über das asymptotische Verhalten der LEGENDREschen Polynome für $n \to \infty$ gibt (7.25) Auskunft. Es folgt daraus die Formel

$$(10.22) \qquad P_n(\cos\vartheta) = \sqrt{\frac{2}{\pi n \sin\vartheta}} \cos\left(\left(n+\frac{1}{2}\right)\vartheta - \frac{\pi}{4}\right) + O(n^{-\frac{3}{2}});$$

ferner besteht die *Entwicklung von* STIELTJES

$$(10.23) \quad P_n(\cos\vartheta) \approx \frac{2}{\pi}\, n! \sum_{m=0}^{\infty} \frac{g_m}{(m+\tfrac{1}{2})_{n+1}}\, \frac{\cos\left[(n+m+\tfrac{1}{2})\,\vartheta - (2m+1)\,\pi/4\right]}{(2\sin\vartheta)^{m+\tfrac{1}{2}}},$$

die (7.26) entspricht[1]. Diese asymptotische Entwicklung (für n als Veränderliche) gilt gleichmäßig in jedem Intervall $0 < \varepsilon \leq \vartheta \leq \pi - \varepsilon$ mit $\varepsilon > 0$. Für $\pi/6 < \vartheta < 5\pi/6$ kann man sogar das Zeichen $\approx$ durch das Gleichheitszeichen ersetzen. Befinden wir uns hingegen in der Umgebung der Endpunkte des Grundintervalls, so werden wir von der Formel (7.27) Gebrauch machen, die jetzt die folgende Gestalt annimmt:

$$P_n(x) = \left(\frac{1+x}{2}\right)^{-n-1} e^{-z}\left[\Phi(-n,1;z) + O(n^{-2})\right],$$

d. h.

$$(10.24) \quad P_n(x) = \left(\frac{1+x}{2}\right)^{-n-1} e^{-z}\left[L_n(z) + O(n^{-2})\right], \quad z = (2n+1)\frac{1-x}{3+x},$$

wobei die (noch zu beweisende) Tatsache benutzt worden ist, daß die Funktion $\Phi(-n,1;z)$ mit dem LAGUERREschen Polynom $L_n(z) \equiv L_n^{(0)}(z)$ übereinstimmt. Daher ist auch[2]

$$(10.25) \qquad P_n(x) = \left(\frac{4}{x+3}\right)^{n+1} e^{-z/2}\left[J_0\left(2\sqrt{(n+\tfrac{1}{2})\,z}\right) + O(n^{-2})\right],$$

---

[1] Auch in diesem Falle, wie in dem der GEGENBAUERschen Polynome existiert noch eine weitere asymptotische Entwicklung (von DARBOUX), analog derjenigen von STIELTJES, aber verschieden von ihr. Siehe dazu [24].

[2] Siehe dazu die in Fußnote 1, S. 174 zitierte Arbeit.

wobei wieder wie in § 12 vorausgesetzt wird, daß $1 - x = O(n^{-2})$ und daher $z = O(n^{-1})$ gilt.

Wir machen noch auf die folgenden wichtigen Ungleichungen aufmerksam, die für $-1 \leq x \leq 1$ gültig sind[1]:

$$(10.26) \quad \begin{cases} |P_n(x)| \leq 1, \quad |P_n'(x)| \leq \frac{1}{2} n(n+1), \quad \sqrt{1 - x^2}\, |P_n(x)| \leq \sqrt{\frac{2}{\pi n}} \\ [P_n(x)]^2 - P_{n-1}(x)\, P_{n+1}(x) \geq 0. \end{cases}$$

Aus (8.1) folgen für die *trigonometrischen Nullstellen* der Legendreschen Polynome, d.h. für die Nullstellen von $P_n(\cos \vartheta)$, die Ungleichungen

$$\frac{2\nu - 1}{2n + 1}\, \pi \leq \vartheta_\nu \leq \frac{2\nu}{2n + 1}\, \pi \qquad (\nu = 1, \dots, n);$$

entsprechend erhält man aus (8.4) und (8.6) die asymptotischen Darstellungen

$$(10.27) \quad \vartheta_r = \vartheta_r^{(0)} + \frac{1}{8n^2} \operatorname{ctg} \vartheta_r^{(0)} + O(n^{-3}), \qquad \vartheta_r^{(0)} = \frac{2r - \frac{1}{2}}{2n + 1}\, \pi;$$

$$(10.28) \quad x_r = 1 - \frac{j_r^2}{2n^2}\big[1 - n^{-1} + O(n^{-2})\big], \quad J_0(j_r) = 0.$$

Will man eine bessere Approximation, so kann man (bei gleichen Bezeichnungen) die folgenden Formeln verwenden[2]:

$$(10.29) \quad \begin{cases} x_r = \left(1 - \frac{1}{8n^2} + \frac{1}{8n^3}\right) \cos \vartheta_r^{(0)} + O(n^{-4}) \quad \text{für} \quad r - \frac{n}{2} = O(1) \\ \hspace{8cm} (r = 1, 2, \dots); \end{cases}$$

$$(10.30) \quad \begin{cases} x_r = 1 - \dfrac{4z_r}{2n + 1 + z_r}, \\[2mm] z_r = \dfrac{j_r^2}{4n + 2}\left[1 + \dfrac{j_r^2 - 2}{12(2n+1)^2}\right] + O(n^{-5}) \qquad (r = 1, 2, \dots)^\dagger. \end{cases}$$

§ 11. Die zweite Lösung der Legendreschen Differentialgleichung.

Um die Legendresche Differentialgleichung (10.5)

$$(11.1) \quad \mathfrak{L}(y) \equiv (1 - x^2)\, \frac{d^2 y}{dx^2} - 2x\, \frac{dy}{dx} + n(n + 1)\, y = 0$$

---

[1] Siehe G. Szegö, Bull. Amer. Math. Soc. **54**, 401—405 (1948); G. Sansone, Boll. Un. Mat. Ital. (3) **4**, 221—223 (1949).

[2] Siehe dazu die in Fußnote 1, S. 174 zitierte Arbeit.

† Eine Tabelle der numerischen Werte (auf 15 Dezimalen) der Nullstellen der ersten Legendreschen Polynome wurde von A. N. Lowan, N. Davis und A. Levenson veröffentlicht, Bull. Amer. Math. Soc. **48**, 739—743 (1942) und **49**, 939 (1950).

vollständig zu integrieren, hat man ein zweites, von $P_n(x)$ linear unabhängiges Integral anzugeben. Dies hat man in der Funktion

$$(11.2) \qquad \mathfrak{Q}_n(x) = \frac{1}{2} \int\limits_{-1}^{1} \frac{P_n(t)}{x-t}\, dt\,,$$

wobei der Integrationsweg die reelle Achse zwischen -1 und 1 sei und x ein beliebiger Punkt der komplexen Ebene, der *nicht auf dem Integrationsweg liege*.

Zunächst ist leicht zu zeigen, daß $\mathfrak{Q}_n(x)$ tatsächlich eine Lösung von (11.1) ist. Durch partielle Integration folgt

$$2\mathfrak{Q}_n'(x) = -\left[\frac{P_n(t)}{x-t}\right]_{-1}^{1} + \int\limits_{-1}^{1} \frac{P_n'(t)}{x-t}\, dt\,,$$

$$2\mathfrak{Q}_n''(x) = \left[\frac{P_n(t)}{(x-t)^2} - \frac{P_n'(t)}{x-t}\right]_{-1}^{1} + \int\limits_{-1}^{1} \frac{P_n''(t)}{x-t}\, dt\,.$$

Geht man damit in die LEGENDREsche Differentialgleichung ein, so ergibt sich

$$2\mathfrak{L}\left[\mathfrak{Q}_n(x)\right] - \left[\frac{1-2xt+x^2}{(x-t)^2}\, P_n(t) - \frac{1-x^2}{x-t}\, P_n'(t)\right]_{-1}^{1}$$

$$= \int\limits_{-1}^{1} \left\{(1-x^2)\, P_n''(t) - 2x\, P_n'(t) + n(n+1)\, P_n(t)\right\} \frac{dt}{x-t}$$

$$= \int\limits_{-1}^{1} \left\{\left[(1-t^2) + (t^2-x^2)\right] P_n''(t) - \left[2t + 2(x-t)\right] P_n'(t) + \right.$$

$$\left. + n(n+1)\, P_n(t)\right\} \frac{dt}{x-t} = -\int\limits_{-1}^{1} \left\{(t+x)\, P_n''(t) + 2P_n'(t)\right\} dt$$

$$= -\left[(t+x)\, P_n'(t)\right]_{-1}^{1} + \int\limits_{-1}^{1} P_n'(t)\, dt - 2\int\limits_{-1}^{1} P'(t)\, dt$$

$$= -\left[(t+x)\, P_n'(t) + P_n(t)\right]_{-1}^{1}\,.$$

Daraus folgt

$$2\mathfrak{L}\left[\mathfrak{Q}_n(x)\right] = \left[\left(\frac{1-2xt+x^2}{(x-t)^2} - 1\right) P_n(t) - \left(\frac{1-x^2}{x-t} + x + t\right) P_n'(t)\right]_{-1}^{1}$$

$$= \left[\frac{1-t^2}{(x-t)^2}\, P_n(t) - \frac{1-t^2}{x-t}\, P_n'(t)\right]_{-1}^{1} = 0\,,$$

so daß $\mathfrak{Q}_n(x)$ tatsächlich eine Lösung der LEGENDREschen Differentialgleichung ist.

Daß $\mathfrak{Q}_n(x)$ eine von $P_n(x)$ linear unabhängige Lösung ist, ergibt sich unmittelbar aus der Tatsache, daß einerseits $P_n(x)$ im Endlichen überall endlich ist, andererseits $\mathfrak{Q}_n(x)$ für $x \to \pm 1$ (logarithmisch) gegen ∞ strebt. Das folgt sofort aus der Beziehung

$$(11.3) \quad \left\{ \begin{aligned} \mathfrak{Q}_n(x) &= \frac{1}{2} \int_{-1}^{1} \frac{P_n(t) - P_n(x)}{x - t} \, dt + \frac{1}{2} P_n(x) \int_{-1}^{1} \frac{dt}{x - t} \\ &= \frac{1}{2} P_n(x) \log \frac{x+1}{x-1} - \frac{1}{2} \int_{-1}^{1} \frac{P_n(x) - P_n(t)}{x - t} \, dt, \end{aligned} \right.$$

da der Integrand in dem rechts stehenden Integral offenbar ein Polynom in x und t (jeweils vom Grad $n-1$) ist und daher den logarithmischen Anteil nicht beeinträchtigt.

Aus der Formel (11.3) entnimmt man, daß $\mathfrak{Q}_n(x)$ eine eindeutige Funktion in der längs der reellen Achse zwischen $(-1, 1)$ aufgeschnittenen komplexen Ebene darstellt, während sie in der schlichten Ebene unendlich vieldeutig ist (wegen des logarithmischen Anteils). Setzt man zur Abkürzung

$$(11.4) \qquad W_{n-1}(x) = \frac{1}{2} \int_{-1}^{1} \frac{P_n(x) - P_n(t)}{x - t} \, dt,$$

so sieht man ferner, daß bei Annäherung an einen Punkt ξ der reellen Achse im Abschnitt $(-1, 1)$ die Gleichung

$$(11.5) \qquad \mathfrak{Q}_n(\xi) = \frac{1}{2} P_n(\xi) \left[\log \frac{1+\xi}{1-\xi} \mp i\pi \right] - W_{n-1}(\xi)$$

besteht, wobei das negative Vorzeichen bei Annäherung aus der oberen und das positive Vorzeichen bei Annäherung aus der unteren Halbebene zu nehmen ist.

Auf Grund dieser Beziehung kann man auch eine zweite Lösung angeben, die im Abschnitt $(-1, 1)$ der reellen Achse reell ist; man setze dazu (mit bekannter Bezeichnungsweise):

$$(11.6) \quad \left\{ \begin{aligned} Q_n(\xi) &= \frac{1}{2} \left[\mathfrak{Q}_n(\xi + i\,0) + \mathfrak{Q}_n(\xi - i\,0) \right] \\ &= \frac{1}{2} P_n(\xi) \log \frac{1+\xi}{1-\xi} - W_{n-1}(\xi) \qquad (-1 < \xi < 1). \end{aligned} \right.$$

Es läßt sich dann leicht zeigen, daß

$$(11.7) \qquad Q_n(\xi) = \frac{1}{2} \int_{-1}^{*1} \frac{P_n(t)}{\xi - t} \, dt$$

gilt, wobei der Stern andeutet, daß es sich bei dem Integral um den CAUCHYschen Hauptwert handeln soll[1].

---

[1] Diese zweckmäßige formale Unterscheidung zwischen $\mathfrak{Q}_n$ und Q_n (und die analoge, die in den folgenden Paragraphen benutzt wird) ist im Anschluß an eine Arbeit von F. EMDE von W. MAGNUS und F. OBERHETTINGER eingeführt worden [22].

Die Funktionen $\mathfrak{Q}_n$ und Q_n besitzen eine Reihe von Eigenschaften, die zu denen von $P_n(x)$ analog sind und die sich mit Hilfe von (11.2) und (11.7) auch ganz analog herleiten lassen. So folgt z.B. aus der Rekursionsformel (10.2) unmittelbar

$$(11.8) \qquad (n+1)\, Q_{n+1}(x) - (2n+1)\, Q_n(x) + n\, Q_{n-1}(x) = 0,$$

und darin kann man auch Q durch $\mathfrak{Q}$ ersetzen. Wegen

$$Q_0(x) = \frac{1}{2} \log \frac{1+x}{1-x}, \qquad Q_1 = \frac{x}{2} \log \frac{1+x}{1-x} - 1$$

gilt dann

$$Q_2(x) = \frac{1}{4}\,(3x^2 - 1) \log \frac{1+x}{1-x} - \frac{3}{2}\,x,$$

$$Q_3(x) = \frac{1}{4}\,(5x^3 - 3x) \log \frac{1+x}{1-x} - \frac{5}{2}\,x^2 + \frac{2}{3},\,\cdots.$$

Die explizite *Formel für die Ableitung* von $\mathfrak{Q}_n(x)$ lautet:

$$(11.9) \qquad (1 - x^2)\,\mathfrak{Q}_n'(x) = n\,[\mathfrak{Q}_{n-1}(x) - x\,\mathfrak{Q}_n(x)].$$

Wir erwähnen ferner die Gleichung

$$(11.10) \qquad \mathfrak{Q}_n(-x) = (-1)^{n+1}\mathfrak{Q}_n(x).$$

Eine interessante Integraldarstellung von $\mathfrak{Q}_n(x)$, die von SCHLÄFLI aufgestellt wurde, folgt aus der Definitionsformel (11.2). Berücksichtigt man darin (10.4), so gilt zunächst

$$\mathfrak{Q}_n(x) = \frac{(-1)^n}{2^{n+1}\,n!} \int\limits_{-1}^{1} (x-t)^{-1} D^n[(1-t^2)^n]\, dt.$$

Da die Ableitungen von $(1-t^2)^n$ bis zur Ordnung $n-1$ (einschließlich) für $t = \pm 1$ alle verschwinden, folgt daraus durch partielle Integration:

$$\mathfrak{Q}_n(x) = -\frac{(-1)^n}{2^{n+1}\,n!} \int\limits_{-1}^{1} (x-t)^{-2} D^{n-1}[(1-t^2)^n]\, dt$$

$$= 2\,\frac{(-1)^n}{2^{n+1}\,n!} \int\limits_{-1}^{1} (x-t)^{-3} D^{n-2}[(1-t^2)^n]\, dt$$

und schließlich durch n-malige partielle Integration:

$$(11.11) \qquad \mathfrak{Q}_n(x) = \frac{1}{2^{n+1}} \int\limits_{-1}^{1} (x-t)^{-n-1}\,(1-t^2)^n\, dt;$$

dies ist die angekündigte SCHLÄFLIsche *Formel*.

Führt man die Variablentransformation

$$\frac{1+t}{1-t} = \sqrt{\frac{x+1}{x-1}}\, e^u$$

aus, so folgt

$$2\,\frac{x-t}{1-t^2} = x + \sqrt{x^2 - 1}\,\mathfrak{Coj}\, u, \quad dt = \frac{1}{2}\,(1-t^2)\,du;$$

damit geht (11.11) in die *Integraldarstellung von* HEINE über:

$$(11.12) \qquad \mathfrak{Q}_n(x) = \int\limits_0^\infty \left(x + \sqrt{x^2 - 1}\,\mathfrak{Coj}\, u\right)^{-n-1} du.$$

Auch die Funktion $\mathfrak{Q}_n$ ist, ebenso wie P_n, eine hypergeometrische Funktion. Um das einzusehen, bemerken wir, daß für $|t| \leq 1$, $|x| > 1$ die Entwicklung

$$\frac{1}{x-t} = \frac{1}{x} + \frac{t}{x^2} + \frac{t^2}{x^3} + \cdots$$

gilt, und daher folgt aus der Definitionsgleichung (11.2) für $|x| > 1$

$$\mathfrak{Q}_n(x) = \frac{1}{2} \sum_{m=0}^\infty x^{-m-1} \int\limits_{-1}^1 P_n(t)\, t^m\, dt.$$

Offenbar ist

$$\int\limits_{-1}^1 P_n(t)\, t^m\, dt = 0$$

für $m = 0, 1, \ldots, n-1$ und auch für $m = n+1, n+3, +\cdots$ (weil im zweiten Falle der Integrand eine ungerade Funktion von t ist); die vorhergehende Darstellung von $\mathfrak{Q}_n(x)$ vereinfacht sich damit zu

$$(11.13) \qquad \mathfrak{Q}_n(x) = \frac{x^{-n-1}}{2} \sum_{h=0}^\infty x^{-2h} \int\limits_{-1}^1 P_n(t)\, t^{n+2h}\, dt.$$

Um darin die Integrale zu berechnen, kann man ebenso verfahren, wie im vorhergehenden Beweis der SCHLÄFLIschen Formel, d.h. man setze für $P_n(t)$ den Ausdruck aus (10.4) ein und führe eine mehrfache partielle Integration aus. Man findet dann

$$I_h = \int\limits_{-1}^1 P_n(t)\, t^{n+2h}\, dt = \frac{1}{2^n}\binom{n+2h}{n} \int\limits_{-1}^1 t^{2h}(1-t^2)^n\, dt;$$

wird noch $t^2 = \tau$ gesetzt, so folgt

$$\int\limits_{-1}^1 t^{2h}(1-t^2)^n\, dt = \int\limits_0^1 \tau^{h-\frac{1}{2}}(1-\tau)^n\, d\tau = \frac{\Gamma(h+1/2)\,\Gamma(n+1)}{\Gamma(h+n+3/2)}$$

und damit

$$I_h = \frac{(2h+n)!}{(2h)!}\,\frac{\Gamma(h+1/2)}{2^n\,\Gamma(h+n+3/2)}.$$

Andererseits hat man wegen (1.13)

$$(2h+n)! = \Gamma(2h+n+1) = \frac{2^{2h+n}}{\sqrt{\pi}}\Gamma\left(h+\frac{n+1}{2}\right)\Gamma\left(h+\frac{n}{2}+1\right),$$

$$(2h)! = \Gamma(2h+1) = \frac{2^{2h}}{\sqrt{\pi}}\Gamma(h+1/2)\Gamma(h+1)$$

und folglich

(11.14) $$\frac{(2h+n)!}{(2h)!} = 2^n \frac{\Gamma\left(h+\frac{n+1}{2}\right)\Gamma\left(h+\frac{n}{2}+1\right)}{h!\,\Gamma(h+1/2)}.$$

Es gilt dann also

$$I_h = \frac{\Gamma\left(h+\frac{n+1}{2}\right)\Gamma\left(h+\frac{n}{2}+1\right)}{h!\,\Gamma(h+n+3/2)} = \frac{\Gamma\left(\frac{n+1}{2}\right)\Gamma\left(\frac{n}{2}+1\right)}{\Gamma(n+3/2)}\frac{(n+1)_h\left(\frac{n}{2}+1\right)_h}{(n+3/2)_h\,h!}$$

Für $h=0$ folgt aus (11.14)

$$\Gamma\left(\frac{n+1}{2}\right)\Gamma\left(\frac{n}{2}+1\right) = n!\,\Gamma(1/2)\,2^{-n},$$

andererseits ist

$$\Gamma(n+3/2) = \Gamma(1/2)\frac{1}{2}\frac{3}{2}\cdots\frac{2n+1}{2} = \Gamma(1/2)\frac{(2n+1)!}{2^{2n+1}n!}.$$

Diese Gleichungen liefern zusammen

$$\frac{\Gamma\left(\frac{n+1}{2}\right)\Gamma\left(\frac{n}{2}+1\right)}{\Gamma(n+3/2)} = \frac{2^{n+1}(n!)^2}{(2n+1)!},$$

also ergibt sich endgültig

$$I_h = \frac{2^{n+1}(n!)^2}{(2n+1)!}\frac{\left(\frac{n+1}{2}\right)_h\left(\frac{n}{2}+1\right)_h}{(n+3/2)_h\,h!},$$

und (11.13) geht damit in die Gestalt über:

$$\mathfrak{Q}_n(x) = \frac{2^n(n!)^2}{(2n+1)!}\,x^{-n-1}\sum_{h=0}^{\infty}\frac{\left(\frac{n+1}{2}\right)_h\left(\frac{n}{2}+1\right)_h}{(n+3/2)_h\,h!}\left(\frac{1}{x^2}\right)^h,$$

d.h. es ist

(11.15) $$\mathfrak{Q}_n(x) = \frac{2^n(n!)^2}{(2n+1)!}\,x^{-n-1}F\left(\frac{n+1}{2},\frac{n}{2}+1;n+\frac{3}{2};\frac{1}{x^2}\right).$$

$\mathfrak{Q}_n(x)$ *ist also tatsächlich eine hypergeometrische Funktion.*

Aus diesem Ergebnis folgt unter anderem

(11.16) $$\lim_{x\to\infty}\left[x^{n+1}\mathfrak{Q}_n(x)\right] = \frac{2^n(n!)^2}{(2n+1)!}.$$

Benutzt man die Transformationsformel der hypergeometrischen Funktion, so kann (11.15) auch in der folgenden Form geschrieben werden:

$$(11.17) \quad \mathfrak{Q}_n(x) = \frac{2^n (n!)^2}{(2n+1)!} (x \pm 1)^{-n-1} F\left(n+1, n+1; 2n+2; \frac{2}{1 \pm x}\right),$$

wobei die unbestimmten Vorzeichen entweder beide positiv oder beide negativ zu nehmen sind.

§ 12. Kugelfunktionen mit ganzen Indizes.

Die Überlegungen der vorhergehenden Paragraphen haben ergeben, daß die LEGENDREsche Differentialgleichung (11.1) vollständig integriert werden kann. Es gibt nun sehr wichtige und interessante Probleme, z.B. das Zweikörperproblem in der Wellenmechanik, die auf die allgemeinere Differentialgleichung

$$(12.1) \qquad (1 - x^2) \frac{d^2 y}{d x^2} - 2x \frac{d y}{d x} + \left[\nu(\nu+1) - \frac{\mu^2}{1 - x^2}\right] y = 0$$

führen, in der ν und μ zwei nicht notwendig ganzzahlige Konstanten sind, die man die *Indizes* der Gleichung nennt.

Die Lösungen dieser Differentialgleichung, die für $\nu = n$ und $\mu = 0$ in die LEGENDREsche übergeht, bezeichnet man als *allgemeine Kugelfunktionen*. Sie sind nicht wesentlich von den (GAUSSschen) hypergeometrischen Funktionen im Spezialfall

$$(12.2) \qquad\qquad c = \frac{a + b + 1}{2}$$

verschieden, für die die Transformationsformeln der Seiten 154—157 gültig sind. Setzt man nämlich

$$y = (1 - x^2)^{\mu/2} z, \qquad x = 1 - 2\xi,$$

so geht (12.1), wie man sofort bestätigt, in die hypergeometrische Differentialgleichung (2.3) mit

$$(12.3) \qquad a = \mu - \nu, \qquad b = \mu + \nu + 1, \qquad c = \mu + 1$$

über.

In diesem Paragraphen wollen wir uns mit dem besonders wichtigen Fall beschäftigen, daß die Indizes zwei nicht negative ganze Zahlen sind und schreiben dann m und n statt μ und ν.

Unter dieser Voraussetzung können wir zu einer vollständigen Integration von (12.1) gelangen, und zwar wird diese bereits im wesentlichen durch die m-ten Ableitungen der beiden zuvor behandelten Funktionen

$P_n(x)$ und $\mathfrak{Q}_n(x)$ geleistet. So sind die beiden in folgender Weise definierten Funktionen [1]

$$(12.4) \quad P_n^m(x) = (-1)^m (1-x^2)^{m/2} \frac{d^m P_n(x)}{d x^m}, \quad \mathfrak{Q}_n^m(x) = (x^2-1)^{m/2} \frac{d^m \mathfrak{Q}_n(x)}{d x^m}$$

zwei linear unabhängige Lösungen von (12.1) (für $\mu = m$, $\nu = n$). Um dies einzusehen, setze man in (12.1)

$$y = (1 - x^2)^{m/2} u.$$

Dann erhält man

$$(12.5) \quad (1 - x^2) u'' - 2(m+1) x u' + \left[n(n+1) - m(m+1)\right] u = 0.$$

Diese Differentialgleichung gewinnt man auch, indem man die LEGENDRE*sche Differentialgleichung* (11.1) *m-mal differenziert und dann* $y^{m} = u$ *setzt.* In der Tat folgt aus (11.1) durch Differentiation

$$(1 - x^2) y''' - 4 x y'' + \left[n(n+1) - 2\right] y' = 0$$

$$(1 - x^2) y^{(4)} - 6 x y''' + \left[n(n+1) - (2+4)\right] y'' = 0$$

. . . .

$$(1 - x^2) y^{(m+2)} - 2(m+1) x y^{(m+1)} + \left[n(n+1) - m(m+1)\right] y^{(m)} = 0.$$

Damit ist bereits sichergestellt, daß die Funktionen (12.4), die man die *zugeordneten Kugelfunktionen* zu nennen pflegt, wirklich (12.1) (mit $\mu = m$, $\nu = n$) genügen. Sei ferner $m \leq n$ [†], so sind diese beiden Funktionen linear unabhängig, denn während $P_n^m(x)$ eine algebraische Funktion von x ist, enthält $\mathfrak{Q}_n(x)$ auf Grund von (11.3) einen logarithmischen Bestandteil.

Wir wissen bereits, daß die Funktionen (12.4) hypergeometrische Funktionen sind, die (12.2) genügen, doch können wir dies auch unmittelbar einsehen. Der Nachweis ist für $P_n^m(x)$ besonders leicht, denn dann folgt aus (10.6) und (2.18) sofort

$$(12.6) \quad P_n^m(x) = \frac{(-1)^m}{2^m} \frac{(n+m)! \, (1-x^2)^{m/2}}{(n-m)! \, m!} F\left(m-n, m+n+1; m+1; \frac{1-x}{2}\right).$$

Diese Formel zeigt unter anderem, daß die Funktion $P_n^m(x)$ auch als Spezialfall der GEGENBAUERschen Polynome (aus § 7) betrachtet werden kann. In der Tat, ersetzt man in der ersten Gleichung von (7.1) n durch

---

[1] Andere Autoren setzen in Analogie zur Definition von $\mathfrak{Q}_n^m$:

$$\mathfrak{P}_n^m(x) = (x^2 - 1)^{m/2} \frac{d^m P_n(x)}{d x^m}.$$

Im folgenden Paragraphen führen wir eine analoge Bezeichnung ein.

[†] Ist hingegen $m > n$, so folgt offensichtlich $P_n^m(x) = 0$. In diesem Fall, der im folgenden Paragraphen implizit betrachtet werden soll, ändert man m in $-m$.

$n - m$ und λ durch $m + \frac{1}{2}$, so hat man

$$F\left(m - n, m + n + 1; m + 1; \frac{1 - x}{2}\right) = \frac{(n - m)!}{(2m + 1)_{n-m}}\, C_{n-m}^{m+\frac{1}{2}}(x),$$

und daraus folgt durch eine einfache Rechnung

$$(12.7) \qquad P_n^m(x) = (-1)^m\, 1 \cdot 3 \ldots (2m - 1)\,(1 - x^2)^{m/2}\, C_{n-m}^{m+\frac{1}{2}}(x).$$

Gehen wir nun zu $\mathfrak{Q}_n^m(x)$ über. Es ist

$$\mathfrak{Q}_n^m(x) = (x^2 - 1)^{m/2} \frac{d^m}{dx^m}\left[\frac{2^n (n!)^2}{(2n + 1)!}\, x^{-n-1}\, F\left(\frac{n}{2} + 1, \frac{n + 1}{2}; n + \frac{3}{2}; \frac{1}{x^2}\right)\right]$$

$$= \frac{2^n (n!)^2}{(2n + 1)!}\,(x^2 - 1)^{m/2}\frac{d^m}{dx^m} \sum_{h=0}^{\infty} \frac{\left(\frac{n}{2} + 1\right)_h \left(\frac{n + 1}{2}\right)_h}{(n + \frac{3}{2})_h\, h!}\, x^{-n-2h-1},$$

· und daraus folgt durch gliedweise Differentiation (die für $|x| > 1$ sicher erlaubt ist):

$$\mathfrak{Q}_n^m(x) = (-1)^m \frac{2^n (n!)^2}{(2n + 1)!}\,(x^2 - 1)^{m/2}\, x^{-(n+m+1)} \times$$

$$\times \sum_{h=0}^{\infty} \frac{\left(\frac{n}{2} + 1\right)_h \left(\frac{n + 1}{2}\right)_h}{(n + \frac{3}{2})_h\, h!}\,(n + 2h + 1)_m\, x^{-2h}.$$

In analoger Weise zu dem Gedankengang, der zu (11.14) führte, beweist man die Beziehung

$$(n + 2h + 1)_m = \frac{(2h + m + n)!}{(2h + n)!} = 2^m\, \frac{\Gamma\left(h + \frac{m + n + 1}{2}\right)\Gamma\left(h + \frac{m + n}{2} + 1\right)}{\Gamma\left(h + \frac{n + 1}{2}\right)\Gamma\left(h + \frac{n}{2} + 1\right)}$$

$$= 2^m\, \frac{\Gamma\left(\frac{m + n + 1}{2}\right)\Gamma\left(\frac{m + n}{2} + 1\right)}{\Gamma\left(\frac{n + 1}{2}\right)\Gamma\left(\frac{n}{2} + 1\right)}\, \frac{\left(\frac{m + n + 1}{2}\right)_h \left(\frac{m + n}{2} + 1\right)_h}{\left(\frac{n + 1}{2}\right)_h \left(\frac{n}{2} + 1\right)_h}$$

$$= \frac{(n + m)!}{n!}\, \frac{\left(\frac{m + n + 1}{2}\right)_h \left(\frac{m + n}{2} + 1\right)_h}{\left(\frac{n + 1}{2}\right)_h \left(\frac{n}{2} + 1\right)_h}.$$

Damit erhält man schließlich

$$\mathfrak{Q}_n^m(x) = (-1)^m \frac{2^n\, n!\,(n + m)!}{(2n + 1)!}\,(x^2 - 1)^{m/2}\, x^{-(m+n+1)} \times$$

$$\times \sum_{h=0}^{\infty} \frac{\left(\frac{m + n + 1}{2}\right)_h \left(\frac{m + n}{2} + 1\right)_h}{(m + \frac{3}{2})_h\, h!}\, x^{-2h}.$$

oder

$$(12.8) \quad \begin{cases} \mathfrak{Q}_n^m(x) = (-1)^m \dfrac{2^n n! \,(m+n)!}{(2n+1)!} (x^2-1)^{m/2} \, x^{-(m+n+1)} \times \\[2mm] \qquad \times F\left(\dfrac{m+n+1}{2}, \dfrac{m+n}{2}+1; n+\dfrac{3}{2}; \dfrac{1}{x^2}\right). \end{cases}$$

Die Funktionen $P_n^m(x)$ und $\mathfrak{Q}_n^m(x)$ besitzen analoge Eigenschaften wie die Funktionen $P_n(x)$ und $\mathfrak{Q}_n(x)$. So ist

$$(12.9) \quad Q_n^m(x) = \frac{1}{2} \left[\mathfrak{Q}_n^m(x+i\,0) + \mathfrak{Q}_n^m(x-i\,0) \right] = (-1)^m (1-x^2)^{m/2} \frac{d^m Q_n(x)}{d x^m},$$

ebenso wie $Q_n(x)$ eine reellwertige Funktion für $-1 \leq x \leq 1$.

Differenziert man die Rekursionsformel (10.2) m-mal, so folgt

$$(n+1)\,P_{n+1}^{(m)}(x) - (2n+1)\left[x P_n^{(m)}(x) + m P_n^{(m-1)}(x) \right] + n P_{n-1}^{(m)}(x) = 0;$$

andererseits ergibt sich durch $(m-1)$-malige Differentiation von (10.10)

$$(2n+1)\,P_n^{(m-1)}(x) = P_{n+1}^{(m)}(x) - P_{n-1}^{(m)}(x).$$

Setzt man diesen Ausdruck in die vorhergehende Gleichung ein, so folgt:

$$(n-m+1)\,P_{n+1}^{(m)}(x) - (2n+1)\,x P_n^{(m)}(x) + (m+n)\,P_{n-1}^{(m)}(x) = 0;$$

diese Gleichung hat man mit

$$(-1)^m (1-x^2)^{m/2}$$

zu multiplizieren, um die *Rekursionsformel* von $P_n^m(x)$ zu erhalten:

$$(12.10) \quad (n-m+1)\,P_{n+1}^m(x) - (2n+1)\,x P_n^m(x) + (m+n)\,P_{n-1}^m(x) = 0.$$

Diese gilt auch für $\mathfrak{Q}_n^m(x)$ und $Q_n^m(x)$ an Stelle von $P_n^m(x)$.

Eine andere Rekursionsformel, in der der Index m statt n variiert, gewinnt man aus der Gleichung

$$(1-x^2)\,P_n^{(m+2)}(x) - 2\,(m+1)\,x P_n^{(m+1)}(x) + \left[n(n+1) - m(m+1)\right] P_n^{(m)}(x) = 0,$$

die im Beweis von (12.5) vorkommt. Multiplikation dieser Gleichung mit

$$(-1)^m (1-x^2)^{m/2}$$

ergibt:

$$(12.11) \quad \begin{cases} P_n^{m+2}(x) + 2\,(m+1) \dfrac{x}{\sqrt{1-x^2}} P_n^{m+1}(x) + \\[3mm] \qquad + \left[n(n+1) - m(m+1) \right] P_n^m(x) = 0. \end{cases}$$

Eine analoge (aber nicht identische) Rekursionsformel besteht auch für $\mathfrak{Q}_n^m(x)$.

Aus (12.7) und der Formel für die Ableitung der GEGENBAUERschen Polynome (7.12) kann leicht eine Formel für die Ableitungen von $P_n^m(x)$ gewonnen werden:

$$(1 - x^2)\frac{d}{dx}P_n^m(x) = -mxP_n^m(x) + (-1)^m 1\cdot 3 \ldots (2m-1)(1-x^2)^{m/2}\times$$
$$\times\left[(n+m+1)xC_{n-m}^{m+\frac{1}{2}}(x) - (n-m+1)C_{n-m+1}^{m+\frac{1}{2}}(x)\right],$$
d.h.

$$(12.12)\quad (1-x^2)\frac{d}{dx}P_n^m(x) = (n+1)xP_n^m(x) - (n-m+1)P_{n+1}^m(x).$$

Diese Gleichung besteht auch für $\mathfrak{Q}_n^m(x)$ an Stelle von $P_n^m(x)$.

Aus der Integraldarstellung (10.13) von $P_n(x)$ leitet man sofort eine analoge Integraldarstellung von $P_n^m(x)$ her. Man erhält

$$P_n^{(m)}(x) = \frac{(n+1)(n+2)\ldots(n+m)}{2^n\,2\pi i}\oint^{(x+)}\frac{(t^2-1)^n}{(t-x)^{n+m+1}}\,dt$$

und folglich

$$(12.13)\quad P_n^m(x) = \frac{(-1)^m}{2\pi i}\frac{(m+n)!}{2^n n!}(1-x^2)^{m/2}\oint^{(x+)}\frac{(t^2-1)^n}{(t-x)^{m+n+1}}\,dt.$$

Durch eine (hier zulässige) Differentiation unter dem Integralzeichen kann aus dieser Darstellung eine weitere Formel für die Ableitung von $P_n^m(x)$ gewonnen werden, die von (12.12) verschieden ist. So zeigt man durch eine leichte Rechnung:

$$(12.14)\quad (1-x^2)\frac{d}{dx}P_n^m(x) = -mxP_n^m(x) - \sqrt{1-x^2}\,P_n^{m+1}(x).$$

Dieses Ergebnis kann auch aus (12.6) hergeleitet werden, wenn man von (2.18) Gebrauch macht. Durch Vergleich von (12.14) und (12.12) gewinnt man die ebenfalls interessante Beziehung:

$$(12.15)\quad \sqrt{1-x^2}\,P_n^{m+1}(x) = (n-m+1)P_{n+1}^m(x) - (n+m+1)xP_n^m(x).$$

Aus (12.13) folgt leicht eine Verallgemeinerung der LAPLACEschen Formel (10.18) auf $P_n^m(x)$. Durch eine ganz analoge Überlegung zu der, die zu (10.18) führte, erhält man jetzt

$$(12.16)\quad P_n^m(\cos\vartheta) = i^m\frac{(n+m)!}{\pi n!}\int_0^\pi (\cos\vartheta + i\sin\vartheta\cos\varphi)^n\cos m\varphi\,d\varphi.$$

Die Funktionen $P_n^m(x)$ bilden zwar kein Orthogonalsystem, sie besitzen aber eine wichtige Orthogonalitätseigenschaft. Um diese herzuleiten, sei y_1 eine beliebige Lösung der Differentialgleichung (12.1) zu den Indizes $\mu = m_1$, $\nu = n_1$ und y_2 eine solche zu den Indizes $\mu = m_2$,

$v = n_2$. Von den beiden Identitäten

$$\frac{d}{dx}\left[(1 - x^2)\frac{dy_1}{dx}\right] + \left[n_1(n_1 + 1) - \frac{m_1^2}{1 - x^2}\right]y_1 = 0,$$

$$\frac{d}{dx}\left[(1 - x^2)\frac{dy_2}{dx}\right] + \left[n_2(n_2 + 1) - \frac{m_2^2}{1 - x^2}\right]y_2 = 0$$

multipliziere man die erste mit y_2, die zweite mit y_1 und bilde die Differenz, dann folgt

$$\frac{d}{dx}\left[(1-x^2)\left(y_2\frac{dy_1}{dx} - y_1\frac{dy_2}{dx}\right)\right] = \left[\frac{m_1^2 - m_2^2}{1 - x^2} + n_2(n_2-1) - n_1(n_1-1)\right]y_1 y_2.$$

Identifiziert man nun y_1 bzw. y_2 mit $P_{n_1}^{m_1}(x)$ bzw. $P_{n_2}^{m_2}(x)$ und berücksichtigt man, daß die Funktionen $P_n^m(x)$ samt ihren Ableitungen für $x \to \pm 1$ endlich bleiben mit der einzigen Ausnahme

$$\frac{d}{dx}P_1^1(x) = x(1 - x^2)^{-\frac{1}{2}},$$

wo für $x = \pm 1$ je eine Singularität der Ordnung $\frac{1}{2}$ vorliegt, so folgt unmittelbar aus der vorstehenden Gleichung

$$(12.17) \quad \int_{-1}^{1}\left[\frac{m_1^2 - m_2^2}{1 - x^2} + n_2(n_2 - 1) - n_1(n_1 - 1)\right]P_{n_1}^{m_1}(x)\, P_{n_2}^{m_2}(x)\, dx = 0.$$

Dieses Ergebnis wird in den Fällen $m_1 = m_2 = m$, $n_1 \neq n_2$ und $m_1 \neq m_2$, $n_1 = n_2 = n$ besonders bemerkenswert, denn dann gilt

$$(12.18) \qquad \int_{-1}^{1} P_{n_1}^m(x)\, P_{n_2}^m(x)\, dx = 0 \qquad (n_1 \neq n_2),$$

$$(12.19) \qquad \int_{-1}^{1} P_n^{m_1}(x)\, P_n^{m_2}(x)\, \frac{dx}{1 - x^2} = 0 \qquad (m_1 \neq m_2).$$

Schließlich wollen wir noch ausdrücklich bemerken, daß aus (10.12) folgt:

$$(12.20) \qquad\qquad P_n^m(-x) = (-1)^{m+n} P_n^m(x).$$

Ebenso wie für die Nullstellen von $P_n(x)$ kann man auch für die (von ± 1 verschiedenen) Nullstellen von $P_n^m(x)$, d.h. für die Nullstellen der m-ten Ableitung von $P_n(x)$ ($m < n$) mit Hilfe des ROLLEschen Satzes leicht zeigen, *daß sie alle reell und einfach sind und in das Intervall* $(-1, 1)$ *fallen.* Nach dem ROLLEschen Satz gilt nämlich folgendes: Besitzt eine stetige Funktion $f(x)$ r verschiedene Nullstellen in einem gewissen Intervall (a, b), so besitzt $f'(x)$ mindestens $r - 1$ verschiedene Nullstellen im offenen Intervall (a, b). Wendet man diese Bemerkung sukzessive auf die Funktionen $P_n(x)$, $P_n'(x)$, ..., $P_n^{(m-1)}(x)$ an, so folgt die Behauptung.

Weitere Ergebnisse über die in diesem Paragraphen betrachteten Funktionen sind implizit in den allgemeineren Überlegungen des folgenden Paragraphen enthalten; man erhält sie daraus für $\mu = m$ und $v = n$.

§ 13. Kugelfunktionen mit beliebigen Indizes.

Über Kugelfunktionen mit beliebigen Indizes μ und v, die (wie schon festgestellt) hypergeometrische Funktionen mit $c = (a + b + 1)/2$ sind, können wir hier nur einige der wichtigsten Ergebnisse herleiten, da eine ausführliche Behandlung des sehr umfangreichen Stoffes in diesem Rahmen nicht möglich ist[1].

Auch in diesem Gebiet ist die Bezeichnungsweise in der Literatur leider nicht einheitlich. Wir schließen uns hier an MAGNUS-OBER-HETTINGER an und führen in Verallgemeinerung der Gl. (12.8), für die man auch

$$\mathfrak{Q}_n^m(x) = e^{m\pi i} \frac{\sqrt{\pi}(m + n)!}{2^{n+1}\Gamma(n + \frac{3}{2})} \frac{(x^2 - 1)^{m/2}}{x^{m+n+}} \times$$

$$\times F\left(\frac{m + n}{2} + 1, \frac{m + n + 1}{2}, n + \frac{3}{2}; \frac{1}{x^2}\right)$$

schreiben kann, die folgende Bezeichnung ein:

$$(13.1) \quad \left\{ \begin{array}{l} \mathfrak{Q}_v^\mu(x) = e^{\mu\pi i} \frac{\sqrt{\pi}\,\Gamma(\mu + v + 1)}{2^{v+1}\Gamma(v + \frac{3}{2})} \frac{(x^2 - 1)^{\mu/2}}{x^{\mu+v+1}} \times \\ \qquad\qquad \times F\left(\frac{\mu + v}{2} + 1, \frac{\mu + v + 1}{2}; v + \frac{3}{2}; \frac{1}{x^2}\right); \end{array} \right.$$

ferner bezeichnen wir

$$(13.2) \quad \mathfrak{P}_v^\mu(x) = \frac{1}{\Gamma(1 - \mu)} \left(\frac{x + 1}{x - 1}\right)^{\mu/2} F\left(-v, v + 1; 1 - \mu; \frac{1 - x}{2}\right),$$

wobei vorausgesetzt wird, daß es sich bei den verschiedenen Potenzen um die Hauptwerte handeln möge.

Es ist zu beachten, daß wegen (2.5) die so definierten Funktionen ihre Bedeutung nicht verlieren, falls $v + \frac{3}{2}$ bzw. $1 - \mu$ mit einer der Zahlen $0, -1, -2, \ldots$ übereinstimmt, für die die hypergeometrische Funktion allein singulär wird. *Auszuschließen ist im folgenden lediglich*

---

[1] Abgesehen von dem klassischen, aber jetzt veralteten Werk von HEINE, *Kugelfunktionen* (Berlin, Reimer 1878—1881) sind die Hauptwerke über Kugelfunktionen: E. W. HOBSON, *The theory of spherical and ellipsoidal harmonics* (Cambridge, University Press 1931); J. LENSE, *Kugelfunktionen* (Leipzig, Akademische Verlagsgesellschaft 1950). Auch in dem schon zitierten Werk von W. MAGNUS und F. OBERHETTINGER [22] und im 1. Band der *Higher Transcendental Functions* des „Bateman Manuscript Project" (ERDÉLYI, MAGNUS, OBERHETTINGER und TRICOMI), (New York, McGraw Hill, 1953) ist der Teil über Kugelfunktionen ziemlich ausführlich behandelt.

für die Funktion $\mathfrak{Q}_\nu^\mu$, daß $\nu + \mu + 1$ gleich einer der Zahlen $0, -1, -2, \ldots$ ist, denn dann wird $\Gamma(\mu + \nu + 1)$ singulär.

Zunächst wollen wir feststellen, daß diese Funktionen tatsächlich Lösungen der Differentialgleichung (12.1) sind. Wie zu Beginn des vorhergehenden Paragraphen gezeigt, sind die Kugelfunktionen spezielle hypergeometrische Funktionen. Da die allgemeine hypergeometrische Differentialgleichung eine Lösung der Form

$$\xi^{1-c} F(a - c + 1, b - c + 1; 2 - c; \xi)$$

besitzt, so ist klar, daß im Falle (12.3) die Funktion

$$(1 - x^2)^{\mu/2} \left(\frac{1 - x}{2}\right)^{-\mu} F\left(-\nu, \nu + 1; 1 - \mu; \frac{1 - x}{2}\right)$$
$$= 2^\mu \left(-\frac{1 + x}{1 - x}\right)^{\mu/2} F\left(-\nu, \nu + 1; 1 - \mu; \frac{1 - x}{2}\right)$$

Lösung der Differentialgleichung der Kugelfunktion (12.1) ist. Diese Lösung unterscheidet sich aber von $\mathfrak{P}_\nu^\mu$ nur um einen konstanten Faktor.

Berücksichtigt man, daß unter der Voraussetzung $c = (a + b + 1)/2$ die hypergeometrische Differentialgleichung die Lösungen (2.17) besitzt, so folgt in ähnlicher Weise wie vorher, daß (12.1) auch die Lösung

$$(x^2 - 1)^{\mu/2} x^{-(\nu+\mu+1)} F\left(\frac{\nu + \mu}{2} + 1, \frac{\nu + \mu + 1}{2}; \nu + \frac{3}{2}; \frac{1}{x^2}\right)$$

aufweist, die sich von $\mathfrak{Q}_\nu^\mu$ nur durch einen konstanten Faktor unterscheidet.

Aus der Definition folgt unmittelbar, daß sich $\mathfrak{Q}_\nu^\mu$ für $\mu = m$, $\nu = n$ auf die zuvor eingeführte Funktion $\mathfrak{Q}_n^m$ reduziert; andererseits ist leicht zu sehen, daß zwischen $\mathfrak{P}_n^m$ und P_n^m eine Beziehung der gleichen Art wie zwischen $\mathfrak{Q}_n^m$ und Q_n^m besteht. So gilt für $-1 < x < 1$:

(13.3) $P_n^m(x) = i^m \mathfrak{P}_n^m(x + i\,0) = i^{-m} \mathfrak{P}_n^m(x - i\,0).$

Zum Beweis ziehen wir (2.5) heran. Danach gilt für $\mu = m = 1, 2, \ldots$:

$$\mathfrak{P}_\nu^m(x) = \left(\frac{x + 1}{x - 1}\right)^{m/2} \lim_{c \to 1-m} \frac{1}{\Gamma(c)} F\left(-\nu, \nu + 1; c; \frac{1 - x}{2}\right)$$
$$= \left(\frac{x + 1}{x - 1}\right)^{m/2} \frac{(-\nu)_m (\nu + 1)_m}{m!} \left(\frac{1 - x}{2}\right)^m F\left(m - \nu, m + \nu + 1; m + 1; \frac{1 - x}{2}\right)$$
$$= \left(\frac{1 - x}{x - 1}\right)^{m/2} \frac{(-1)^m}{2^m} \frac{\Gamma(\nu + m + 1)}{\Gamma(\nu - m + 1)\, m!} (1 - x^2)^{m/2} \times$$
$$\times F\left(m - \nu, m + \nu + 1; m + 1; \frac{1 - x}{2}\right),$$

also für $v = n$

(13.4)
$$\mathfrak{P}_n^m(x) = i^m P_n^m(x),$$

und daraus folgt sofort (13.3).

Allgemein setzen wir (immer unter der Voraussetzung $-1 < x < 1$)

(13.5)
$$P_v^\mu(x) = e^{\mu \pi i/2}\,\mathfrak{P}_v^\mu(x + i\,0) = e^{-\mu \pi i/2}\,\mathfrak{P}_v^\mu(x - i\,0)$$

und analog zur Bezeichnungsweise in den vorhergehenden Paragraphen

(13.6)
$$Q_v^\mu(x) = \tfrac{1}{2}\,e^{-\mu \pi i}\big[e^{-\mu \pi i/2}\,\mathfrak{Q}_v^\mu(x + i\,0) + e^{\mu \pi i/2}\,\mathfrak{Q}_v^\mu(x - i\,0)\big].$$

Die so erklärten Funktionen sind für reelle μ und v und für $-1 < x < 1$ ebenfalls reellwertig. Insbesondere hat man für $\mu = m$ (ganz, positiv)

(13.7)
$$\begin{cases} P_v^m(x) = \dfrac{(-1)^m}{2^m m!}\,\dfrac{\Gamma(1 + v + m)}{\Gamma(1 + v - m)}\,(1 - x^2)^{m/2} \times \\[2mm] \qquad \times\; F\Big(m - v,\, m + v + 1;\, m + 1;\, \dfrac{1 - x}{2}\Big). \end{cases}$$

Beachtet man, daß die Differentialgleichung (12.1) gegenüber den Substitutionen

(13.8)
$$\mu \to -\mu, \qquad v \to -v - 1, \qquad x \to -x$$

invariant ist, so ergeben sich die folgenden 16 Lösungen:

(13.9)
$$\mathfrak{P}_v^{\pm \mu}(\pm x), \qquad \mathfrak{Q}_v^{\pm \mu}(\pm x), \qquad \mathfrak{P}_{-v-1}^{\pm \mu}(\pm x), \qquad \mathfrak{Q}_{-v-1}^{\pm \mu}(\pm x)$$

und ferner diejenigen, die man daraus erhält, wenn man $\mathfrak{P}$ durch P und $\mathfrak{Q}$ durch Q ersetzt.

Da nur jeweils höchstens zwei dieser Lösungen linear unabhängig sein können, besteht eine Anzahl linearer Relationen zwischen diesen Funktionen; Beispiele dafür werden wir im folgenden noch kennenlernen.

Jedenfalls erhält man je zwei linear unabhängige Lösungen von (12.1) in den folgenden Fällen:

I. Wenn μ keine ganze Zahl ist, dann sind $\mathfrak{P}_v^\mu(x)$ und $\mathfrak{P}_v^{-\mu}(x)$ und ebenso $P_v^\mu(x)$ und $P_v^{-\mu}(x)$ linear unabhängig;

II. wenn $\mu = m$ eine nichtnegative ganze Zahl ist, aber v keine ganze Zahl, dann sind $\mathfrak{P}_v^m(x)$ und $\mathfrak{Q}_v^m(x)$ linear unabhängig;

III. wenn $\mu = m$ und $v = n$ beide ganze Zahlen sind [die wegen (13.8) ohne Einschränkung als nichtnegativ angenommen werden können], dann sind für $m \leq n$ die Funktionen $\mathfrak{P}_n^m$ und $\mathfrak{Q}_n^m$ und für $m > n$ die Funktionen $\mathfrak{P}_n^{-m}$ und $\mathfrak{Q}_n^m$ linear unabhängig;

IV. die Funktionen $\mathfrak{P}_v^\mu(x)$ und $\mathfrak{Q}_v^\mu(x)$ sind stets linear unabhängig, wenn weder $v + \mu$ noch $v - \mu$ ganze Zahlen sind.

Unter den erwähnten linearen Relationen zwischen den 16 Funktionen (13.9) kommen die folgenden vor:

$$(13.10) \quad \begin{cases} \mathfrak{P}^{\mu}_{-\nu-1}(x) = \mathfrak{P}^{\mu}_{\nu}(x), \quad \mathfrak{Q}^{-\mu}_{\nu}(x) = e^{-2\mu\pi i}\, \dfrac{\Gamma(\nu-\mu+1)}{\Gamma(\nu+\mu+1)}\, \mathfrak{Q}^{\mu}_{\nu}(x), \\[2mm] \mathfrak{P}^{-\mu}_{\nu}(x) = \dfrac{\Gamma(\nu-\mu+1)}{\Gamma(\nu+\mu+1)}\left[\mathfrak{P}^{\mu}_{\nu}(x) - \dfrac{2}{\pi}\, e^{-\mu\pi i}\sin\mu\pi\, \mathfrak{Q}^{\mu}_{\nu}(x) \right], \\[2mm] \mathfrak{Q}^{\mu}_{\nu}(-x) = -\, e^{\varepsilon\nu\pi i}\, \mathfrak{Q}^{\mu}_{\nu}(x) \\[2mm] \mathfrak{P}^{\mu}_{\nu}(-x) = e^{-\varepsilon\nu\pi i}\, \mathfrak{P}^{\mu}_{\nu}(x) - \dfrac{2}{\pi}\, e^{-\mu\pi i}\sin(\mu+\nu)\pi\, \mathfrak{Q}^{\mu}_{\nu}(x) \end{cases} \text{mit } \varepsilon = \operatorname{sgn}\mathfrak{Im}(x).$$

Die Funktionen $\mathfrak{P}^{\mu}_{\nu}(x)$ und $\mathfrak{Q}^{\mu}_{\nu}(x)$ besitzen Darstellungen für die Ableitung und Rekursionsformeln, die mit den angegebenen für ganze Indizes übereinstimmen; so hat man:

$$(13.11) \quad \begin{cases} (x^2-1)\dfrac{d}{dx}\,\mathfrak{P}^{\mu}_{\nu}(x) = (\nu-\mu+1)\,\mathfrak{P}^{\mu}_{\nu+1}(x) - (\nu+1)\,x\,\mathfrak{P}^{\mu}_{\nu}(x), \\[2mm] (2\nu+1)\,x\,\mathfrak{P}^{\mu}_{\nu}(x) = (\nu-\mu+1)\,\mathfrak{P}^{\mu}_{\nu+1}(x) + (\nu+\mu)\,\mathfrak{P}^{\mu}_{\nu-1}(x), \\[2mm] \mathfrak{P}^{\mu+2}_{\nu}(x) + (\mu+1)\dfrac{2x}{\sqrt{x^2-1}}\,\mathfrak{P}^{\mu+1}_{\nu}(x) + [\mu(\mu+1)-\nu(\nu+1)]\,\mathfrak{P}^{\mu}_{\nu}(x) = 0, \\[2mm] (1-x^2)\dfrac{d}{dx}\,P^{\mu}_{\nu}(x) = -(\nu-\mu+1)\,P^{\mu}_{\nu+1}(x) + (\nu+1)\,x\,P^{\mu}_{\nu}(x) \\[2mm] \qquad\qquad\qquad = -\nu\,x\,P^{\mu}_{\nu}(x) + (\nu+\mu)\,P^{\mu}_{\nu-1}(x). \end{cases}$$

Die drei ersten dieser Formeln bleiben auch gültig, wenn man darin überall $\mathfrak{P}$ durch $\mathfrak{Q}$ ersetzt.

Eine andere interessante Beziehung erhält man für die WRONSKISCHE Determinante W_1 der Funktionen $P^{\mu}_{\nu}(x)$ und $Q^{\mu}_{\nu}(x)$:

$$(13.12) \quad \begin{cases} W_1 = P^{\mu}_{\nu}(x)\dfrac{d}{dx}\,Q^{\mu}_{\nu}(x) - Q^{\mu}_{\nu}(x)\dfrac{d}{dx}\,P^{\mu}_{\nu}(x) \\[3mm] \qquad = \dfrac{2^{2\mu}}{1-x^2}\, \dfrac{\Gamma\!\left(\dfrac{\nu+\mu+1}{2}\right)\Gamma\!\left(\dfrac{\nu+\mu}{2}+1\right)}{\Gamma\!\left(\dfrac{\nu-\mu+1}{2}\right)\Gamma\!\left(\dfrac{\nu-\mu}{2}+1\right)}. \end{cases}$$

Die WRONSKISCHE Determinante von $P^{\mu}_{\nu}(x)$ und $P^{-\mu}_{\nu}(x)$ ist dagegen durch

$$(13.13) \qquad\qquad W_2 = \frac{2}{\pi}\,\frac{\sin\mu\pi}{1-x^2}$$

gegeben.

Für nichtnegatives, ganzes $\mu = m$ und beliebiges ν gelten in Analogie zu (12.4) die Formeln

$$(13.14) \quad \begin{cases} P^{m}_{\nu}(x) = (-1)^m (1-x^2)^{m/2}\dfrac{d^m P_{\nu}(x)}{dx^m}, \quad P_{\nu}(x) \equiv P^{0}_{\nu}(x), \\[2mm] \mathfrak{Q}^{m}_{\nu}(x) = (x^2-1)^{m/2}\dfrac{d^m \mathfrak{Q}_{\nu}(x)}{dx^m}, \quad \mathfrak{Q}_{\nu}(x) \equiv \mathfrak{Q}^{0}_{\nu}(x). \end{cases}$$

Sehr bedeutungsvoll ist die Tatsache, daß man für $\Re(\mu) < \frac{1}{2}$ die von MEHLER angegebene Integraldarstellung (10.21) in naheliegender Weise auch auf die Funktion $P_\nu^\mu(\cos\vartheta)$ ausdehnen kann. Genau gilt:

$$P_\nu^\mu(\cos\vartheta) = \sqrt{\frac{2}{\pi}} \; \frac{(\sin\vartheta)^\mu}{\Gamma(1/2 - \mu)} \int_0^\vartheta \frac{\cos(\nu + 1/2)\varphi}{(\cos\varphi - \cos\vartheta)^{\mu+1/2}} \, d\varphi \qquad (0 < \vartheta < \pi).$$

Auch die LAPLACEsche Integraldarstellung (10.18) kann auf die Funktionen $P_\nu^\mu(x)$ und $Q_\nu^\mu(x)$ ausgedehnt werden, wenn auch nicht in ebenso naheliegender Weise.

Schließlich läßt sich unter gewissen Voraussetzungen die nach STIELTJES benannte asymptotische Entwicklung (10.23) für die Funktionen $P_\nu^\mu(\cos\vartheta)$ und $Q_\nu^\mu(\cos\vartheta)$ verallgemeinern. So gilt folgende Aussage: *Sind μ und ν reelle, positive Zahlen, dann bestehen gleichmäßig in ϑ mit*

$$\varepsilon < \vartheta < \pi - \varepsilon, \qquad \varepsilon > 0$$

für $\nu \to \infty$ (und festes μ) die asymptotischen Entwicklungen

$$P_\nu^\mu(\cos\vartheta) \approx \frac{2}{\sqrt{\pi}} \frac{\Gamma(\mu + \nu + 1)}{\Gamma(\nu + 3/2)} \times$$

$$\times \sum_{h=0}^{\infty} \frac{(1/2 + \mu)_h \,(1/2 - \mu)_h}{(\nu + 3/2)_h \, h!} \; \frac{\cos\left[(h + \nu + 1/2)\,\vartheta - (h - \mu + 1/2)\,\pi/2\right]}{(2\sin\vartheta)^{h+1/2}},$$

$$Q_\nu^\mu(\cos\vartheta) \approx \sqrt{\pi} \, \frac{\Gamma(\mu + \nu + 1)}{\Gamma(\nu + 3/2)} \times$$

$$\times \sum_{h=0}^{\infty} \frac{(1/2 + \mu)_h \,(1/2 - \mu)_h}{(\nu + 3/2)_h \, h!} \; \frac{\cos\left[(h + \nu + 1/2)\,\vartheta - (h - \mu - 1/2)\,\pi/2\right]}{(2\sin\vartheta)^{h+1/2}}.$$

Wie im Fall der LEGENDREschen Polynome kann für

$$\tfrac{1}{6}\pi < \vartheta < \tfrac{5}{6}\pi$$

das Zeichen $\approx$ durch das Gleichheitszeichen ersetzt werden. Dann ist außerdem die Voraussetzung, daß μ und ν reell und positiv seien, überflüssig.

In der Umgebung der Intervallgrenzen des Intervalls $(0, \pi)$ wird man zweckmäßig die allgemeine Entwicklung der hypergeometrischen Funktion in eine Reihe konfluenter hypergeometrischer Funktionen heranziehen[1].

Schließlich wollen wir eine Formel anführen, die offensichtlich keine Analogie bei den Kugelfunktionen mit ganzen Indizes besitzt. Es handelt sich um die Entwicklung der Funktion $P_\nu(\cos\vartheta)$ in eine Reihe von LEGENDREschen Polynomen unter der Voraussetzung, daß ν nicht ganz

---

[1] Siehe die Arbeit des Verfassers in Fußnote 1, S. 174.

sei und $0 \leq \vartheta < \pi$. Man hat dazu die Entwicklungskoeffizienten zu bestimmen, und dies gelingt mit der gleichen Schlußweise, die zum Beweis der Gl. (12.17) führte. Nach Voraussetzung sind $P_v(x)$ bzw. $P_n(x)$ Lösungen der Differentialgleichungen

$$\frac{d}{dx}\left[(1 - x^2)\frac{dy}{dx}\right] + v(v + 1)\,y = 0$$

bzw.

$$\frac{d}{dx}\left[(1 - x^2)\frac{dy}{dx}\right] + n(n + 1)\,y = 0\cdot$$

daraus folgt

$$[n(n + 1) - v(v + 1)] \int_{-1}^{1} P_n(x)\,P_v(x)\,dx$$

$$= \left[(1 - x^2)\left\{\frac{dP_v(x)}{dx}\,P_n(x) - P_v(x)\,\frac{dP_n(x)}{dx}\right\}\right]_{-1}^{1}\cdot$$

Zwar kann $P_v(x)$ für $x \to \pm 1$ eine logarithmische Singularität aufweisen, es gilt jedoch

$$\lim_{x \to +1}(1 - x^2)\frac{dP_v(x)}{dx} = 0, \quad \lim_{x \to -1}(1 - x^2)\frac{dP_v(x)}{dx} = \frac{2}{\pi}\sin v\pi,$$

wie man leicht aus (13.7) ableitet. Durch eine einfache Rechnung folgt dann schließlich die interessante Entwicklung

$$P_v(\cos\vartheta) = \frac{\sin v\pi}{\pi}\sum_{n=0}^{\infty}(-1)^n\left(\frac{1}{v - n} - \frac{1}{v + n + 1}\right)P_n(\cos\vartheta),$$

die unter den zuvor angegebenen Voraussetzungen gültig ist.

Kapitel VI.

Orthogonale Polynome
mit unendlichem Grundintervall.

§ 1. LAGUERRESche Polynome.

Wir wollen uns jetzt der Untersuchung der orthogonalen Polynome mit unendlichem Grundintervall zuwenden und beginnen mit den bereits im vorhergehenden Kapitel, § 4 eingeführten LAGUERREschen Polynomen. Es handelt sich um die orthogonalen Polynome mit dem Grundintervall $(0, \infty)$ und der Belegungsfunktion

$$p(x) = e^{-x}x^\alpha \quad \text{mit} \quad \alpha > -1,$$

die mit

$$L_0^{(\alpha)}(x), \; L_1^{(\alpha)}(x), \; L_2^{(\alpha)}(x), \dots$$

bezeichnet werden sollen. Für $L_n^{(0)}(x)$ schreibt man auch einfach $L_n(x)$. Diese Polynome seien durch Vorgabe des höchsten Koeffizienten, d.h. des Koeffizienten k_n von x^n in $L_n^{(\alpha)}(x)$ standardisiert und zwar sei[1]

$$(1.1) \qquad k_n = \frac{(-1)^n}{n!}.$$

Bei der Untersuchung der Laguerreschen Polynome werden wir uns auf die allgemeinen Ergebnisse von Kap. IV stützen und können uns im wesentlichen darauf beschränken, die in den dort aufgestellten Formeln vorhandenen Konstanten unter den hier gemachten Voraussetzungen zu bestimmen.

Zunächst werden wir auf diese Weise den *expliziten Ausdruck* für $L_n^{(\alpha)}(x)$ angeben. Die *Formel von* Rodriguez (IV. 3.2) nimmt jetzt wegen $X \equiv x$ die folgende Gestalt an:

$$L_n^{(\alpha)}(x) = \frac{1}{K_n} e^x x^{-\alpha} D^n [e^{-x} x^{n+\alpha}]$$

$$= \frac{1}{K_n} e^x x^{-\alpha} \sum_{k=0}^{n} \binom{n}{k} (-1)^k e^{-x} (n+\alpha)(n+\alpha-1)\ldots(k+\alpha+1) x^{k+\alpha},$$

also

$$L_n^{(\alpha)}(x) = \frac{n!}{K_n} \sum_{k=0}^{n} (-1)^k \binom{n+\alpha}{n-k} \frac{x^k}{k!}.$$

Der Koeffizient von x^n ist darin $(-1)^n K_n^{-1}$, und wegen (1.1) folgt dann $K_n = n!$; damit hat man die endgültigen Formeln:

$$(1.2) \qquad L_n^{(\alpha)}(x) = \sum_{k=0}^{n} (-1)^k \binom{n+\alpha}{n-k} \frac{x^k}{k!},$$

$$(1.3) \qquad L_n^{(\alpha)}(x) = \frac{1}{n!} e^x x^{-\alpha} D^n [e^{-x} x^{n+\alpha}].$$

Die ersten Laguerreschen Polynome sind demnach

$$L_0^{(\alpha)}(x) = 1, \qquad L_1^{(\alpha)}(x) = -x + \alpha + 1,$$

$$L_2^{(\alpha)}(x) = \tfrac{1}{2} x^2 - (\alpha+2) x + \tfrac{1}{2}(\alpha+1)(\alpha+2), \ldots.$$

Der Koeffizient k_n' von x^{n-1} in $L_n^{(\alpha)}(x)$ hat die Form

$$(1.4) \qquad k_n' = (-1)^{n-1} \frac{n+\alpha}{(n-1)!}.$$

Eine weitere wichtige Konstante ist der *Normierungsfaktor*

$$h_n = \int_0^\infty e^{-x} x^\alpha [L_n^{(\alpha)}(x)]^2 \, dx,$$

---

[1] Unglücklicherweise werden die Laguerreschen Polynome in der Literatur nicht einheitlich standardisiert. Wir schließen uns hier G. Szegö [*24*] an, während andere Verfasser $k_n = (-1)^n$ fordern.

der auf Grund von (IV. 4.12) und der Definitionsformel der Γ-Funktion (V. 1.2) den Wert

$$(1.5) \qquad h_n = (-1)^n \frac{n!\,k_n}{K_n} \int_0^\infty e^{-x} x^{n+\alpha}\,dx = \frac{\Gamma(n+\alpha+1)}{n!}$$

besitzt. Mit Hilfe dieser Konstanten kann man nun auch sofort die *Orthogonalitätsrelation* für die LAGUERREschen Polynome explizit angeben:

$$(1.6) \qquad \int_0^\infty e^{-x} x^\alpha L_m^{(\alpha)}(x)\, L_n^{(\alpha)}(x)\,dx = \begin{cases} 0 & \text{für} \quad m \neq n \\ \dfrac{\Gamma(\alpha+n+1)}{n!} & \text{für} \quad m = n; \end{cases}$$

ebenso die *Rekursionsformel* und die CHRISTOFFELsche *Summationsformel*, die die folgende Gestalt annehmen:

$$(1.7) \qquad (n+1)\, L_{n+1}^{(\alpha)}(x) = (2n+\alpha+1-x)\, L_n^{(\alpha)}(x) - (n+\alpha)\, L_{n-1}^{(\alpha)}(x),$$

$$(1.8) \qquad \sum_{v=0}^{n} \binom{v+\alpha}{v}^{-1} L_v^{(\alpha)}(x)\, L_v^{(\alpha)}(y) = \frac{(n+1)}{\binom{n+\alpha}{n}} \cdot \frac{L_n^{(\alpha)}(x)\, L_{n+1}^{(\alpha)}(y) - L_{n+1}^{(\alpha)}(x)\, L_n^{(\alpha)}(y)}{x-y}.$$

Ebenso leicht sieht man, daß die *Differentialgleichung* der orthogonalen Polynome (IV. 4.1) im Falle der LAGUERREschen Polynome in die Form

$$(1.9) \qquad x\,y'' + (\alpha+1-x)\,y' + n\,y = 0$$

übergeht[1]. Dies ist sehr wesentlich, denn (1.9) ist ein Spezialfall der konfluenten Differentialgleichung (V. 3.1), die offenbar für $-a=n$, $c=\alpha+1$ in (1.9) übergeht.

Die LAGUERREschen Polynome sind danach also konfluente hypergeometrische Funktionen, analog zu der früher festgestellten Tatsache, daß die JACOBIschen Polynome hypergeometrische Funktionen sind.

Mit anderen Worten: Die Funktion $\Phi(a, c; x)$ reduziert sich dann (und nur dann) auf ein Polynom, wenn $a = -n$ eine ganze negative Zahl ist und dieses Polynom ist dann (bis auf einen konstanten Faktor) ein LAGUERREsches Polynom:

$$L_n^{(\alpha)}(x) = C\,\Phi(-n, \alpha+1; x) = C \sum_{m=0}^{n} (-1)^m \frac{n(n-1)\ldots(n-m+1)}{(\alpha+1)(\alpha+2)\ldots(\alpha+m)} \frac{x^m}{m!}.$$

Da sich die Konstante C auf Grund von (1.1) zu

$$C = \binom{n+\alpha}{n}$$

---

[1] Eine allgemeine Lösung dieser Differentialgleichung kann mittels der unvollständigen Γ-Funktion in geschlossener Form angegeben werden; s. F.G.TRICOMI, *La seconda soluzione dell'equazione di* LAGUERRE, Boll. Un. Mat. Ital. (3) **7**, 1—4 (1952) und auch G. PALAMÀ, ebenda **5**, 72—77 (1950).

bestimmt, folgt schließlich

$$(1.10) \qquad L_n^{(\alpha)}(x) = \binom{n+\alpha}{n} \Phi(-n, \alpha+1; x).$$

Da nach (V. 4.10) die Gleichung

$$P_n^{(\alpha,\beta)}\left(1 - 2\frac{x}{\beta}\right) = \binom{n+\alpha}{n} F\left(-n, n+\alpha+\beta+1; \alpha+1; \frac{x}{\beta}\right)$$

besteht und die auf der rechten Seite von (1.10) auftretende konfluente hypergeometrische Funktion aus F durch den Grenzübergang $\beta \to \infty$ hervorgeht, hat man die Beziehung

$$(1.11) \qquad L_n^{(\alpha)}(x) = \lim_{\beta \to \infty} P_n^{(\alpha,\beta)}\left(1 - 2\frac{x}{\beta}\right).$$

Für die *Ableitung* der Laguerreschen Polynome gelten die folgenden Formeln, von denen die erste auf (V. 3.6) und die zweite auf (IV. 4.8) beruht:

$$(1.12) \quad D\left[L_n^{(\alpha)}(x)\right] = -L_{n-1}^{(\alpha+1)}(x), \quad xD\left[L_n^{(\alpha)}(x)\right] = nL_n^{(\alpha)}(x) - (n+\alpha)L_{n-1}^{(\alpha)}(x).$$

Ein Vergleich dieser Formeln liefert die interessante Beziehung

$$(1.13) \qquad -xL_{n-1}^{(\alpha+1)}(x) = nL_n^{(\alpha)}(x) - (n+\alpha)L_{n-1}^{(\alpha)}(x).$$

Diese Formel ist selbstverständlich nicht die einzige ihrer Art, denn auch hier, wie im Falle der ultrasphärischen Polynome, kann man diese Formel, sowie die Rekursionsformel, die Differentialgleichung usw. untereinander kombinieren, um zahlreiche weitere Beziehungen zwischen Laguerreschen Polynomen und ihren Ableitungen mit verschiedenen Indizes und verschiedenen Werten von α zu erhalten.

So besteht z.B. die wichtige Gleichung

$$(1.14) \qquad L_n^{(\alpha)}(x) = D\left[L_n^{(\alpha)}(x) - L_{n+1}^{(\alpha)}(x)\right],$$

die es unmittelbar ermöglicht, das unbestimmte Integral von $L_n^{(\alpha)}(x)$ explizit anzugeben. Zum Beweis wird die Rekursionsformel (1.7) für $n-1$ und $\alpha+1$ statt n und α benutzt:

$$nL_n^{(\alpha+1)} = (2n+\alpha-x)L_{n-1}^{(\alpha+1)} - (n+\alpha)L_{n-2}^{(\alpha+1)};$$

daraus folgt auf Grund der ersten Formel von (1.12)

$$nDL_{n+1}^{(\alpha)} = (2n+\alpha-x)DL_n^{(\alpha)} - (n+\alpha)DL_{n-1}^{(\alpha)}.$$

Durch Differentiation der Rekursionsformel (1.7) ergibt sich andererseits

$$(n+1)DL_{n+1}^{(\alpha)} = (2n+\alpha+1-x)DL_n^{(\alpha)} - L_n^{(\alpha)} - (n+\alpha)DL_{n-1}^{(\alpha)},$$

und die Differenz dieser beiden Gleichungen lautet

$$DL_{n+1}^{(\alpha)} = DL_n^{(\alpha)} - L_n^{(\alpha)},$$

womit (1.14) bewiesen ist.

Aus (1.13) entnimmt man unmittelbar

$$x\left[L_n^{(\alpha+1)} - L_{n-1}^{(\alpha+1)}\right] = nL_n^{(\alpha)} - (n+\alpha)\,L_{n-1}^{(\alpha)} - (n+1)\,L_{n+1}^{(\alpha)} + (n+1+\alpha)\,L_n^{(\alpha)}$$

$$= -(n+1)\,L_{n+1}^{(\alpha)} + (2n+\alpha+1)\,L_n^{(\alpha)} - (n+\alpha)\,L_{n-1}^{(\alpha)};$$

die Rekursionsformel (1.7) liefert ferner

$$-(n+1)\,L_{n+1}^{(\alpha)} + (2n+\alpha+1)\,L_n^{(\alpha)} - (n+\alpha)\,L_{n-1}^{(\alpha)} = x\,L_n^{(\alpha)},$$

und aus beiden Gleichungen zusammen folgt dann

(1.15) $$\qquad L_n^{(\alpha)}(x) = L_n^{(\alpha+1)}(x) - L_{n-1}^{(\alpha+1)}(x).$$

Wegen $L_0^{(\alpha)}(x) \equiv L_0^{(\alpha+1)}(x) \equiv 1$ gilt auf Grund dieser Gleichung die folgende *Summendarstellung* von $L_n^{(\alpha+1)}(x)$:

(1.16) $$\qquad \sum_{\nu=0}^{n} L_\nu^{(\alpha)}(x) = L_n^{(\alpha+1)}(x).$$

Die Formeln (1.13) und (1.15) besitzen eine große Bedeutung, da sie es ermöglichen, ein gegebenes LAGUERRESches Polynom durch andere LAGUERRESche Polynome auszudrücken, bei denen der obere Index α um 1 vermehrt oder vermindert ist.

Die LAGUERRESchen Polynome besitzen die außerordentliche einfache *erzeugende Funktion*

(1.17) $$\qquad F(z) = \sum_{n=0}^{\infty} L_n^{(\alpha)}(x)\,z^n = e^{-\frac{xz}{1-z}}\,(1-z)^{-(\alpha+1)}.$$

Den Beweis führen wir analog zur Herleitung der entsprechenden Formeln (V. 7.18) und (V. 7.19) bei den ultrasphärischen Polynomen. Auf Grund der Rekursionsformel (1.7) gilt

$$F'(z) = \sum_{n=0}^{\infty}(n+1)\,L_{n+1}^{(\alpha)}\,z^n = \sum_{n=0}^{\infty}(2n+\alpha+1-x)\,L_n^{(\alpha)}\,z^n - \sum_{n=1}^{\infty}(n+\alpha)\,L_{n-1}^{(\alpha)}\,z^n,$$

und daraus folgt, wenn man in der zweiten Summe den Summationsindex n in $n+1$ ändert:

$$F'(z) = 2z\sum_{n=0}^{\infty}nL_n^{(\alpha)}z^{n-1} + (\alpha+1-x)\sum_{n=0}^{\infty}L_n^{(\alpha)}z^n - z^2\sum_{n=0}^{\infty}L_n^{(\alpha)}z^{n-1} - (\alpha+1)z\sum_{n=0}^{\infty}L_n^{(\alpha)}z^n$$

$$= (2z - z^2)\,F'(z) + \left[(\alpha+1-x) - (\alpha+1)z\right]F(z);$$

es besteht also die Differentialgleichung

$$\frac{F'(z)}{F(z)} = \frac{(\alpha + 1 - x) - (\alpha + 1)z}{1 - 2z + z^2} = \frac{\alpha + 1}{1 - z} - \frac{x}{(1 - z)^2},$$

aus der durch Integration folgt:

$$\log F(z) = -(\alpha + 1)\log(1 - z) - \frac{xz}{1 - z} + C.$$

Da die Konstante C wegen $F(0) \equiv L_0^{(\alpha)}(x) \equiv 1$ gleich 0 sein muß, ist damit (1.17) vollständig bewiesen.

Eine andere erzeugende Funktion, auf deren Bedeutung A. ERDÉLYI aufmerksam gemacht hat, erhält man in einfacher Weise, wenn man von der expliziten Darstellung der LAGUERRESCHEN Polynome (1.2) ausgeht. Für $|z| < 1$ gilt nämlich auf Grund dieser Formel

$$\sum_{n=0}^{\infty} L_n^{(\alpha-n)}(x) z^n = \sum_{n=0}^{\infty} z^n \sum_{m=0}^{n} \binom{\alpha}{n-m} \frac{(-x)^m}{m!} = \sum_{m=0}^{\infty} \frac{(-x)^m}{m!} \sum_{n=m}^{\infty} \binom{\alpha}{n-m} z^n,$$

und daraus ergibt sich, wenn man $n = m + p$ setzt:

$$\sum_{n=0}^{\infty} L_n^{(\alpha-n)}(x) z^n = \sum_{m=0}^{\infty} \frac{(-x)^m}{m!} \sum_{p=0}^{\infty} \binom{\alpha}{p} z^{p+m} = \sum_{m=0}^{\infty} \frac{(-xz)^m}{m!} \sum_{p=0}^{\infty} \binom{\alpha}{p} z^p,$$

also ist

$$(1.18) \qquad \sum_{n=0}^{\infty} L_n^{(\alpha-n)}(x) z^n = e^{-xz}(1 + z)^\alpha \qquad (|z| < 1).$$

Aus (1.17) folgert man mit Hilfe der CAUCHYSCHEN Integralformel sofort die wichtige *Integraldarstellung* für die LAGUERRESCHEN Polynome:

$$(1.19) \qquad L_n^{(\alpha)}(x) = \frac{1}{2\pi i} \oint^{(0+)} e^{-\frac{xz}{1-z}} (1 - z)^{-(\alpha+1)} z^{-(n+1)} dz,$$

wobei die Integration über eine geschlossene Kurve der z-Ebene zu erstrecken ist, die in ihrem Inneren den Nullpunkt enthält, aber den Punkt $z = 1$ außerhalb läßt.

Eine weitere, oft sehr nützliche Integraldarstellung ergibt sich, wenn man auf die RODRIGUEZSche Formel (1.3) in der Gestalt

$$e^{-x} x^\alpha L_n^{(\alpha)}(x) = \frac{1}{n!} D^n [e^{-x} x^{n+\alpha}]$$

die CAUCHYSCHE Integralformel anwendet:

$$(1.20) \qquad e^{-x} x^\alpha L_n^{(\alpha)}(x) = \frac{1}{2\pi i} \oint^{(x+)} \frac{e^{-t} t^{n+\alpha}}{(t - x)^{n+1}} dt;$$

daraus folgt durch die Variablensubstitution $t - x = z$

$$(1.21) \qquad L_n^{(\alpha)}(x) = \frac{1}{2\pi i} \oint^{(0^+)} e^{-z}\left(1 + \frac{x}{z}\right)^n \left(1 + \frac{z}{x}\right)^\alpha \frac{dz}{z},$$

wobei die Integration über eine geschlossene Kurve der z-Ebene zu erstrecken ist, die in ihrem Inneren den Nullpunkt enthält, aber den Punkt $z = -x$ außerhalb läßt.

Es gibt noch zahlreiche andere interessante Beziehungen zwischen LAGUERREschen Polynomen, von denen wir hier einige ohne Beweis angeben[1]:

$$L_n^{(\alpha)}(x) = \sum_{m=0}^{n} \frac{(\alpha - \beta)_m}{m!} L_{n-m}^{(\beta)}(x),$$

$$L_n^{(\alpha+\beta+1)}(x + y) = \sum_{m=0}^{n} L_m^{(\alpha)}(x) L_{n-m}^{(\beta)}(y),$$

$$L_n^{(\alpha)}(\mu x) = \sum_{m=0}^{n} \binom{n+\alpha}{m} \mu^{n-m}(1-\mu)^m L_{n-m}^{(\alpha)}(x),$$

$$L_n^{(\alpha-p)}(x) = \sum_{m=0}^{\mathrm{Min}\,(n,p)} (-1)^m \binom{p}{m} L_{n-m}^{(\alpha)}(x).$$

Die folgende Abb. 12 gibt einen Eindruck vom Verlauf der Funktion

$$e^{-x/2} L_{10}^{(0)}(x) \equiv e^{-x/2} L_{10}(x)$$

im Intervall (0,50). Für die graphische Darstellung ist es dabei zweckmäßig, die Einteilung der Abszisse nicht proportional zu x, sondern zu $\sqrt{x}$ zu wählen. Rechts von $x = 50$ strebt die Funktion monoton gegen Null.

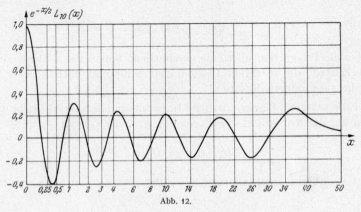

Abb. 12.

---

[1] Die einfachen Beweise seien dem Leser zur Übung empfohlen.

§ 2. Asymptotisches Verhalten und Nullstellen der LAGUERREschen Polynome.

Unter dem asymptotischen Verhalten der LAGUERREschen Polynome verstehen wir ihr Verhalten für $n \to \infty$, wobei im allgemeinen α fest bleibt. Die interessante Frage nach dem asymptotischen Verhalten ist nicht leicht zu beantworten, und wir sind daher gezwungen, einige der grundlegenden Ergebnisse ohne Beweis anzugeben[1]. Die Schwierigkeit bei der Behandlung dieser Frage beruht vor allem auf der Tatsache, daß das asymptotische Verhalten nicht im ganzen Grundintervall $(0, \infty)$ einheitlich ist und daß die Untersuchung in den einzelnen Teilintervallen mit verschiedenen Methoden geführt werden muß.

Man hat die vier folgenden Intervalle zu unterscheiden:

1. *Die rechte Umgebung des Nullpunkts*, in der $x = O(n^{-1})$ gilt (die also von n abhängt);

2. *das Oszillationsintervall* $0 < x < 4k = 4n + 2\alpha + 2$, in der die n Nullstellen von $L_n^{(\alpha)}(x)$ liegen;

3. *die Umgebung des „Wendepunktes"* $x = 4k$, in der $x = 4k + O(n^{\frac{1}{3}})$ gilt;

4. *das Monotonieintervall* $4k < x$, in dem $L_n^{(\alpha)}(x)$ eine monotone Funktion darstellt.

Zur Behandlung des zweiten und vierten Falles zieht man zweckmäßig die klassische Sattelpunktmethode heran, wobei man sich auf die Integraldarstellung (1.19) mit geeignet angenommenen Integrationsweg stützt. Im ersten und dritten Fall benutzt man hingegen zweckmäßig die „Methode von FUBINI", bei der die zugehörige Differentialgleichung mit einer geeigneten approximierenden Differentialgleichung in Beziehung gesetzt wird[2].

Im ersten Fall kann man aber auch eine Entwicklung der LAGUERREschen Polynome in eine Reihe von BESSEL-Funktionen verwenden, bei der die Koeffizienten $A_n(k, l)$ auftreten, die schon in Kap. V, § 5 eingeführt wurden. So besteht die in jedem Intervall $(0, a)$ absolut und gleichmäßig konvergente Entwicklung[3]

$$(2.1) \quad L_n^{(\alpha)}(x) = e^{x/2} \frac{\Gamma(\alpha + n + 1)}{n!} \sum_{m=0}^{\infty} A_m\left(k, \frac{\alpha+1}{2}\right)\left(\frac{x}{2}\right)^m E_{\alpha+m}(k\,x),$$

---

[1] Eine ausführliche und eingehende Behandlung dieses Problems sowie die fraglichen Beweise findet man in F. TRICOMI, *Sul comportamento asintotico dei polinomi di* LAGUERRE, Ann. di Mat. (4) **28**, 263—289 (1949).

[2] Siehe dazu F. TRICOMI [26] wie auch die Abhandlung des Verf.: *Equazioni differenziali con punti di transizione („turning points")*, Rend. Acc. Lincei (8) **17**, 137—141 (1954[II]).

[3] Siehe F. TRICOMI, Giorn. Ist. Italiano Attuari **12**, 14—33 (1941); Comm. Math. Helvetici **25**, 196—204 (1951) u. a.

wobei die A_m die schon im Anschluß an (V. 5.12) genannte Bedeutung haben, k wie oben durch

$$k = n + \frac{\alpha + 1}{2}$$

gegeben ist und $E_\nu(z)$ die durch

(2.2) $$E_\nu(z) = z^{-\nu/2} J_\nu(2\sqrt{z}) = \sum_{n=0}^{\infty} \frac{(-z)^n}{n!\,\Gamma(\nu + n + 1)}$$

erklärte eindeutige Zylinderfunktion ist.

Die Bedeutung dieser Entwicklung für die uns hier interessierende Frage beruht auf der Tatsache, daß sie für $k \to \infty$, d.h. für $n \to \infty$ (mit beschränktem α) eine asymptotische Darstellung liefert, und zwar nicht nur für $x = O(n^{-1})$ d.h. wenn $k\,x$ beschränkt ist, sondern unter der weit allgemeineren Voraussetzung $x = O(n^\varrho)$ mit $\varrho < 1/3$. Der Beweis für diese Behauptung ist zwar prinzipiell nicht schwierig, doch ziemlich lang und soll hier nicht wiedergegeben werden[1]. Wir beschränken uns hier darauf, eine *asymptotische Formel* anzugeben, bei der nur das erste Glied von (2.1) berücksichtigt wird, die jedoch für viele Zwecke ausreichend ist:

(2.3) $$L_n^{(\alpha)}(x) = e^{x/2} \left(\frac{k}{x}\right)^{\alpha/2} \left[J_\alpha\left(2\sqrt{k\,x}\right) + O(k^{-\sigma}) \right]$$

mit

$$k = n + \frac{\alpha + 1}{2}, \qquad x = O(k^\varrho), \qquad \sigma = \mathrm{Min}\left(1 - \varrho, \frac{1 - 3\varrho}{2}\right).$$

Bereits diese Formel bedeutet einen wesentlichen Fortschritt gegenüber den entsprechenden, zuvor bekannten asymptotischen Darstellungen (von Féjer, Perron usw.).

Insbesondere folgt aus (2.3)

(2.4) $$\lim_{n \to \infty} \left[n^{-\alpha} L_n^{(\alpha)}\left(\frac{x}{n}\right) \right] = x^{-\alpha/2} J_\alpha(2\sqrt{x}) = E_\alpha(x).$$

Im Oszillationsintervall, das — wie wir sehen werden — alle Nullstellen von $L_n^{(\alpha)}(x)$ enthält, führt die Sattelpunktmethode zu einer vollständigen asymptotischen Entwicklung (im Sinne von Poincaré), von der wir hier der Kürze halber nur die beiden ersten Glieder angeben. Dazu liege x zwischen $a\,k$ und $b\,k$, wobei a und b zwei beliebige positive Zahlen *kleiner als* 4 seien, und es werde gesetzt:

$$\vartheta = \underset{(0,\,\pi/2)}{\arccos} \sqrt{\frac{x}{4\,k}}, \qquad \Theta = k(2\,\vartheta - \sin 2\,\vartheta) + \frac{\pi}{4} \qquad \left(k = n + \frac{\alpha + 1}{2}\right).$$

---

[1] Siehe F. G. Tricomi, *Lezioni sulle funzioni ipergeometriche confluenti* (Torino, Gheroni 1952) oder das Handbuch: *Funzioni ipergeometriche confluenti* (Roma, Cremonese, 1954).

Dann gilt:

$$(2.5) \quad e^{-x/2} L_n^{(\alpha)}(x) = (-1)^n \frac{(2 \cos \vartheta)^{-\alpha}}{\sqrt{\pi\, k \sin 2\vartheta}} \left[\sin \Theta - \frac{A_1(\vartheta)}{k \sin 2\vartheta} \cos \Theta + O(n^{-2}) \right],$$

wobei $A_1(\vartheta)$ durch

$$12 A_1(\vartheta) = \frac{5}{4 (\sin \vartheta)^2} - (1 - 3\alpha^2)(\sin \vartheta)^2 - 1 = \frac{5k}{4k - x} - (1 - 3\alpha^2) \frac{4k - x}{4k} - 1$$

gegeben ist.

Auch die Formel (2.5) bedeutet einen wesentlichen Fortschritt gegenüber den zuvor bekannten asymptotischen Darstellungen. Schon ihr erstes Glied liefert gute numerische Werte und zwar bereits für kleine Werte von k (z. B. $n = 10$, $\alpha = 0$).

Auf die beiden letzten der vier angegebenen Intervalle soll hier der Kürze halber nicht eingegangen werden, da sie für die Anwendungen weniger von Interesse sind.

Über die Lage der Nullstellen der LAGUERREschen Polynome wollen wir jetzt eine interessante Monotonieeigenschaft und eine damit zusammenhängende untere Schranke herleiten. Der Beweis beruht auf der STURMschen Methode, die wir bereits bei der Untersuchung der JACOBIschen Polynome herangezogen hatten. Wir gehen von der LAGUERRE-schen Differentialgleichung (1.9) aus, die durch die Variablensubstitution

$$y = e^{\frac{x}{2}} x^{-\frac{\alpha+1}{2}} z, \qquad x = \frac{\xi}{k}$$

in die Gestalt

$$(2.6) \qquad \frac{d^2 z}{d\xi^2} + \left(\frac{1}{\xi} + \frac{1 - \alpha^2}{4 \xi^2} - \frac{1}{4 k^2} \right) z = 0$$

überführt wird. Darin ist der Koeffizient von z offenbar eine wachsende Funktion von k, also auch von n (für $\alpha = $ const). Bezeichnet man diesen Koeffizienten mit $K(\xi, n)$, so folgt also aus $n_1 < n_2$ die Beziehung $K(\xi, n_1) < K(\xi, n_2)$, so daß auf (2.6) der STURMsche Satz aus Kap. V, § 6 angewendet werden kann. Dieser besagt jetzt, daß zwischen zwei Nullstellen eines Integrals von (2.6) mit $n = n_1 < n_2$ mindestens eine Nullstelle eines beliebigen Integrals von (2.6) mit $n = n_2$ liegt. Seien nun

$$\lambda_{n,1}, \lambda_{n,2}, \ldots, \lambda_{n,n}$$

die n (reellen, positiven) Nullstellen des LAGUERREschen Polynoms $L_n^{(\alpha)}(x)$ in wachsender Reihenfolge, und bedenkt man, daß die Funktion

$$z = e^{-\frac{x}{2}} x^{\frac{\alpha+1}{2}} L_n^{(\alpha)}(x)$$

für $x = 0$ ebenfalls gleich Null wird (wegen $\alpha > -1$), für $x > 0$ aber nur die Nullstellen von $L_n(x)$ aufweist, so sind wegen $kx = \xi$ die Nullstellen von z durch

$$0 = k \lambda_{n,0}, \; k \lambda_{n,1}, \; k \lambda_{n,2}, \; \ldots, \; k \lambda_{n,n}$$

gegeben. Dann folgt aus dem STURMschen Satz, daß im Inneren eines jeden Intervalls

$$(k_1 \lambda_{n_1, h-1}, k_1 \lambda_{n_1, h}) \quad \text{mit} \quad k_1 = n_1 + \frac{\alpha + 1}{2} \quad (h = 1, \ldots, n)$$

mindestens einer der Punkte

$$k_2 \lambda_{n_2, 1}, \; k_2 \lambda_{n_2, 2}, \ldots, k_2 \lambda_{n_2, n_2}$$

mit

$$n_1 < n_2, \quad k_2 = n_2 + \frac{\alpha + 1}{2}$$

liegen muß[1]. Dies hat offenbar die Ungleichungen

$$k_2 \lambda_{n_2, 1} < k_1 \lambda_{n_1, 1}, \quad k_2 \lambda_{n_2, 2} < k_1 \lambda_{n_1, 2}, \; \ldots$$

zur Folge, und daher gilt stets

$$(2.7) \qquad k_2 \lambda_{n_2, h} < k_1 \lambda_{n_1, h} \quad \text{für} \quad n_1 < n_2 \quad (h = 1, \ldots, n_1).$$

Damit ist zugleich bewiesen, daß

$$k \lambda_{n, h} = \left(n + \frac{\alpha + 1}{2} \right) \lambda_{n, h} \qquad (h = 1, 2, \ldots, n)$$

für feste h und α *eine abnehmende Funktion von n ist.*

Vergleicht man (2.6) mit der durch den Grenzübergang $n \to \infty$ daraus entstehenden Differentialgleichung

$$(2.8) \qquad \frac{d^2 z}{d\xi^2} + \left(\frac{1}{\xi} + \frac{1 - \alpha^2}{4\xi^2} \right) z = 0,$$

so folgt für die h-te reelle, positive Nullstelle ξ_h einer beliebigen ihrer Lösungen

$$\xi_h < k \lambda_{n, h} \qquad (h = 1, \ldots, n).$$

Wie sofort nachzurechnen ist, geht die Differentialgleichung (2.8) durch die Substitution

$$z = \xi^{\frac{1+\alpha}{2}} y$$

in die folgende über:

$$\xi \frac{d^2 y}{d\xi^2} + (1 + \alpha) \frac{dy}{d\xi} + y = 0.$$

Dies ist aber die Differentialgleichung der eindeutigen Zylinderfunktion (2.2):

$$E_\alpha(\xi) = \xi^{-\alpha/2} J_\alpha \left(2 \sqrt{\xi} \right).$$

---

[1] Prüft man den (von uns nicht ausgeführten) Beweis des STURMschen Satze [s. z. B. G. SZEGÖ, Trans. Amer. Math. Soc. **39**, 1 (1936)], so sieht man sofort daß er auch im Falle $h = 1$, d. h. $\xi = 0$, wo der Koeffizient $K(\xi, n)$ aus (2.6) singulär wird, gültig bleibt.

Bezeichnet man wie in Kap. V, § 8 mit $j_1, j_2, \ldots$ die (von α abhängenden) reellen, positiven Nullstellen von $J_\alpha(z)$, so sind $\xi_h = j_h^2/4$ die entsprechenden Nullstellen von $E_\alpha(\xi)$. Wegen $\xi_h < k\,\lambda_{n,h}$ folgt dann

$$(2.9) \qquad \lambda_{n,h} > \frac{j_h^2}{4k}.$$

Insbesondere schließt dies ein, daß $j_1^2/4k$ eine untere Schranke für alle Nullstellen von $L_n^{(\alpha)}(x)$ ist[1].

Die STURMsche Methode liefert aber nicht nur, wie eben gezeigt, eine untere Schranke für diese Nullstellen, sondern auch eine obere Schranke, die man durch eine „komplementäre" Überlegung gewinnt. So gilt

$$(2.10) \qquad \lambda_{n,n} < 2k + \sqrt{4k^2 + \tfrac{1}{4} - \alpha^2} = 4k + O(n^{-1}),$$

womit zugleich gezeigt ist, daß die Nullstellen von $L_n^{(\alpha)}(x)$ — jedenfalls von einem gewissen n ab[2] — in das anfangs angegebene Oszillationsintervall fallen.

Aus (2.7) und (2.10) folgt für $h \leq n$

$$k\,\lambda_{n,h} \leq \left(h + \frac{\alpha+1}{2}\right)\lambda_{h,h} <$$
$$< \left(h + \frac{\alpha+1}{2}\right)\left[2\left(h + \frac{\alpha+1}{2}\right) + \sqrt{4\left(h + \frac{\alpha+1}{2}\right)^2 + \frac{1}{4} - \alpha^2}\right],$$

und mit den Abkürzungen

$$k_n = k = n + \frac{\alpha+1}{2}, \qquad k_h = h + \frac{\alpha+1}{2}$$

hat man dann insgesamt

$$(2.11) \qquad \frac{j_h^2}{4k_n} < \lambda_{n,h} < \frac{k_h}{k_n}\left[2k_h + \sqrt{4k_h^2 + \frac{1}{4} - \alpha^2}\right] \qquad (h = 1, \ldots, n).$$

Ein weiteres Ergebnis über die Nullstellen der LAGUERRESCHEN Polynome kann man auch auf Grund der asymptotischen Entwicklung (2.1) gewinnen mit der gleichen Methode, die wir zur Untersuchung der GEGENBAUERSCHEN Polynome in Kap. V, § 8 benutzt hatten. Berücksichtigt man z.B. in (2.1) nur die beiden ersten Glieder, so erhält man leicht die folgende asymptotische Darstellung[3]:

$$(2.12) \qquad \lambda_{n,h} = \frac{j_h^2}{4k_n}\left[1 + \frac{2(\alpha^2 - 1) + j_h^2}{48k_n^2}\right] + O(n^{-5}),$$

---

[1] Dazu und zum Beweis für das folgende s. G. SZEGÖ [24], Kap. VI.

[2] Diese Einschränkung ist in Wirklichkeit überflüssig, denn nach einer Ungleichung von O. BOTTEMA und W. HAHN besitzen die Nullstellen von $L_n^{(\alpha)}(x)$ sogar die obere Schranke $4n - \frac{4}{3}n^{\frac{1}{3}} + 2\alpha + \frac{1}{2} < 4k - \frac{3}{2}$; s. O. BOTTEMA, Proc. Akad. Wet., Amsterdam **34**, 681—691 (1931) und W. HAHN, Jber. dtsch. Math.-Ver. **44**, 215—236 (1934) und **45**, 211 (1935).

[3] Siehe die in den Fußnoten 1 und 3, S. 219 zitierten Arbeiten des Verfassers.

die für kleine Werte von h (z. B. für $h = 1$ oder $h = 2$) im allgemeinen sehr gute numerische Ergebnisse liefert. Analog folgt aus (2.5) die Beziehung

$$(2.13) \qquad \lambda_{n, h} = x_h^{(0)} + \frac{1 - 3\alpha^2}{12 k_n} + \frac{1}{3(4 k_n - x_h^{(0)})} - \frac{20 k_n}{12(4 k_n - x_h^{(0)})^2} + O(n^{-2}),$$

wobei

$$x_h^{(0)} = 4 k_n (\cos \vartheta_h^{(0)})^2$$

gesetzt ist und $\vartheta_h^{(c)}$ die im Intervall $(0, \pi)$ gelegene Wurzel der transzendenten Gleichung

$$2\vartheta - \sin 2\vartheta = \left(n - h + \frac{3}{4} \right) \frac{\pi}{k_n}$$

bezeichnet[1]. Die Formel (2.13) ist unter der Voraussetzung

$$\lim_{n \to \infty} \frac{n - h}{n} > 0, \qquad \overline{\lim_{n \to \infty}} \frac{n - h}{n} < 1$$

gültig. In der Praxis kann man sie jedoch auch oft für alle möglichen Werte $1, \ldots, n$ von h heranziehen. Zum Beispiel liefert (2.13) im Falle $n = 10$, $\alpha = 0$ und $h = 10$ den Wert $\lambda_{10, 10} = 29{,}9147$, während der tatsächliche Wert der fraglichen Nullstelle $29{,}9207$ beträgt.

§ 3. HERMITEsche Polynome.

Wie schon in Kap. V, § 4 ausgeführt, sind die HERMITEschen Polynome orthogonale Polynome im Intervall $(-\infty, \infty)$ mit der Belegungsfunktion

$$(3.1) \qquad p(x) = e^{-x^2/2}.$$

Sie seien mit

$$H_0(x), \; H_1(x), \; H_2(x), \ldots$$

bezeichnet und durch die Voraussetzung standardisiert, daß der Koeffizient von x^n in $H_n(x)$, d. h. der höchste Koeffizient gleich 1 sei[2].

Die Untersuchung der HERMITEschen Polynome kann auf die der LAGUERREschen Polynome zurückgeführt werden und bietet daher für uns im wesentlichen nichts Neues. Das beruht auf der Tatsache, daß sich die HERMITEschen Polynome in der folgenden einfachen Weise durch LAGUERREsche Polynome mit $\alpha = \pm 1/2$ ausdrücken lassen[3]:

$$(3.2) \quad H_{2m}(x) = (-2)^m m! \, L_m^{(-1/2)} \left(\frac{x^2}{2} \right), \quad H_{2m+1}(x) = (-2)^m m! \, x L_m^{(1/2)} \left(\frac{x^2}{2} \right).$$

---

[1] Zur numerischen Bestimmung dieser Wurzeln benutzt man zweckmäßig die in dem in Fußnote 1, S. 219 zitierten Werk des Verfassers enthaltene Tabelle.

[2] Wie im Falle der LAGUERREschen Polynome ist auch bei den HERMITEschen Polynomen die Standardisierung in der Literatur nicht einheitlich. Ferner setzen einige Autoren (wie z. B. G. SZEGÖ) den Exponenten von e in (3.1) gleich $-x^2$ statt wie hier $-x^2/2$.

[3] Diese Formeln stammen von G. SZEGÖ [24], S. 102.

Trotzdem ist es nicht überflüssig — insbesondere wegen der Anwendungen — die grundlegenden Formeln über HERMITESCHE Polynome, die im allgemeinen sehr einfach sind, explizit anzugeben.

Wir beginnen mit der Formel von RODRIGUEZ aus Kap. IV, § 3. Setzt man

$$p(x) = e^{-x^2/2} = y,$$

so ist

$$y' = -xy,$$

und dann folgt auf Grund der LEIBNIZschen Regel

(3.3) $$y^{(n+1)} = -xy^{(n)} - ny^{(n-1)}.$$

Aus der Formel (IV. 3.2), die jetzt wegen $X \equiv 1$ die Gestalt

$$K_n H_n(x) = e^{x^2/2} y^{(n)}$$

besitzt, folgt auf Grund von (3.3)

(3.4) $$K_{n+1} H_{n+1}(x) = -x K_n H_n(x) - n K_{n-1} H_{n-1}(x).$$

Führt man darin für x^{n+1} Koeffizientenvergleich durch, so ergibt sich $K_{n+1} = -K_n$; wegen $K_0 = 1$ folgt dann

$$K_n = (-1)^n.$$

Daher lautet jetzt die RODRIGUEZ*sche Formel*

(3.5) $$H_n(x) = (-1)^n e^{x^2/2} D^n [e^{-x^2/2}].$$

Aus (3.4) erhält man ferner die *Rekursionsformel*

(3.6) $$H_{n+1}(x) = x H_n(x) - n H_{n-1}(x),$$

die es sofort ermöglicht, die ersten HERMITEschen Polynome zu berechnen:

$$H_0 = 1, \quad H_1 = x, \quad H_2 = x^2 - 1, \quad H_3 = x^3 - 3x, \quad H_4 = x^4 - 6x^2 + 3, \ldots.$$

Die allgemeine Formel (IV. 4.12) für den *Normierungsfaktor* h_n nimmt für HERMITESCHE Polynome, also insbesondere unter der Voraussetzung $X \equiv 1$ die Form

$$h_n = (-1)^n \frac{n! \, k_n}{K_n} \int_{-\infty}^{\infty} e^{-x^2/2} \, dx = 2n! \int_0^{\infty} e^{-x^2/2} \, dx$$

an, und nun folgt auf Grund der Substitution

$$x = \sqrt{2}\,\xi$$

unter Berücksichtigung von (V. 1.14):

$$h_n = \sqrt{2\pi}\, n!.$$

Daher gilt die *Orthogonalitätsrelation*

$$(3.7) \qquad \int_{-\infty}^{\infty} e^{-x^2/2} H_m(x) H_n(x) \, dx = \begin{cases} 0 & \text{für} \quad m \neq n \\ \sqrt{2\pi}\, n! & \text{für} \quad m = n. \end{cases}$$

Die *Differentialgleichung* der HERMITEschen Polynome erhält man unmittelbar aus (IV. 4.1) und (IV. 4.2); danach ist jetzt

$$K_1 P_1 = -x, \quad \lambda_n = n,$$

und es gilt daher

$$(3.8) \qquad y'' - x\,y' + n\,y = 0.$$

Besonders einfach wird auch die Formel für die *Ableitung* eines HERMITEschen Polynoms. Nach (IV. 4.9) ist jetzt wegen $A_n = 1, C_n = n$

$$\alpha_n = 0, \quad \beta_n = n,$$

so daß aus (IV. 4.8) folgt:

$$(3.9) \qquad H_n'(x) = n\,H_{n-1}(x);$$

die HERMITEschen Polynome genügen somit derselben Differentialgleichung wie die Monome x^n.

Mit der üblichen Methode kann man die erzeugende Funktion der HERMITEschen Polynome gewinnen. Setzt man

$$F(z) = \sum_{n=0}^{\infty} H_n(x) \frac{z^n}{n!},$$

so folgt wegen (3.6)

$$F'(z) = \sum_{n=1}^{\infty} H_n(x) \frac{z^{n-1}}{(n-1)!} = \sum_{n=0}^{\infty} H_{n+1}(x) \frac{z^n}{n!}$$

$$= x \sum_{n=0}^{\infty} H_n(x) \frac{z^n}{n!} - \sum_{n=1}^{\infty} H_{n+1}(x) \frac{z^n}{(n-1)!}$$

$$= x \sum_{n=0}^{\infty} H_n(x) \frac{z^n}{n!} - z \sum_{n=0}^{\infty} H_n(x) \frac{z^n}{n!} = (x - z) F(z).$$

Also gilt

$$\frac{F'(z)}{F(z)} = x - z,$$

und daraus erhält man wegen $F(0) = H_0 = 1$ durch Integration die *erzeugende Funktion*:

$$(3.10) \qquad F(z) = \sum_{n=0}^{\infty} H_n(x) \frac{z^n}{n!} = e^{xz - z^2/2}.$$

Wendet man darauf die Cauchysche Integralformel an, so folgt die *Integraldarstellung* für die Hermiteschen Polynome:

$$(3.11) \qquad H_n(x) = \frac{n!}{2\pi i} \oint^{(0^+)} e^{xz - z^2/2} \, z^{-n-1} \, dz.$$

Im wesentlichen die gleiche Integraldarstellung kann man auch erhalten, wenn man sich statt auf (3.10) auf die Rodriguezsche Formel (3.5) stützt.

Aus (3.11) kann man sehr schnell den expliziten Ausdruck für das Polynom $H_n(x)$ gewinnen. Dazu setze man in (3.11) für die e-Funktion die Reihe ein und führe die Integration gliedweise aus (was hier offenbar zulässig ist):

$$\frac{2\pi i}{n!} H_n(x) = \sum_{m=0}^{\infty} \frac{x^m}{m!} \oint^{(0^+)} e^{-z^2/2} \, z^{m-n-1} \, dz$$

$$= \sum_{m=0}^{\infty} \frac{x^m}{m!} \sum_{\nu=0}^{\infty} \frac{(-1)^\nu}{\nu! \, 2^\nu} \oint^{(0^+)} z^{2\nu+m-n-1} \, dz;$$

bekanntlich ist aber

$$\oint^{(0^+)} z^p \, dz = \begin{cases} 0 & \text{für} \quad p \neq -1 \\ 2\pi i & \text{für} \quad p = -1, \end{cases}$$

so daß folgt:

$$(3.12) \qquad H_n(x) = n! \sum_{m=0}^{[n/2]} \frac{(-1)^m}{m! \, 2^m} \frac{x^{n-2m}}{(n-2m)!},$$

wobei wie üblich $[n/2]$ die größte ganze Zahl kleiner oder gleich $n/2$ bezeichnet. Diese Darstellung zeigt unter anderem, daß $H_n(x)$ nur gerade oder ungerade Potenzen von x enthält, je nachdem, ob n gerade oder ungerade ist. Daraus folgt

$$(3.13) \qquad H_n(-x) = (-1)^n H_n(x).$$

Die erzeugende Funktion der Hermiteschen Polynome, die wir jetzt, um ihre Abhängigkeit von x zu berücksichtigen, mit $F(x, z)$ bezeichnen wollen, genügt offenbar der folgenden Beziehung:

$$(3.14) \qquad F(x, z)\, F(y, z) = e^{(x+y)z - z^2} = F\left(\frac{x+y}{\sqrt{2}}, \sqrt{2}\, z\right),$$

Setzt man für die links auftretenden Funktionen die durch (3.10) gegebenen Reihen ein, so folgt durch Reihenmultiplikation (im Cauchyschen Sinne):

$$F(x, z)\, F(y, z) = \sum_{n=0}^{\infty} z^n \sum_{m=0}^{n} \frac{H_m(x)}{m!} \frac{H_{n-m}(y)}{(n-m)!} = \sum_{n=0}^{\infty} \frac{z^n}{n!} \sum_{m=0}^{n} \binom{n}{m} H_m(x)\, H_n(y);$$

15*

durch Vergleich der beiden Seiten von (3.14) gewinnt man die wichtige *Summationsformel von* RUNGE:

$$(3.15) \qquad \sum_{m=0}^{n} \binom{n}{m} H_m(x) H_{n-m}(y) = 2^{n/2} H_n\left(\frac{x+y}{\sqrt{2}}\right).$$

Diese ist von der CHRISTOFFELschen *Summationsformel* (IV. 2.3), die jetzt die Gestalt

$$(3.16) \qquad \sum_{m=0}^{n} \frac{1}{m!} H_m(x) H_m(y) = \frac{1}{n!} \frac{H_{n+1}(x) H_n(y) - H_n(x) H_{n+1}(y)}{x - y}$$

annimmt, wesentlich verschieden.

Schließlich wollen wir die anfangs angegebene Formel (3.2) von SZEGÖ beweisen, welche gestattet, die HERMITESCHEN Polynome durch LAGUERRESCHE Polynome auszudrücken. Nach (1.10) und (V. 3.11) gilt

$$L_m^{(-1/2)}\left(\frac{x^2}{2}\right) = \binom{m - 1/2}{m} \Phi\left(-m, \frac{1}{2}; \frac{x^2}{2}\right) = \binom{m - 1/2}{m} V_1(-2m, x),$$

$$x L_m^{(1/2)}\left(\frac{x^2}{2}\right) = \binom{m + 1/2}{m} x \Phi\left(-m, \frac{3}{2}; \frac{x^2}{2}\right) = \binom{m + 1/2}{m} V_2(-2m - 1, x),$$

wobei die Funktionen $V_1(h, x)$ und $V_2(h, x)$ die Lösungen der Differentialgleichung

$$y'' - x y' - h y = 0$$

sind, die den Anfangsbedingungen

$$y(0) = 1, \quad y'(0) = 0 \quad \text{bzw.} \quad y(0) = 0, \quad y'(0) = 1$$

genügen. Diese Differentialgleichung fällt für $h = -n$ mit (3.8) zusammen, und ferner gilt wegen (3.12)

$$H_{2m}(0) = (2m)! \frac{(-1)^m}{m! \, 2^m}, \quad H'_{2m}(0) = 2m H_{2m-1}(0) = 0,$$

$$H_{2m+1}(0) = 0, \quad H'_{2m+1}(0) = (2m + 1) H_{2m}(0) = (2m + 1)! \frac{(-1)^m}{m! \, 2^m},$$

so daß man offensichtlich

$$V_1(-2m, x) = \frac{(-2)^m m!}{(2m)!} H_{2m}(x), \quad V_2(-2m-1, x) = \frac{(-2)^m m!}{(2m + 1)!} H_{2m+1}(x)$$

setzen kann. Dann gelten aber die Gleichungen

$$L_m^{(-1/2)}\left(\frac{x^2}{2}\right) = \binom{m - 1/2}{m} \frac{(-2)^m m!}{(2m)!} H_{2m}(x),$$

$$x L_m^{(1/2)}\left(\frac{x^2}{2}\right) = \binom{m + 1/2}{m} \frac{(-2)^m m!}{(2m + 1)!} H_{2m+1}(x),$$

die durch eine einfache Umformung in die Szegöschen Formeln (3.2) übergehen.

Diese Formeln sind von großer Bedeutung, denn sie besagen, daß es im wesentlichen nur zwei Arten von klassischen orthogonalen Polynomen gibt: Die Jacobischen Polynome mit ihren zahlreichen Spezialfällen bei endlichem Grundintervall und die Laguerreschen Polynome bei unendlichem Grundintervall.

Es ist ferner bemerkenswert, daß die Szegöschen Formeln und die analogen Formeln (V. 4.12) und (V. 4.13) bei den Jacobischen Polynomen aus einer einzigen Quelle stammen, nämlich einer Transformationseigenschaft der hypergeometrischen Funktionen mit

$$c = \tfrac{1}{2}(a + b + 1)$$

und der entsprechenden konfluenten hypergeometrischen Funktionen.

Die Reihenentwicklung (2.1) nimmt im Falle der Hermiteschen Polynome eine besonders einfache Form an. Die Ordnungen der darin auftretenden Bessel-Funktionen unterscheiden sich dann nur um ganze Zahlen von 1/2 und reduzieren sich deshalb auf elementare Funktionen. Setzt man zur Abkürzung

$$G_n(u) = \sqrt{\frac{\pi}{2}}\, u^{n-\frac{1}{2}} J_{n+\frac{1}{2}}(u) \qquad (n = -1, 0, 1, 2, \ldots),$$

so folgen die Gleichungen

$$G_{-1}(u) = \frac{\cos u}{u^2}, \qquad G_0(u) = \frac{\sin u}{u}$$

und die Rekursionsformel

$$G_{n+1}(u) = (2n + 1)\, G_n(u) - u^2\, G_{n-1}(u) \qquad (n = 0, 1, 2, \ldots).$$

Setzt man ferner

$$\mu_1 = \sqrt{2m + 1/2}, \qquad A'_n = A_n(m + \tfrac{1}{4},\, \tfrac{1}{4}),$$

$$\mu_2 = \sqrt{2m + 3/2}, \qquad A''_n = A_n(m + \tfrac{3}{4},\, \tfrac{3}{4}),$$

so hat man auf Grund von (V. 5.13) die Anfangswerte

$$A'_0 = A''_0 = 1, \quad A'_1 = A''_1 = 0, \quad A'_2 = \tfrac{1}{4}, \quad A''_2 = \tfrac{3}{4}$$

und die Rekursionsformeln

$$(n + 1)\, A'_{n+1} = (n - 1/2)\, A'_{n-1} - (2m + 1/2)\, A'_{n-2}$$

$$(n + 1)\, A''_{n+1} = (n + 1/2)\, A''_{n-1} - (2m + 3/2)\, A''_{n-2}$$

$$(n = 2, 3, 4, \ldots).$$

Damit erhält man aus (2.1) und (3.2) durch eine einfache Überlegung die folgenden Entwicklungen

$$H_{2m}(x) = (-1)^m \, 1 \cdot 3 \ldots (2m-1) \, e^{x^2/4} (\mu_1 x)^2 \sum_{n=0}^{\infty} A_n' \, 2^n \mu_1^{-2n} \, G_{n-1}(\mu_1 x),$$

$$H_{2m+1}(x) = (-1)^m \, 1 \cdot 3 \ldots (2m+1) \, e^{x^2/4} \, x \sum_{n=0}^{\infty} A_n'' \, 2^n \mu_2^{-2n} \, G_n(\mu_2 x),$$

$$(m = 1, 2, 3, \ldots).$$

Bereits ein oder zwei Glieder dieser Entwicklungen sind im allgemeinen ausreichend, um eine gute Approximation der HERMITEschen Polynome in der Umgebung des Nullpunkts zu erhalten.

§ 4. Über das Konvergenzverhalten der Reihen von JACOBIschen Polynomen.

In den vorhergehenden Paragraphen haben wir die Eigenschaften orthogonaler Polynome untersucht, insbesondere die der klassischen orthogonalen Polynome, ohne jedoch auf die Frage nach der Entwickelbarkeit einer Funktion in eine Reihe von orthogonalen Polynomen einzugehen. Dieser grundlegenden Frage wollen wir uns jetzt zuwenden. Ihre Beantwortung wird dadurch wesentlich erleichtert, daß man sie — jedenfalls für JACOBIsche Polynome und deren Spezialfälle — auf die Ergebnisse des II. Kapitels über die Entwickelbarkeit einer Funktion in eine trigonometrische Reihe zurückführen kann. Diese Zurückführung wird durch einen wichtigen Satz geleistet, der besagt, *daß man unter wenig einschränkenden Voraussetzungen eine Reihe von Polynomen durch eine trigonometrische Reihe ersetzen kann, die im Inneren des Intervalls* (−1, 1) *gleichzeitig mit der ursprünglichen konvergiert oder divergiert und im Falle der Konvergenz die gleiche Funktion wie die ursprüngliche darstellt.* Durch diesen Satz werden offenbar alle bisherigen Ergebnisse über trigonometrische Reihen für die Untersuchung der Reihen von JACOBIschen Polynomen nutzbar gemacht.

Bevor wir auf diesen Zusammenhang eingehen, wollen wir ein in den früheren Überlegungen (Kap. I) enthaltenes Ergebnis unter den jetzigen Voraussetzungen noch einmal explizit formulieren.

Sei $f(x)$ *eine im Intervall* (−1, 1) *quadratisch integrierbare Funktion mit der folgenden Entwicklung nach JACOBIschen Polynomen*

$$(4.1) \qquad f(x) \sim a_0 P_0^{(\alpha,\beta)}(x) + a_1 P_1^{(\alpha,\beta)}(x) + a_2 P_2^{(\alpha,\beta)}(x) + \cdots,$$

wobei die a_ν *durch*

$$(4.2) \qquad a_\nu = \frac{1}{h_\nu} \int_{-1}^{1} (1-y)^\alpha (1+y)^\beta \, P_\nu^{(\alpha,\beta)}(y) \, f(y) \, dy \qquad (\nu = 0, 1, 2, \ldots)$$

gegeben sind und die h_ν die durch (V. 4.6) *bestimmten Normierungs-faktoren bezeichnen. Dann konvergiert die Reihe* (4.1) *im Intervall* $(-1, 1)$ *im Mittel gegen* $f(x)$. *Konvergiert sie gleichmäßig in* $(-1, 1)$, *so stellt sie dort fast überall* $f(x)$ *dar und sogar überall, falls* $f(x)$ *stetig ist.*

Um nun den anfangs erwähnten allgemeinen Satz genau zu formulieren, stellt man innerhalb des Intervalls $(-1, 1)$ der Reihe (4.1) die Entwicklung der geraden Funktion

$$(4.3) \quad \begin{cases} F(\vartheta) = \left(\dfrac{1 - \cos\vartheta}{2}\right)^{\frac{\alpha}{2} + \frac{1}{4}} \left(\dfrac{1 + \cos\vartheta}{2}\right)^{\frac{\beta}{2} + \frac{1}{4}} f(\cos\vartheta) \\[2mm] \qquad = \left(\sin\dfrac{\vartheta}{2}\right)^{\alpha + \frac{1}{2}} \left(\cos\dfrac{\vartheta}{2}\right)^{\beta + \frac{1}{2}} f(\cos\vartheta) \end{cases}$$

in eine cos-Reihe gegenüber. Dann gilt:

Seien $S_n(x)$ *bzw.* $T_n(\vartheta)$ *die* $(n+1)$-*te Partialsumme von* (4.1) *bzw. der cos-Reihe von* $F(\vartheta)$ *und sei* $f(x)$ *eine im Intervall* $(-1, 1)$ *integrierbare Funktion, für die das Integral*

$$(4.4) \qquad \int_{-1}^{1} (1 - x)^a (1 + x)^b |f(x)| \, dx$$

mit

$$a = \mathrm{Min}\left(\alpha, \frac{\alpha}{2} - \frac{1}{4}\right), \qquad b = \mathrm{Min}\left(\beta, \frac{\beta}{2} - \frac{1}{4}\right)$$

existiert, dann gilt für jedes $\vartheta \neq k\pi$ (*d.h.* $x \neq \pm 1$)

$$(4.5) \qquad \lim_{n \to \infty}\left[S_n(\cos\vartheta) - \left(\sin\frac{\vartheta}{2}\right)^{-\alpha-\frac{1}{2}}\left(\cos\frac{\vartheta}{2}\right)^{-\beta-\frac{1}{2}} T_n(\vartheta)\right] = 0.$$

Die Bedeutung dieses Satzes beruht unter anderem auf der Tatsache, daß infolgedessen die Reihe (4.1) für $x = x_0 = \cos\vartheta_0 \neq \pm 1$ konvergiert und die Gleichung

$$(4.6) \quad a_0 P_0^{(\alpha,\beta)}(x_0) + a_1 P_1^{(\alpha,\beta)}(x_0) + a_2 P_2^{(\alpha,\beta)}(x_0) + \cdots = \tfrac{1}{2}[f(x_0+0) + f(x_0-0)]$$

gilt, falls nur das Integral (4.4) existiert und $F(\vartheta)$ — d.h. (im Wesentlichen) $f(\cos\Theta)$ — einer der zahlreich vorhandenen hinreichenden Bedingungen für die Konvergenz einer FOURIER-Reihe an der Stelle $\vartheta = \vartheta_0$ genügt, also z.B. von beschränkter Schwankung ist.

Dieser Satz, der in der angegebenen allgemeinen Fassung auf G. SZEGÖ zurückgeht, ist nicht leicht zu beweisen[1]. Wir wollen uns hier darauf beschränken, den Beweis im Falle einer Funktion $f(x)$ zu führen, die in der Umgebung der Punkte ± 1 identisch Null ist:

$$(4.7) \quad f(x) \equiv 0 \quad \text{für} \quad -1 \leq x \leq -1 + \varepsilon, \quad 1 - \varepsilon \leq x \leq 1, \quad \varepsilon > 0.$$

---

[1] Zum Beweis s. G. SZEGÖ [24], S. 239 und 246—249.

Diese Voraussetzung, zusammen mit der geforderten Integrabilität von $f(x)$ im Intervall $(-1, 1)$ bedingt bereits, daß das Integral (4.4) existiert, so daß dies jetzt nicht ausdrücklich gefordert werden muß.

Der Beweis gründet sich auf eine Berechnung der Partialsumme $S_n(x)$ von (4.1) mit Hilfe der CHRISTOFFELschen Summationsformel, die an die analoge Berechnung bei den FOURIER-Reihen erinnert, und auf die sukzessive Anwendung der asymptotischen Darstellung (V. 5.5), wodurch der zuvor gefundene Ausdruck für $S_n(x)$ mit der Partialsumme $T_n(\vartheta)$ der cos-Reihe der durch (4.3) gegebenen Funktion $F(\vartheta)$ in Verbindung gebracht wird. Um dies im einzelnen durchzuführen, schreiben wir $S_n(x)$ auf Grund von (4.2) und (4.7) in der Form

$$S_n(x) = \sum_{\nu=0}^{n} a_\nu P_\nu^{(\alpha,\beta)}(x)$$

$$= \int_{-1+\varepsilon}^{1-\varepsilon} (1-y)^\alpha (1+y)^\beta f(y) \left[\sum_{\nu=0}^{\infty} \frac{1}{h_\nu} P_\nu^{(\alpha,\beta)}(x) P_\nu^{(\alpha,\beta)}(y) \right] dy$$

bzw.

(4.8) $$S_n(x) = \int_{-1+\varepsilon}^{1-\varepsilon} K_n(x, y) (1-y)^\alpha (1+y)^\beta f(y) \, dy$$

mit

$$K_n(x, y) = \sum_{\nu=0}^{\infty} \frac{1}{h_\nu} P_\nu^{(\alpha,\beta)}(x) P_\nu^{(\alpha,\beta)}(y).$$

Benutzt man jetzt die Summationsformel von CHRISTOFFEL-DARBOUX (IV. 2.3) und berücksichtigt man, daß im Falle der JACOBISchen Polynome die folgenden Gleichungen gelten

$$\frac{k_n}{k_{n+1}} = \frac{1}{A_n} = \frac{2(n+1)(n+\alpha+\beta+1)}{(2n+\alpha+\beta+1)(2n+\alpha+\beta+2)},$$

$$\frac{1}{h_n} \frac{k_n}{k_{n+1}} = \frac{2n+\alpha+\beta+1}{2^{\alpha+\beta+1}} \frac{n! \, \Gamma(n+\alpha+\beta+1)}{\Gamma(n+\alpha+1) \Gamma(n+\beta+1)} \frac{k_n}{k_{n+1}}$$

$$= \frac{2^{-\alpha-\beta}}{2n+\alpha+\beta+2} \frac{\Gamma(n+2) \Gamma(n+\alpha+\beta+2)}{\Gamma(n+\alpha+1) \Gamma(n+\beta+2)},$$

so folgt:

$$K_n(x, y) = \frac{c_n}{x-y} \left[P_{n+1}^{(\alpha,\beta)}(x) P_n^{(\alpha,\beta)}(y) - P_n^{(\alpha,\beta)}(x) P_{n+1}^{(\alpha,\beta)}(y) \right],$$

wobei

$$\frac{1}{h_n} \frac{k_n}{k_{n+1}} = c_n$$

gesetzt ist. Für c_n besteht nach (V. 1.21) die Abschätzung

$$c_n = \frac{2^{-\alpha-\beta}}{2n+\alpha+\beta+2} n^{2-(\alpha+1)} \left[1 + O\left(\frac{1}{n}\right) \right] n^{\alpha+\beta+2-(\beta+1)} \left[1 + O\left(\frac{1}{n}\right) \right]$$

$$= \frac{2^{-\alpha-\beta-1}}{n} \left[1 + O\left(\frac{1}{n}\right) \right] n^2 \left[1 + O\left(\frac{1}{n}\right) \right] = 2^{-\alpha-\beta-1} [n + O(1)].$$

Wie schon erwähnt, benutzen wir nun die asymptotische Darstellung (V. 5.5), die in jedem Intervall $-1+\varepsilon \leq x \leq 1-\varepsilon$ bzw. für $x=\cos\vartheta$ und $1-\varepsilon=\cos\eta$ in jedem Intervall $\eta \leq \vartheta \leq \pi-\eta$ gültig ist. Setzt man noch $y=\cos\varphi$, so erhält man damit

$$P_{n+1}^{(\alpha,\beta)}(x)\,P_n^{(\alpha,\beta)}(y) - P_n^{(\alpha,\beta)}(x)\,P_{n+1}^{(\alpha,\beta)}(y)$$

$$= \frac{1}{\pi n}\left(\sin\frac{\vartheta}{2}\right)^{-\alpha-\frac{1}{2}}\left(\cos\frac{\vartheta}{2}\right)^{-\beta-\frac{1}{2}}\left(\sin\frac{\varphi}{2}\right)^{-\alpha-\frac{1}{2}}\left(\cos\frac{\varphi}{2}\right)^{-\beta-\frac{1}{2}}\Omega + O\left(n^{-2}\right),$$

wobei zur Abkürzung

$$\Omega = \cos\left((N+1)\,\vartheta+\gamma\right)\cos\left(N\varphi+\gamma\right) - \cos\left(N\vartheta+\gamma\right)\cos\left((N+1)\,\varphi+\gamma\right)$$

mit

$$N = n + \frac{\alpha+\beta+1}{2}, \qquad \gamma = -\frac{2\alpha+1}{4}\pi$$

gesetzt ist. Daraus ergibt sich

$$(4.9)\quad \left\{\begin{aligned} K_n(\cos\vartheta,\cos\varphi) &= \frac{2^{-\alpha-\beta-1}}{\pi(\cos\vartheta-\cos\varphi)}\left(\sin\frac{\vartheta}{2}\sin\frac{\varphi}{2}\right)^{-\alpha-\frac{1}{2}}\times\\ &\quad\times\left(\cos\frac{\vartheta}{2}\cos\frac{\varphi}{2}\right)^{-\beta-\frac{1}{2}}\Omega + O\left(\frac{1}{n}\right). \end{aligned}\right.$$

Für Ω leitet man mit Hilfe der bekannten Additionstheoreme der trigonometrischen Funktionen die folgende Beziehung her:

$$\Omega = \tfrac{1}{2}\cos\left(N(\vartheta+\varphi)+\vartheta+2\gamma\right) + \tfrac{1}{2}\cos\left(N(\vartheta-\varphi)+\vartheta\right) -$$

$$-\tfrac{1}{2}\cos\left(N(\vartheta+\varphi)+\varphi+2\gamma\right) - \tfrac{1}{2}\cos\left(N(\vartheta-\varphi)-\varphi\right)$$

$$= -\sin\left(\left(N+\tfrac{1}{2}\right)(\vartheta+\varphi)+2\gamma\right)\sin\frac{\vartheta-\varphi}{2} - \sin\left(\left(N+\tfrac{1}{2}\right)(\vartheta-\varphi)\right)\sin\frac{\vartheta+\varphi}{2}.$$

Durch die Variablensubstitution $x=\cos\vartheta$ erhält man aus (4.8)

$$S_n(\cos\vartheta) = 2^{\alpha+\beta+1}\int_\eta^{\pi-\eta} K_n(\cos\vartheta,\cos\varphi)\left(\sin\frac{\varphi}{2}\right)^{2\alpha+1}\left(\cos\frac{\varphi}{2}\right)^{2\beta+1} f(\cos\varphi)\,d\varphi,$$

und daraus folgt unter Beachtung von (4.3), (4.9) und der Gleichung

$$\cos\varphi - \cos\vartheta = 2\sin\frac{\vartheta+\varphi}{2}\sin\frac{\vartheta-\varphi}{2}$$

die Beziehung

$$(4.10)\quad \left\{\begin{aligned} 2\pi\left(\sin\frac{\vartheta}{2}\right)^{\alpha+\frac{1}{2}}&\left(\cos\frac{\vartheta}{2}\right)^{\beta+\frac{1}{2}} S_n(\cos\vartheta) = \int_\eta^{\pi-\eta} \frac{\sin\left((N+1/2)\,(\vartheta+\varphi)+2\gamma\right)}{\sin\dfrac{\vartheta+\varphi}{2}} F(\varphi)\,d\varphi +\\ &+ \int_\eta^{\pi-\eta} \frac{\sin\left((N+1/2)\,(\vartheta-\varphi)\right)}{\sin\dfrac{\vartheta-\varphi}{2}} F(\varphi)\,d\varphi + O\left(\frac{1}{n}\right). \end{aligned}\right.$$

Im ersten der beiden rechts stehenden Integrale, das wir mit I_1 bezeichnen wollen, führen wir die Substitution $\varphi = t - \vartheta$ aus und setzen zur Abkürzung

$$2\gamma + \left(\frac{\alpha + \beta}{2} + 1\right)t = \tau; \qquad \cdot$$

dann folgt

$$I_1 = \int\limits_{\vartheta+\eta}^{\vartheta+\pi-\eta} \frac{\sin nt \cos \tau + \cos nt \sin \tau}{\sin (t/2)} F(t - \vartheta)\, dt.$$

Da wegen

$$\eta \le \frac{\vartheta + \eta}{2} \le \frac{t}{2} \le \frac{\vartheta + \pi - \eta}{2} \le \pi - \eta$$

die Funktion $\sin (t/2)$ im Integrationsintervall nicht verschwindet, stellen dort

$$\frac{\cos \tau}{\sin (t/2)}\, F(t - \vartheta), \qquad \frac{\sin \tau}{\sin (t/2)}\, F(t - \vartheta)$$

integrierbare Funktionen dar. Nach dem allgemeinen Satz aus Kap. II, § 6 geht dann I_1 für $n \to 0$ (gleichmäßig) gegen Null.

Betrachten wir nun das zweite Integral I_2 aus (4.10), das in anderer Weise untersucht werden muß, denn hier besitzt die im Nenner stehende Funktion $\sin \dfrac{\vartheta - \varphi}{2}$ für den Punkt $\varphi = \vartheta$ aus dem Integrationsintervall eine Nullstelle. Wir setzen $\varphi = t + \vartheta$ und $\dfrac{\alpha + \beta + 1}{2} = \varrho$, wodurch I_2 die folgende Form annimmt:

$$I_2 = \int\limits_{\eta-\vartheta}^{\pi-\eta-\vartheta} \frac{\sin (n + 1/2)t \cdot \cos \varrho t + \cos (n + 1/2)t \cdot \sin \varrho t}{\sin (t/2)} F(\vartheta + t)\, dt$$

$$= \int\limits_{\eta-\vartheta}^{\pi-\eta-\vartheta} \frac{\sin (n + 1/2)t}{\sin (t/2)} F(\vartheta + t)\, dt - \int\limits_{\eta-\vartheta}^{\pi-\eta-\vartheta} \sin (n + 1/2)t\, \frac{1 - \cos \varrho t}{\sin (t/2)} F(\vartheta + t)\, dt +$$

$$+ \int\limits_{\eta-\vartheta}^{\pi-\eta-\vartheta} \cos (n + 1/2)t\, \frac{\sin \varrho t}{\sin (t/2)} F(\vartheta + t)\, dt.$$

Offensichtlich streben das zweite und dritte Integral in dieser Zerlegung für $n \to \infty$ (gleichmäßig) gegen Null, weil sich die beiden Funktionen

$$\frac{\sin \varrho t}{\sin (t/2)}, \qquad \frac{1 - \cos \varrho t}{\sin (t/2)} = 2\, \frac{[\sin (\varrho t/2)]^2}{\sin (t/2)}$$

auch für $t = 0$ regulär verhalten. Das erste ist bis auf die Integrationsgrenzen gleich dem Integral in (II. 7.2), durch das wir die Partialsumme einer FOURIER-Reihe ausgedrückt hatten und das bei unserer jetzigen Bezeichnung lautet:

$$2\pi\, T_n(\cos\vartheta) = \int\limits_{-(\pi+\vartheta)}^{\pi-\vartheta} \frac{\sin(n+1/2)t}{\sin(t/2)}\, F(\vartheta+t)\, dt.$$

Aus den Überlegungen des II. Kapitels entnimmt man folgende Eigenschaft dieses Integrals: Ersetzt man die untere Grenze durch einen beliebigen Punkt aus dem Intervall $(-2\pi, 0)$ und die obere durch einen aus dem Intervall $(0, 2\pi)$, so ändert sich der Wert des Integrals nur um einen Ausdruck der für $n\to\infty$ gleichmäßig gegen Null strebt. Damit folgt aus (4.10)

$$2\pi\left(\sin\frac{\vartheta}{2}\right)^{\alpha+\frac{1}{2}}\left(\cos\frac{\vartheta}{2}\right)^{\beta+\frac{1}{2}} S_n(\cos\vartheta) = 2\pi\, T_n(\cos\vartheta) + w_n,$$

wobei w_n ein Ausdruck ist, der für $n\to\infty$ gleichmäßig gegen Null strebt; das ist aber gerade die Behauptung (4.5).

Wir bemerken schließlich noch, daß man durch allgemeine, aber weniger einfache Sätze wie die vorhergehenden auch das Verhalten der Reihe (4.1) an den Enden des Intervalls $(-1, 1)$ charakterisieren kann.

§ 5. Vollständigkeit
der LAGUERREschen und HERMITEschen Polynome.

In Kap. I, § 13 wurde auf die Tatsache hingewiesen, daß ein orthogonales Polynomsystem, bei dem die Gradzahlen der Polynome $0, 1, 2, \ldots$ betragen, im Falle eines *endlichen* Grundintervalls — auch beim Vorhandensein einer Belegungsfunktion — stets vollständig ist, während dies bei unendlichem Grundintervall nicht notwendig der Fall zu sein braucht[1]

Bei den LAGUERREschen Polynomen mit dem Grundintervall $(0, \infty)$ und den HERMITEschen Polynomen mit dem Grundintervall $(-\infty, \infty)$ ist die Vollständigkeit jedoch erfüllt und leicht zu beweisen.

Da die LAGUERREschen Polynome die Belegungsfunktion $e^{-x} x^\alpha$ besitzen, ist zu zeigen, daß es zu jeder Funktion $f(x)$, für die das Integral

$$(5.1) \qquad \int\limits_0^\infty e^{-x} x^\alpha\, [f(x)]^2\, dx$$

existiert, und jedem $\varepsilon > 0$ eine Linearkombination aus LAGUERREschen Polynomen mit konstanten Koeffizienten

$$(5.2) \qquad \sum_{i=1}^n c_i L_i^{(\alpha)}(x)$$

---

[1] Wie in Kap. I, § 10 festgestellt, ist die Vollständigkeit (in L^2) eines Orthogonalsystems — auch bei unendlichem Grundintervall — mit der Bedingung äquivalent, daß jede Funktion $f(x)$ aus L^2, die zu allen Funktionen des Systems orthogonal ist, notwendig eine Nullfunktion sein muß (Abgeschlossenheit).

gibt derart, daß

$$\int\limits_0^\infty e^{-x} x^\alpha \left[f(x) - \sum_{i=1}^n c_i L_i^{(\alpha)}(x) \right]^2 dx < \varepsilon$$

gilt. Da sich jedes Polynom n-ten Grades in der Form (5.2) darstellen läßt, ist dies gleichbedeutend mit der Forderung, daß ein Polynom $\varPi(x)$ mit

(5.3)
$$\int\limits_0^\infty e^{-x} x^\alpha [f(x) - \varPi(x)]^2 dx < \varepsilon$$

existiert.

Zum Beweis dieser Tatsache bemerken wir zuerst, daß auf Grund der elementaren Beziehung

(5.4)
$$(a + b)^2 \leq 2a^2 + 2b^2$$

die Ungleichung

(5.5)
$$\begin{cases} \int\limits_0^\infty e^{-x} x^\alpha [f(x) - \varPi(x)]^2 dx = \int\limits_0^\infty e^{-x} x^\alpha [f(x) - g(x) + g(x) - \varPi(x)]^2 dx \\ \leq 2 \int\limits_0^\infty e^{-x} x^\alpha [f(x) - g(x)]^2 dx + 2 \int\limits_0^\infty e^{-x} x^\alpha [g(x) - \varPi(x)]^2 dx \end{cases}$$

mit einer willkürlichen (aber entsprechend zu (5.1) integrierbaren) Funktion $g(x)$ gilt. Wir können nun (5.3) dadurch beweisen, daß wir

$$g(x) = R(e^{-x})$$

setzen, wobei R ein passendes Polynom in $y = e^{-x}$ bedeutet. Durch geeignete Wahl von $R(y)$ läßt sich nämlich zunächst das erste und dann durch geeignete Wahl von $\varPi(x)$ auch das zweite der auf der rechten Seite von (5.5) stehenden Integrale beliebig klein machen, womit dann (5.3) bewiesen ist.

Aus dem ersten Integral folgt mit $g(x) = R(e^{-x})$ durch die Substitution $x = \log(1/y)$

$$\int\limits_0^1 [\log(1/y)]^\alpha [f(\log(1/y)) - R(y)]^2 dy .$$

Nach den Ergebnissen von Kap. I, § 13 ist das System der Polynome in y — auch beim Vorhandensein einer Belegungsfunktion — in jedem endlichen Intervall vollständig, und da auf Grund der Existenz des Integrals (5.1) auch das Integral

$$\int\limits_0^1 [\log(1/y)]^\alpha [f(\log(1/y))]^2 dy$$

existiert, gibt es ein Polynom $R(y)$, so daß gilt:

$$\int\limits_0^1 [\log(1/y)]^\alpha [f(\log(1/y)) - R(y)]^2 dy = \int\limits_0^\infty e^{-x} x^\alpha [f(x) - R(e^{-x})]^2 dx \leq \frac{\varepsilon}{4}.$$

Zum zweiten Teil des Beweises genügt es zu zeigen, daß es zu jeder ganzen Zahl $m \geq 0$ und beliebigem $\delta > 0$ ein Polynom $\Pi_{(m)}(x)$ mit der Eigenschaft

$$(5.6) \qquad \int\limits_0^\infty e^{-x} x^\alpha [e^{-mx} - \Pi_{(m)}(x)]^2 dx < \delta$$

gibt. Ist nämlich

$$R(y) = \sum_{m=1}^r a_m y^m$$

und setzt man

$$\Pi(x) = \sum_{m=1}^r a_m \Pi_{(m)}(x),$$

so folgt auf Grund der elementaren Ungleichung[1]

$$(a_0 + a_1 + \cdots + a_r)^2 \leq (r+1)(a_0^2 + a_1^2 + \cdots + a_r^2)$$

die Beziehung

$$\int\limits_0^\infty e^{-x} x^\alpha [R(e^{-x}) - \Pi(x)]^2 dx = \int\limits_0^\infty e^{-x} x^\alpha \left[\sum_{m=1}^r a_m (e^{-mx} - \Pi_{(m)}(x)) \right]^2 dx$$

$$\leq (r+1) \sum_{m=1}^r a_m^2 \int\limits_0^\infty e^{-x} x^\alpha [e^{-mx} - \Pi_{(m)}(x)]^2 dx < (r+1) \delta \sum_{m=1}^r a_m^2,$$

d.h. für entsprechende Wahl von δ wird dieser Ausdruck auch kleiner als $\varepsilon/4$, und dann ist (5.3) vollständig bewiesen.

Es bleibt jetzt nur noch (5.6) zu beweisen, wozu wir von der erzeugenden Funktion der LAGUERRESCHEN Polynome (1.17) ausgehen:

$$e^{-\frac{xz}{1-z}} (1-z)^{-\alpha-1} = \sum_{n=0}^\infty L_n^{(\alpha)}(x) z^n.$$

Da die rechts stehende Reihe den Konvergenzradius 1 besitzt, kann darin $z = \dfrac{m}{m+1}$ gesetzt werden, und so ergibt sich

$$e^{-mx} = (m+1)^{-\alpha-1} \sum_{\nu=0}^\infty \left(\frac{m}{m+1} \right)^\nu L_\nu^{(\alpha)}(x).$$

---

[1] Diese Verallgemeinerung von (5.4) ist der Spezialfall der SCHWARZSCHEN Ungleichung

$$(a_0 b_0 + a_1 b_1 + \cdots + a_n b_n)^2 \leq (a_0^2 + a_1^2 + \cdots + a_n^2)(b_0^2 + b_1^2 + \cdots + b_n^2)$$

für $b_0 = b_1 = \cdots = b_n = 1$.

Wählt man für $\Pi_{(m)}(x)$ die n-te Partialsumme dieser Reihe, so folgt

$$(5.7) \qquad e^{-mx} - \Pi_{(m)}(x) = (m+1)^{-\alpha-1} \sum_{\nu=n+1}^{\infty} \left(\frac{m}{m+1}\right)^{\nu} L_{\nu}^{(\alpha)}(x).$$

Auf Grund der Orthogonalitätsrelation (1.6) gilt für jede natürliche Zahl p:

$$\int_0^{\infty} e^{-x} x^{\alpha} \left[(m+1)^{-\alpha-1} \sum_{\nu=n+1}^{n+p} \left(\frac{m}{m+1}\right)^{\nu} L_{\nu}^{(\alpha)}(x)\right]^2 dx$$

$$= (m+1)^{-2(\alpha+1)} \sum_{\nu=n+1}^{n+p} \left(\frac{m}{m+1}\right)^{2\nu} \int_0^{\infty} e^{-x} x^{\alpha} [L_{\nu}^{(\alpha)}(x)]^2 dx$$

$$= (m+1)^{-2(\alpha+1)} \sum_{\nu=n+1}^{n+p} \left(\frac{m}{m+1}\right)^{2\nu} \frac{\Gamma(\nu+\alpha+1)}{\nu!}.$$

Wegen

$$\frac{\Gamma(\nu+\alpha+1)(\nu+1)!}{\nu!\,\Gamma(\nu+\alpha+2)} = \frac{\nu+1}{\nu+\alpha+1}$$

besitzt die Reihe

$$\sum_{\nu=0}^{\infty} \frac{\Gamma(\nu+\alpha+1)}{\nu!} z^n$$

den Konvergenzradius 1, daher muß für geeignetes $n = n(\delta)$ und beliebiges p stets gelten

$$\int_0^{\infty} e^{-x} x^{\alpha} \left[(m+1)^{-\alpha-1} \sum_{\nu=n+1}^{n+p} \left(\frac{m}{m+1}\right)^{\nu} L_{\nu}^{(\alpha)}(x)\right]^2 dx < \delta$$

und folglich

$$\int_0^{\infty} e^{-x} x^{\alpha} [e^{-mx} - \Pi_{(m)}(x)]^2 dx \leq \delta,$$

womit alles bewiesen ist. *Die* LAGUERRE*schen Polynome bilden also tatsächlich ein vollständiges Funktionensystem* (bezüglich der Belegungsfunktion $p(x) = e^{-x} x^{\alpha}$).

Wir weisen noch auf eine in der Literatur vielfach gebrauchte andere Formulierung der Vollständigkeit der LAGUERREschen Polynome hin. Diese besagt, daß das System der *normierten* LAGUERRE*schen Orthogonalfunktionen*

$$(5.8) \qquad \varphi_{\nu}(x) = \frac{1}{\sqrt{h_{\nu}}} e^{-x/2} x^{\alpha/2} L_{\nu}^{(\alpha)}(x) \qquad (\nu = 0, 1, 2, \ldots),$$

wobei h_ν der durch (1.5) gegebene Normierungsfaktor sei, vollständig in bezug auf die Klasse der im Intervall $(0, \infty)$ quadratisch integrierbaren Funktionen ist.

Analog kann man auch die jetzt zu beweisende Vollständigkeit der HERMITESCHEN Polynome dahingehend formulieren, daß das System der *normierten* HERMITE*schen Orthogonalfunktionen*

$$\varphi_\nu(x) = \frac{1}{\sqrt{h_\nu}}\, e^{-x^2/4}\, H_\nu(x) \qquad (\nu = 0, 1, 2, \ldots)$$

vollständig in bezug auf die Klasse der im Intervall $(-\infty, \infty)$ quadratisch integrierbaren Funktionen ist.

Beim Vollständigkeitsbeweis der HERMITESCHEN Polynome kann man sich auf den durch (4.1) gegebenen Zusammenhang mit den LAGUERRESCHEN Polynomen stützen. Man kann aber diesen Beweis auch unmittelbar auf den für die LAGUERRESCHEN Polynome zurückführen, wie jetzt gezeigt werden soll.

Bekanntlich läßt sich jede Funktion $f(x)$ in der Form

$$f(x) = f_1(x) + x f_2(x)$$

durch zwei gerade Funktionen $f_1(x)$ und $f_2(x)$ darstellen; man setze dazu einfach

$$f_1(x) = \frac{1}{2}\left[f(x) + f(-x)\right], \qquad f_2(x) = \frac{1}{2x}\left[f(x) - f(-x)\right].$$

Ferner ist offenkundig, daß aus der Existenz des Integrals

$$\int_{-\infty}^{\infty} e^{-x^2/2} [f(x)]^2\, dx$$

die Existenz der beiden Integrale

$$\int_{0}^{\infty} e^{-x^2/2} [f_1(x)]^2\, dx, \qquad \int_{0}^{\infty} e^{-x^2/2}\, x^2\, [f_2(x)]^2\, dx$$

folgt, die durch die Substitution $x = \sqrt{2y}$ in

$$\frac{1}{\sqrt{2}} \int_{0}^{\infty} e^{-y}\, y^{-\frac{1}{2}} \big[f_1(\sqrt{2y})\big]^2\, dy, \qquad \sqrt{2} \int_{0}^{\infty} e^{-y}\, y^{\frac{1}{2}} \big[f_2(\sqrt{2y})\big]^2\, dy$$

übergehen. Auf Grund der vorhergehenden Ergebnisse für LAGUERRESCHE Polynome im Falle $\alpha = \pm 1/2$ gibt es zu vorgegebenem $\varepsilon > 0$ zwei Polynome $\Pi_1(x)$ und $\Pi_2(x)$, so daß gilt:

$$\int_{0}^{\infty} e^{-y}\, y^{-\frac{1}{2}} \big[f_1(\sqrt{2y}) - \Pi_1(y)\big]^2\, dy < \varepsilon \sqrt{2},$$

$$\int_{0}^{\infty} e^{-y}\, y^{\frac{1}{2}} \big[f_2(\sqrt{2y}) - \Pi_2(y)\big]^2\, dy < \frac{\varepsilon}{\sqrt{2}},$$

und folglich

$$\int\limits_0^\infty e^{-x^2/2} \Big[f_1(x) - \Pi_1\Big(\frac{x^2}{2}\Big)\Big]^2 dx < \varepsilon, \qquad \int\limits_0^\infty e^{-x^2/2} \Big[f_2(x) - \Pi_2\Big(\frac{x^2}{2}\Big)\Big]^2 dx < \varepsilon.$$

Da $f_1(x)$ und $f_2(x)$ gerade Funktionen sind, bleiben diese Abschätzungen gültig, wenn man statt von 0 bis ∞ von $-\infty$ bis 0 integriert. Dann folgt wegen (5.4)

$$\int\limits_{-\infty}^\infty e^{-x^2/2} \Big\{ f(x) - \Big[\Pi_1\Big(\frac{x^2}{2}\Big) + x\,\Pi_2\Big(\frac{x^2}{2}\Big)\Big]\Big\}^2 dx$$

$$\leq 2 \int\limits_{-\infty}^\infty e^{-x^2/2} \Big[f_1(x) - \Pi_1\Big(\frac{x^2}{2}\Big)\Big]^2 dx + 2 \int\limits_{-\infty}^\infty e^{-x^2/2} x^2 \Big[f_2(x) - \Pi_2\Big(\frac{x^2}{2}\Big)\Big]^2 dx < 8\varepsilon.$$

Das Polynom

$$\Pi(x) = \Pi_1\Big(\frac{x^2}{2}\Big) + x\,\Pi_2\Big(\frac{x^2}{2}\Big)$$

leistet also das Gewünschte, und damit ist der Vollständigkeitsbeweis für die HERMITEschen Polynome geführt.

Auf Grund der Vollständigkeit der LAGUERREschen und HERMITEschen Polynome genügen diese der PARSEVALschen *Gleichung*, die im Falle der LAGUERREschen Polynome die folgende Gestalt annimmt:

$$(5.9) \qquad \sum_{\nu=0}^\infty \frac{\nu!}{\Gamma(\nu + \alpha + 1)} \alpha_\nu^2 = \int\limits_0^\infty e^{-x} x^\alpha [f(x)]^2 dx,$$

wobei

$$(5.10) \qquad \alpha_\nu = \int\limits_0^\infty e^{-x} x^\alpha L_\nu^{(\alpha)}(x) f(x) dx$$

gesetzt ist. Dies beruht auf der Tatsache, daß der allgemeine FOURIER-Koeffizient a_ν der Funktion

$$F(x) = e^{-x/2} x^{\alpha/2} f(x)$$

bezüglich des normierten Orthogonalsystems (5.8) durch die Formel

$$a_\nu = \frac{1}{\sqrt{h_\nu}} \int\limits_0^\infty e^{-x/2} x^{\alpha/2} L_\nu^{(\alpha)}(x) e^{-x/2} x^{\alpha/2} f(x) dx$$

$$= \sqrt{\frac{\nu!}{\Gamma(\nu + \alpha + 1)}} \int\limits_0^\infty e^{-x} x^\alpha L_\nu^{(\alpha)}(x) f(x) dx$$

gegeben ist.

Setzt man z. B.

$$f(x) = x^{-\alpha} T_\xi(x),$$

wobei $T_\xi(x)$ die folgendermaßen erklärte Stufenfunktion sei[1]:

$$T_\xi(x) = \begin{cases} 0 & \text{für} \quad 0 \leq x < \xi \\ 1 & \text{für} \quad \xi \leq x, \end{cases}$$

so hat man einerseits

$$\int_0^\infty e^{-x} x^\alpha \left[x^{-\alpha} T_\xi(x)\right]^2 dx = \int_\xi^\infty e^{-x} x^{-\alpha} dx$$

und andererseits

$$\alpha_\nu = \int_0^\infty e^{-x} L_\nu^{(\alpha)}(x) T_\xi(x) dx = \int_\xi^\infty e^{-x} L_\nu^{(\alpha)}(x) dx.$$

Das letzte Integral kann man noch weiter umformen. Auf Grund von (1.14), d. h.

$$\int L_n^{(\alpha)}(x) dx = L_n^{(\alpha)}(x) - L_{n+1}^{(\alpha)}(x)$$

erhält man durch partielle Integration

$$\int_\xi^\infty e^{-x} L_{\nu-1}^{(\alpha)}(x) dx = -e^{-\xi}\left[L_{\nu-1}^{(\alpha)}(\xi) - L_\nu^{(\alpha)}(\xi)\right] + \int_\xi^\infty e^{-x}\left[L_{\nu-1}^{(\alpha)}(x) - L_\nu^{(\alpha)}(x)\right] dx,$$

und damit folgt

$$\alpha_\nu = e^{-\xi}\left[L_\nu^{(\alpha)}(\xi) - L_{\nu-1}^{(\alpha)}(\xi)\right].$$

Die PARSEVALsche Gl. (5.9) ergibt dann die folgende interessante Beziehung:

$$(5.11) \qquad e^{-2\xi} \sum_{\nu=0}^\infty \frac{\nu!}{\Gamma(\nu+\alpha+1)} \left[L_\nu^{(\alpha)}(\xi) - L_{\nu-1}^{(\alpha)}(\xi)\right]^2 = \int_\xi^\infty e^{-x} x^{-\alpha} dx.$$

Setzt man wie üblich

$$\Gamma(a, \xi) = \int_\xi^\infty e^{-x} x^{a-1} dx$$

(komplementäre unvollständige Γ-Funktion), so folgt aus (5.11) die Reihenentwicklung

$$(5.12) \qquad \sum_{\nu=0}^\infty \frac{\nu!}{\Gamma(\nu+\alpha+1)} \left[L_\nu^{(\alpha)}(\xi) - L_{\nu-1}^{(\alpha)}(\xi)\right]^2 = e^{2\xi} \Gamma(1-\alpha, \xi).$$

Im Falle $\alpha = 0$ erhält man daraus wegen

$$\Gamma(1, \xi) = \int_\xi^\infty e^{-x} dx = e^{-\xi}$$

---

[1] In Analogie zu der in Kap. I, § 5 auftretenden Stufenfunktion.

die einfache Reihenentwicklung

$$\sum_{\nu=0}^{\infty} [L_\nu(\xi) - L_{\nu-1}(\xi)]^2 = e^\xi,$$

wobei wie in (5.12) $L_{-1}(\xi) \equiv 0$ zu setzen ist.

§ 6. Entwicklung in eine Reihe LAGUERREScher Polynome.

Wir wollen zur Abkürzung festsetzen, daß die Funktion $f(x)$ zur Klasse Λ_α^2 gehöre, wenn die Funktion

$$F(x) = e^{-x/2} x^{\alpha/2} f(x)$$

im Intervall $(0, \infty)$ quadratisch integrierbar ist, d. h. wenn das Integral

$$\int_0^\infty e^{-x} x^\alpha [f(x)]^2 dx$$

existiert. Wie wir bereits wissen, konvergiert unter der Voraussetzung $f(x) \in \Lambda_\alpha^2$ die FOURIER-LAGUERRESche Reihe von $F(x)$, also die Reihe

$$\sum_{\nu=0}^{\infty} a_\nu \varphi_\nu(x) = \sum_{\nu=0}^{\infty} \frac{a_\nu}{\sqrt{h_\nu}} e^{-x/2} x^{\alpha/2} L_\nu^{(\alpha)}(x)$$

mit

(6.1) $$a_\nu = \frac{\alpha_\nu}{\sqrt{h_\nu}} = \frac{1}{\sqrt{h_\nu}} \int_0^\infty e^{-x} x^\alpha L_\nu^{(\alpha)}(x) f(x) dx$$

im Intervall $(0, \infty)$ *im Mittel* gegen $F(x)$.

Hingegen ist bisher nichts über die punktweise Konvergenz dieser Reihe gesagt worden. Setzt man wie früher

(6.2) $$F(x) = e^{-x/2} x^{\alpha/2} f(x) \sim \sum_{\nu=0}^{\infty} \frac{a_\nu}{\sqrt{h_\nu}} e^{-x/2} x^{\alpha/2} L_\nu^{(\alpha)}(x)$$

bzw.

(6.3) $$f(x) \sim \sum_{\nu=0}^{\infty} \frac{a_\nu}{\sqrt{h_\nu}} L_\nu^{(\alpha)}(x),$$

so kann man also nur nach besonderer Rechtfertigung das Zeichen $\sim$ durch das Gleichheitszeichen ersetzen.

Da für die LAGUERRESchen Polynome die PARSEVALSche Gleichung gilt, kann man das Ergebnis aus Kap. I, § 15 heranziehen. Danach erhält man aus (6.2) eine Gleichung, wenn man beide Seiten mit einer beliebigen Funktion $g(x) \in \Lambda_\alpha^2$ [unter denen auch $g(x) \equiv 1$ vorkommt] multipliziert und gliedweise über das Grundintervall $(0, \infty)$ integriert:

(6.4) $$\int_0^\infty e^{-x} x^\alpha f(x) g(x) dx = \sum_{\nu=0}^{\infty} \frac{a_\nu}{\sqrt{h_\nu}} \int_0^\infty e^{-x} x^\alpha L_\nu^{(\alpha)}(x) g(x) dx,$$

wobei die rechts stehende Reihe absolut konvergiert. Diese Gleichung bleibt auch gültig, wenn man die obere Integrationsgrenze durch einen endlichen Wert ξ ersetzt, und die rechts stehende Reihe ist als Funktion von ξ in jedem endlichen Intervall $(0, b)$ gleichmäßig konvergent. Bezeichnet man noch mit b_ν die (6.1) entsprechenden FOURIER-Koeffizienten von $G(x) = e^{-x/2} x^{\alpha/2} g(x)$, so geht (6.4) über in die *verallgemeinerte* PARSEVAL*sche Gleichung*:

$$\sum_{\nu=0}^{\infty} a_\nu b_\nu = \int_0^\infty e^{-x} x^\alpha f(x) g(x) \, dx = \int_0^\infty F(x) G(x) \, dx.$$

Aus diesem Ergebnis, zusammen mit einem Gedanken von U. RICHARD, kann man das folgende hinreichende Kriterium für gleichmäßige Konvergenz einer FOURIER-LAGUERREschen Reihe herleiten[1]:

Jede Funktion $\Phi(x)$, die in der Form

(6.5) $$\Phi(x) = e^x \int_x^\infty e^{-\xi} f(\xi) \, d\xi,$$

mit $f(x) \in \Lambda_\alpha^2$ dargestellt werden kann, läßt sich in jedem endlichen Intervall $(0, b)$ durch eine absolut und gleichmäßig konvergente Reihe von LAGUERREschen Polynomen darstellen:

(6.6) $$\Phi(x) = \sum_{\nu=0}^{\infty} A_\nu L_\nu^{(\alpha)}(x)$$

mit

$$A_\nu = \frac{a}{\sqrt{h_\nu}} - \frac{a_{\nu+1}}{\sqrt{h_{\nu+1}}} \qquad (\nu = 0, 1, 2, \ldots),$$

wobei die a_ν die durch (6.1) gegebenen FOURIER-Koeffizienten von $f(x)$ sind.

Zum Beweise setzen wir in (6.4)

$$g(x) = x^{-\alpha} T_\xi(x),$$

wobei $T_\xi(x)$ die im vorhergehenden Paragraphen eingeführte Stufenfunktion sei. Dann folgt

$$\int_0^\infty e^{-x} f(x) T_\xi(x) \, dx = \int_\xi^\infty e^{-x} f(x) \, dx$$

$$= \sum_{\nu=0}^{\infty} \frac{a_\nu}{\sqrt{h_\nu}} \int_0^\infty e^{-x} L_\nu^{(\alpha)}(x) T_\xi(x) \, dx = \sum_{\nu=0}^{\infty} \frac{a_\nu}{\sqrt{h_\nu}} \int_\xi^\infty e^{-x} L_\nu^{(\alpha)}(x) \, dx.$$

---

[1] RICHARD, U.: Rend. Sem. Mat. Torino **9**, 309—324 (1949—1950); weitere Kriterien dieser Art (benannt nach NASAROW und PICONE) findet man in VITALI-SANSONE [*13*], Kap. IV, § 7.

Auf Grund der im vorhergehenden Paragraphen bewiesenen Gleichung

$$\int\limits_{\xi}^{\infty} e^{-x} L_{\nu}^{(\alpha)}(x)\, dx = e^{-\xi} \left[L_{\nu}^{(\alpha)}(\xi) - L_{\nu-1}^{(\alpha)}(\xi) \right]$$

erhält man daraus

$$\int\limits_{\xi}^{\infty} e^{-x} f(x)\, dx = e^{-\xi}\, \Phi(\xi) = \sum_{\nu=0}^{\infty} \frac{a_{\nu}}{\sqrt{h_{\nu}}}\, e^{-\xi} \left[L_{\nu}^{(\alpha)}(\xi) - L_{\nu-1}^{(\alpha)}(\xi) \right]$$

und diese Gleichung geht durch Multiplikation mit e^{ξ} und Vertauschung von x und ξ in (6.6) über.

Unterdrückt man den Faktor $e^{-\xi}$ in dieser Gleichung nicht, so ist die gleichmäßige Konvergenz der rechts stehenden Reihe sogar im ganzen Intervall $(0, \infty)$ gesichert.

Die Anwendung dieses Satzes wird durch die folgende Bemerkung erleichtert:

Die der Funktion $\Phi(x)$ auferlegte Bedingung (6.5) ist erfüllt, wenn

1. *$\Phi(x)$ eine totalstetige Funktion ist,*
2. *$\Phi(x) - \Phi'(x) \in \Lambda_{\alpha}^2$,*
3. *$\lim\limits_{x \to \infty} e^{-x}\, \Phi(x) = 0$.*

Zum Beweis setze man

$$\Phi(\xi) - \Phi'(\xi) = f(\xi),$$

dann folgt

$$e^{-\xi} f(\xi) = -\left[(-e^{-\xi})\, \Phi(\xi) + e^{-\xi}\, \Phi'(\xi) \right] = -\frac{d}{d\xi} \left[e^{-\xi}\, \Phi(\xi) \right]$$

und durch Integration von x bis w auf Grund der ersten Voraussetzung [1]

$$e^{-x}\, \Phi(x) - e^{-w}\, \Phi(w) = \int\limits_{x}^{w} e^{-\xi} f(\xi)\, d\xi.$$

Der Grenzübergang $w \to \infty$ ergibt dann wegen der dritten Voraussetzung

$$e^{-x}\, \Phi(x) = \int\limits_{x}^{\infty} e^{-\xi} f(\xi)\, d\xi,$$

womit (6.5) bereits bewiesen ist.

Wie bei den JACOBISCHEN Polynomen in § 4 gibt es auch bei den LAGUERRESCHEN Polynomen Ergebnisse über *gleichzeitige Konvergenz* von Reihen LAGUERRESCHER Polynome und trigonometrischer Reihen. Wir wollen uns hier darauf beschränken, einen derartigen Satz ohne Beweis anzugeben [2]:

---

[1] Siehe dazu Kap. II, § 2.

[2] In anderer Formulierung findet sich dieser Satz in G. SZEGÖ [24], Kap. IX, S. 239, Beweis S. 259.

Sei $f(x)$ eine im Intervall $(0, \infty)$ integrierbare Funktion, für die das Integral

$$\int_0^1 x^a \, |f(x)| \, dx \quad mit \quad a = \mathrm{Min}\,(\alpha,\, \alpha/2 - 1/4)$$

existiert und die der Bedingung

$$\int_n^\infty e^{-x/2} \, x^{\alpha/2 - 13/12} \, |f(x)| \, dx = o\,(n^{-1/2})$$

genügt, und sei $F(x)$ eine periodische Funktion mit der Periode 2π, die in einer beliebig kleinen Umgebung eines Punktes $x_0 > 0$ mit $f(x^2)$ überein-stimmt. Bezeichnet man mit $S_n(x)$ die n-te Partialsumme der Fourier-Laguerreschen *Entwicklung von $f(x)$ und mit $T_n(x)$ die n-te Partial-summe der gewöhnlichen trigonometrischen* Fourier-*Entwicklung von $F(x)$, dann gilt gleichmäßig in jedem Intervall $0 < \varepsilon \leq x_0 \leq w$:*

(6.7)
$$\lim_{n \to \infty} \left[S_{n^2}(x_0^2) - T_{2n+1}(x_0) \right] = 0.$$

Bezeichnet man mit $T^*_{2\sqrt{n}}(x_0)$ das Integral

$$T^*_{2\sqrt{n}}(x_0) = \frac{1}{\pi} \int_{-\delta}^{\delta} f\left([x_0 + t]^2\right) \frac{\sin\,(2\sqrt{n}\,t)}{t} \, dt,$$

wobei $\delta < \mathrm{Min}\,(x_0,\, \sqrt{\varepsilon})$ sei, so gilt ferner:

$$\lim_{n \to \infty} \left[S_n(x_0^2) - T_{2\sqrt{n}}(x_0) \right] = 0.$$

§ 7. Beispiele für Reihenentwicklungen nach orthogonalen Polynomsystemen mit endlichem Grundintervall.

Wir wollen hier einige Beispiele für Reihenentwicklungen nach Legendreschen, Jacobischen und Gegenbauerschen Polynomen an-geben. Bei den Legendreschen Polynomen stützen wir uns auf den folgenden Satz, den man als Spezialfall aus dem allgemeinen Satz über Jacobische Polynome in § 4 entnimmt.

Falls $f(x)$ eine im Intervall $(-1, 1)$ integrierbare Funktion ist, für die das Integral

(7.1)
$$\int_{-1}^1 (1 - x^2)^{-1/4} \, |f(x)| \, dx$$

existiert, dann ist die Fourier-Legendre*sche Reihe von* $f(\cos \vartheta)$, *d.h.*

$$(7.2) \qquad a_0 P_0 (\cos \vartheta) + a_1 P_1 (\cos \vartheta) + a_2 P_2 (\cos \vartheta) + \cdots$$

mit

$$(7.3) \qquad a_n = (n + 1/2) \int_{-1}^{1} P_n (x) f(x) \, dx$$

die Reihe im Inneren des Intervalls $(-\pi, \pi)$ *dann und nur dann konvergent, wenn die trigonometrische* Fourier-*Entwicklung der Funktion* $f(\cos \vartheta)$ *konvergiert.*

Folglich konvergiert die Reihe (7.2) in jedem Punkt ϑ_0 aus dem Intervall $(0, \pi)$ gegen

$$\tfrac{1}{2} \left[f(\cos \vartheta_0 + 0) + f(\cos \vartheta_0 - 0) \right],$$

wo $f(\cos \vartheta)$ eines der Konvergenzkriterien der trigonometrischen Reihen befriedigt (z.B. von beschränkter Schwankung ist).

Neben diesem Satz brauchen wir für die Behandlung der Beispiele die folgende Tatsache: Da nach Kap. V, § 10 die Abschätzung

$$|P_n (\cos \vartheta)| \leq P_n (1) = 1$$

besteht, ergibt sich aus der Konvergenz der Reihe $|a_0| + |a_1| + |a_2| + \cdots$ die absolute und gleichmäßige Konvergenz der Reihe (7.2) im Intervall $(0, \pi)$. Folglich wird dann die Funktion $f(\cos \vartheta)$ an jeder Stetigkeitsstelle aus dem Intervall $(0, \pi)$ einschließlich der Intervallgrenzen durch diese Reihe dargestellt.

Mit Hilfe dieser Überlegungen kann nun die Funktion

$$f(x) = |x| \qquad (-1 \leq x \leq 1)$$

entwickelt werden. Da $f(x)$ eine gerade Funktion ist, ist für ungerades n der Koeffizient a_n aus (7.3) gleich Null, und für gerades $n = 2m$ gilt

$$a_{2m} = (4m + 1) \int_{0}^{1} P_{2m} (x) \, x \, dx.$$

Auf Grund der Gleichung

$$(7.4) \qquad \int P_n (x) \, dx = \frac{P_{n+1}(x) - P_{n-1}(x)}{2n + 1},$$

die man aus (V. 10.10) erhält, folgt durch partielle Integration

$$a_n = \left[x (P_{2m+1}(x) - P_{2m-1}(x)) \right]_{0}^{1} - \int_{0}^{1} \left[P_{2m+1}(x) - P_{2m-1}(x) \right] dx.$$

Da $P_{2m+1}(x)$ und $P_{2m-1}(x)$ für $x=0$ und $x=1$ den gleichen Wert annehmen, verschwindet der erste Ausdruck auf der rechten Seite. Ferner ergibt sich aus (7.4) und (V. 10.17)

$$\int_0^1 P_{2m+1}(x)\,dx = -\frac{1}{4m+3}\left[P_{2m+2}(0) - P_{2m}(0)\right] = \frac{(-1)^m}{4m+3}(g_{m+1} + g_m)$$

$$= \frac{(-1)^m}{4m+3}\,g_m\left(\frac{2m+1}{2m+2} + 1\right) = \frac{(-1)^m}{2m+2}\,g_m,$$

so daß schließlich für $m > 0$

$$a_{2m} = -(-1)^m\left(\frac{g_m}{2m+2} + \frac{g_{m-1}}{2m}\right) = -(-1)^m\frac{4m+1}{(2m-1)(2m+2)}\,g_m$$

und ferner

$$a_0 = \int_0^1 P_0(x)\,x\,dx = \int_0^1 x\,dx = \tfrac{1}{2}$$

gilt. Beachtet man noch, daß auf Grund von (V. 1.18) die Abschätzung

$$a_{2m} = (-1)^{m+1}\left[\frac{1}{m} + O(m^{-2})\right]\left[\frac{1}{\sqrt{m\pi}} + O(m^{-3/2})\right] = O(m^{-3/2})$$

besteht, so folgt, daß die Reihe $\sum|a_{2m}|$ konvergiert. Aus der vorhergehenden Bemerkung ergibt sich dann für $|x|$ die FOURIER-LEGENDRE-sche Reihenentwicklung

$$|x| = \frac{1}{2} - \sum_{m=1}^{\infty} (-1)^m\frac{(4m+1)\,g_m}{(2m-1)(2m+2)}\,P_{2m}(x),$$

welche absolut und gleichmäßig konvergiert.

Andere interessante Reihenentwicklungen nach LEGENDREschen Polynomen kann man erhalten, wenn man von der erzeugenden Funktion (V. 10.11) der LEGENDREschen Polynome ausgeht. Setzt man in dieser

$$x = \cos\vartheta, \qquad z = e^{i\varphi}$$

und beachtet man (V. 5.6), so folgt[1]

$$\sum_{n=0}^{\infty} P_n(\cos\vartheta)\,e^{ni\varphi} = \left\{[1 - e^{i(\varphi-\vartheta)}]\,[1 - e^{i(\varphi+\vartheta)}]\right\}^{-1/2}.$$

Wie früher festgestellt (Kap. V, § 5), gilt mit einem beliebigen Winkel ψ

$$1 - e^{i\varphi} = 2e^{i\frac{\psi-\pi}{2}}\sin(\psi/2),$$

---

[1] Daß diese Reihe auch auf dem Konvergenzkreis mit Ausnahme der Punkte $\varphi = \pm 0$ konvergiert, ergibt sich nachträglich aus dem ABELschen Theorem.

und damit hat man

$$\sum_{n=0}^{\infty} P_n(\cos\vartheta)\, e^{n\,i\,\varphi} = \left[4\,e^{i\,(\varphi-\pi)}\sin\frac{\varphi-\vartheta}{2}\sin\frac{\varphi+\vartheta}{2}\right]^{-1/2}$$

$$= \left[2\,e^{i\varphi}(\cos\varphi - \cos\vartheta)\right]^{-1/2}.$$

Durch Trennung von Real- und Imaginärteil folgen unter Beachtung der Voraussetzung $0 \leq \varphi < \vartheta < \pi$ die beiden Entwicklungen

$$(7.5) \quad \begin{cases} \displaystyle\sum_{n=0}^{\infty} P_n(\cos\vartheta)\cos n\varphi = \frac{\cos(\varphi/2)}{\sqrt{2(\cos\varphi - \cos\vartheta)}}, \\[2mm] \displaystyle\sum_{n=0}^{\infty} P_n(\cos\vartheta)\sin n\varphi = \frac{-\sin(\varphi/2)}{\sqrt{2(\cos\varphi - \cos\vartheta)}}, \end{cases}$$

wobei die links stehenden Reihen für $0 < \vartheta < \pi$ konvergent sind. Diese Konvergenzaussage ergibt sich für die erste Reihe auf Grund der aus (V. 10.22) folgenden asymptotischen Darstellung:

$$P_n(\cos\vartheta)\cos n\varphi$$

$$= \frac{1}{\sqrt{2\pi\sin\vartheta}}\left[\frac{\cos(n(\vartheta-\varphi)+\vartheta/2-\pi/4)}{\sqrt{n}} + \frac{\cos(n(\vartheta+\varphi)+\vartheta/2-\pi/4)}{\sqrt{n}}\right] + O(n^{-3/2})$$

sofort aus der in Kap. II, § 3 bewiesenen Tatsache, daß für $\varphi \neq \pm\vartheta$ die beiden Reihen

$$\sum_{n=1}^{\infty} \frac{\cos(n(\vartheta-\varphi)+\vartheta/2-\pi/4)}{\sqrt{n}}, \qquad \sum_{n=1}^{\infty} \frac{\cos(n(\vartheta+\varphi)+\vartheta/2-\pi/4)}{\sqrt{n}}$$

konvergent sind. Entsprechend führt man den Beweis für die zweite Reihe von (7.5).

Aus der ersten Gleichung von (7.5) folgt für $\varphi = 0$

$$\sum_{n=0}^{\infty} P_n(\cos\vartheta) = \frac{1}{2\sin(\vartheta/2)} \qquad (0 < \vartheta < \pi),$$

also

$$\sum_{n=0}^{\infty} P_n(x) = \frac{1}{\sqrt{2(1-x)}} \qquad (-1 < x < 1).$$

Diese Beziehung kann man auch unmittelbar aus der Gleichung für die erzeugende Funktion der LEGENDREschen Polynome durch den Grenzübergang $z \to 1$ folgern.

Wir wollen nun noch einige weitere Beispiele für Reihenentwicklungen angeben, ohne auf deren einfache Beweise, die dem Leser zur Übung überlassen bleiben, einzugehen. So gelten die folgenden Entwicklungen nach LEGENDRESCHEN Polynomen:

$$|x|^\varrho = \sum_{m=0}^{\infty} (4m+1) \frac{\varrho(\varrho-2)\cdots(\varrho-2m+2)}{(\varrho+1)(\varrho+3)\cdots(\varrho+2m+1)} P_{2m}(x), \quad \varrho > -1;$$

$$\operatorname{sgn} x = \sum_{m=1}^{\infty} (-1)^m \frac{4m+3}{2m+2} g_m P_{2m+1}(x);$$

$$\left(\frac{2}{1-x}\right)^\varrho = \sum_{n=0}^{\infty} \frac{2n+1}{n-\varrho+1} \frac{(\varrho)_n}{(1-\varrho)_n} P_n(x), \quad \varrho < \frac{3}{4};$$

$$e^{z\cos\vartheta} J_0(z\sin\vartheta) = \sum_{n=0}^{\infty} P_n(\cos\vartheta) \frac{z^n}{n!}.$$

Es folgen nun Beispiele für Entwicklungen nach GEGENBAUERschen Polynomen:

$$e^{i\tau x} = \Gamma(\lambda) \left(\frac{2}{\tau}\right)^\lambda \sum_{n=0}^{\infty} i^n (n+\lambda) J_{n+\lambda}(\tau) C_n^{(\lambda)}(x), \quad \lambda > 0;$$

$$\operatorname{sgn} x = 4 \sum_{m=1}^{\infty} \frac{(-1)^m (\lambda)_{m+1}}{(2m+1)(2m+2\lambda+1) \, m! \, h_{2m+1}^{(\lambda)}} C_{2m+1}^{(\lambda)}(x), \quad \lambda > -1/2;$$

$$\left(\frac{2}{1-x}\right)^\varrho = \frac{2^{2\lambda}}{\sqrt{\pi}} \Gamma(\lambda) \Gamma(\lambda-\varrho+1/2) \sum_{n=0}^{\infty} \frac{(n+\lambda)(\varrho)_n}{\Gamma(n+2\lambda-\varrho+1)} C_n^{(\lambda)}(x),$$

$$\lambda > -1/2, \quad \varrho < \operatorname{Min}\left(\lambda+1/2, \frac{\lambda+1}{2}\right).$$

Schließlich sollen einige der wenigen bekannten Beispiele für Entwicklungen nach JACOBISchen Polynomen angegeben werden:

$$\operatorname{sgn} x = c_0 + \sum_{n=1}^{\infty} \frac{1}{n \, h_n^{(\alpha,\beta)}} P_{n-1}^{(\alpha+1,\beta+1)}(0) P_n^{(\alpha,\beta)}(x)$$

mit

$$c_0 = 1 - \frac{\Gamma(\alpha+\beta+2)}{\Gamma(\alpha+1)\Gamma(\beta+1)} 2^{-\alpha-\beta} \int_0^1 (1+x)^\alpha (1-x)^\beta \, dx;$$

$$\left(\frac{2}{1-x}\right)^{\varrho} = \Gamma(\alpha - \varrho + 1) \sum_{n=0}^{\infty} \frac{(2n + \alpha + \beta + 1)\,\Gamma(n + \alpha + \beta + 1)}{\Gamma(n + \alpha + 1)\,\Gamma(n + \alpha + \beta - \varrho + 2)} \times$$

$$\times (\varrho)_n P_n^{(\alpha,\beta)}(x), \qquad \varrho < \mathrm{Min}\left(\alpha + 1, \frac{\alpha}{2} + \frac{3}{4}\right);$$

$$(1 + x\,z)^{\lambda} (1 - z)^{\mu} = \sum_{n=0}^{\infty} \left[(x + 1)\,z\right]^n P_n^{(\lambda-n,\,\mu-n)}\left(\frac{x-1}{x+1}\right), \qquad |z| < 1.$$

In diesen Formeln bezeichnen $h_n^{(\lambda)}$ bzw. $h_n^{(\alpha,\beta)}$ die Normierungsfaktoren der GEGENBAUERschen bzw. JACOBIschen Polynome.

§ 8. Beispiele für Reihenentwicklungen nach LAGUERREschen und HERMITEschen Polynomen.

Es soll zuerst die Funktion

$$f(x) = x^r$$

in eine Reihe von LAGUERREschen Polynomen $L_\nu^{(\alpha)}(x)$ entwickelt werden. Dabei sei r eine reelle Zahl mit $\alpha + r > -1$. Wir beginnen mit der Berechnung der Koeffizienten a_ν aus (6.1) und benutzen dazu die Integraldarstellung (1.19). Damit erhält man

$$\alpha_\nu = \frac{1}{2\pi i} \int_0^{\infty} e^{-x} x^{\alpha+r}\, dx \oint^{(0^+)} e^{-\frac{xz}{1-z}} (1-z)^{-(\alpha+1)} z^{-(\nu+1)}\, dz$$

$$= \frac{1}{2\pi i} \int_0^{\infty} x^{\alpha+r}\, dx \oint^{(0^+)} e^{-\frac{x}{1-z}} (1-z)^{-(\alpha+1)} z^{-(\nu+1)}\, dz,$$

woraus durch die hier erlaubte Vertauschung der Integrationen und die Substitution $x = (1 - z)\,t$ folgt:

$$\alpha_\nu = \frac{1}{2\pi i} \oint^{(0^+)} (1-z)^r z^{-(\nu+1)}\, dz \int_0^{\infty} e^{-t} t^{\alpha+r}\, dt$$

$$= \frac{\Gamma(\alpha + r + 1)}{2\pi i} \oint^{(0^+)} (1-z)^r z^{-(\nu+1)}\, dz.$$

Offensichtlich ist aber

$$\frac{1}{2\pi i} \oint^{(0^+)} (1-z)^r z^{-(\nu+1)}\, dz = \frac{1}{\nu!} \left[\frac{d^\nu (1-z)^r}{dz^\nu}\right]_{z=0} = (-1)^\nu \binom{r}{\nu},$$

und daher gilt

$$\alpha_\nu = (-1)^\nu \binom{r}{\nu} \Gamma(\alpha + r + 1).$$

Zufolge (1.5) hat man dann

$$\frac{a_\nu}{\sqrt{h_\nu}} = \frac{\alpha_\nu}{h_\nu} = \frac{(-1)^\nu \Gamma(\alpha+r+1)}{\Gamma(\alpha+\nu+1)} \, \nu! \binom{r}{\nu} = (-1)^\nu \frac{\Gamma(\alpha+r+1)\,\Gamma(r+1)}{\Gamma(\alpha+\nu+1)\,\Gamma(r-\nu+1)},$$

also

$$x^r \sim \sum_{\nu=0}^\infty (-1)^\nu \frac{\Gamma(\alpha+r+1)\,\Gamma(r+1)}{\Gamma(\alpha+\nu+1)\,\Gamma(r-\nu+1)} \, L_\nu^{(\alpha)}(x)$$

$$= \Gamma(\alpha+r+1) \sum_{\nu=0}^\infty \frac{(-r)_\nu}{\Gamma(\alpha+\nu+1)} \, L_\nu^{(\alpha)}(x).$$

Um zu entscheiden, ob die rechts stehende Reihe gegen x^r konvergiert, benutzen wir das Konvergenzkriterium aus § 6, in dem wir $\Phi(x) = x^r$ setzen. Da dann die Voraussetzung $\lim_{x \to \infty} e^{-x} \Phi(x) = 0$ erfüllt ist, hängt alles davon ab, ob die Funktion

$$\Phi(x) - \Phi'(x) = x^r - r \, x^{r-1}$$

zur Klasse Λ_α^2 gehört, d.h. ob das Integral

$$\int_0^\infty e^{-x} x^\alpha (x^r - r \, x^{r-1})^2 \, dx$$

existiert. Damit dieses Integral existiert, ist offenbar notwendig und hinreichend, daß $\alpha + 2(r-1) > -1$, also $\alpha + 2r > 1$ sei. Ist dies der Fall, so hat man

$$(8.1) \qquad x^r = \sum_{\nu=0}^\infty (-1)^\nu \frac{\Gamma(\alpha+r+1)\,\Gamma(r+1)}{\Gamma(\alpha+\nu+1)\,\Gamma(r-\nu+1)} \, L_\nu^{(\alpha)}(x),$$

wobei die rechts stehende Reihe im Intervall $(-1, 1)$ *absolut und gleichmäßig konvergiert.*

Ist speziell $r = n$ eine natürliche Zahl, so erhält man eine endliche Summe:

$$(8.2) \qquad x^n = n! \sum_{\nu=0}^\infty (-1)^n \binom{\alpha+n}{n-\nu} L_\nu^{(\alpha)}(x).$$

Wir wollen jetzt den allgemeinen Satz aus § 6 auf die Funktion $f(x) = x^r$ anwenden und dadurch zeigen, daß (8.1) auch unter allgemeineren Voraussetzungen über α und r gültig bleibt. Da es sich bei $f(x) = x^r$ um eine stetige Funktion beschränkter Schwankung handelt, hat man sofort

$$\lim_{n \to \infty} \frac{1}{\pi} \int_{-\delta}^\delta f\big((x_0 + t)^2\big) \frac{\sin(2\sqrt{n}\,t)}{t} \, dt = f(x_0^2).$$

Die im Satz vorausgesetzte asymptotische Bedingung

$$I_n = \int\limits_n^\infty e^{-x/2}\, x^{\alpha/2 - 13/12}\, |f(x)|\, dx = \int\limits_n^\infty e^{-x/2}\, x^{\alpha/2 + r - 13/12}\, dx = O\,(n^{-1/2})$$

ist offensichtlich auch erfüllt, denn für eine hinreichend große Konstante A und $n \geq 1$ hat man sicher

$$0 < I_n < A \int\limits_n^\infty e^{-x/4}\, dx = 4A\, e^{-n/4}.$$

Es bleibt nun nur noch zu überlegen, unter welcher Voraussetzung das Integral

$$\int\limits_0^1 x^a\, |f(x)|\, dx = \int\limits_0^1 x^{a+r}\, dx, \qquad a = \mathrm{Min}\,(\alpha, \alpha/2 - 1/4)$$

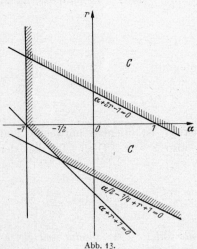

Abb. 13.

existiert. Dies ist offensichtlich für

$$r + \mathrm{Min}\,(\alpha, \alpha/2 - 1/4) > -1$$

der Fall. Das Gebiet C in der (α, r)-Ebene, welches durch diese Ungleichung gekennzeichnet wird, ist in der nebenstehenden Abb. 13 dargestellt. Für Punkte (α, r) aus diesem Gebiet besteht daher die Beziehung (8.1). Die Geraden $\alpha = -1$ und $\alpha + 2r - 1 = 0$ begrenzen das Gebiet, für das wir anfangs die absolute und gleichmäßige Konvergenz von (8.1) bewiesen hatten. Entsprechend begrenzen die Geraden $\alpha = -1$ und $\alpha + r + 1 = 0$ das Gebiet wo die Koeffizienten a_ν berechnet werden können, wo also die formale zu x^r gehörende Entwicklung nach LAGUERREschen Polynomen existiert.

Ein weiteres interessantes Beispiel für eine Entwicklung nach LAGUERREschen Polynomen erhält man für die in § 5 eingeführte Stufenfunktion

$$f(x) = x^{-\alpha}\, T_\xi(x).$$

Diese erfüllt offensichtlich alle Voraussetzungen des allgemeinen Satzes aus § 6, da sie für $\xi > 0$ in der Umgebung des Nullpunkts identisch Null ist, während mit $n > \xi$ wie vorher gilt

$$I_n = \int\limits_n^\infty e^{-x/2}\, x^{-\alpha/2 - 13/12}\, dx = O\,(e^{-n/4}).$$

Ferner ist

$$\lim_{n \to \infty} \int_{-\delta}^{\delta} f\left([x_0 + t]^2\right) \frac{\sin\left(2\sqrt{n}\,t\right)}{t}\, dt = f(x_0^2)$$

mit dem Zusatz, daß für $x_0^2 = \xi$ der Grenzwert des Integrals gleich $\frac{1}{2}\xi^{-\alpha}$ ist. In diesem Fall ergibt (6.1)

$$\alpha_\nu = \int_{\xi}^{\infty} e^{-x} L_\nu^{(\alpha)}(x)\, dx,$$

woraus ebenso wie in § 5 folgt

$$\alpha_\nu = e^{-\xi}\left[L_\nu^{(\alpha)}(\xi) - L_{\nu-1}^{(\alpha)}(\xi)\right].$$

Daher gilt die Gleichung

$$x^{-\alpha} T_\xi(x) = e^{-\xi} \sum_{\nu=0}^{\infty} \frac{1}{h_\nu}\left[L_\mu^{(\alpha)}(\xi) - L_{\nu-1}^{(\alpha)}(\xi)\right] L_\nu(x),$$

d.h. man hat

$$\sum_{\nu=0}^{\infty} \frac{\nu!}{\Gamma(\alpha + \nu + 1)}\left[L_\nu^{(\alpha)}(\xi) - L_{\nu-1}^{(\alpha)}(\xi)\right] L_\nu^{(\alpha)}(x) = e^{\xi} x^{-\alpha} T_\xi(x) \qquad (\xi > 0)$$

mit dem Zusatz, daß $T_x(x) = 1/2$ gesetzt wird.

Andere interessante Entwicklungen nach Laguerreschen Polynomen sind die folgenden:

$$\sum_{n=0}^{\infty} \frac{L_n^{(\alpha)}(x)}{n+1} = e^x x^{-\alpha} \Gamma(\alpha, x);$$

$$1 + \sum_{n=1}^{\infty} \left[L_n(x) - L_{n-1}(x)\right]\left[L_n(y) - L_{n-1}(y)\right] = e^z, \qquad z = \operatorname{Min}(x, y);$$

$$\sum_{n=1}^{\infty} \frac{(n-1)!}{\Gamma(\alpha + n + 1)} L_n^{(\alpha)}(x) = \frac{\psi(\alpha + 1) - \log x}{\Gamma(\alpha + 1)};$$

$$\sum_{n=0}^{\infty} \frac{L_n(x) L_n(y)}{n+1} = e^{x+y} \operatorname{Ei}\left(\operatorname{Max}(x, y)\right);$$

dabei wird mit $\psi(z)$ die logarithmische Ableitung der Γ-Funktion, d.h.

$$\psi(z) = \frac{\Gamma'(z)}{\Gamma(z)}$$

und mit $\operatorname{Ei}(z)$ die Funktion

$$\operatorname{Ei}(z) = \Gamma(0, z) = \int_{z}^{\infty} e^{-t} \frac{dt}{t}$$

bezeichnet.

Schließlich geben wir einige Beispiele für Entwicklungen nach HERMITEschen Polynomen an, die man mit Hilfe der erzeugenden Funktion (3.10) gewinnt. Setzt man in die erzeugende Reihe, deren Konvergenzradius unendlich ist, $z = 1$ ein, so folgt

$$H_0(x) + \frac{H_1(x)}{1!} + \frac{H_2(x)}{2!} + \cdots = \frac{1}{\sqrt{e}}\, e^x$$

in Analogie zur Exponentialreihe.

Setzt man $z = ik$ mit reellem k, dann erhält man

$$\sum_{m=0}^{\infty} (-1)^m \frac{k^{2m} H_{2m}(x)}{(2m)!} + i \sum_{m=0}^{\infty} (-1)^m \frac{k^{2m+1} H_{2m+1}(x)}{(2m+1)!}$$
$$= e^{k^2/2}[\cos(kx) + i\sin(kx)],$$

und daraus folgen die beiden Entwicklungen

$$\sum_{m=0}^{\infty} (-1)^m \frac{k^{2m} H_{2m}(x)}{(2m)!} = e^{k^2/2} \cos kx,$$

$$\sum_{m=0}^{\infty} (-1)^m \frac{k^{2m+1} H_{2m+1}(x)}{(2m+1)!} = e^{k^2/2} \sin kx,$$

mit deren Hilfe man trigonometrische Reihen in Reihen HERMITEscher Polynome überführen kann.

Setzt man allgemeiner $z = k e^{i\varphi}$ mit reellen k und φ, so geht (3.10) über in

$$\sum_{n=0}^{\infty} H_n(x) \frac{k^n}{n!} e^{ni\varphi} = e^{kx\cos\varphi + \frac{1}{2} k^2 \cos 2\varphi} \times$$
$$\times \left[\cos\left(kx\sin\varphi + \frac{1}{2} k^2 \sin 2\varphi\right) + i\sin\left(kx\sin\varphi + \frac{1}{2} k^2 \sin 2\varphi\right)\right].$$

Daraus erhält man die folgenden Formeln, die die vorhergehenden als Spezialfälle enthalten:

$$\sum_{n=0}^{\infty} \frac{k^n}{n!} H_n(x) \cos n\varphi = e^{kx\cos\varphi + \frac{1}{2} k^2 \cos 2\varphi} \cos\left(kx\sin\varphi + \frac{1}{2} k^2 \sin 2\varphi\right),$$

$$\sum_{n=0}^{\infty} \frac{k^n}{n!} H_n(x) \sin n\varphi = e^{kx\cos\varphi + \frac{1}{2} k^2 \cos 2\varphi} \sin\left(kx\sin\varphi + \frac{1}{2} k^2 \sin 2\varphi\right).$$

Wir erwähnen schließlich noch die folgende bemerkenswerte Formel (von MEHLER):

$$\sum_{n=0}^{\infty} H_n(x) H_n(y) \frac{t^n}{n!} = (1 - t^2)^{-1/2} \exp\left[-\frac{(x - ty)^2}{2(1 - t^2)} + \frac{x^2}{2}\right], \qquad |t| < 1.$$

Tabelle der Konstanten der orthogonalen Polynome.
Allgemeine Formeln.

$$h_n = (-1)^n \, \frac{n! \, k_n}{K_n} \int_a^b p(x) \, X^n \, dx,$$

$$A_n = \frac{k_{n+1}}{k_n}, \qquad B_n = \frac{k_{n+1}}{k_n}\left(\frac{k'_{n+1}}{k_{n+1}} - \frac{k'_n}{k_n}\right), \qquad C_n = \frac{A_n}{A_{n-1}} \, \frac{h_n}{h_{n-1}},$$

$$\lambda_n = -n\left(K_1 k_1 + \frac{n-1}{2} X''\right),$$

$$\alpha_n = n \, X'(0) - \frac{1}{2}\frac{k'_n}{k_n} X'', \qquad \beta_n = -\frac{C_n}{A_n}\left(K_1 k_1 + \frac{2n-1}{2} X''\right).$$

Jacobische Polynome.

$$K_n = (-2)^n \, n!, \quad k_n = \frac{1}{2^n}\binom{2n+\alpha+\beta}{n}, \quad k'_n = \frac{\alpha-\beta}{2^n}\binom{2n+\alpha+\beta-1}{n-1},$$

$$h_n = \frac{2^{\alpha+\beta+1}}{2n+\alpha+\beta+1} \, \frac{\Gamma(n+\alpha+1)\,\Gamma(n+\beta+1)}{\Gamma(n+1)\,\Gamma(n+\alpha+\beta+1)}, \quad \lambda_n = n(n+\alpha+\beta+1).$$

Ultrasphärische Polynome.

$$K_n = \frac{(\lambda+\frac{1}{2})_n}{(2\lambda)_n}\,(-2)^n\,n!, \quad k_n = \frac{2^n}{n!}\,(\lambda)_n, \quad k'_n = 0, \quad h_n = \frac{\pi\,2^{1-2\lambda}}{[\Gamma(\lambda)]^2}\,\frac{\Gamma(n+2\lambda)}{(n+\lambda)\,n!},$$

$$A_n = 2\,\frac{n+\lambda}{n+1}, \qquad B_n = 0, \qquad C_n = \frac{n+2\lambda-1}{n+1},$$

$$\lambda_n = n(n+2\lambda), \qquad \alpha_n = 0, \qquad \beta_n = n+2\lambda-1.$$

Legendresche Polynome.

$$K_n = (-2)^n \, n!, \quad k_n = 2^n g_n, \quad k'_n = 0, \quad h_n = \frac{1}{n+1/2},$$

$$A_n = \frac{2n+1}{n+1}, \quad B_n = 0, \quad C_n = \frac{n}{n+1}, \quad \lambda_n = n(n+1), \quad \alpha_n = 0, \quad \beta_n = n.$$

Laguerresche Polynome.

$$K_n = n!, \quad k_n = \frac{(-1)^n}{n!}, \quad k'_n = \frac{(-1)^{n-1}}{(n-1)!}\,(n+\alpha), \quad h_n = \frac{\Gamma(n+\alpha+1)}{n!},$$

$$A_n = -\frac{1}{n+1}, \qquad B_n = \frac{2n+\alpha+1}{n+1}, \qquad C_n = -\frac{n+\alpha}{n+1};$$

$$\lambda_n = n, \qquad \alpha_n = n, \qquad \beta_n = -(n+\alpha).$$

Hermitesche Polynome.

$$K_n = (-1)^n, \quad k_n = 1, \quad k'_n = 0, \quad h_n = \sqrt{2\pi}\,n!;$$

$$A_n = 1, \qquad B_n = 0, \qquad C_n = n; \qquad \lambda_n = n, \qquad \alpha_n = 0, \qquad \beta_n = n.$$

Literatur.

I. Zum LEBESGUEschen Integralbegriff.

[1] BURKHILL, J. C.: The LEBESGUE integral. Cambridge: University Press 1951.
[2] CARATHEODORY, C.: Vorlesungen über reelle Funktionen, 2. Aufl. Leipzig: Teubner 1927.
[3] HAUPT, O., u. G. AUMANN: Differential- und Integralrechnung, Bd. 3. Berlin: Walter de Gruyter & Co. 1938.
[4] KAMKE, E.: Das LEBESGUEsche Integral. Leipzig: Teubner 1925.
[5] LEBESGUE, H.: Leçons sur l'intégration et la recherche des fonctions primitives. Paris: Gauthier-Villars 1928.
[6] RICHARD, U.: Teoria delle funzioni. Torino: Ist. Matem. Politecnico 1951.
[7] RIESZ, F., u. B. Sz.-NAGY: Leçons d'analyse fonctionelle. Budapest: Akadémiai Kiadó 1925.
[8] ROGOSINSKI, W. W.: Volume and integral. Edinburgh and London: Oliver & Boyd 1952.
[9] SAKS, ST.: Theory of the Integral. New York: Hafner Publishing Company 1937.
[10] SCHMEIDLER, W.: Integralgleichungen mit Anwendungen in Physik und Technik. Leipzig: Akademische Verlagsgesellschaft 1950.
[11] TITCHMARSH, E. C.: The theory of functions. Oxford: University Press 1939.
[12] VALLÉE-POUSSIN, CH. DE LA: Intégral de LEBESGUE. Fonctions d'ensemble. Classes de BAIRE. Paris: Gauthier-Villars 1936.
[13] VITALI, G., e G. SANSONE: Moderna teoria delle funzioni di variabile reale, 2 Bände. Bologna: Zanichelli 1943 und 1946.

II. Trigonometrische Reihen und orthogonale Funktionen.

[14] *Bateman Manuscript Project* (ERDÉLYI, MAGNUS, OBERHETTINGER u. TRICOMI): Higher transcendental functions. I-II-(III). New York: McGraw-Hill 1953.
[15] CHURCHILL, R. V.: FOURIER series and boundary value problems. New York and London: McGraw-Hill Book Company 1941.
[16] COURANT, R., u. D. HILBERT: Methoden der mathematischen Physik, 2 Bände. Berlin: Springer 1931 und 1937.
[17] HARDY, G. H., and W. W. ROGOSINSKI: FOURIER series. Cambridge: University Press 1950.
[18] HOBSON, E. W.: The theory of functions of a real variable and the theory of FOURIER's series. Cambridge: University Press 1926.
[19] JACKSON, D.: FOURIER series and orthogonal polynomials. Menasha: The Carus Mathematical Monograhs 1941.
[20] KACZMARZ, ST., u. H. STEINHAUS: Theorie der Orthogonalreihen. Warszawa-Lwów 1935.
[21] KNOPP, K.: Theorie und Anwendung der unendlichen Reihen. Berlin: Springer 1947.
[22] MAGNUS, W., u. F. OBERHETTINGER: Formeln und Sätze für die speziellen Funktionen der mathematischen Physik. Berlin: Springer 1948.

[23] ROGOSINSKI, W.: FOURIERsche Reihen. Berlin: Walter de Gruyter 1930.

[24] SZEGÖ, G.: Orthogonal polynomials. New York: Amer. Math. Soc. 1939.

[25] TONELLI, L.: Serie trigonometriche. Bologna: Zanichelli 1928.

[26] TRICOMI, F. G.: Equazioni differenziali. Torino: Einaudi 1953.

[27] ZYGMUND, A.: Trigonometrical series. Warszawa-Lwów 1935.

Ein sehr nützliches, umfassendes Literaturverzeichnis über Orthogonal-polynome (bis 1938/39) mit schematischen Angaben über den Inhalt jeder Arbeit ist im Jahre 1940 in Washington (USA) als Sondernummer (no. 103) des *,,Bulletin of the National Research Council"* erschienen. Der entsprechende Ausschuß wurde von J. A. SHOHAT, E. HILLE und L. WALSH gebildet.

III. Zum FOURIERschen Integral.

[28] BOCHNER, S.: Vorlesungen über FOURIERsche Integrale. Leipzig: Akademische Verlagsgesellschaft 1932.

[29] BOCHNER, S., and K. CHANDRASEKHARAN: FOURIER transforms. Princeton: University Press 1949.

[30] CARLEMAN, T.: L'intégrale de FOURIER. Uppsala: Almqvist 1944.

[31] DOETSCH, G.: Handbuch der Laplace-Transformation, Bd. I. Basel: Birkhäuser 1950.

[32] PALEY, R., and N. WIENER: FOURIER transforms in the complex domain. New York: Amer. Math. Soc. 1934.

[33] TITCHMARSH, E. C.: Introduction to the theory of FOURIER integrals. Oxford: University Press 1937.

[34] WIENER, N.: The FOURIER integral and certain of its applications. Cambridge: University Press 1933.

Eine reiche Sammlung von FOURIER-, LAPLACE- und anderen Transformierten findet man in:

[35] *Bateman Manuscript Project* (ERDÉLYI, MAGNUS, OBERHETTINGER u. TRI-COMI): Tables of integral transforms I-II. New York: McGraw-Hill 1954.

Namenverzeichnis.

Sachverzeichnis[1].

---

[1] In diesem Sachverzeichnis wird gelegentlich *Funktion(-en)* durch *Fkt.* abgekürzt. Eine allgemeine FOURIER-*Reihe* bzw. eine *trigonometrische* FOURIER-*Reihe* werden auch als *F-Reihe* bzw. *FT-Reihe* bezeichnet.

Erklärung einiger Zeichen: